O PRÓXIMO E O DISTANTE

ROGER BASTIDE

O PRÓXIMO E O DISTANTE

ENSAIOS SOBRE A CULTURA AFRO-BRASILEIRA

Tradução de
Carlos Eugênio Marcondes de Moura

1ª edição

EDITORA RECORD
RIO DE JANEIRO • SÃO PAULO
2023

CIP-BRASIL. CATALOGAÇÃO NA PUBLICAÇÃO
SINDICATO NACIONAL DOS EDITORES DE LIVROS, RJ

B335p   Bastide, Roger, 1898-1974
           O próximo e o distante : ensaios sobre a cultura afro-brasileira /
        Roger Bastide ; tradução Carlos Eugênio Marcondes de Moura. - 1. ed. -
        Rio de Janeiro : Record, 2023.

          Tradução de: Le prochain et le lointain
          ISBN 978-65-5587-661-1

           1. Negros - Brasil - Condições sociais. 2. Antropologia. 3. Brasil - Relações
       raciais. 4. Aculturação. I. Moura, Carlos Eugênio Marcondes de. II. Título

                              CDD: 305.896081
22-81837   CDU: 316.347(=1-86)

Meri Gleice Rodrigues de Souza - Bibliotecária - CRB-7/6439

Título em francês:
Le prochain et le lointain

Copyright © L'Harmattan, 2000

Texto revisado segundo o Acordo Ortográfico da Língua Portuguesa de 1990.

Todos os direitos reservados. Proibida a reprodução, no todo ou em parte, através de quaisquer meios. Os direitos morais do autor foram assegurados.

Direitos exclusivos de publicação em língua portuguesa para o Brasil
adquiridos pela
EDITORA RECORD LTDA.
Rua Argentina 171 – Rio de Janeiro, RJ – 20921-380 – Tel.: (21) 2585-2000,
que se reserva a propriedade literária desta tradução.

Impresso no Brasil

ISBN 978-65-5587-661-1

Seja um leitor preferencial Record.
Cadastre-se no site www.record.com.br
e receba informações sobre nossos
lançamentos e nossas promoções.

Atendimento e venda direta ao leitor:
sac@record.com.br

A Henri Desroche

Sumário

Prefácio à edição brasileira, por Reginaldo Prandi   9
Prefácio à edição francesa, por François Laplantine   19
Introdução   41

PARTE I: O ENCONTRO DOS HOMENS

1. O preconceito racial   49
2. O problema das relações raciais no mundo ocidental (Descrição comparativa e buscas de uma solução)   71
3. A dimensão econômica (Os efeitos da industrialização sobre as relações raciais no Brasil)   93
4. A dimensão sexual (Vênus negras e Apolos negros)   117
5. A dimensão religiosa (Calvinismo e racismo)   129
6. Anexo: Estereótipos, normas e comportamento racial em São Paulo, Brasil (Em colaboração com Van den Berghe)   167

PARTE II: O ENCONTRO DAS CIVILIZAÇÕES

1. A aculturação formal   183
2. A aculturação jurídica   197
3. A aculturação folclórica (O folclore brasileiro)   207

4. A aculturação culinária (Cozinha africana e cozinha baiana)   243
5. A aculturação literária (Sociologia e literatura comparada)   255
6. A aculturação religiosa   265
   a) Imigração e metamorfose de um deus   265
   b) As metamorfoses do sagrado nas sociedades em transição   283
   c) O sincretismo místico na América Latina   295

PARTE III: A TEMPESTADE MÍSTICA

Introdução   305
1. Mitos e utopias   309
2. O messianismo e a fome   321
3. O messianismo inconcluso   329
4. Messianismo e desenvolvimento econômico e social   339
5. Messianismo e nacionalismo (na América Latina)   353

Dicionário dos termos brasileiros folclóricos utilizados   365
Notas   371

Prefácio à edição brasileira
Um sociólogo francês de olho no Brasil

Por Reginaldo Prandi
Professor emérito da Universidade de São Paulo
e autor de *Mitologia dos orixás*

Roger Bastide (1898-1974), sociólogo francês, veio para o Brasil contratado para a cátedra de Sociologia da Faculdade de Filosofia, Ciências e Letras, em torno da qual, com a junção das preexistentes Faculdade de Direito, Escola Politécnica, Faculdade de Medicina, Escola Superior de Agricultura e Faculdade de Farmácia e Odontologia, se constituiu a Universidade de São Paulo (USP). Fundada em 1934, a USP pretendia oferecer ao país uma elite bem-formada, capaz de colaborar na melhoria das instituições brasileiras e de estar à frente do país em seu desenvolvimento político, econômico, social e cultural. A Faculdade de Filosofia de então congregava cursos das mais diferentes disciplinas científicas, de distintos ramos do conhecimento: ciências humanas, letras, matemática, filosofia, ciências da natureza; estava tudo ali, na casa em que se praticaria a ciência pura, enquanto as escolas anteriormente implantadas e outras que viriam depois deviam cuidar da aplicação desse saber. Tratava-se de fazer uma revolução intelectual, moldada na prática científica corrente na Europa.

Os professores trazidos de lá formaram a chamada Missão Francesa, da qual fazia parte Roger Bastide. Proveniente do sul da França, protestante, formado pela Sorbonne, professor em colégios do interior, tendo já publicado dois livros, *Les problèmes de la vie mystique* (1931) e *Éléments de sociologie* (1936), Bastide chegou em 1938, permanecendo em São Paulo por dezesseis anos.

Seus trabalhos pioneiros, alguns definitivos, abriram enorme leque de possibilidades de investigação para uma sociologia brasileira que, com ele, nascia como atividade acadêmica e profissional que exigia treinamento universitário. Na USP, foi professor de parte expressiva das primeiras gerações de sociólogos brasileiros, fixando em seus discípulos sua marca de pesquisador que deixa o gabinete para se embrenhar na pesquisa de campo e se pôr em contato direto com o povo, os homens e mulheres que estuda, deslindando seus valores, procurando entender seu comportamento e suas instituições particulares, e se fazendo presente pela observação participante. É enorme a lista de temas que investigou e sobre os quais escreveu sem cessar. *O próximo e o distante*, que ora se publica em português, na competente e festejada tradução de Carlos Eugênio Marcondes de Moura, é prova disso. Se os temas eram variados, sua interpretação do Brasil, coberta pelos muitos títulos publicados durante sua permanência aqui e depois, se valia de fontes metodológicas e paradigmas teóricos aparentemente incompatíveis, mas que se completavam em sua sociologia.

Antes de mais nada, seu conhecimento inicial do Brasil se fez pela leitura do que produziam os intelectuais brasileiros que o precederam, cujas obras ele comentava em colunas de jornais e revistas aqui publicados. Tornou-se rapidamente um crítico das artes e humanidades. Manteve intenso contato com os pesquisadores e literatos da época, foi se deixando afundar no Brasil, se envolvendo em sua cultura e instituições. O amor pelas igrejas barrocas e pela cultura africana, que o acompanhou desde sua origem transatlântica,[1] afiou seu olhar de investigador diante do Brasil posto à sua frente para ser decifrado. Sua preocupação com o encontro de civilizações oferecia a

PREFÁCIO À EDIÇÃO BRASILEIRA

Bastide um terreno sem igual para testar suas teorias. A presença africana na formação brasileira e o florescimento da religião replantada pelos negros escravizados e pelos libertos em território branco garantiam ao sociólogo francês material mais que suficiente às suas expectativas de entendimento de questões morais e religiosas que seu trabalho científico privilegiava.

Quatro anos depois de sua chegada, teve uma curta permanência no Nordeste, onde conheceu de perto o candomblé, que se tornaria seu grande tema de estudos: as religiões afro-brasileiras, sobre as quais versarão as teses acadêmicas que defenderá em seu retorno a seu país, onde assumirá a posição de professor da Sorbonne. Dessa viagem de 1944 a Salvador, Recife e João Pessoa, temos como resultado o livro *Imagens do Nordeste místico em branco e preto*, que publicou em 1945, em que trata inicialmente das igrejas, descrevendo que:

> o centro místico da Bahia é o terreiro de Jesus, onde mulatas enfeitadas demais passeiam hoje entre bandos de marinheiros norte-americanos. Todas as ruas que de lá saem, porém, como raios de uma circunferência religiosa, conduzem a outras igrejas, a outros conventos, a inúmeras capelas, à imagem de Deus que está ao mesmo tempo no centro e na periferia.[2]

A essas igrejas católicas, com seus interiores recobertos de ouro, que pontuam a cada passo a planta do centro da cidade, se justapõem os terreiros de candomblé de chão de terra, situados "lá embaixo, no vale de um verde intenso, entre palmeiras, bananeiras, matagais espessos que têm o nome de santos ou de 'orixás', espadas de Ogum ou pau-santo, tapete de Oxalá ou chagas de São Sebastião [...]", onde "o tã-tã dos negros penetra pelos ouvidos, pelo nariz e pela boca, bate no estômago, impõe seu ritmo ao corpo e ao espírito".[3]

O livro de 1945 fala também do maracatu, de outros festejos do folclore, do modo de ser e de viver do povo, mas está principalmente centrado no candomblé. Bastide oferece, no final do volume, uma lista de 86 terreiros da Bahia, com dados fornecidos pela polícia, que nessa época mantinha o registro obrigatório declarado pelas próprias casas de culto afro-brasileiro. Não por acaso, talvez, os coloca numa ordem de tal modo que os primeiros são, até hoje, aqueles considerados historicamente os mais importantes de Salvador: o terreiro do Gantois, em primeiro lugar; seguido pelo da Casa Branca, do Engenho Velho; depois apresentando o de São Gonçalo do Retiro (Axé Opô Afonjá); o do Matatu, de pai Procópio; o Bate Folha; o da Gomeia; o de Neive Branca, de pai Manoel Natividade; o terreiro de Oxumarê, na Mata Escura; e o terreiro do Bogum. Terreiros das diferentes nações queto, jeje, banto, incluindo o candomblé de caboclo.[4] Os primeiros parágrafos da apresentação mostram que Bastide tinha se encontrado no candomblé, ou que o candomblé tinha encontrado Bastide. Por mais diversidade que exista nas temáticas tratadas pelo sociólogo francês, que nem mesmo a psiquiatria, a psicanálise e a poesia deixaram para trás, foi o candomblé que marcou profundamente sua estada no Brasil e sua carreira, mesmo depois de seu retorno à França. Diz ele ao nos apresentar o livro:

> Outros falarão sobre o dinamismo de um povo voltado para o futuro, os melhoramentos surgidos no domínio da agricultura, a pesquisa do petróleo e minerais, o movimento dos portos, das escolas, dos hospitais e das creches.
> Na verdade, também eu admiro aquelas construções modelo, aquelas fábricas e o progresso rápido do Nordeste. Mas o importante é, ao progredir, não perder sua alma, a própria alma que os antepassados modelaram. Era ela que me interessava, era sobretudo em sua direção que eu caminhava.
> Por isso divaguei, sonhei nas velhas igrejas, imiscuí-me aos candomblés, perdi-me no Carnaval. E dessa viagem encantada apresento aqui um feixe de imagens.

PREFÁCIO À EDIÇÃO BRASILEIRA

Apenas um feixe de imagens. Não se trata de um livro de ciência pura, nem tampouco de uma espécie de canto lírico. Minha estadia na Bahia foi curta demais para estudar verdadeiramente as religiões afro-brasileiras; por outro lado, sociólogo que sou, não pude deixar de ir além da reportagem literária, e de contribuir para a interpretação do barroco e para a descrição dos cultos africanos. Talvez o defeito principal desta obra seja justamente uma hesitação entre a ciência e a poesia. Mas essa hesitação traduz exatamente o estado de espírito em que me encontrava na ocasião, pois ao mesmo tempo que sentia um certo fervor, desejava fazer pesquisas objetivas.[5]

Retomando a palavra, Bastide esteve outras poucas vezes na Bahia, em curtas temporadas. Apresentou a Bahia a Pierre Verger, seu conterrâneo, que para sempre lá se radicou. Verger se tornou um importante colaborador de Bastide em escritos e viagens, inclusive à África. As cartas que trocaram, já publicadas, revelam muito da pessoa que foi cada um deles, e muito sobre a época e as civilizações sobre as quais se debruçaram, em que viveram e que amaram.[6] Bastide conheceu os intelectuais e artistas baianos próximos ao candomblé; foi declarado, no jogo de búzios, filho de Xangô, orixá do trovão, recebendo seu colar de contas brancas e vermelhas, alternadas; foi lavado, isto é, sacralizado, pelas mãos da ialorixá mãe Senhora. Tornou-se ritualmente um deles. Bastide tratava seu fio de contas de Xangô como uma espécie de passaporte, como escreveu Pierre Verger. Com ele, mais facilmente se aproximou, na África como no Brasil, de sacerdotes e templos, que o recebiam não como um antropólogo, mas como um igual.[7]

Escreveu, então, *O candomblé da Bahia: rito nagô*, cuja primeira edição brasileira saiu pela Companhia Editora Nacional, em seguida à publicação francesa, de 1961, tendo sido revisto e reeditado pela Companhia das Letras em 2001. Em 1960, na França, e em 1971, pela Pioneira e pela Edusp, saiu no Brasil sua tese *As religiões africanas no Brasil: contribuições a uma sociologia das interpenetrações de civilizações*. Nunca mais foi aceitável

13

estender, honestamente, um olhar acadêmico sobre o candomblé sem antes passar por esses dois livros decisivos.

Muitos escreveram sobre o candomblé antes de Roger Bastide. Muitos mais depois dele. O que caracteriza, contudo, a obra bastidiana é o modo como o candomblé é visto, sentido e analisado: como uma religião completa, uma realidade autônoma, ainda que jogue com o catolicismo e certas tradições indígenas a peleja do sincretismo. Essa disposição de aceitar o outro, característica do politeísmo, foi facilitadora da sobrevivência dos cultos africanos. Desde o início, os terreiros adicionaram os santos católicos ao panteão dos orixás trazidos pelos escravizados em meio a uma cultura dominante, em todos os sentidos: branca, católica e senhora do corpo e da alma do país, de certo modo. Mas a integridade do culto africano foi mantida naquilo que é essencial, nada devendo ao catolicismo para se manter como religião com identidade própria. Foi a partir dos escritos de Bastide, entretanto, que o candomblé deixou de ser visto como uma simples seita de negros, reunião de desocupados que se escondem no mato com seus tambores para dançar, beber e se divertir. Com o sociólogo francês de olho no Brasil, o candomblé passa a ser reconhecido e estudado como uma instituição plena, que pode ser perfeitamente equiparada ao catolicismo, ao protestantismo e outras religiões universais. Se a ciência deve muito a Bastide por sua obra sobre o candomblé, o candomblé lhe deve mais.

Em *O candomblé da Bahia*, o terreiro afro-brasileiro é sociologicamente desmontado por Bastide, revelando seus mecanismos de tratamento do sagrado, expondo seus valores e ensinando o sentido de cada elemento que põe em movimento a engrenagem religiosa em sua relação com o ser humano e a sociedade. Bastide está junto com outros produtores de ciência, cultura e arte que promovem a legitimação do candomblé e demais religiões afro-brasileiras: o já mencionado fotógrafo e etnógrafo francês Pierre Fatumbi Verger, o artista plástico argentino Carybé, os baianos Dorival Caymmi, compositor e cantor dos orixás, e Jorge Amado, o romancista que enxerga o orixá em seus personagens humanos, e nos mostra isso em

PREFÁCIO À EDIÇÃO BRASILEIRA

sua ficção; depois, muitas gerações que fizeram dos orixás, voduns, inquices e encantados, se não objetos de culto, ao menos modelos de vida, fontes de inspiração na produção da arte de cada um, linhas de um horizonte místico, talvez, e sobretudo um componente africano do Brasil legítimo, real e maravilhoso com que se orgulhar.

Num dos magistrais capítulos de *O candomblé da Bahia,* em que estuda a organização sacerdotal, Bastide mostra que, ao refazer na Bahia a África perdida, ou as Áfricas diversas aqui plantadas, o candomblé organiza o mundo segundo diferentes compartimentos, cada um deles presidido por um tipo especializado de sacerdote, de modo que o social nunca era senão o reflexo do eterno. Antes de mais nada, há o mundo da natureza, presidido pelo babalossaim, o sacerdote das folhas, que conhece e manipula as fontes naturais do axé, o poder sagrado do candomblé, ensinando as fórmulas mágicas dos remédios e receitas de sacralização dos objetos a partir do tratamento ritual de folhas, sementes, raízes. Há o mundo dos homens e mulheres, da vida na Terra, o departamento do cotidiano, cujos segredos são controlados pelo babalaô, que, lançando seus búzios e outros instrumentos divinatórios, desvenda destinos e tabus e orienta o ser humano na solução dos problemas da vida em sociedade, as difíceis questões surgidas no dia a dia na família e no trabalho. Há os sacerdotes dos orixás, encarregados dos seus cultos, conhecedores profundos de seus mistérios e desígnios, que são o babalorixá, pai de santo, e a ialorixá, mãe de santo, os condutores dos mecanismos iniciáticos e guardiões dos templos e comunidades de culto. Finalmente, há o sacerdote dos mortos, o ogé, que cuida do culto dos antepassados, os eguns, e zela para que a memória dos mortos ilustres não se perca, pois para o negro o antepassado é origem e identidade. A passagem de um dos quatro compartimentos do cosmo a outro dá sentido religioso à vida profana. Segundo Bastide,

> há um primeiro domínio do cosmos, que é composto de homens, é o domínio da competência do babalaô — cada homem se diferencia

dos demais pelo conjunto de acontecimentos que para ele surgem, pelo seu "destino"; o princípio da individuação é a história da pessoa, história que não passa de uma combinação de "palavras" significativas, pronunciadas pelos deuses; por isso mesmo não é irracional, pode sempre se definir por meio dos búzios. Os deuses tornam-se assim o *princípio de classificação* dos acontecimentos.[8]

O reino de Ossaim começa onde acaba o reino dos homens, o que se repete com cada divindade. Os orixás são a ponte sagrada que abre os caminhos, que põe ordem no caos do mundo em que vivemos.

Se o mundo total é separado em departamentos estanques, a oferenda, o sacrifício votivo é o instrumento pelo qual se pode pôr em comunicação os diferentes departamentos, funcionando, então, a religião como mecanismo de integração de mundos separados, a religião como caminho para a unidade. Com isso, mostra Bastide, nada é gratuito nos rituais complexos dessa religião, em que uma extensa mitologia explica cada momento litúrgico, além de se oferecer como modelo de conduta aos homens e mulheres, considerados simples descendentes dos orixás. E pelo jogo de búzios, na busca dos mitos que falam dos diferentes momentos da vida, os destinos vão sendo desvendados, para que a aventura do viver seja mais fácil, útil e prazerosa.[9]

Bastide não quer, contudo, simplesmente descrever uma religião de africanos no Brasil, mas quer entender como as realidades sociais do negro e do branco se interpenetram, de modo que a pequena África que ele redescobre em solo brasileiro possa ser compreendida como uma realidade brasileira, capaz de se mostrar como fonte de uma metafísica autônoma, num contraponto significativo com a sociedade mais ampla em que está constituída.

Bastide estava interessado, inicialmente, na relação entre brancos e negros, o que o levou a produzir, com Florestan Fernandes, de quem foi professor, a famosa investigação sobre relações raciais em São Paulo.[10] Mas foi o candomblé da Bahia, assim como outras religiões afro-brasileiras de que trata em outras obras, que lhe permitiu chegar a interpretações mais decisivas sobre a recriação no Brasil de uma África simbólica capaz de atenuar as agruras da vida do negro sob a escravidão, num processo em que o terreiro aparece como sucedâneo do perdido mundo africano. O candomblé, para Bastide, recriava para o negro um mundo ao qual ele podia, com certa regularidade, se retirar da sociedade branca opressiva e dominadora, para se reencontrar em uma pequena África fora da sociedade, o terreiro, que o sociólogo vê como substituto da perdida família africana. Constituía-se, assim, um processo capaz de pôr à disposição do negro brasileiro um mundo também negro, comunitário-tribal, justaposto ao mundo branco, de modo que o fiel pudesse passar de um para o outro como se fossem dimensões ortogonais de uma mesma realidade, em que o não religioso significava a adversidade a que o negro estava sujeito pela realidade histórica da escravidão. O candomblé foi visto por Bastide como uma África recuperada na vida religiosa dos terreiros. Ele chamou essa possibilidade de princípio do corte, já antevendo um momento em que o candomblé não seria mais simples religião de negros, podendo receber também devotos e simpatizantes originários de etnias de origem não africana. Antecipou, assim, a transformação do candomblé de religião étnica em religião universal, o que viria a se consolidar décadas depois da pesquisa de Bastide nos terreiros da Bahia.[11]

Segundo alguns de seus contemporâneos, Bastide reclamava do fato de dispor de pouco tempo livre para fazer suas pesquisas de campo, especialmente aquelas que implicavam seu deslocamento até o Nordeste. Além disso, nos últimos anos de sua estada no Brasil, dividia seu tempo entre as aulas que ministrava e a redação das teses que apresentaria a partir das pesquisas aqui realizadas. Seu retorno à França, contudo, não significou o abandono de sua antiga paixão pelo que conhecera do Brasil. Seus livros fundamentais aqui referidos foram completados em Paris, onde também escreveu outras obras. Da coleta feita por seus seguidores de artigos, crônicas e observações publicadas esparsamente em jornais e revistas, novos títulos foram acrescentados a sua bibliografia. A importância de Bastide como sociólogo deu origem inclusive a uma revista científica francesa, *Bastidiana: Cahiers d'Études Bastidiennes*, que traz textos de sua lavra e de seus comentadores. Seus livros e coletâneas, umas já conhecidas, outras novas, vêm sendo regularmente publicados, na França assim como no Brasil.

Até o fim de seus dias, Roger Bastide guardou com carinho e respeito o fio de contas de Xangô que um dia a Bahia lhe entregou.

Vale acrescentar que toda obra científica é datada, e que os achados científicos, os conceitos que os descrevem e os expõem, bem como as explicações propostas se alteram com o desenvolvimento da pesquisa e a construção da teoria. O modo de ver a realidade sofre alterações e, especialmente no caso das ciências sociais, a própria realidade muda. Por isso mesmo, há passagens neste livro que expõem conceitos, ideias, termos e expressões desatualizadas, sobretudo quando tratam de assuntos que já foram alterados, acrescentados, substituídos e até abandonados. Nem poderia ser diferente. Essa assinatura temporal, contudo, não retira do texto sua grandeza e importância. *O próximo e o distante* se mantém como base sólida e atual para a compreensão das religiões afro-brasileiras.

Como parte do movimento contra o racismo, várias palavras e expressões que, por conta do próprio racismo, ganharam tom pejorativo, puderam se valer de traduções condizentes com o contexto e demandas antirracistas atuais; por exemplo, o uso da palavra escravizado no lugar de escravo, indígena em vez de índio etc.; quanto ao termo mulato, optou-se por não alterá-lo, pois, reflexo do pensamento da época, fazia-se distinções entre mulatos e negros, e que aqui se evidenciam. O conjunto da obra e seus pormenores, por outro lado, seguem fiéis ao pensamento de Roger Bastide e sua ciência, que abriu caminhos para essas mudanças e movimentos.

Prefácio à edição francesa

Por François Laplantine

O que provavelmente surpreenderá o leitor deste livro é a extrema diversidade dos temas abordados. Eles se referem a relações raciais, erotismo, dominação econômica e social, direito, ligações entre a literatura e a sociedade, religiões em suas diversas manifestações — católica, protestante, afro-americana, messiânica, a qual é encarada como reação ao colonialismo. Também são abordados mitos e utopias, festas populares, danças, música, culinária (encontraremos a análise de seis receitas).

Para além dos objetos estudados, o que Roger Bastide[1] explora em um empreendimento decididamente novo para sua época é a antropologia do que ele denomina os "contatos" entre as culturas e as "interpenetrações de civilizações". É, de maneira mais precisa, a vitalidade e a fecundidade das transformações nascidas dos encontros entre três continentes — a África, a Europa e a América. "A cultura", escreveu ele, "não se desenvolve por autofecundação, mas por interfecundação" (p. 11). Estamos nos anos 1950-1960. A etnologia clássica, em seguida a Malinowski, continua a privilegiar o estudo das "sociedades tradicionais", rurais se possível, nas quais o puro é colocado como primeiro, ontológica e cronologicamente, e o composto é encarado como somente o derivado, o acidental, o contingente.

Em relação a essa compreensão estabilizada de culturas separadas, protegidas das turbulências da história e para a qual a intrusão do outro é apreendida como uma ameaça de alteração, dois pesquisadores, muito diferentes um do outro, contribuíram, na França, para que a etnologia se movimentasse. Ambos introduziram uma ruptura na concepção até então estática daquilo que se começava a qualificar como "Terceiro Mundo". Colocam as bases do que denominei uma antropologia dinâmica. Trata-se de George Balandier, a partir de sua tese de doutorado *Sociologie des Brazavilles noires* (Paris, Armand Colin, 1955) e de Roger Bastide, um pouco antes dele. Foi somente com eles[2] que o estudo dos processos de encontro entre as sociedades e de sua transformação umas pelas outras começa a ser considerado, na França, parte integrante da pesquisa antropológica.

Aquilo que Bastide mostra neste livro, do qual convém assinalar seu caráter antietnocêntrico, é que as trocas entre duas culturas sempre ocorrem "nos dois sentidos". Para ele, não existe um centro do mundo e correlativamente sociedades que "contribuem" e sociedades que nada mais fazem do que "receber". Em se tratando particularmente do encontro da Europa e da África no Brasil, a contribuição africana é resolutamente ativa e transformadora das sucessivas migrações europeias — e o mais frequente é que não haja percepção disso.

Uma segunda característica deste livro é voltar a dar toda a sua dignidade ao pequeno, ao quase imperceptível e ao quase insignificante. Bastide experimenta aqui, mas de maneira extremamente controlada, fazer uma microssociologia dos contatos, atenta àquilo que se passa na subjetividade dos atores em presença. "Não são", ele escreve, "as civilizações que se encontram na presença umas das outras e atuam umas sobre as outras, são os homens que pertencem a essas civilizações" (p. 203).

Essa colocação não poderia ser mais marginal em se tratando da pesquisa francesa em ciências humanas dos anos 1950-1960, quando os sociólogos e os etnólogos trabalham quase sempre na ignorância daquilo que os psi-

PREFÁCIO À EDIÇÃO FRANCESA

quiatras, os psicólogos e os psicanalistas fazem. Ela naturalmente vai de encontro com a exigência pluridisciplinar de um pesquisador ainda mais isolado: George Devereux, o autor de *Essais d'ethnopsychiatrie générale*, do qual Bastide escreve o prefácio.[3]

Para compreender o caráter pioneiro e intempestivo da obra que vai ser lida, convém voltar a situá-la em sua época e relembrar em qual quadro epistemológico aprendeu a trabalhar a geração de pesquisadores que, como Bastide, estavam na faixa dos 30 anos, no início de 1930. A etnologia clássica que então preconiza a monografia e, de modo algum a poligrafia, recomenda sistematicamente o estudo dos grupos que evoluem em um meio fechado.[4] Ela privilegia a estabilidade no espaço, o qual é recortado previamente em unidades homogêneas, em detrimento do tempo. E jamais se reporta às dinâmicas de interação entre os grupos e ainda menos aos processos que se formam, se deformam e se reformam. Dito de outro modo, na antropologia clássica, a questão da transformação e *a fortiori* da transmutação nascida do encontro com o outro ou não é colocada, ou é colocada em termos (natureza, estrutura, cultura à maneira do culturalismo) que recusam uma reflexão a seu respeito. Essa questão é então aprendida a partir de apriorismos que nela se opõem. Contrariamente àquilo que se elabora na mesma época na teoria da tradução, na psicanálise, na estética ou ainda na crítica literária, a antropologia tem dificuldade de aceitar que a história faça parte de seus objetos e também do mundo do conhecimento que é o seu. Tem dificuldade de encarar a mudança em termos que não sejam os da estrutura (a qual permite pensar a bricolagem e a reciclagem, mas não a mestiçagem) ou da cultura (apreendida mais frequentemente como algo que diz respeito ao compacto e ao separado).

Recordemos, por uma preocupação com a clareza, que, nascida no espaço europeu e norte-americano, a "matriz disciplinar" (Thomas Kahn) da antropologia se forma a partir de três tradições: uma tradição empirista, com Rivers; uma tradição intelectualista e racionalista, com Durkheim e Mauss; e uma tradição culturalista, com Boas. O que essas três tradições (que constituem respectivamente as vertentes britânica, francesa e norte-americana da disciplina) têm em comum é o paradigma da ordem[5] em que elas se apoiam. As duas primeiras tradições (inglesa e francesa) articulam o paradigma da ordem com o paradigma do *não tempo*. Elas mantêm *uma relação particular com o tempo e com a história fundamentada na neutralização de ambos*. Nas primeiras décadas do século XX, o tempo é colocado resolutamente em parêntese pelos antropólogos franceses e ingleses, e a história se vê expulsa do horizonte da disciplina. Estamos certamente na presença de uma neutralização e de uma expulsão "metodológica". A história é anulada porque é portadora de desordem, e essa desordem é um obstáculo a uma disciplina concebida, segundo Radcliffe-Brown, como "ciência natural da sociedade". Essa relação com o tempo baseada numa negação do tempo e essa desconfiança em relação à história (que naquela época não estava totalmente livre dos moldes historicistas do século XIX) se exprime entre todos os antropólogos europeus daquela época mediante uma simples proposição: *para chegar à objetividade, convém neutralizar a historicidade*. Essa primeira proposição se articula com uma segunda, sobre a qual Durkheim tanto insistiu: *para chegar à objetividade convém neutralizar a afetividade*.

A dificuldade que se experimenta, muito mais na França do que no Brasil, de compreender o pensamento de Bastide se deve ao fato de que ele percorre muito livremente, mas também muito metodicamente, deles se afastando, os caminhos traçados tanto pela antropologia quanto pela sociologia clássica e, notadamente, pela sociologia durkheimiana. Para apreender tudo aquilo que separa a abordagem durkheimiana, ainda adotada por muitos sociólogos contemporâneos, da abordagem bastidiana, convém não perder de vista o fato de que o racionalismo durkheimiano é resolutamente kantiano: ele afirma não somente a primazia, mas a imutabilidade daquilo que Kant denomina "as categorias do entendimento" e as "formas aprioristicas da sensibilidade" (o espaço e o tempo) organizadoras da experiência. Para Durkheim, assim como para Kant, as formas do conhecimento racional são intemporais e universais. Elas podem ter como objeto o estudo da variação, mas sempre nos limites de um enquadramento que permanece invariável. O sujeito durkheimiano permanece o sujeito coerente e homogêneo da filosofia clássica. É um sujeito de total estabilidade que o permite se dotar de pura objetividade, notadamente a objetividade dos fenômenos sociais que só podem ser conhecidos sob a determinação da ordem do entendimento e das formas apriorísticas da sensibilidade, da ordem e das formas universais e imutáveis. Nem por isso o pensamento de Durkheim é hostil ao tempo, mas ele permanece tributário de um enquadramento kantiano que só permite apreender um espaço-tempo euclidiano. Esse pensamento se desenvolve na ignorância ou na indiferença da revolução efetuada desde 1905 na física quântica (a teoria da relatividade de Einstein) e 1907 nas artes plásticas (*As senhoritas de Avignon*, de Picasso).

O que Durkheim visava era à constituição de uma nova disciplina — a sociologia — que não se confunde nem com a psicologia (daí a "exterioridade" dos fenômenos sociais não perturbados pela afetividade), nem com a história, e que finalmente se emancipa da filosofia. Ora, é precisamente a conservação daquilo que Bastide denomina "o rebaixamento metafísico do durkheimismo" que constitui o ponto de ruptura entre o pensamento de Durkheim e a trajetória do autor desta obra. O Durkheim que se tornou sociólogo permanece marcado pelo ensino de Renouvier, filósofo neokantiano. O que ele se propõe fundar é uma sociologia do conhecimento encarada como "a ossatura da inteligência".

Se jamais foi durkheimiano, Bastide, por outro lado, confrontou a obra de Lévy-Bruhl. Em carta dirigida em 1957 a Henri Gouhier, ele escreve, a propósito do estudo do pensamento religioso, que lhe é necessário "retomar o debate no ponto em que Lévy-Bruhl o deixou". Lévy-Bruhl, embora historicamente ligado ao que se denominou a "Escola Francesa de Sociologia", é muito distante de Durkheim. Ele pressente que uma grande parte do social, em particular aquela dimensão do social constituída pelo religioso e na qual é mobilizado o sensível e o afetivo, é irredutível às categorias do entendimento. No entanto, muito afastado da inflexão intelectualista da sociologia de Durkheim, ele procede a uma separação radical entre duas "mentalidades": não objetiva mais, à maneira de Durkheim (e, depois, à de Lévi-Strauss), reduzir o múltiplo ao uno (ordem da razão), mas os separa em dois: o lógico e o afetivo, que ele denomina "pré-lógico".

O procedimento de Roger Bastide, ajudado pelas primeiras pesquisas de campo de Maurice Leenhardt (protestante como ele) realizadas na Nova Caledônia, é uma reconsideração completa daquilo que foi pressentido por Lévy-Bruhl (mas resolvido dogmaticamente). É essa reconsideração que leva Bastide a renunciar ao conjunto dos paradigmas dominantes da antropologia clássica. Então reexamina as lógicas para ele diversificadas ao extremo daquilo que Descartes denominou o pensamento "obscuro e confuso" que havia sido excluído do campo do conhecimento racional por "ideias claras e distintas". Para estudar esse pensamento, que ele procura analisar em suas múltiplas metamorfoses a partir de observações e indagações efetuadas principalmente no Brasil, foi preciso que Bastide elaborasse instrumentos e traçasse caminhos que antes dele não existiam.

O que há de desconcertante e de complexo (em particular para inúmeros intelectuais franceses que têm um pendor por classificações) no procedimento de Bastide é a impossibilidade de o ligar a qualquer escola que seja e de nomear o pensamento extremamente firme que é o seu. Ele é rebelde a todo academismo. Não é um estruturalista à procura de "leis" e de "invariantes", nem funcionalista preocupado com "a ordem social", nem marxista, concepção do mundo que bem cedo lhe parece ser uma secularização do messianismo, e ainda menos funcional-estruturalista ou estrutural-marxista. Ele avança contra a corrente (em particular do envolvimento com o paradigma da estrutura). Decorre daí o desconhecimento que dele se tem deste lado do Atlântico,[6] que contrasta com o lugar que ele ocupa nas universidades brasileiras.[7]

PREFÁCIO À EDIÇÃO FRANCESA

Parece-me que é o caráter não dogmático do pensamento sempre desperto de Bastide que afastou dele todos aqueles que na França tanto amaram os *ismos*. É o caráter atípico e decididamente iconoclasta desse pesquisador que foi alternativamente (e não simultaneamente, ao que me parece) professor de sociologia na Sorbonne, protestante da região de Cévennes e fiel do candomblé. Para as diferentes ortodoxias isso é demais.

Bastide não é nem nacionalista (como Durkheim, mas também como Lévi-Strauss) nem empirista (como a maioria dos antropólogos anglo-saxões). Tanto quanto eu saiba, ele não tem afinidade alguma com a corrente de pensamento que antes da Segunda Guerra Mundial situa-se à margem da Universidade e explora tudo aquilo que a antropologia oficial havia esquecido, deixado de lado e até mesmo proibido. Refiro-me a Georges Bataille e ao "Colégio de Sociologia". Bastide não é racionalista, pois considera que o estudo do ser humano concreto não pode se resolver nem na estrutura nem na função (existe para ele o não estrutural e o disfuncional). Não é empirista, pois transforma os fenômenos vividos em fenômenos construídos, levando em conta sobretudo o inconsciente, que atua com maior frequência independentemente dos atores sociais. O que constitui a originalidade do seu pensamento (pensamento do vivo e do movimento) é que sua compreensão resolutamente não durkheimiana do social nem por isso o conduz a uma opção que se poderia qualificar como vitalista, a exemplo de Simmel. Sua proposta, realizada com "rigor e fervor", conforme a descreveu Henri Desroche, a quem este livro é dedicado, jamais é impressionista. Ele não é um pensador da vida imediata que pode ser aprendida mediante uma intuição (Nietzsche, Bergson). Teórico e ainda mais experimentador da mobilidade, nada lhe é mais alheio que uma concepção do fluxo sem forma (Bataille, Deleuze). Constrói pacientemente e não para de afinar mediações nos quadros de um pensamento rigorosamente analítico.

A contribuição teórica de Bastide, que *adapta* permanentemente instrumentos de investigação às realidades sucessivamente encontradas e jamais *adota* uma posição *a priori* — pois para ele é a experiência concreta da pesquisa de campo que se impõe —, é particularmente perceptível no primeiro capítulo da segunda parte deste livro (p. 137-148), intitulado "A aculturação formal". Partindo de conceitos de "aculturação" e de "reinterpretação", elaborados por Herskovits, o autor distingue uma "aculturação material", que designa os conteúdos da consciência, e uma "aculturação material", que diz respeito às "transformações e às metamorfoses da forma de sentir e apreender dessa consciência" (p. 138) ou, conforme ele precisa, "os processos de desorganização de antigas formas de percepção, de memorização e os processos de sua reorganização de acordo com outras normas [...], os processos de desestruturação e de reestruturação da afetividade e do pensamento" (p. 144). Assim, torna-se possível reinterpretar a África em termos europeus (foi o procedimento daqueles a quem ele denomina "os antigos etnólogos"), mas também aquilo que — diferentemente de Herskovits — mais o interessa, que é reinterpretar a Europa em termos africanos; reinterpretar, por exemplo, o catolicismo e o protestantismo "mediante uma sensibilidade religiosa africana" (p. 139).

Ao distinguir quadros formais e conteúdos materiais, Bastide parece situar-se desta vez em uma perspectiva kantiana e durkheimiana. No entanto, sua grande originalidade consiste, rompendo com Durkheim, em mostrar o que jamais se fez antes dele: as forças, no sentido kantiano, são susceptíveis de se deformar e de se transformar. Assim ocorreu a transformação dos cultos africanos em candomblé brasileiro e, mais tarde, do candomblé em macumba, no Rio de Janeiro, e, finalmente, em umbanda. Bastide precisa como se efetua essa "mudança da forma" (p. 148): "é toda uma reelaboração das *gestalten* que se opera, que vai modificar a percepção, a memória, o processo de pensar, de metamorfosear a sensibilidade" (p. 148). "No início", ele escreve, "a nova matéria é pensada em suas formas antigas, mas depois ela se desorganiza devido à incompatibilidade das *gestalten* que a ordenam" (p. 148). Aqui damo-nos plenamente conta da maleabilidade e da novidade do método bastidiano. Sem renunciar ao procedimento analítico próprio da filosofia reflexiva (Jean Nabert) em que ele foi formado, sua experiência brasileira o leva a recorrer à noção gestaltiana de configuração, que ele repensa em termos de configuração em movimento.

Há outro capítulo deste livro sobre o qual também gostaria de chamar atenção do leitor, pois nele se percebe muito claramente a originalidade do método do autor. Trata-se do capítulo dedicado à "*aculturação literária*" (p. 201-209). Essas páginas são realmente pioneiras, pois é uma das primeiras vezes (com Antonio Candido) que é colocada a questão das relações entre a antropologia e a literatura, em termos muito diferentes dos termos de Georg Lukács. Bastide constrói sobretudo uma teoria do social, articulando-a a uma análise dos fenômenos de transformação das culturas umas pelas outras.

Para compreender aquilo que se aborda neste capítulo, convém relembrar que a noção de estrutura tem um passado antigo na antropologia francesa e britânica, e que a noção de *cultura*, ignorada por Rivers e inconsistente em Durkheim, chegou muito tardiamente naqueles países, muito mais tardiamente do que no Brasil, por exemplo. Ela chega a partir do viés dos Estados Unidos, onde é introduzida pela primeira vez na antropologia por Boas, por meio de uma visão germânica de etnia e de nação. Em relação às pesquisas realizadas na França na década de 1950, Bastide, que procura unir o que foi separado, atento em evitar qualquer ecletismo, encontra-se, por assim dizer, confrontado com uma etnologia sem etnias (o pensamento de Mauss é radicalmente universalista) e com uma sociologia sem culturas. Ele constata que apenas a antropologia norte-americana se preocupou verdadeiramente com aquilo que ele denomina a "interpenetração das civilizações", que já havia sido encarada por um sociólogo francês "violentamente criticado por Durkheim" (p. 202): Gabriel Tarde.[8] "Considero Tarde o verdadeiro fundador da antropologia cultural", escreve Bastide, e detalha: "As três leis de Tarde, a da imitação, a da oposição e a da adaptação ou invenção, estão na origem de três conceitos dirigentes da antropologia — difusão cultural, resistência ou contra-aculturação, adaptação" (p. 201-202).

O trabalho de Bastide consistirá então em transformar a antropologia cultural, em fazer dela uma via plenamente sociológica, isto é, analítica das relações sociais, pois as culturas só existem "no interior das sociedades globais concretas" (p. 13). Parece-lhe que a distinção entre a cultura e a sociedade não tem grande pertinência: pode-se dizer muito bem que "a cultura pode passar de uma sociedade para outra" ou que "a sociedade pode passar de uma cultura para outra" (202). Em seguida, ele refina sua proposta relativa às relações do indivíduo com o social:

> Não são as civilizações que se encontram na presença e agem umas sobre as outras, são os homens que pertencem a essas civilizações. Mas é preciso ir mais longe: esses homens fazem parte de certas estruturas sociais, ocupam certo lugar em uma hierarquia de funções e de papéis; são ligados entre si por relações mais ou menos institucionalizadas. É finalmente mediante essas estruturas morfológicas que devemos examinar os fatos da aculturação, se não quisermos nos ater a uma simples descrição, mas chegar ao plano da explicação (p. 203).

No entanto, o que me causa espécie no método de Bastide — será a primeira crítica em forma de interrogação; há uma segunda mais adiante — é que, ao se propor a reexaminar as contribuições da antropologia cultural nos limites de uma sociologia, ele mantenha tal e qual o conceito de "aculturação" que permanece o principal conceito deste livro e em particular de sua segunda parte. Bastide certamente atenua o culturalismo, afasta-se

PREFÁCIO À EDIÇÃO FRANCESA

de seus dogmas, o perturba pela introdução da questão da transformação das sociedades umas pelas outras. No entanto, ao introduzir essa questão empregando categorias e sobretudo termos idênticos, ele renunciará à concepção do mundo, do indivíduo e do social implicada pela antropologia cultural? Colocando em outros termos: se o pensamento de Bastide consiste em reorientar em outra direção — a da dinâmica das interações sociais — o projeto da antropologia cultural, esse pensamento não continua a compartilhar, com esta última, certo número de premissas não somente terminológicas, mas teóricas?

A "aculturação", termo forjado em 1938 por Melville Herskovits, um dos pioneiros dos estudos afro-americanos, pressupõe a cultura enquanto unidade distintiva, visível e coerente, cujos contornos se pode delimitar. Embora Boas, de quem Herskovits é discípulo, reabilite o tempo e reintroduza a história na matriz disciplinar da antropologia, o que caracteriza a cultura é a permanência e o estancamento daquilo que se apresenta (e que jamais se ausenta) como algo isolado, assim como a quase univocidade, que jamais permite a menor equivocidade na percepção que o pesquisador possa ter dela. A "aculturação", tal como é concebida por Herskovits, é utilizada notadamente para designar a contaminação vinda do exterior e que é portadora da desordem. Ainda hoje, nos Estados Unidos, os *cultural studies* reforçam a injunção em relação à disjunção. Quero dizer com isso a vontade de decompor unidades homogêneas, distintivas, com contornos e fronteiras. Mesmo que os ameríndios, rebatizados *Native Americans*, tenham o crédito de uma presença anterior em relação aos descendentes de europeus, nós nos encontramos diante de um retorno ao interior da mesma epistemologia da separação que continua a reivindicar a pureza, a autoctonia e a "autenticidade" — conceito do qual, como veremos, Bastide não se desprendeu totalmente. Essa será minha segunda crítica.

Para os antropólogos norte-americanos formados no modelo da escola "Cultura e Personalidade" e seus seguidores contemporâneos, o conceito de cultura parece ser algo evidente. Totalizante, definido, delimitado, ele é dotado de uma densidade, de uma solidez e de um caráter, por assim dizer compacto, que não permitem sequer encarar o que ele dissimula (a ilusão, o mal, a mentira), bem como aquilo que o ultrapassa, o contradiz e é susceptível de o iludir. É uma construção ideal; chegarei até mesmo ao ponto de afirmar que é uma ideologia mobilizada a cada vez que se trate de estudar as permanências identitárias e as características distintivas dos grupos.

A perspectiva que é a de Bastide situa-se evidentemente no oposto de tal concepção e, no entanto, ao acentuar o que ele denomina "a heterogeneidade das civilizações", essa perspectiva ainda me parece estar presa não a uma visão culturalista do mundo, mas a instrumentos forjados pela antropologia cultural para o estudo de fenômenos contrastados, dotados ou creditados de uma identidade específica e de um grau de estabilidade elevado. Bastide, embora manifestando certos pontos de desacordo com Herskovits, não procede a uma crítica radical do próprio conceito de cultura[9] e, em consequência, de aculturação.

São essas categorias e antigas denominações — "aculturação", "empréstimo", "influência" — que hoje convém problematizar e renovar, por fidelidade ao permanente questionamento que é o de Bastide. A "assimilação, a "adoção" (fosse ela "seletiva"), o "empréstimo", a "aculturação", a "contra-aculturação", todos me parecem proceder de um movimento de separação do antes e do depois, com periodizações, cortes, mestres e discípulos, precursores e sucessores, mesmo que fossem infiéis ou até mesmo rebeldes. Esses conceitos pressupõem uma concepção linear e regular ao mesmo tempo (com um presente e um passado claramente separados) e espaço (com um fora e um dentro), formando unidades compactas. Esses conceitos implicam uma *anterioridade* (de uma herança em relação aos herdeiros ou aos heréticos), bem como uma *exterioridade* e uma *heterogeneidade* do espaço. Parece-me que, no porvir mestiço nascido do encontro, existe algo de mais complexo do que uma relação entre entidades separadas: uma relação de inclusão que não é nem sucessão nem adequação na simultaneidade, como é o caso do sincretismo, termo em relação ao qual Bastide reconhece "ter sido induzido ao erro".

Entre a *imitação* (ou a fidelidade), que pode assumir a forma de adoção, reprodução ou ainda de representação, que se origina de uma concepção ótica do social, e a *anexação* (que consiste, ao contrário, em juntar tudo, dando lugar a processos de substituição), Bastide encara outra forma de relação com o outro, mas, na minha opinião, falta a ele um dos paradigmas que permitem pensá-la, sobretudo o da tradução, que tudo transforma, mantendo a alteridade (do texto, da sociedade), não substituindo um "texto de chegada" por um "texto de partida"; não os confundindo, mas instaurando um movimento de vibração entre si e o outro. Assim, na pintura de Rothko, as primeiras camadas de cor não são totalmente recobertas e apagadas. Não estamos mais confrontados com um procedimento de presença e de ausência daquilo que aparece e desaparece alternativamente. Assim, no texto de Proust, do qual Bastide é um comentarista muito arguto, uma sensação se refrata em outra. Assim, a bossa nova é feita dessa oscilação entre o ritmo do jazz e do samba, sem se reduzir a nenhum dos dois. O samba está muito longe de ser suprimido. Ao contrário: não para de ressoar através do jazz. Prossegue sua carreira ao confrontar-se com o ritmo do jazz.

O que não se encontra neste livro, e não é o caso de culpar o autor, a não ser por anacronismo, e que hoje nos permite percorrer tantas veredas que, em sua época, ele desvendou praticamente sozinho, é um pensamento sobre a mestiçagem por variação e alternância de intensidades. É possível, a partir de pistas traçadas por Bastide, elaborar uma teoria da ligação e, sobretudo, de pequenas ligações através do entrelaçamento, do trançado, da ligação das malhas, da moldagem, do trabalho em afinar as junções, as articulações, os encadeamentos, os processos de sutura, transplante, enxerto, mas também da montagem e mistura nos quais pode haver choque, colisão e discordância. No entanto, ele explorou muito pouco aquilo que se elabora nas passagens (no sentido de Walter Benjamin), nas transições, graduações, nos movimentos de oscilação, instáveis e efêmeros, entre o distante e o próximo, o maleável e o rígido, a impassibilidade e o cruel, o pleno e o vazio (o esparso), o aparecer e o desaparecer (o eclipse), a transparência e a opacidade (o claro-escuro), a vida e a morte (o espectral), a presença e a ausência (como no sentimento português e brasileiro da *saudade*).

Se esta obra nos dispensa de pensar a alternativa (o próximo ou o distante, um *ou* outro), não é seguro que ela chegue a pensar inteiramente a alternância (o próximo e o distante, um e outro, mas *não ao mesmo tempo*). Ela nos permite compreender a ambivalência dos sincretismos (isto é, a simultaneidade de elementos misturados), porém não exatamente a ambiguidade das mestiçagens, feitos de tensões e transformações de formas em movimento. O que agora faço, apenas esboçando, é aquilo que distingue, segundo me parece, a pseudonímia daquilo que Fernando Pessoa denominou heteronímia. Atribuindo-me ou me vendo atribuir um pseudônimo, eu me desdobro, mas na simultaneidade. O heterônimo diz respeito à sucessividade. Pessoa não é ao mesmo tempo Alberto Caeiro, Ricardo Reis, Álvaro de Campos, porém um após outro, cada um desses personagens "e muitos outros que surgiram ou surgirão". Ao mesmo tempo, na ausência de multiplicação das personalidades tão frequentes numa sociedade como a brasileira, o indivíduo não é simultaneamente indígena, africano, português ou, ainda, russo, francês, italiano, mas sucessivamente, e em grande parte, segundo as circunstâncias.

Bastide, em um de seus artigos, publicado em 1955, denominou esse processo de "princípio de corte", no qual estuda as condutas diferenciadas dos afro-brasileiros, por um lado, no plano religioso do candomblé, e, por outro lado, na vida civil e profissional. Parece-me, porém, que no "princípio de corte", bem como nos textos que compõem este livro, o autor pressupõe uma permanência e uma unidade do sujeito susceptíveis de "justapor" dois universos que se "correspondem", o que permite "a simultaneidade de comportamentos diferentes sem conflito interior". Substituindo "correspondências" entre "compartimentos do real" por aquilo que antes dele foi encarado como alternativas exclusivas (Lévy-Bruhl) ou por possíveis modalidades que podem ser reabsorvidas numa ordem superior (Durkheim e depois Lévi-Strauss), nem por isso Bastide é menos tributário de um pensamento que dá primazia ao espaço em detrimento do tempo. Ele nos deixa bastante desmunidos para pensarmos na questão da intermitência (das línguas, das linguagens, dos pensamentos e sentimentos) do sujeito em seu devir.

Certamente, Bastide situa-se — ou melhor, desloca-se — numa perspectiva totalmente oposta à pureza formalista de um Lévi-Strauss. Ao conhecimento "mineralógico" da antropologia estruturalista ele prefere o das "organizações vegetais semelhantes a lianas vivas". O que lhe interessa no movimento de troca e de vaivém permanente entre o mesmo e o outro, o próximo e o distante, não são os sistemas de relação (o que faz Lévi-Strauss pensar que os objetos empíricos são intercambiáveis), e sim o sentido e os valores daquilo que circula e transforma-se ao circular. Isso não impede que o procedimento de Bastide, pelo menos neste livro, se inscreva nos limites de um pensamento que, não sendo mais classificatório, no entanto permanece *categorial*: para compreender os cultos do candomblé "foi preciso", ele escreve, "que eu deixasse de lado categorias lógicas". Essas novas categorias tornam-se categorias lógicas e *afetivas* ou, mais exatamente, *esquemas* no sentido kantiano,[10] porém esquemas da vida social encarada nos processos de encontros e de transformações, susceptíveis de dar conta do pensamento "das participações, analogias e correspondências".

Permanentemente aberto à complexidade do real, o pensamento de Bastide jamais forma um sistema. Evolui, entretanto, em um plano gurvitchiano,[11] o da *morfologia social*, e preocupa-se muito mais com as trocas e transformações do que com suas modulações. No universo bastidiano, nunca deixa de ser colocada a questão da contradição (e, notadamente, a contradição de um pesquisador que se desloca "entre a ciência e a poesia", entre o protestantismo de um pesquisador originário da região de Cévennes e o pertencimento a um terreiro de candomblé de Salvador, na Bahia). Parece-me que essa contradição encerra, na verdade, coesão e coerência. A coesão e a coerência, por exemplo, do pensamento africano e afro-americano. Esse universo bastidiano é um universo otimista. É o universo do "equilíbrio", do "reequilíbrio", da "compensação", da "integração", da "incorporação", da "interpenetração", isto é, da afirmação e da proliferação (nascida da mescla criativa das culturas), da abundância dos afetos e da plenitude semântica. Não é o universo da negatividade, da ausência, da falta, da perda, do esquecimento, do declínio, do desaparecimento, do recuo, do informe. Estamos na presença daquilo que Desroche denominou "antropologia faustosa".

Embora sendo um dos primeiros sociólogos a integrar na França a psicanálise (e a perturbação e a turbulência provocadas pelo inconsciente) em sua reflexão, e embora não seja um leitor e um comentarista dos escritores da modernidade, Bastide é um pensador da conciliação e de modo algum do indivíduo dividido, em conflito consigo. Parece-me que ele é muito mais atento às transações (que ele denomina "correspondências") do que às transições, aos ajustamentos do que aos hiatos, aos acordos do que às rupturas, e a uma problemática que envolve duas pessoas. É significativo, por exemplo, que ele retome, sem jamais o discutir, o paradigma da "miscigenação" tão presente em *Casa-grande e senzala*, de Gilberto Freyre, que ele traduziu.[12] A "miscigenação", tal como a concebe Gilberto Freyre, valoriza aquilo que caminha no sentido da unificação e homogeneização da cultura (Freyre é um discípulo de Boas) e, por extensão, da nação brasileira. Pressupondo aquilo que ele denomina a "fusão", em cujo âmbito todas as singularidades são levadas a se dissolver, não existe nada mais nessas condições externas nem mesmo oscilação possível no interior da polaridade do uno e do múltiplo. O homogêneo é levado a sobrepor-se ao heterogêneo e a unidade à universalidade. Foi assim que a "miscigenação" quase se tornou a ideologia oficial do Estado de Getúlio Vargas, nos anos 1930 (o *Estado Novo*), que favorece a criação de símbolos nacionais, como o Carnaval, o samba e a umbanda.

Mais fecunda para pensar os processos de transmutação mestiça, embora também possa ser utilizada para fins ideológicos, parece-me a metáfora *antropofágica* de Oswald de Andrade e do modernismo brasileiro, reatualizando o ato de devorar os europeus pelos índios tupinambá a fim de se apropriarem de sua força vital. Bastide, porém, não se refere a isso neste livro. Vejo nisso sobretudo uma razão que se deve a seu itinerário, ao mesmo tempo intelectual e espiritual no Brasil. Para os universitários franceses (Braudel, Lévy-Strauss, Monbeig, Bastide...) que sob o impulso de Georges Dumas participam, no final dos anos 1930, da fundação da Universidade de São Paulo, a sociedade brasileira aparece no início como um campo privilegiado de estudos. Essa sociedade, entretanto, revela uma aptidão a metamorfosear-se, a "abrasileirar" progressivamente aqueles a quem ela recebe. E a Bastide, mais do que todos os outros. Uma parte importante da sensibilidade e da inteligência do pesquisador francês, através dos processos de transmutação antropofágica que ele estudou, tornou-se brasileira.

Essa última colocação me leva a formular agora uma segunda série de interrogações críticas relativas a inúmeros textos desta obra que abordam as transformações dos cultos de origem africana no Brasil. Bastide explica com grande precisão e em textos despojados de toda amplificação como os *terreiros* de candomblé permitiram reconstituir a África no Brasil e depois como certo número deles, ao encontrar notadamente o espiritismo francês de Allan Kardec, se transformaram progressivamente em macumba no Rio de Janeiro e em umbanda no final dos anos 1920.

Parece-me, no entanto, que existe, por um lado, uma tendência a enrijecer a oposição entre a "autenticidade nagô" dos candomblés de Salvador, na Bahia, que prolongam e fecundam a complexa espiritualidade, "pura" e "sutil" da religião mãe da Nigéria, e, por outro lado, a "desagregação" desses candomblés em umbanda, cultos que lhe parecem heteróclitos, uma mistura que tende à "magia negra" e à bandidagem. Essa separação binária entre um "sagrado autêntico" em relação ao qual Bastide sente uma verdadeira admiração e um "sagrado em conserva", que provoca nele repulsa, é de surpreender em um autor tão nuançado como ele. Essa separação é duplicada por um contraste que se percebe somente mediante minúcias neste livro: por um lado, o contraste do Rio e São Paulo, universos da desordem e do individualismo da grande cidade moderna (para Bastide, "o distante"); por outro lado, Salvador, que nele suscita ternura ("o próximo").

Descobrindo a África no Brasil, Bastide não se torna tanto brasileiro, como escrevi anteriormente, quanto africano (ou afro-brasileiro), conforme ele mesmo escreve (em latim) no início de seu livro *As religiões africanas no Brasil*: "Africanum sum." O que foi decisivo para ele, e constitui como que um texto à parte[13] da obra que se vai ler, foi a primeira viagem ao Nordeste, em janeiro e fevereiro de 1944, a partir da qual se realiza sua iniciação, em julho de 1951, em um terreiro de candomblé nagô de Salvador, onde, filho de Xangô, ele tem o cargo de ogã.[14] Estamos na presença de uma conversão espiritual muito sincera, mas também de uma conversão metodológica que não deixa de evocar Griaule, da qual ele é ao mesmo tempo próximo (por um conhecimento através do "de dentro") e muito distante (Griaule não leva tão longe como Bastide a análise das organizações sociais, nem estuda os contatos entre as sociedades).

É sem dúvida essa "verdadeira paixão" por Salvador e seus candomblés, "abrindo para mim", como ele declara em 1944 a um jornal brasileiro, "novos caminhos que eu não teria imaginado", que permite compreender certo "etnocentrismo ao inverso" de que fala Peter Fry. Essa idealização da África reencontrada no Brasil e com a qual ele tende a se identificar o leva algumas vezes neste livro a certos julgamentos de valor ("erotismo libidinoso do europeu e amor casto do africano" (p. 205)). Essa idealização o leva a encarar com um olhar próximo aqueles que compartilham a fé do "verdadeiro candomblé" (p. 143) (ou a "verdadeira negritude" (p. 141)) e

PREFÁCIO À EDIÇÃO FRANCESA

a considerar com um olhar mais distanciado a "negritude" recomposta e reinterpretada na Europa — o surrealismo, por exemplo —, e tudo aquilo que é "reinterpretação da África através das categorias, lógicas e efetivas, da mentalidade ocidental" (p. 141).

Duas linhas de força comandam a organização desta obra: a análise dos preconceitos (racistas) e a compreensão da paixão (religiosa). A simpatia muito forte de Bastide pela vitalidade do componente africano das sociedades americanas me parece indissociável do fato de que ele não procura somente estudar o racismo, mas combatê-lo. A concepção que ele tem do pesquisador na área das ciências humanas não é a de um observador externo, mas a de um ator engajado. Não sendo nem weberiano, nem durkheimiano, nem bachelardiano, ele não separa a afetividade da racionalidade e o fervor do rigor. Ele considera, ao contrário, que, "para fazer boa sociologia, é preciso antes de mais nada amar os homens". É essa convicção que o conduz a uma trajetória etnográfica muito próxima da trajetória de Leiris em relação aos etíopes, porém ainda mais à trajetória de Griaule relativa aos dogons e sobretudo à trajetória de Leenhardt entre os kanaks da Nova Caledônia. Bastide é animado por uma exigência que não é somente a do conhecimento científico, mas a da ação, conforme se vê em sua *Anthropologie appliquée* (1971), que pode ser considerada o complemento deste livro, na qual se percebe a dimensão resolutamente humanista de sua trajetória. Muito distante e até mesmo oposto aos efeitos do desencantamento (o "desencantamento do mundo", de Max Weber), e, *a fortiori,* dessacralizantes das ciências humanas, ele reintroduz a questão dos valores no cerne da pesquisa. Constrói, ainda, instrumentos e coloca muito numerosas delimitações que nos permitem pensar aquilo que hoje se denomina uma ética que não tenha a fixidez e a pureza kantiana do "imperativo categórico" e que, além disso, não seja a recondução da concepção republicana e totalizante que era a de Mauss e de Durkheim.

Desde as primeiras páginas deste livro, Bastide pressente as interrogações formuladas somente há alguns anos sob o nome de "mundialização" e começa a nos dar alguns elementos de resposta. Toma consciência de que uma nova relação com o espaço está se formando: uma relação com o espaço que se estreita (e, portanto, é suscetível de nos aproximar uns dos outros) e no tempo que se acelera e cria a distância, a "incompreensão" e a exclusão. Essa tensão entre o próximo e o distante, que Bastide não somente percebe mas começa a analisar desde os anos 1950-1960, atento sobretudo às formas reativas de antimundialização e de anticosmopolitismo, nacionalistas e identitárias, que são os movimentos messiânicos do Terceiro Mundo,[15] cabe aos antropólogos e aos sociólogos de nossa época reexaminá-la.

Uma das lições que extraio pessoalmente deste livro e da qual proponho somente uma leitura possível (que espero não ser fixa e inconclusa) é uma incitação a elaborar um conceito do universal não como ser ou como estado (de indivisão e de indiferença), mas como um vir a ser e dever ser, isto é, como ética. Esse universo não pode ser sempre e idêntico em todos os lugares. Não poderia ser o "Ocidente", pois é ultrapassado sem cessar pelo que vem de fora. Esse universo não se salienta, não supervisiona, não resolve. Não fundamenta mas questiona nossa comum humanidade. Está permanentemente aberto para o múltiplo. Contrariamente à "mundialização" técnico-econômica brutalmemte imposta, ele supõe um lento trabalho de transformação dos grupos sociais, das formas religiosas e estéticas umas pelas outras.

É notadamente o caráter heterogêneo, composto, cosmopolita e movente da sociedade brasileira, na qual viveu durante catorze anos, que permitiu a Bastide diversificar seus paradigmas e nos transmitir um legado inestimável: o de um pensamento em perpétua evolução que nos possibilita, por nossa vez, libertar-nos de uma concepção estabilizada e solidificada do social. Ele multiplica neste livro as abordagens (investigação, questionário, sociologia quantitativa, história e histórias de vida... que contribuem para construir um horizonte de análise e de compreensão resolutamente comparativo) e os percursos, aquilo que frequentemente o conduz para muito longe de suas hipóteses iniciais.

PREFÁCIO À EDIÇÃO FRANCESA

O próximo e o distante não é constituído por formas acabadas. Nele não se encontram, falando propriamente, resultados e ainda menos conclusões. Roger Bastide desconfia de explicações que procedem autoritariamente, objetivando a adoção de um sentido, tendo em vista o comportamento dos "atores sociais" que permanecem passivos e se encontram excluídos das preocupações dos pesquisadores. Este livro não é um livro sobre "o encontro dos homens" (primeira parte) e "o encontro das civilizações" (segunda parte), mas um livro elaborado a partir de ou mais exatamente *no* encontro. Avança em perpétuo regime de experimentação. É o livro de um pesquisador, inatual em sua época, mas que se tornou nosso contemporâneo.

Introdução

A época moderna... se caracteriza pelo confronto com os "desconhecidos", os "estrangeiros" e seus mundos, universos insólitos, não familiares, exóticos ou arcaicos.
M. Éliade
Mefistófeles e o andrógino

Desde os tempos pré-históricos, certamente sempre existiram contatos entre os homens e as civilizações: grandes migrações, deslocamento de povos, trocas comerciais, guerras de dominação... Mas, ao mesmo tempo, os indivíduos tendem a enraizar-se numa terra, a entrincheirar-se nos muros de uma casa, a distinguir os "seus" e os "outros" — os "outros", isto é, os estrangeiros, os bárbaros, aqueles que, devido a seu físico, ou a seus costumes, espantam e provocam medo. Em certa medida, a história do mundo é a de um estreitamento progressivo das relações humanas, sobretudo desde alguns séculos. Hoje, porém, com o progresso dos meios de transporte e das técnicas da informação, o universo encurtou bruscamente. As distâncias deixaram de ser obstáculos às aproximações entre os homens mais diversos; nós nos deslocamos cada vez mais; em nossas ruas, caminhamos lado a lado com europeus, americanos, africanos ou asiáticos; e, mesmo que nos abriguemos entre as paredes de nossas moradas, a televisão passa através das muralhas, bombardeia-nos com imagens exóticas: o papua vem dançar em nosso salão, o wolof insinua-se em nossos sofás, o vietnamita nos fala de seus problemas, como se fôssemos membros de sua família. Poderíamos esperar que essa multiplicidade de aproximações ou de contatos conduzisse finalmente ao triunfo da fraternidade mundial, ao sentimento de nossa unidade, de nossa responsabilidade comum...

Infelizmente, abordamos esses contatos com uma mentalidade moldada pelo espírito do fechamento. E, mesmo quando viajamos, levamos em nossa bagagem nossos preconceitos, nossas ignorâncias, nossa dificuldade de sair de dentro de nós, e, mesmo após a descolonização, a dificuldade de deixar de lado nossos sonhos de dominação ou de hegemonia. Isso faz com que a multiplicação das relações entre povos ou civilizações acabe mais frequentemente por multiplicar as barreiras ou as incompreensões. Mas então vamos deixar escapar a grande oportunidade que se oferece aos homens de hoje? A tarefa número um de nossa época não se tornará a luta contra o racismo, que impede a organização mundial de nascer na paz e no respeito mútuo? Com certeza o racismo é atacado oficialmente, mas esses ataques não se dirigem contra as formas arcaicas do racismo, que, no entanto, continua, apenas muda de feição. Pois o racismo é como Proteu: assume incessantemente novos semblantes, disfarça-se, esconde-se na sombra, para manobrar melhor — ou mais impunemente — os cordões da marionete em que ele nos transformou.

O livro que hoje apresentamos retoma diversos artigos que publicamos desde 1950, esgotados ou difíceis de encontrar, bem como certos textos inéditos, que se inscrevem nessa perspectiva de luta contra o racismo. Pois é, mais uma vez, do sucesso desta batalha que todo o resto depende: a paz mundial, o desenvolvimento econômico e social dos povos ditos subdesenvolvidos (pois sem isso tal desenvolvimento se fará na linha do neocolonialismo ou do imperialismo, e do conflito entre os imperialismos rivais), a organização das instâncias internacionais. A primeira parte do livro se refere aos problemas gerais do racismo. Busca as raízes do mal, pois

INTRODUÇÃO

somente através da lucidez é que poderemos extirpá-lo. Porém, a luta contra o racismo deve passar forçosamente pela luta contra o etnocentrismo, seu último sucedâneo, mas não menos perigoso. Admito que algumas vezes ele pode assumir a aparência do amor, mas é um amor que tiraniza e sufoca. Os asiáticos e os africanos se dão conta disso cada vez mais, à medida que adotam — não mais pela força, mas espontaneamente — os valores e as técnicas do Ocidente. Eles correm o risco de perder suas personalidades. Acreditamos, ao contrário, que somente ao salvaguardar suas identidades culturais é que os grupos podem estabelecer entre eles laços fraternos, pois então cada um deles adquirirá o sentido de seu orgulho, o de contribuir para o crescimento das riquezas, o de dar uma contribuição — que é única, que os outros povos não podem proporcionar — à grande aventura da espécie humana no globo. A posição política, econômica e social de africanos e asiáticos na ordem nacional modificou-se, melhorou, mas sua inclusão, ao longo desses últimos anos, deve se traduzir pela perda dos valores originais de cada etnia? A inclusão não deve ser a assimilação. Se é evidente que a igualdade e o respeito mútuo não podem se estabelecer entre um povo opressor e um povo oprimido, eles não podem, do mesmo modo, se estabelecer entre um povo que contribui e um povo que renegaria sua identidade para apenas se beneficiar.

É por isso que dedicamos a segunda parte deste livro aos encontros entre as civilizações, após os contatos entre os homens. Estes diversos estudos que reunimos não têm outro objetivo que não seja mostrar, mediante casos precisos, alguns dos processos desses intercâmbios culturais, que sempre são trocas de mão dupla e que, em consequência, se traduzem por um enriquecimento mútuo de dois grupos em confronto. A amizade entre os homens, de todas as raças, de todas as cores, de todas as religiões, deve continuar através do casamento de suas civilizações. Todo progresso é marcado por invenções, e toda invenção consiste numa síntese de elementos que não se relacionaram anteriormente. A criança, que é a promessa do futuro, só nasce quando dois corpos consentem em unir-se. As coisas não são diferentes no campo da sociologia: a cultura não se desenvolve por autofecundação, mas por interfecundação. A luta contra o racismo deve, portanto, completar-se pela luta contra esse outro racismo dissimulado, o da crença na superioridade da civilização racionalista (e não mais orgânica), técnica (e não mais cósmica) sobre as outras culturas. Então, e só então, poderemos assistir a um novo milagre da multiplicação dos pães para nutrir a humanidade, faminta por novos alimentos e por alimentos espirituais.

Talvez certos leitores poderão se espantar ao encontrar, no fim deste livro, um conjunto de textos sobre o messianismo, que constitui apenas um caso particular desses encontros de civilizações. É, porém, um caso particularmente esclarecedor para nosso propósito.

Antes de mais nada porque ele denuncia os perigos do racismo, e esses perigos chegam até a perturbação da moral do erudito. O erudito deve procurar a verdade. Para tanto, ele precisa se livrar de seu etnocentrismo, sair do mundo de seus valores. A leitura de obras ou artigos dedicados ao messianismo dito colonial prova que, com raras exceções, ele é mal compreendido ou foi mal compreendido até data recente, por ter sido abordado a partir de uma perspectiva ocidental. Os artigos que aqui reunimos sobre essa questão encerram, portanto, um aspecto polêmico. Tratava-se de mostrar nesse messianismo uma forma legítima, normal, da dinâmica social — uma crise, talvez; mas uma crise de crescimento.

Em segundo lugar porque o messianismo fornece uma excelente ilustração desse casamento da civilização do qual falávamos um pouco antes. Ele constitui uma procura, algumas vezes dramática, sempre autêntica, da integração dos valores ocidentais com as civilizações diferentes da nossa, do respeito aos valores culturais tradicionais. Ele coloca o problema da Encarnação, do divino no humano. Gostaria que aqueles que me leem, após fechar este livro, perguntassem a si mesmos se esse messianismo não deve ser repensado por eles, de alguma maneira interiorizado, revivido em tudo o que tem de patético, uma condenação e, ao mesmo tempo, uma mensagem de vida. Uma condenação, na medida que é nosso desconhecimento das realidades culturais que nos levou, em nosso orgulho, a pregar para os outros a imitação pura e simples de nossa civilização — uma mensagem de vida na medida que teremos a coragem de nos dar conta de que a busca do Sagrado é uma aventura que também nos diz respeito: colocamos nosso Deus dentro de uma vitrine, cercado de naftalina para que se conserve sem modificação, separado por uma vidraça ou uma porta de madeira do mundo que se movimenta. É preciso quebrar a vidraça ou a porta.

Reencontrar o sentido da revolta fecunda, fazer o divino retornar à terra. Os cultos do Cargo ou do Sião não são "fenômenos curiosos" para se analisar, são chamados que devemos ouvir.

PARTE I

O encontro dos homens

Não se pode separar o estudo do preconceito racial do estudo das situações sociais em que ele se exerce e, como essas situações estão em perpétua transformação, o preconceito racial também se modifica no decorrer do tempo. Ainda que se mantenha, ele muda de forma ou de aparência.

Portanto, só poderemos percebê-lo sob a condição de o examinar no interior de sociedades globais concretas. É, porém, possível separar certas variáveis que podem parecer particularmente importantes porque certos sociólogos fizeram delas fatores e, com frequência, fatores exclusivos, da criação dos preconceitos raciais. Assim, tomando cuidado de nada negligenciar quanto à complexidade das sociedades globais de que falaremos, para compreender melhor o papel e o lugar dessas variáveis ou fatores em um ensaio de sistemática do preconceito, examinaremos sucessivamente:

– a variável econômica (mediante a industrialização do Brasil);

– a variável sexual (desta vez mediante uma comparação não mais entre etapas, na evolução temporal de mesma nação, mas entre diferentes nações); e

– finalmente, a variável religiosa (mediante um estudo sobre as relações entre o calvinismo e o racismo).

1

O preconceito racial*

Regozijo-me de falar com os senhores sobre o problema do preconceito racial. Existem na França muitos homens de boa vontade, mas a boa vontade não basta sem que se tenha conhecimentos prévios. A respeito disto pôde-se fazer uma triste experiência alguns anos atrás, quando os primeiros estudantes africanos vieram cursar as universidades francesas, logo após a Segunda Guerra Mundial. Naquele momento, missionários, católicos e protestantes recomendaram às famílias burguesas de Paris ou de outras cidades universitárias que acolhessem com amizade e amor esses estudantes que haviam sido instruídos em suas escolas no interior da África. Eles foram recebidos com boa vontade, com muita amizade e eu diria até mesmo com muito amor por aquelas famílias burguesas. Infelizmente, os diálogos, a troca de conceitos, foram desastrosos e cavaram um fosso entre os interlocutores. Falaram àqueles estudantes africanos de floresta

---

* Conferência realizada no Centro de Informação e Especialização Militar para Territórios Ultramarinos (Centre militaire d'information et de spécialisation pour l'Outre-mer — CMISOM) em 29 de novembro de 1958.

virgem, serpentes, leões, feiticeiros, mágicos e algumas vezes até mesmo de antropofagia. E eles, que sonhavam e sempre sonham com uma África ocidentalizada, uma África moderna, uma África voltada para o futuro, ficaram ofendidos com aquelas conversas. Preferiram daí em diante abster-se e pararam de frequentar as famílias francesas.

Do mesmo modo — e os senhores sabem, sem dúvida — foram cometidos erros, por exemplo, quando criaram maternidades na África. Era evidente que o objetivo daquelas maternidades consistia em permitir a luta contra a mortalidade, seja a das mulheres em trabalho de parto, seja dos recém-nascidos. No entanto, muitos povos têm o costume de enterrar a placenta após o nascimento, porque assim estabelecem uma ligação no plano místico entre a vida da criança e a placenta. Os feiticeiros podem agir em relação à placenta de modo a destruir, mediante esse meio, a saúde da criança ou, em todo caso, a causar-lhe um prejuízo. Nessas condições, as mulheres africanas que esperavam bebês não queriam ir às maternidades e foi preciso forçá-las com muita frequência, o que provocou aqui mais uma desavença entre a comunidade africana e a comunidade branca.

Esses dois exemplos mostram que não é suficiente ter boa vontade. Ainda é preciso compreender e conhecer os problemas, e parabenizo os organizadores deste centro. Parabenizo igualmente aqueles que se voluntariaram a vir estudar nesta casa, pois compreenderam perfeitamente que o conhecimento era necessário para a ação.

É no contexto de uma pesquisa puramente teórica sobre as relações humanas no interior das comunidades multirraciais que se insere, de algum modo, a exposição que farei hoje sobre o preconceito racial.

Trata-se de um preconceito que todos nós — mais ou menos — sentimos com frequência, sem nos darmos conta dele. Tendo sido encarregado pela Organização das Nações Unidas para a Educação, a Ciência e a Cultura (Unesco) de realizar pela primeira vez um estudo sobre as relações raciais na cidade de São Paulo, no Brasil, e pela segunda vez sobre os estudantes africanos que seguiam cursos na França, organizei a cada vez uma pequena equipe de trabalho, à qual me dirigi nestes termos: "Antes de mais nada vamos psicanalisar nós mesmos, isto é, iremos inicialmente tentar ver se não existe, sem que tenhamos consciência, um preconceito de raça ou um preconceito de cor, escondido ou dissimulado no nosso interior." No Brasil, por exemplo, onde se diz que o preconceito racial não existe, os alunos se manifestaram imediatamente: "Mas nós não temos absolutamente preconceito algum." Ora, graças àquela psicanálise eles chegaram à conclusão de que existia neles um preconceito racial, do qual não tinham consciência. Consequentemente, é importante debater esse problema e sinto-me feliz por fazê-lo hoje com os senhores.

O que é um preconceito? Não falo de preconceito racial, mas de preconceito em geral. É um conjunto de sentimentos, julgamentos e, naturalmente, de atitudes individuais que provocam, favorecem e até mesmo algumas vezes apenas justificam medidas de discriminação. O preconceito é ligado à discriminação. Existem preconceitos de sexo que discriminam o homem da mulher, preconceitos de classe que discriminam o proletário do burguês e, por fim, preconceitos de raça ou de etnia. Porém, a cada vez, trata-se sempre de atitudes, sentimentos e julgamentos que justificam ou provocam os fenômenos de separação, segregação e exploração de um grupo por outro.

Sucede que o preconceito racial assume formas extremamente diferentes e que convém distinguir: o preconceito racial propriamente dito; o preconceito de cor; o preconceito de classe numa sociedade multirracial, isto é, que comporta várias raças que vivem juntas, mas que formam estratos superpostos; e o preconceito étnico ou cultural. Essas diversas formas de preconceitos se misturam e se fundem naturalmente e com frequência, mas, objetivando maior clareza, acredito que, antes de mais nada, é preciso distingui-las.

O preconceito de raça existe sobretudo no sul dos Estados Unidos e também nas repúblicas da África do Sul. A raça é definida ali não por características biológicas, mas por características sociais. O conceito de raça não é um conceito de antropologia física, mas sociológico. Todos aqueles que têm uma gota de sangue negro nas veias são considerados negros. Então o negro de pele mais clara, aquele que em outros países, como o Brasil, poderia passar por branco, é considerado negro nos Estados Unidos e separado da comunidade dos brancos. É, portanto, a origem étnica, por mais longínqua que seja, que define a raça. Basta ter um avô ou um bisavô negro, mesmo que todos os outros membros da parentela sejam brancos, para ser considerado negro. Os senhores reencontrarão aqui uma definição que Hitler retomou para definir os judeus na Alemanha.

Naqueles países, os grupos são separados por barreiras intransponíveis. Sei muito bem que nos Estados Unidos talvez uma dezena de milhares de pessoas consegue atravessar todo ano a "linha de cor", a fundir-se com a comunidade branca. Elas, porém, só foram bem-sucedidas com a condição de partir do lugar de onde nasceram e de onde se sabe que entre seus ancestrais longínquos elas têm um escravizado, um negro. É preciso notar, aliás, que muitas das pessoas que ultrapassaram a linha de cor acabam reencontrando, e com frequência, a fidelidade ancestral, e preferem retornar a sua cidade natal e ser consideradas negras, chegando até mesmo, algumas vezes, a se tornar líderes do grupo negro.

Esse preconceito é muito forte e se manifesta mediante providências institucionais. Quero dizer que as leis vão na mesma direção dos costumes. Por exemplo, elas proíbem que os negros frequentem certas escolas, viajem nos mesmos vagões dos trens, ocupem nos ônibus os mesmos lugares que os brancos. Elas lhes impõem igualmente entradas especiais nos prédios dos correios ou lugares reservados nos teatros e cinemas. Existem até mesmo jardins públicos para os negros, diferentes daqueles reservados para os brancos.

O segundo preconceito, *o preconceito de cor*, parece ser menos virulento. Tomarei, para estudá-lo, o exemplo do Brasil. As regras admitidas nesse país vão na direção oposta daquelas praticadas nos Estados Unidos. No Brasil uma gota de sangue branco é suficiente para classificar o indivíduo no grupo dos brancos. Em consequência, uma pessoa racializada de pele clara não será considerada negra, mas exatamente branca. Não será objeto de discriminação alguma. Será recebido nos salões dos brancos, comerá na sala de jantar deles. De resto, a cor da pele, no Brasil, não tem grande importância. Mais importante do que ela é a textura do cabelo ou a forma do nariz. Com efeito, como existiram muitos indígenas no Brasil e eles se misturaram com os brancos, algumas vezes é difícil distinguir, entre as pessoas com tom de pele mais clara, aquelas que são quadraronas, isto é, que têm uma quarta parte de antepassados negros e brancos. A cor da pele não é algo muito significativo, ao passo que a textura do cabelo e a forma do nariz têm grande importância. Se alguém tem o cabelo crespo, é evidente que conta com um negro entre seus ancestrais, pois os indígenas têm o cabelo liso. Se o nariz for muito achatado e se as narinas forem muito abertas, é igualmente sinal de uma ascendência africana qualquer. É por isto que se fala das pessoas: "Elas têm cabelo bom." Quer dizer que elas têm cabelo liso, podem passar por mestiças de indígenas e escapar da suspeita de ter sangue negro nas veias.

Mas, ao lado da cor da pele, da textura dos cabelos e da forma do nariz, outros elementos intervêm igualmente no Brasil para classificar os negros: a educação, a instrução e a riqueza. Existe um ditado segundo o qual um negro rico é branco e um branco pobre é negro. Quer-se dizer com isso que a posse de certa fortuna permite classificar as pessoas do mesmo modo que a cor da pele. Certos negros se tornaram advogados, médicos e ocupam posições importantes no interior da sociedade brasileira. Nos Estados Unidos, porque são negros, porque são descendentes de escravizados, eles seriam repelidos da comunidade branca, apesar de sua inteligência ou de sua fortuna pessoal. Isso não acontece no Brasil. Se um negro for rico, se for instruído e sobretudo se for bem-criado, bem-educado, se sabe como se comportar num salão, será simplesmente acolhido como um branco.

Então em que consiste o preconceito de cor? Ele se alinha à ideia de que quanto mais negro se é, mais chances alguém tem de ser um proletário, de pertencer às baixas camadas da população, de não ter recebido educação e, sobretudo, de ser pobre. Em consequência, os negros mais escuros é que são discriminados no Brasil. Nele a discriminação assume, aliás, uma forma hipócrita. É por isso que eu lhes dizia há pouco: afirma-se que no Brasil não há preconceitos de cor, mas todos nós temos preconceitos, devemos lutar contra nós mesmos a cada instante e recomeçar incessantemente nossa autocrítica.

No Brasil, o preconceito assume, portanto, uma forma hipócrita. Por exemplo, quando um negro se apresenta num banco ou numa loja para tentar um emprego, jamais lhe dirão: "Não, não aceitamos negros." Dirão para ele: "No momento não há nenhuma vaga, dê-nos seu endereço, daqui a algum tempo lhe daremos notícias." E naturalmente o negro jamais as recebe. O mulato, ao contrário, se introduz em todos os lugares e é bem acolhido. Assim, por sua vez, a fim de não ser assimilado a um negro, e para mais bem se apartar de uma classe à qual pertence, em certa medida, o mulato, talvez ainda mais que o branco, alimenta preconceitos de cor contra seus irmãos que têm mais sangue africano do que ele. Os senhores sabem que esse é o grande problema do Haiti, onde a oposição das cores se duplica mediante uma rivalidade política entre a classe burguesa dos mulatos e a classe camponesa dos negros. Muitos fatos análogos são encontrados no Brasil, e um ditado declara: "O mulato esconde o retrato de sua mãe negra na cozinha, enquanto pendura o retrato de seu pai branco na sala de estar."

O terceiro preconceito, *o preconceito de classe*, se liga muito frequentemente ao preconceito de cor. Ele existe em todos os lugares. Nós o encontramos em todos os países onde existem classes sociais. Um burguês não fica contente se sua filha casar com um proletário; vê-se, no metrô, pessoas que não se sentam ao lado de um operário caso ele esteja um pouco sujo. O preconceito de classe não está ligado, portanto, ao problema das raças. No entanto, em sociedades de países da América do Sul, onde a divisão por classes corresponde exatamente à divisão por etnias ou por raças, o preconceito racial assume, com muita frequência, a forma de preconceito de classe.

Nos países da assim chamada América indígena, que recebe esse nome porque neles os indígenas ocupam um lugar importante — como México,

Peru, Venezuela, Guatemala etc. —, existem três classes sociais: a classe alta ou elite, constituída quase unicamente por brancos descendentes de espanhóis; em nível bem mais inferior está a classe baixa, composta por indígenas puros e algumas vezes por negros quase puros. Entre essas duas classes existe uma terceira, que não ouso denominar classe média, pois não tem relação alguma com nossa classe média europeia, mas que denominarei, se me permitirem a expressão, uma classe intermediária, composta por mestiços: mestiços de negros e brancos, mestiços de indígenas e brancos e também mestiços de indígenas e negros, pois em contrário àquilo que algumas vezes se pretende, não existe oposição racial entre indígenas e africanos. Os descendentes de africanos se misturam voluntariamente com os "ladinos", pessoas instruídas que falam espanhol, pessoas espertas, que sabem como evitar apuros.

Em consequência, os preconceitos assumirão a forma dos preconceitos da classe branca contra a classe dos intermediários, dos ladinos contra os índios "selvagens", dos mulatos contra os negros.

Porém, quando graças a sua instrução ou a sua riqueza um indígena puro do ponto de vista racial chega a ocupar uma posição — por exemplo, no comércio — no seio da classe intermediária, a partir daquele momento ele não será mais denominado índio —, tornar-se-á um ladino, embora não seja um mestiço. Se, por sua vez, um mestiço – e isso acontece com frequência cada vez maior em meio a todas as perturbações econômicas pelas quais passamos hoje —, se um mestiço se formar numa universidade, tornar-se médico ou advogado e penetrar na classe alta, ele será tratado imediatamente como um membro da elite.

Esse preconceito é, portanto, muito mais um preconceito de classe do que um preconceito de raça, mas evidentemente os dois conceitos se misturam e quando se vê alguém muito negro, muito escuro, imagina-se *a priori* que essa pessoa é um membro da classe baixa. Em consequência, nos afastamos dela, a tratamos com certo desprezo. Para ser aceito será preciso que esse negro prove que, apesar de sua cor, ele não pertence à classe inferior.

É evidente que ele manterá desse primeiro contato um ressentimento e um ódio aos brancos, e que tais sentimentos correm o risco de perturbar o jogo de relações entre os homens ou os grupos de uma mesma sociedade.

O último preconceito, *o preconceito cultural*, é o mais difundido na França.

Nosso país é o de Descartes, de Voltaire, de ideias claras e distintas. É também um país missionário, tanto do ponto de vista cristão — penso nas cruzadas — quanto do ponto de vista revolucionário. Penso no modo como propagamos as ideias de 1789.

Temos igualmente tendência a nos considerar superiores aos outros povos. É preciso viajar ao exterior para nos dar conta disso. Percebe-se que quando os franceses fazem tais viagens eles sempre dão a impressão de ser gente pretenciosa. Não penso que sejamos mais pretenciosos do que muitas outras pessoas, mas acreditamos que nossa civilização e nossa cultura são superiores a outras civilizações e a outras culturas. Sempre somos missionários. Queremos sempre levar a todos os povos nossa civilização, afrancesá-los, "assimilá-los" — precisamente, aliás, porque amamos os outros povos. É isso que denomino o preconceito cultural. É preconceito, pois todas as civilizações têm uma mensagem para transmitir ao mundo. Todas elas e não somente a civilização francesa possuem algo grande e belo.

Quando mantivemos contato com os povos asiáticos ou com os povos africanos — anteriormente os espanhóis e os portugueses se conduziram do mesmo modo com os povos americanos —, nós os consideramos inferiores a nós, os tratamos como selvagens ou bárbaros. Era, aliás, a época — início do século XIX — em que o evolucionismo estava em voga e, segundo ele, a humanidade atravessa uma série de etapas: a etapa da selvageria, em seguida a da barbárie, que ainda assim é um progresso em relação à selvageria primitiva e, finalmente, a etapa da civilização. De acordo com essa teoria, consideraríamos selvagens os kanaks da Nova Caledônia e bárbaros os africanos da Costa Ocidental. Pelo menos os consideraríamos crianças crescidas que, sem dúvida, poderiam ser educadas, isto é, adquirir nossa civilização. Não existe, entretanto, nada de mais penoso e também doloroso para um ser humano do que sentir-se tratado como um ser inferior, pelo fato de pertencer a uma civilização diferente.

Acredito que essa é a forma de preconceito mais difundida na França. Enquanto os ingleses, talvez por desprezo ou por arrogância, mantiveram muitas tradições africanas em suas colônias, nós lutamos contra as civilizações africanas — lutamos, aliás, por amor, pois pensávamos que nossa civilização era superior e queríamos dá-la tanto aos africanos como aos asiáticos. Isso, entretanto, significava desenraizá-los de sua própria cultura, e homens desenraizados se tornaram forçosamente homens alienados. Hoje eles nos reprovam por isso.

É evidente que não encontramos esse preconceito étnico somente entre os franceses, mas está sempre ligado à raça e à cor. Quando nós, franceses, vemos um africano, pensamos imediatamente na civilização de seu país e em consequência, *a priori*, o consideramos inferior a nós. Mesmo quando se trata, por exemplo, de um estudante, quando vemos que ele tem a mesma cultura que nós, dizemos: "Sim, mas é uma cultura de imitação, é uma cultura apoiada em sua barbárie primitiva e este africano não poderá ir muito longe. É próximo de nós na aparência. No fundo de sua alma continua sendo muito diferente. Não conseguirá jamais assimilar-se completamente." Eis a forma que o preconceito assume entre nós, franceses.

Qual é agora a origem desses diversos preconceitos que se fundem, conforme eu disse, que se misturam?

É um fato que foi enfatizado, acredito que por quase todos os etnógrafos e sociólogos, que os preconceitos raciais nem sempre existiram, ao inverso dos preconceitos culturais e religiosos. Estes, ao contrário, sempre se manifestaram. Por exemplo, os gregos da Antiguidade separavam-se dos bárbaros; do mesmo modo os judeus se opunham violentamente a quem não era judeu. Esses preconceitos, entretanto, não eram preconceitos raciais, mas étnicos. Os bárbaros eram aqueles que ignoravam a civilização helênica. Os não judeus eram aqueles que não adoravam Jeová, que não aceitavam o Deus de Israel. A oposição era, portanto, devida a diferenças de cultura ou a uma diferença de religiões. Nos dias de hoje ainda encontramos essa oposição no Islã. Afirma-se que o Islã não comporta o preconceito racial e, no entanto, todos os senhores conhecem a oposição dos muçulmanos aos cristãos. É que a oposição nascida do Islã não é uma oposição racial, mas uma oposição religiosa. Quando um negro se torna maometano, ele é colocado exatamente no mesmo patamar que os outros maometanos, pois pratica o mesmo culto, reza as mesmas orações, acredita na mesma divindade. No entanto, um cristão, mesmo sendo branco, é considerado um "cão" pelos muçulmanos. Tais são as antigas formas desse preconceito.

O preconceito racial desenvolveu-se sobretudo a partir do século XVI. Ele se liga a certas ideologias que são da classe capitalista. A descoberta da América permitia aos europeus conquistar novas terras. Permitia que os brancos se tornassem proprietários de imensos latifúndios dos quais podiam extrair recursos abundantes. No entanto, para justificar o apossamento de territórios imensos, foi preciso mostrar que, como os indígenas não cultivavam as terras, nem faziam com que elas produzissem todos os lucros, todos os benefícios que se poderia obter delas, era justo, por parte dos brancos, tomar suas terras e as cultivar no lugar deles. Como muitos indígenas não conseguiram adaptar-se ao regime das lavouras, pois muitos eram nômades e não podiam fixar-se em lugares predeterminados, e como a extensão daquelas lavouras exigia uma mão de obra abundante e habituada ao clima tropical, o indígena foi substituído pelo africano. O tráfico negreiro começou desde o final do século XVI para desenvolver-se sobretudo a partir do século XVII, mas ainda era preciso justificar aquela exploração desavergonhada de uma raça por outra raça. Qual seria o melhor meio de fazê-lo senão o de dizer que os africanos eram um povo inferior aos brancos? Até mesmo os teólogos discutiram gravemente a questão de saber se os africanos tinham uma alma ou se não estavam muito mais próximos do símio do que do homem. Foi então e somente então que o preconceito racial nasceu.

No decorrer do século XIX esse preconceito deu origem a uma doutrina de que todos os senhores ouviram falar e que se chama racismo. Foram franceses como Gobineau e G. V. de Lapouge que formularam suas bases teóricas. Esse racismo, porém, desenvolveu-se sobretudo no exterior, inicialmente entre os ingleses, onde ele permitiu justificar o imperialismo anglo-saxão, e em seguida entre os alemães, onde assumiu a forma do mito ariano. No entanto, é preciso observar que em Gobineau e em Lapouge o racismo não era uma justificativa da segregação e da discriminação em relação aos negros. Era uma doutrina de brancos e para brancos. Tratava-se, em sua origem, de uma doutrina aristocrática destinada a racionalizar mais os preconceitos de classe do que os preconceitos de raças. Tratava-se de mostrar que os camponeses e os proletários mereciam sua situação inferior no campesinato ou na indústria porque pertencem a raças braquicéfalas morenas, enquanto que, ao contrário, todas as elites e em particular as elites urbanas e intelectuais pertencem à raça dos dolicocéfalos louros. Portanto, essa doutrina visava, em sua origem, justificar a separação das classes sociais no interior da Europa, mas, como os senhores veem, o racismo sempre procura justificar a separação, a segregação e a exploração. Eis porque ele, em seguida, pôde ser utilizado para também justificar inicialmente a escravidão e, na sequência, a colonização.

O preconceito, portanto, sempre surge como um ato de defesa de um grupo dominante contra o grupo dominado ou como justificativa de uma exploração. Essa situação é ilustrada pela evolução da noção de preconceito na América do Norte.

Durante o período da escravidão, contrariamente às assertivas de *A cabana do Pai Tomás*, as relações entre brancos e negros não foram más. Os negros não eram perigosos para os brancos. Ao contrário, eram úteis para eles. Os membros da classe alta, da classe dos senhores, chegavam até mesmo a dispensar uma espécie de paternalismo afetivo, sentimental, em relação a seus escravizados ou pelo menos a certos escravizados. As amas de leite das crianças brancas, as mucamas, as cozinheiras eram tratadas exatamente como ainda tratávamos há alguns anos, na sociedade burguesa, as domésticas, isto é, como parentas pobres, mas que pertenciam à família, não como pessoas de uma classe diferente.

Quando, porém, a escravidão foi abolida no sul dos Estados Unidos, após os atos dos homens do norte, os brancos sentiram medo. Temeram a ascensão dos negros, pois corriam o risco de que se tornassem seus concorrentes. Foram sobretudo os brancos pobres que sentiram medo porque eram simples artesãos, pequenos lavradores e diziam a si mesmos que, a partir da instrução, os negros chegariam muito rapidamente a alcançá-los, a concorrer com eles e a triunfar. Assim, o preconceito racial se tornou no sul dos Estados Unidos uma verdadeira arma na luta que envolvia o mercado de trabalho e entre as duas classes concorrentes: a classe dos brancos pobres e a classe dos negros, que poderiam elevar-se na sociedade e assumir, quando não o comando, pelos menos os postos a que teriam direito por seus méritos e esforços.

Vemos hoje, de modo semelhante, o preconceito desenvolver-se também no norte dos Estados Unidos. Por quê? Porque durante a Primeira Guerra Mundial os brancos foram lutar na Europa, justamente no momento em que aumentava a demanda da mão de obra, e foi preciso substituí-los nas fábricas do norte. Então os negros partiram do sul em direção a grandes metrópoles como Nova York, Chicago, Detroit, onde já existia uma pequena minoria negra. Entretanto, naquele momento, houve um verdadeiro afluxo de descendentes de africanos às grandes cidades. Quando os trabalhadores brancos, após a guerra, se deram conta da existência de uma mão de obra disponível, diferente da mão de obra branca, e que consentia — pois não era sindicalizada — em trabalhar ganhando salários menores, eles se assustaram. Imediatamente, e como consequência, o preconceito racial nasceu no norte dos Estados Unidos, onde antes não existia.

Os senhores veem, portanto, que sempre existe uma ligação entre o fator econômico, isto é, a luta por certo status social ou econômico e o preconceito.

Foi um problema análogo que estudei há alguns anos em São Paulo. Naquela cidade, assim como no resto do Brasil, não havia até então preconceito de raça, mas um simples preconceito de cor. O que dominava nas relações raciais era o paternalismo. Muitos negros escolhiam para seus filhos padrinhos brancos. Estabelecia-se, a partir de então, uma relação de afeto entre uma família negra e uma família branca. Quando adoecia, a mulher branca tinha certeza de que uma mulher negra sempre iria cuidar dela ou ajudá-la. Reciprocamente, se um negro tivesse problemas com a polícia — isso acontecia algumas vezes —, ele procuraria um branco bem-posicionado, suscetível de ajudá-lo — as amizades políticas desempenham um grande papel no Brasil. De um lado, o negro votava no candidato do branco; do outro lado, se seu filho se mostrasse inteligente, era o padrinho que custeava seus estudos. Seria possível até mesmo enviá-lo para uma universidade e algumas vezes — isso aconteceu no fim do século XVIII — para a Universidade de Montpellier estudar medicina, ou para a Universidade de Coimbra estudar direito.

Mas agora a industrialização se desenvolve no Brasil e São Paulo tornou-se o maior centro industrial de toda a América Latina. Agora não são mais alguns negros — aqueles que foram escolhidos por padrinhos brancos — que se elevam na sociedade. Eles se elevam enquanto indivíduos. A partir da industrialização é o subproletariado racializado que ascende coletivamente para tornar-se um proletariado. Trata-se de uma verdadeira promoção. É uma promoção, porque o subproletário não tem certeza do amanhã. Quando adoece, quando envelhece, encontra-se reduzido à mendicância. O proletário, por outro lado, está defendido por uma série de leis que, na América do Sul, se denominam leis trabalhistas. Em consequência, seu futuro está garantido. Além disso, quando se é proletário, dispõe-se de dinheiro suficiente para dar instrução a seus filhos, enviá-los à escola, a uma escola profissional e talvez mesmo a um curso ginasial completo. Em consequência, a proletarização do negro é para ele uma verdadeira promoção.

Como, porém, a industrialização só se desenvolve lentamente — pois é preciso capitais, técnicos, certo espírito de inciativa que apenas começa a nascer no Brasil —, é evidente que, a partir de então, os negros se tornam possíveis concorrentes dos brancos e, em particular, dos descendentes de imigrantes italianos, portugueses, espanhóis, os quais forneceram os primeiros contingentes que possibilitaram essa industrialização. Trava-se, portanto, uma luta, e vemos hoje o preconceito racial, que outrora não existia, ou quase não existia, assumir uma forma nas grandes metrópoles da América do Sul. O fator econômico e o fator racial são, portanto, estreitamente ligados.

Isso quer dizer que não existem outras teorias sobre a origem do preconceito racial além daquela que acabo de expor? Certamente não, e passarei rapidamente em revista algumas delas.

Vejamos inicialmente a teoria segundo a qual o preconceito provém da ignorância. É evidente que nossos conceitos compreendem certo número de estereótipos. Foi o que sugeri aos senhores quando afirmei: "Devemos fazer a cada instante nossa autocrítica, uma psicanálise de nós mesmos." Tenhamos a coragem de colocar para nós certas perguntas — esta, por exemplo: "Aceitaria que minha filha se case com um africano ou nosso filho com uma africana, mesmo constatando que eles se amam e que podem ser um casal feliz?" Devemos sempre formular para nós esse tipo de pergunta para sabermos se temos ou não um preconceito.

A ignorância intervém, portanto, no nascimento do preconceito. Podemos, por exemplo, imaginar *a priori* que os africanos ou os asiáticos têm certos vícios, de inteligência ou de moralidade. Não acredito, porém, que a ignorância seja um fator dominante, pois os estereótipos variam segundo as situações econômicas. Por exemplo, quando os primeiros chineses chegaram ao litoral do Pacífico, os norte-americanos alimentaram um preconceito contra eles, considerando-os hipócritas, traidores, sádicos etc. No entanto, quando os chineses ocuparam uma posição importante na economia do país, quando explodiu a guerra entre a China e o Japão, pouco antes da Segunda Guerra Mundial, eles se tornaram simpáticos para os norte-americanos, e vimos os estereótipos transformar-se de um dia para outro. Os norte-americanos tentaram, aliás, lutar contra o preconceito nas escolas com a ajuda do cinema, de conferências, de mesas-redondas, mas isso não impediu que ele subsistisse. A ignorância não é, portanto, a única causa do preconceito.

Existe outra teoria, a de Adorno, que liga o preconceito a certo tipo constitutivo. Com efeito, a escola de Adorno distingue dois temperamentos ou tipos: o tipo autoritário e o tipo democrático.

O tipo autoritário é aquele do qual a esquizofrenia nos dá uma caricatura. Corresponde a uma personalidade rígida, que não possui a flexibilidade de espírito necessária para adaptar seu comportamento à evolução das estruturas de uma sociedade como a nossa, uma sociedade em perpétua metamorfose. É o homem dos preconceitos.

O tipo democrático seria, ao contrário, muito mais tolerante e muito mais permeável.

No entanto, o exemplo dos Estados Unidos vai ao encontro desta teoria: o preconceito é um fato de grupos, não de homens. Em um país como o Brasil, a teoria de Adorno ainda poderia sustentar-se, pois lá o preconceito não é institucionalizado. A lei não favorece o preconceito, opõe-se a ele. Quando o dirigente de uma escola não aceita um aluno negro, ele é punido com multa e pode até mesmo ser condenado à prisão. Quando um hoteleiro não quer receber em seu estabelecimento um africano ou um indígena, ele é passível de condenação. No Brasil o preconceito é, portanto, uma questão de pessoa e não de grupo. Nos Estados Unidos, ao contrário, o preconceito é de grupo: todas as pessoas pertencentes à classe branca têm preconceito contra todas as pessoas pertencentes à classe negra, quaisquer que sejam a educação, a instrução e a fortuna desses negros.

Na verdade, o tipo autoritário corresponde a um tipo cultural e, no caso dos Estados Unidos, ao puritanismo protestante. Com efeito, é curioso notar que os preconceitos raciais são mais desenvolvidos em países protestantes como a África do Sul ou a América do Norte do que nos países católicos. No ano passado, ministrei um curso sobre o problema das relações entre a religião e o preconceito, em particular entre o calvinismo e o racismo, mas, infelizmente, não tenho a possibilidade de desenvolver ainda mais essa questão. Contentar-me-ei com assinalar aos senhores que é entre os puritanos que os preconceitos são mais desenvolvidos. As pesquisas de Adorno e de sua escola se voltaram, aliás, para a área cultural do puritanismo e do tradicionalismo anglo-saxão.

Existe uma terceira teoria que explica a teoria dos preconceitos pelo horror às diferenças. É evidente que simpatizamos mais com as pessoas que nos assemelham do que com as pessoas que exterior e visivelmente são muito distantes de nós, mas nem sempre isso é verdade. Com efeito, por que não existiria então um preconceito dos morenos contra os ruivos ou os loiros? Em matéria de preconceito, a cor do cabelo ou dos olhos não tem importância alguma. Então por que a cor da pele teria? É que existe outra coisa por trás dessas diferenças e alguma coisa mais importante do que elas. Além disso, as justificativas que apresentamos para nossa aversão constituem uma boa prova. Elas são frequentemente contraditórias. Dir-se-á, por exemplo, dos judeus, "que eles não têm absolutamente moralidade alguma, amam o dinheiro, são ambiciosos, ocupam sempre os melhores lugares, deles expulsando os autóctones, as pessoas da região". E, em outros momentos, "que eles estão sempre sujos, que se isolam em seus guetos, que vivem na miséria e na imundice". Esses dois tipos de reprovação dirigidos aos judeus são evidentemente contraditórios. Com efeito, existem judeus ricos e judeus pobres, como em todos os países e todos os povos, mas porque não gostamos deles é que reprovamos uns e outros.

Ocorre o mesmo no que se refere aos africanos. Por um lado, dizemos: "os negros são preguiçosos, incapazes; não sabem fazer uma máquina funcionar, jamais conseguirão o que quer que seja." Por outro lado, quando um negro se destaca, dizemos dele: "É preciso pô-lo em seu lugar, é preciso tentar fazê-lo compreender que ele não é feito como nós..." Esses julgamentos opostos provam que o preconceito é estranho às diferenças de cor.

É pelo fato de sermos hostis em relação aos negros que sempre achamos algo a dizer a respeito deles.

Existe, no entanto, uma teoria de ordem psicológica que não me parece ser desprovida de interesse. É a teoria psicanalítica de Dollard, a teoria da frustração-agressão ou ainda a do bode expiatório. Os senhores talvez conheçam a seguinte passagem da Bíblia: quando enfrentavam uma dificuldade após uma doença, uma crise econômica etc., os hebreus consideravam que isso provinha do fato de que haviam pecado contra Deus. Era preciso, portanto, expulsar os pecados. Mas como essa expulsão era praticada? Pegava-se um bode e passavam-se misticamente os pecados do povo para o animal. Em seguida, expulsavam-no da cidade e o apedrejavam até ele morrer. Assim os pecados do povo desapareciam com ele.

Pois bem, todos nós também temos pecados. Temos o sentimento de nossos fracassos ou de nossas "falhas". Queremos certas coisas, mas não conseguimos alcançar tudo aquilo que desejamos. Somos impedidos de realizar nossos mais caros desejos — é o que denominamos frustração. Sonhamos, por exemplo, ser ricos, célebres ou então felizes... e somos pobres, desconhecidos ou infelizes. Ora, essa frustração se traduz naturalmente por meio da vontade de agressão: queremos lutar contra esses obstáculos que se opõem a nós, porém não queremos confessar que a verdadeira causa de nossos fracassos reside em nós; somos nós os fautores de nossa própria miséria, de nosso próprio infortúnio. Então procuramos fora de nós um bode expiatório. Esse bode expiatório será o judeu para a Alemanha nazista, o negro para a América do Norte.

Quando a Alemanha foi vencida em seguida à guerra de 1914-1918 e quando ela se viu às voltas com a bancarrota, os alemães procuraram um bode expiatório. A culpa não era deles, alemães, alemães loiros, alemães arianos, alemães de olhos azuis, que o seu país tivesse sido derrotado, que a miséria tivesse se instalado nos lares e que a revolta tivesse retumbado no país. A culpa era dos outros. Puseram o pecado da Alemanha nos judeus, os perseguiram. Do mesmo modo pôde-se notar, nos Estados Unidos, que a quantidade de linchamento dos negros tinha estreita correlação com as crises econômicas. Se estabelecermos a curva dos linchamentos e a dos ciclos econômicos, observaremos que é nos períodos mais fortes de depressão econômica que os linchamentos aumentam, enquanto não existem ou ocorrem muito pouco nos períodos de prosperidade. Quer dizer, mais uma vez, que as pessoas empobrecidas procuram no exterior um lugar onde descarregar sua cólera.

Creio que talvez seja interessante reunir duas dessas teorias: a teoria econômica que desenvolvi há pouco e a teoria psicanalítica que acabo de apresentar aos senhores. Esta última explica o caráter de virulência que o ódio racial pode assumir, mas ela não explica por que esse ódio é dirigido contra determinada raça mais do que contra outra. A teoria econômica explica por que a raça judia ou a raça africana é que são o objeto desse ódio. Trata-se de raças concorrentes, suscetíveis de invadir o mercado de trabalho, de apoderar-se dos postos de comando do país e contra as quais, por consequência, é preciso lutar, caso se queira manter o status econômico e social do ariano ou do branco.

Na África do Sul a política do apartheid, isto é, da separação dos negros e brancos, possui exatamente as mesmas bases. Os brancos, que são minoria, temem ser submersos pelos bantos, cujo ritmo de expansão demográfica é muito mais importante. Assim sendo, fecham sua sociedade para os negros, levantando diante deles uma verdadeira barreira. O apartheid é uma reação de defesa de um grupo racial que se sente ameaçado. À primeira vista, essa teoria do apartheid é bastante sedutora. Ela se junta à teoria do racismo negro e proclama sua vontade de desenvolvimento autônomo para as duas comunidades, uma ao lado da outra e coexistindo pacificamente. Na realidade, o apartheid esconde outra coisa: a vontade de manter a maioria africana sob o domínio de uma minoria branca.

Se eu tivesse tido tempo, gostaria de estudar com os senhores as funções e os efeitos do preconceito. Podemos, entretanto, negligenciar o problema das funções sem muito remorso, pois aquilo que eu disse sobre a origem dos preconceitos sugere suas funções: trata-se de ajudar uma classe a dominar outra, de ajudar um grupo racial a preservar seu status econômico e social. É preciso, no entanto, que eu diga pelo menos uma palavra sobre os efeitos do preconceito. Não dispondo de muito tempo, evocarei uma das consequências do racismo: o efeito bola de neve.

O racismo branco cria um racismo negro ou um racismo asiático. Por sua vez esse racismo negro ou asiático contribui para desenvolver o racismo branco e então deslizamos como uma bola de neve que, à medida que rola, torna-se cada vez maior, num movimento infernal em que o ódio acaba triunfando de toda boa vontade e de todos os gestos de amor.

No momento atual o racismo se manifesta em todos os lugares e é por isso que o problema número um do mundo de hoje é, segundo parece, o problema da integração, o problema da coexistência de raças diferentes, unidas umas às outras num mesmo trabalho útil para toda a humanidade.

A biologia mostrou que a integração física é possível e que ela não é um mal. Os senhores sabem que muito se criticou, há alguns anos, o fato da miscigenação. Foi dito que os mestiços e os mulatos eram inferiores aos brancos, aos negros e aos indígenas tanto do ponto de vista físico como do ponto de vista moral. Foi dito que os mulatos ou que os mestiços tinham menos filhos do que as raças puras. Todas essas ideias são absolutamente falsas. Para tomar o exemplo da natalidade, no Brasil é entre os negros que a natalidade é a mais fraca, mas talvez essa situação não se explique por motivos raciais, mas sem dúvida por causas de ordem econômica e pelo fato de que o controle dos nascimentos sempre foi muito forte nas sociedades africanas. Os brancos apresentam no Brasil uma taxa de natalidade muito mais elevada do que os negros. No entanto, aqueles que possuem a mais alta taxa de natalidade e que estão na origem da importante expansão demográfica do Brasil são os mulatos e os mestiços. Enquanto os brancos têm, em média, cinco filhos por família, os mulatos chegam a ter quase sete.

A integração fisiológica é, portanto, possível. Ao chegar à França, retornando de minha missão no Brasil, eu a propus como uma das soluções para os problemas das relações raciais, mas me vi diante da oposição dos africanos. Eles são resolutamente hostis aos casamentos interétnicos e observam — o que é verdade — que, por um lado, seus filhos não são considerados pelas crianças brancas como se fossem seus irmãozinhos e correm o risco de sofrer por isso; por outro lado, é muito frequente que esses casamentos mistos não resultem em uniões felizes. Se tais casamentos terminam em um fracasso isto não se deve a razões biológicas, mas a razões de ordem étnica, de ordem cultural. É evidente que a civilização francesa e a civilização africana, embora igualmente belas, são heterogêneas e que um africano e um europeu que vivem juntos, seja na África, seja na França (porém na África ainda muito mais do que na França), tenham frequentemente a ocasião de ver suas mentalidades enfrentar-se, opor-se.

Felizmente, a integração biológica não é a única. Existe outra integração, sempre possível: a integração social. É por isso que me alegro, assim como alegrei-me, no início de nosso encontro, ao constatar a vontade dos senhores de estudar tais problemas, diante do pensamento que nos territórios ultramarinos todo um grupo de funcionários trabalhará para que se realize a integração de raças, a comunhão de corações ou, em todo caso, a cooperação entre os homens. Sei que se trata de uma tarefa muito difícil, mas são problemas que sempre são resolvidos se nós os analisarmos e se continuarmos, por meio dos livros de etnólogos e sociólogos, a nos documentar sobre a questão das relações inter-raciais, bem como sobre os encontros de civilizações diferentes.

O problema é difícil, pois, quando se é um homem de boa vontade, existe algumas vezes a tendência a ir longe demais, isto é, a ser bom demais, dando assim aos africanos ou aos asiáticos com quem se vai viver a impressão de que os consideramos seres diferentes, porque perdoamos neles coisas que não perdoaríamos nos brancos. É preciso adotar com pessoas pertencentes a outras raças ou etnias exatamente a mesma conduta que seguimos com os homens de nossa raça ou etnia. Ora, entre os franceses, por exemplo, estabelecem-se distinções. Existem pessoas preguiçosas, trabalhadoras, honestas e desonestas. Simpatizamos com as pessoas honestas e trabalhadoras, sentimos repulsa por aqueles que são desonestos ou preguiçosos. Pois então é preciso agir do mesmo modo em relação a pessoas pertencentes a outras raças ou etnias, tratá-las não como pessoas que têm necessidade de indulgência, mas como iguais, como adultos, quer dizer, segundo seus méritos pessoais, não segundo a cor de sua pele.

No entanto, a dificuldade provém do fato de que o racismo criou um clima desfavorável. O asiático ou o negro com o qual nos comportamos do mesmo modo com que nos comportamos com um branco se convence com frequência de que nós o desprezamos — não porque ele é desonesto ou preguiçoso, mas porque é negro ou asiático. O ressentimento é de tal monta que se torna difícil permanecer sincero nas relações inter-raciais. Observei isso no Brasil, no momento em que eram realizados exames. Os candidatos evidentemente eram julgados de acordo com suas notas. Ora, quando um africano fracassa num exame, ele sempre tem a pretensão de ter sido lesado: "Deram-me uma nota baixa porque sou negro." Não digo que isso jamais aconteça, mas é um caso verdadeiramente excepcional, sobretudo quando se trata de avaliar exames escritos, pois no Brasil os africanos têm nomes portugueses. O racismo existiu durante todo o período escravagista como um meio de justificativa da escravidão. Os africanos ficaram de tal modo traumatizados que conservaram uma espécie de mania de perseguição.

Como os senhores veem, estamos diante de dois perigos: ou tratamos sem discriminação alguma, em completo pé de igualdade, as pessoas que não pertencem a nossa raça e então corremos o risco de ofendê-las devido à dolorosa herança do passado; ou então as tratamos com maior sentimento de amizade e então damos a elas a impressão de paternalismo, fazendo nascer nelas um sentimento de inferioridade e, com isso, certo ressentimento. É o mesmo círculo infernal.

Existe uma solução? Não acho que existem remédios preparados com antecedência e cuja eficácia seja de algum modo mecânica. Penso que a solução pode ser encontrada quando procuramos conhecer-nos. Para isso é preciso permanecer durante muito tempo no mesmo lugar, no mesmo país. Uma grande amizade uniu-me aos negros brasileiros e, quando cheguei na França e me designaram estudantes africanos, acreditei que a mesma amizade reinaria imediatamente entre nós, apesar das diferenças de idade. Confesso ter ficado extremamente decepcionado ao constatar como não fui recebido exatamente como pensei. Sou grande admirador das civilizações tradicionais africanas, mas a apologia que delas fiz para os estudantes africanos acarretou-me esta crítica: "O senhor é um colonialista, não quer que progridamos; ao contrário, quer que permaneçamos sempre num estágio inferior." Portanto, nossas relações se basearam inicialmente numa ambiguidade e num desconhecimento. Isso não durou, entretanto, e elas melhoraram quando nos conhecemos mais a fundo.

Em consequência, sempre é possível fazer nascer uma amizade entre pessoas de raças diferentes mediante a condição de tratar-nos mutuamente como homens, isto é, como seres que têm a mesma alma, a mesma inteligência, o mesmo coração.

O futuro das relações raciais depende do modo como agiremos amanhã. Está em nossas mãos, todos nós somos responsáveis por isso.

2

O problema das relações raciais no mundo ocidental

(Descrição comparativa e buscas de uma solução)*

As bases biológicas da ideologia racista foram destruídas pela ciência moderna. A Carta da ONU proclamou solenemente a igualdade de todos os homens, quaisquer que sejam suas origens, étnicas ou religiosas, ou qualquer que seja a cor de suas peles. E, no entanto, sempre existe, para nossas nações ocidentais, um problema racial. É que os Direitos do Homem, para se realizarem, devem incarnar-se em nossas sociedades. Se a mistura dos sangues torna cada vez mais problemática a existência de raças puras, sempre existe aquilo que os senhores me permitirão denominar "as raças sociológicas". Designamos com isso os grupos que no interior ou no exterior de uma comunidade possuem, conforme se presume, atributos biológicos comuns ou têm uma origem genética diferente, cuja extensão, assim como a definição, variam de uma nação para outra, o que bem denota o caráter sociológico e não biológico do grupo (o mulato claro, que é definido como "negro", nos Estados Unidos, por exemplo, é considerado "branco" no Brasil). Assim, fica entendido que no decorrer dessa comunicação, quando falarmos de relações raciais, nos referiremos a relações entre "raças" definidas sociologicamente, nas quais o traço físico, quando existe — forma

---

* Comunicação apresentada ao Congresso da Irmandade Mundial, Kassel, 2 de novembro de 1957.

do nariz ou cor da epiderme —, é somente o símbolo de pertença a um grupo social, mais ou menos separado da comunidade nacional.

Foi dito do racismo que ele era uma invenção do século XIX e que estava ligado à Revolução Industrial. No entanto, esse racismo se desenvolve seguindo linhas traçadas anteriormente e que já isolavam certos grupos humanos de outros grupos. Para compreender o modo como se colocam as relações raciais no mundo ocidental é preciso ir além de Gobineau ou Lapouge, até mesmo além da descoberta da América e da formação do capitalismo, remontando à gênese da civilização ocidental. O mundo ocidental é o mundo cristão tal como se desenvolveu após a integração dos "bárbaros" à latinidade. Ora, as três fronteiras do mundo cristão são: o judaísmo (fronteira interior como consequência da diáspora, mas que caracteriza a rejeição do Messias), o Islã, contra o qual serão desencadeadas as cruzadas e, finalmente, o "paganismo" dos asiáticos ou dos africanos. A oposição desses quatro mundos é mais "cultural" do que "racial"; no entanto, a conversão ao cristianismo não a fez cessar *ipso facto*. A existência na península Ibérica de "moçárabes" ou de "cristãos-novos", as regras das ordens monásticas ou das irmandades religiosas tendo em vista garantir a segurança da "pureza de sangue", em se tratando do recrutamento dos fiéis, provam que elementos raciais já se mesclavam com elementos culturais. Podemos dizer do mesmo modo que elementos culturais, após o surgimento do racismo, sempre se misturam com nossas tensões raciais. O antissemitismo cristaliza velhas imagens místicas centradas na crucificação de Cristo, ao passo que o preconceito de cor se apoia mais ou menos conscientemente na ideia da desigualdade das civilizações ou naquilo que os antropólogos denominam "etnocentrismo". É evidente que as tensões parecem hoje mais dramáticas quando cessam as diferenças culturais. Foi após a naturalização dos judeus e sua ascensão à cidadania que o antissemitismo assumiu algumas vezes suas formas mais virulentas. É quando o negro assimila inteiramente os valores ocidentais que o preconceito o separa dos homens com os quais ele se identificou mental e sentimentalmente. A formação de castas nos

Estados Unidos constitui um exemplo disso e foi igualmente quando o negro antilhano chegou à França que ele tomou consciência — a partir do olhar dos brancos — de sua "negritude" e reivindicou sua alteridade. Aconteceu que justamente esse mito da negritude prolongou-se num mito de retorno às civilizações africanas. Isso quer dizer — e essa será nossa segunda observação preliminar — que não podemos separar o problema das relações entre grupos raciais do problema das relações entre diferentes culturas no interior de situações sociais totais, tanto para a resolução das tensões raciais quanto para seu estudo objetivo.

Acabamos de dizer: no interior de situações sociais totais. Com efeito, a unidade do mundo ocidental não deve fazer com que nos esqueçamos de que circunstâncias históricas, como o trajar-se com recato, durante a Reforma, a transposição de sociedades europeias e sua adaptação a novos meios ecológicos, o movimento das nacionalidades, a maior ou menor velocidade da industrialização segundo as regiões e, em consequência, a proletarização das massas camponesas, acarretaram diferenciações locais das estruturas sociais. Também não devemos esquecer que as relações entre grupos raciais, que de acordo com nossa definição remetem às relações entre grupos sociais, apresentam características diferentes segundo as estruturas em cujo interior elas ocorrem. Uma descrição comparativa do modo como se coloca o problema racial nas diversas nações do mundo ocidental e a maneira como cada povo tenta resolvê-lo constitui, portanto, uma introdução prévia a esses encontros de pesquisas em comum, organizados pela Irmandade Mundial.

O antissemitismo tem sem dúvida suas raízes longínquas na hostilidade dos cristãos voltada para o povo que martirizou Jesus, bem como no fato de que o judeu e o nômade escapavam do sistema de organização social, duramente hierarquizado, sim, mas que garantia pelo menos a cada pessoa a segurança de um lugar estável, que ocorreu na Idade Média. No entanto, como Louis Wirth mostrou, não se pode separar o problema judeu do problema do *guetto*.[1] Sendo o gueto em certa medida um primeiro esforço de integração ao sistema medieval, localizando os grupos em bairros — mas fazendo dos judeus uma classe separada, aprisionada em barreiras jurídicas ou de costumes —, esse gueto desenvolveu uma distância social que já existia. Sobretudo ao criar, pela endogamia, uma pseudorraça, e pelo isolamento, uma cultura judaica, o gueto, a partir do século XV, reviveu imagens hostis. A partir de então o europeu se defende de um duplo contágio: físico e demoníaco.

Bastou, desde então, que esse gueto se dissolvesse nos tempos modernos enquanto área ecológica da cidade para que o cristão tendesse a reformá-la como uma espécie de área espiritual. Quanto mais se multiplicam os contatos entre cristãos e judeus, mais o judeu tende a assimilar-se às etnias no meio das quais ele vive — pela conversão à religião dominante do país, pelo casamento etc. —, e mais os preconceitos contra ele se fortalecem. Sabemos que um fenômeno análogo ocorreu com o negro, quando a abolição da escravidão lhe possibilitou a liberdade de locomoção social e ele pôde introduzir-se em todos os interstícios no grupo branco. Este então se defendeu, multiplicando as barreiras mentais dos preconceitos morais. Esse antissemitismo, no entanto, permanece latente, em geral. Somente torna-se grave quando uma crise econômica ou política abala as estruturas sociais tradicionais e quando o indivíduo entra em pânico diante do futuro. Então busca um bode expiatório que ele possa apedrejar. Muito se insistiu nos fatores econômicos e em particular na proletarização das classes médias ao se abordar a etiologia do antissemitismo. Karl Kautsky via nisso a incapacidade daquelas classes de aceitar o socialismo. É preciso notar, porém, que para que o movimento se torne virulento, há necessidade de que seja manipulado, orientado, institucionalizado por uma propaganda contínua e engenhosa, como aquela da "aula do judeu" (*Judenstunde*) no período nazista. Isso evoca a importância do Estado e, em consequência, do fator político. Mesmo se aceitarmos a tese de Dollard — frustração, agressividade —, essa frustração pode ser tanto patriótica quanto econômica. O ódio ao judeu na França, que atingiu o auge por ocasião da questão

Dreyfus, é uma consequência da derrota de 1870. Na Alemanha esse ódio também se segue à derrota de 1919. Não foi impunemente que naqueles *Judenstude* a que aludimos há pouco que o currículo das escolas primárias compreendia as seguintes matérias: o bloqueio e a fome (o judeu enriquece e aproveita-se da miséria alemã); a derrocada (o judeu fautor da revolução de novembro); o calvário da Alemanha (o triunfo de Judá).

Se a unidade da Europa que se está consolidando, em grande parte baseada na amizade entre o povo francês e o povo alemão, faz com que desapareça aquela primeira forma de insegurança — a insegurança nacional — capaz de fazer aflorar do mais fundo dos indivíduos os sentimentos perturbadores do antissemitismo, não se deve esquecer que a segurança econômica ainda não se firmou definitivamente em todas as regiões do continente europeu. Se na França o pujadismo,* diante da pressão da opinião pública indignada, teve de retratar seu antijudaísmo, ele permanece dissimulado, mas real.

Não se deve esquecer igualmente que o antissemitismo é um artigo de exportação. O afluxo de imigrantes entre as duas guerras mundiais em direção à África do Sul e aos Estados Unidos determinou movimentos análogos àqueles que tão tristemente afligiram a Europa. O novo *Klan* dos Estados Unidos não era dirigido somente contra os negros e contra os católicos, mas também contra os judeus, acusados de se apossar do cinema e do teatro para corromper melhor a moral dos anglo-saxões e "rebaixar ao papel de escravas brancas as filhas dos cidadãos livres da América".[2] O partido nacionalista do doutor Malan fazia com que a luta dos agricultores contra o capitalismo industrial se desviasse, transformando-se ao mesmo

---

* Pujadismo (1953-1958) foi um movimento político e sindical francês, iniciado por Pierre Poujade, que exigia a defesa de lojistas e artesãos que se consideravam ameaçados pelo desenvolvimento dos grandes supermercados no pós-guerra. Atualmente, o termo é utilizado para qualificar, sem distinções, certos tipos de populismo, de corporativismo e de demagogia que não possuem necessariamente uma ligação com o movimento inicial. Também pode ser utilizado para qualificar negativamente um discurso político ou social demagógico. [*N. do T.*]

tempo em resistência contra os anglo-saxões e em antissemitismo. Esse capitalismo estava nas mãos de sul-africanos de origem inglesa ou judaica. Não existe, tanto na América do Sul como na do Norte, grupos até mesmo de negros que manifestem semelhantes sentimentos. Lembro-me de um anúncio recortado de um grande jornal cotidiano de São Paulo: "Casal de cor se oferece para trabalhar em casa burguesa como cozinheira e criado. Família judia, abstenha-se." Parece, entretanto, que existe uma diferença muito nítida entre o norte e o sul do continente americano: Garvey denunciava o "controle judeu" da vida econômica negra, seja pelo comércio das mercadorias no interior do Harlem negro, seja pelo aluguel dos imóveis, seja pela domesticidade. No entanto, esse antissemitismo desenvolveu-se sobretudo durante o período de depressão econômica. Claude McKay resume numa frase esse aspecto como limite do antissemitismo: "A judiaria americana é uma parte importante da opressão da maioria branca (...); muito mais importante do que a de outros brancos, a do grupo judeu toca na vida vital (a reduplicação é deste poeta) da minoria racializada (...) Mas no trabalho e na vida social o antissemitismo não aparece."[3] No Brasil, ao contrário, o movimento possui um aspecto sobretudo religioso. Traduz-se, por exemplo, pela mutilação de representações — quadros ou estátuas — de judeus nas cenas de crucificação, no interior das igrejas, e lá também não toca na vida social.

Temos então com o antissemitismo um primeiro tipo de relações raciais ou ditas raciais nas quais os elementos religiosos e culturais são preponderantes. E é talvez porque esse movimento cristaliza imagens coletivas arcaicas que os psicólogos dedicaram tantos estudos, notáveis, aliás, aos rebaixamentos inconscientes do preconceito contra o judeu: seja porque o ligam ao complexo de Édipo, no qual o judeu seria o substituto do pai odiado; seja porque o ligam à dupla frustração-agressividade; seja porque o ligam ao bode expiatório ou mais simplesmente à estrutura da personalidade que os norte-americanos denominam a "personalidade autoritária". Partindo desses dados, uma das soluções mais frequentes e preconizadas é a do emprego de métodos psicoterápicos, individuais ou de grupo; caso isso não seja possível, pelo menos a entrevista terapêutica. Entretanto, como Shentoub observa, "a análise psicológica de indivíduos antissemitas os mostra para nós afetiva e emocionalmente predispostos a se tornar antiqualquer coisa e não precisamente antissemitas.[4] Como se realiza esse bloqueio?

De nossa breve descrição das relações entre judeus e não judeus no mundo ocidental ressalta-se que:

1º) Esse investimento da hostilidade para com o judeu pressupõe um capital anterior de estereótipos e de imagens tradicionais que formam o canal de passagem da agressividade frustrada, seja ela a do filho contra o pai, seja de qualquer outra natureza.

2º) Esses estereótipos se tornam particularmente atuantes nos períodos de desestruturação da ordem social anterior, nos períodos de crise econômica ou política.

3º) Para que a violência se exaspere e se mantenha é preciso uma orquestração habilmente dirigida da propaganda e de uma espécie de institucionalização de atitudes hostis através da educação escolar, da família ou dos partidos políticos.

Decorre disso que a luta deve ser travada em um triplo terreno: contra os preconceitos onde é possível atingi-los, nos manuais e nos livros científicos, o que, por exemplo, M. Isaac fez na França em relação às obras de teologia ou de história das religiões, delas eliminando as fontes de insegurança e, em consequência, de angústia, por meio da democratização tanto das relações econômicas quanto das relações políticas. É o que cuidam de fazer, com coragem e firmeza, os atuais governos de diversos países ocidentais, substituindo uma propaganda e uma educação do ódio por uma propaganda da educação do amor, o que nos parece ser a tarefa das igrejas cristãs.

O fato da contaminação dos negros pelo antissemitismo, se em si mesmo é um fenômeno doloroso, embora limitado, é por outro lado motivo de otimismo. Se o preconceito se aprende, se forma, se espalha pela imitação de um grupo, que o transmite a outro grupo, é possível pelo mesmo motivo "desaprender" esse preconceito ou impedi-lo de ser divulgado. A educação pode destruir aquilo que ela ou a tradição formaram.

Muito mais que o antissemitismo são as relações entre brancos e negros que parecem preocupar hoje a opinião pública das nações ocidentais. É por isso que os senhores me permitirão dedicar a esse problema um espaço maior em minha comunicação. Essas relações não se apresentam da mesma maneira em diferentes países.

Oracy Nogueira, em um estudo recente, distingue o "preconceito de origem" do "preconceito de aparência".[5] Sob uma forma moderna, é a velha distinção entre o preconceito racial e o preconceito de cor. Não se pode confundi-los. O que define o primeiro é que o preconceito se exerce sobre todos aqueles que, por suas origens, em qualquer grau que seja, têm uma gota de sangue negro nas veias. Sua exclusão do grupo branco é "incondicional". Ao contrário, no segundo preconceito, leva-se em conta somente a aparência física: cor da pele, achatamento do nariz, textura do cabelo. É evidente que o segundo preconceito tende a maior tolerância do que o primeiro.

1º) Com efeito, nos Estados Unidos, a segregação do grupo negro se mantém, independentemente das condições pessoais de quem é discriminado, do grau de instrução, do prestígio da profissão, dos recursos financeiros. No Brasil, ao contrário, um indivíduo racializado pode contrabalançar a desvantagem de seu físico mediante uma superioridade em outras áreas: inteligência, instrução ou fortuna pessoal. Assim, nos Estados Unidos, o mulato é tratado exatamente como o negro. No Brasil, o mestiço pode passar por branco e ser tratado como tal pela comunidade. Afirma-se, algumas vezes, que neste último país o preconceito é mais estético do que sentimental subentende-se que a estética de que se trata é a estética do branco.

2º) Nos Estados Unidos, tende-se ao regime das castas. A mobilidade vertical, quando ocorre, opera no interior de cada um dos dois grupos.

No Brasil, tem-se uma sociedade única de classes multirraciais, a mobilidade vertical se dá no interior da comunidade total e a segregação parece ser cada vez menos nítida à medida que se passa das classes inferiores às classes superiores. Isso faz com que se diga às vezes que o preconceito de cor na América do Sul é mais um preconceito de classe do que um preconceito de raça. São essas diferenças que levaram os sociólogos a afirmar, com frequência, que os habitantes da América hispânica e sobretudo da portuguesa não eram racistas, que haviam realizado o ideal da "democracia racial". Isso não quer dizer que não existam nessa América Latina preconceitos, estereótipos sobre a inferioridade do negro ou comportamentos segregacionistas. Isso quer dizer apenas que a ideologia norte-americana é uma ideologia da diferenciação, da pureza das raças e da coexistência de grupos separados, enquanto a ideologia do sul é uma ideologia da mistura dos sangues e, mediante essa mistura, do "embranquecimento progressivo" ou, como se diz algumas vezes, da "arianização" contínua da população.

Trata-se naturalmente de dois tipos ideais no sentido weberiano do termo, que podem dominar em um ou em outro país, mas que ainda assim não podem identificar-se inteiramente com áreas naturais. Uma sondagem que realizei na classe média de São Paulo revela a existência de um preconceito racial puro no interior do preconceito de cor dominante, e é sabido que nos Estados Unidos a situação do mulato se mantém superior à do negro. No entanto, se a análise das formas de preconceito, que acabo de fazer brevemente, constitui um momento importante para a compreensão de situações raciais diferentes e, em consequência, para a resolução do problema da democratização das relações entre os grupos, ainda assim ela é apenas um primeiro momento.

Ora, para nós essa situação racial parece depender, em primeiro lugar, do contexto cultural. Com efeito, ela varia segundo a religião dominante, catolicismo ou protestantismo. Aqui é preciso fazer uma observação importante: a religião age enquanto sistema de valores da comunidade, não enquanto Igreja. Ela age na medida em que moldou a mentalidade coletiva, não na medida em que moldou a personalidade dos crentes. Não sei se me faço entender muito bem. Um exemplo será mais revelador de meu pensamento: um missionário protestante norte-americano enviado para a América do Sul adotará o modelo do país onde foi chamado para morar e reencontrará seu "racismo" apenas ao subir no avião que o levará de volta aos Estados Unidos.[6] Os católicos norte-americanos reagirão do mesmo modo em relação aos negros de suas comunidades ou paróquias, quase exatamente como os protestantes. Conforme revela um questionário que objetiva medir a distância racial, os estudantes católicos se mostram menos tolerantes do que os estudantes evangélicos. Após essa observação, é preciso constatar que os países de maioria protestante, como a África do Sul ou os Estados Unidos, tendem à segregação, enquanto os países católicos, como os países de colonização portuguesa, espanhola e em menor grau francesa, tendem à miscigenação. A essa altura, seria preciso fazer toda uma análise do puritanismo, e ela nos levaria longe demais. A segregação apareceria nele como uma estratégia para impedir a mistura demoníaca das raças e conservar mais particularmente a pureza da raça "eleita" ou "predestinada". É claro que outros elementos atuam ao lado do fator religioso, em particular o elemento econômico. Nossa afirmação preliminar não deve ser esquecida: é preciso examinar as relações raciais no contexto da situação social total. Infelizmente, a linguagem analítica nos obriga a passar sucessivamente em revista as diversas variantes do preconceito antes de fazer as sínteses locais. Além disso, o fator econômico também opera no contexto religioso. Se, como pensam alguns, não se quer ver na exploração racial somente um aspecto de um fenômeno mais vasto, o da proletarização; se não se quer distinguir a ação dos brancos em relação aos negros da ação dos capitalistas em relação a seus trabalhadores e encontrar em ambos a mesma vontade de explorar a mão de obra para obter o máximo de lucro; se julgarmos que as relações raciais são mais amenas nos países colonizados pelas nações latinas porque elas não tinham conhecido um desenvolvimento econômico *industrial* comparável ao da Europa setentrional — ainda assim permanece o fato de que o espírito capitalista e o espírito calvinista se ligam de algum modo e de que o espírito capitalista foi confrontado nos países da Europa meridional pela tradição medieval católica. Uma autocrítica das igrejas, uma "re-evangelização" dos fiéis, como aquela que hoje está sob a direção do Conselho Ecumênico, nos parece um dos caminhos que permitirão um progressivo melhoramento das relações raciais.

Devemos considerar, em segundo lugar, fatores históricos que levaram à constituição de situações sociais diferentes. Em termos gerais, seria preciso opor os países escravagistas e os países de colonização. É certo que nos dois casos temos um fenômeno comum, o das relações de dominação-subordinação, mas tais relações não têm a mesma natureza, assim como seus efeitos, na classe explorada, não se traduzem exatamente pelas mesmas reações. Esses fatores históricos são dos mais importantes para a resolução do problema racial, pois o dever que se impõe no primeiro caso é liquidar a herança da escravidão e, no segundo caso, é o da "descolonização".

Pode-se dizer da escravidão o que dissemos do gueto. Uma vez que foi abolida enquanto instituição legal, os brancos tentaram revivê-la enquanto instituição espiritual. Todos aqueles que estudaram o preconceito racial nos Estados Unidos estão de acordo sobre a função que ele exerce: o de tornar a pôr o negro "em seu lugar". Quando o êxodo das fazendas do sul em direção às grandes metrópoles do norte aumentar a concorrência do negro nas grandes cidades, o preconceito também se manifestará nelas como um meio de defesa do branco para conservar a superioridade de seu status econômico e social. No entanto, o que talvez não saibamos tão bem é que o preconceito aparece com a mesma intensidade naquela América Latina que um dia achamos tão tolerante sob o ponto de vista cultural. O paternalismo do branco em relação ao negro só se compreende como uma continuação da situação escravagista: o negro ou o indígena sempre ocupam os estratos mais baixos da sociedade; os mestiços, o estrato intermediário; e o branco, os estratos superiores. O paternalismo aceita bem — por exemplo, através da instituição católica do apadrinhamento — a mobilidade vertical de pessoas racializadas, mas essa mobilidade, justamente através do apadrinhamento, permanece controlada, dirigida e selecionada pelo grupo dominante. Quando as condições mudam e a mobilidade vertical, nas regiões mais industrializadas, se torna a mobilidade de todo um grupo, e não somente de indivíduos, e uma mobilidade espontânea, fruto da ascensão do negro do lumpemproletariado ao proletariado propriamente dito, em vez de permanecer uma mobilidade controlada, então o branco se serve do preconceito para manter, graças a medidas discriminatórias, os postos de comando e de direção da sociedade. Naturalmente, as condições culturais se exercerão para impedir que essas medidas discriminatórias assumam o aspecto que elas têm em países de outras culturas. A partir de então elas serão hipócritas, escondidas ou latentes e não ostentatórias ou institucionalizadas.

Para os países europeus, as relações raciais são marcadas, ao contrário, pela situação colonial. Sem dúvida, o fator cultural ainda se exerce, isto é, a situação colonial varia segundo as ideologias nacionais. Elas não são exatamente as mesmas para países católicos como Portugal ou Bélgica, para países protestantes como a Inglaterra, e para países marcados pelo ideal da Revolução de 1789, como a França.[7] Separação, paternalismo ou assimilação. Entretanto, sob essas ideologias, a colonização em seu estado puro consiste na dominação de uma raça por outra tendo em vista a exploração do país colonizado e da mão de obra dominada. A importância dessa colonização ressalta nas relações que se estabelecem na França entre operários e estudantes negros ou ainda com os norte-africanos, árabes e berberes — operários e estudantes brancos. Eles não reagem uns contra os outros enquanto "raças" diferentes, mas enquanto "metropolitanos" e "colonizados". Isso quer dizer que o racismo não existe mais aqui? Não se manifestaria sob outra forma? A colonização só pode se justificar pela crença da inferioridade do nativo em relação a nós, quer essa inferioridade seja explicada em última análise pelo obstáculo do primitivismo das civilizações mais do que por uma impossibilidade congênita de progredir. Se mesmo essa inferioridade cultural for considerada provisória, os países colonizadores tenderão a retardar o momento da maioridade ou a manter os postos de comando. Não se deveria acreditar que as relações entre raças diferentes devem ser forçosamente medidas somente na escala do racismo. O que conta é a estrutura social dominação-subordinação, não as racionalizações, mutáveis, ao gosto das modas científicas, dessa estrutura.

À luta contra o "colonialismo" sucedeu hoje a luta pela abolição da escravidão. Ela é conduzida ao mesmo tempo de dentro e de fora: de fora, pelas potências americanas, outrora colônias, e pela União Soviética; de dentro, pela busca de novas relações entre as potências coloniais e suas colônias — exemplo de Gana e Nigéria quanto à Inglaterra — e passagem de uma república centralizadora a uma república federativa quanto à França, com a transição da lei vigente para os territórios ultramarinos. A comparação que acabo de fazer com o abolicionismo é significativa. A abolição da escravidão não acarretou *ipso facto* a democratização das relações raciais. Os preconceitos simplesmente mudaram de função. O desaparecimento do colonialismo também não melhorará forçosamente as relações raciais enquanto existir uma distância no nível de desenvolvimento entre as nações ocidentais e as nações africanas. A partida dos franceses no Haiti não fez desaparecer o dualismo da sociedade. O mulato apenas substituiu o francês nos postos de comando, e o racismo branco continuou. A superioridade do mestiço se baseava em sua participação na raça e na cultura ocidental dos brancos. Problemas análogos podem ocorrer na África se os progressos desse continente dependerem de capitais, técnicos e elites europeias. O fato de que os conflitos de grupo assumirão ali a forma de conflitos entre classes sociais não impedirá que uma dessas classes terá preponderância branca e a outra preponderância negra. Leiris, em sua pesquisa na Martinica e em Guadalupe, observa que o preconceito racial tende a ser suprimido após a elevação dessas duas ilhas ao posto de departamentos franceses, absolutamente idênticos aos da metrópole, enquanto os antagonismos de classe entre pessoas de cores diferentes se intensificam. Mas ele acrescenta logo em seguida que os fatores raciais se introduzem nesses conflitos de classes como um fator agravante.[8]

A conclusão que resulta dessas observações é que os militantes da Irmandade Mundial devem seguir com a maior atenção o processo de descolonização. Os africanos que seguem seus estudos na França se revelaram como alguns dos adversários mais resolutos da União Europeia, como prelúdio à Euro-África, denunciando-a como uma passagem do colonialismo nacional francês a um colonialismo multinacional, muito mais perigoso a seu modo de ver. Eles, entretanto, se dão conta de que as nações africanas somente poderão participar do concerto das nações mediante uma profunda transformação das estruturas econômicas africanas. É o problema da ajuda aos países subdesenvolvidos que aqui se coloca. Ele parece escapar ao objeto de nossa comunicação, porém não escapa mais do que o problema da colonização, pois essa ajuda provém de homens que pertencem a outras etnias ou a outras raças. Assim sendo o deixarei de lado, contentando-me com este apelo à atenção dos delegados aqui presentes.

Esses dois fatores, aos quais o tempo escasso de que disponho me impede de acrescentar outros, se cruzam para fazer nascer nas nações ocidentais e seus prolongamentos de ultramar toda uma série de situações locais. Em um mesmo país essas situações locais podem mudar de uma região para a outra. Os sociólogos insistiram, por exemplo, na diferença entre o sul e o norte dos Estados Unidos — o sul, onde a linha de cor é institucionalizada, cristalizada, rígida; e o norte, onde ela se coloca fora da legislação, nos costumes e comportamentos dos homens e onde, por consequência, ela permite maior abertura do conjunto desses comportamentos. Em relação às pesquisas realizadas no Brasil por diversos pesquisadores, solicitadas pela Unesco, também se pode constatar que há uma diferença entre a situação racial no norte desse país, onde ela permanece mais próxima dos modelos tradicionais da época imperial, e no sul, industrializado, onde a concorrência começa no mercado de trabalho. Essas diferenças são reais e nós não as subestimamos. No entanto, aquelas que hoje existem entre o sul e o norte dos Estados Unidos são diferenças mais de grau do que de natureza, à medida que o "pobre" sul se industrializa e que o afluxo da mão de obra negra aumenta no norte. Do mesmo modo, no sul do Brasil, os antigos modelos de relações raciais sempre se mantêm mais ou menos, se bem que não correspondam mais às mudanças da estrutura social, a fim de escamotear com certa afetividade ou certa doçura tropical os ressentimentos subjacentes.

M. Van den Berghe polariza em torno de dois tipos ideais essa multiplicidade de situações raciais: o tipo paternalista e o tipo concorrencial. Não devemos confundir esses conceitos bipolares com os de Oracy Nogueira. Não se trata mais da forma dos preconceitos, mas das relações entre indivíduos ou grupos racializados e de origem diversas.

O tipo paternalista corresponderia, no plano econômico, às sociedades rurais pouco desenvolvidas tecnologicamente e mais estáveis sociologicamente. Como a divisão do trabalho nelas ocorre de modo rudimentar seguindo a linha racial, com completa ruptura entre os níveis de vida, as formas de educação etc., do grupo dominante e do grupo explorado, pode existir nessas sociedades uma concorrência inter-racial. O grupo dominante constitui uma classe social homogênea e o grupo explorado tem um status jurídico determinado, seja o dos indígenas nos países colonizados, seja o dos escravizados ou de servos nos países americanos. Isso faz com que o branco se sinta protegido ao mesmo tempo pela homogeneidade de seu grupo e pelas sanções legais que atingem frequentemente todos aqueles que se revoltariam contra ele. A distância, aliás, é tão grande entre um e outro grupo, nesse primeiro tipo, que o indígena aceita mais ou menos passivamente o destino que lhe é imposto. Essa ausência de temor por parte do senhor acarreta duas consequências: 1º) O branco pode abandonar-se a seus instintos sexuais, que o direcionam para as mulheres de cor. A miscigenação, mas sob a forma de concubinato, é algo natural, frequente, suscitando aos poucos entre os dois grupos fundamentais o surgimento de um terceiro grupo que será um tampão entre ambos, o do mestiço. 2º) O preconceito da inferioridade do indígena ou do negro não tem necessidade de se exercer dramaticamente, nem se desenvolve em um clima de afetividade ou de angústia, pois as distâncias sociais atingem seu ponto máximo. Assim, o branco pode assumir uma atitude paternalista, protetora, amistosa, para com a minoria dominante.

O tipo concorrencial está ligado, ao contrário, à economia urbana e industrial e, em consequência, a sociedades menos estáveis, às voltas a cada instante com novas correntes migratórias, com as revoluções proporcionadas pelas descobertas técnicas, pela circulação das elites. A divisão do trabalho é complexa. Ao dualismo das sociedades rurais sucede um continuum de empregos que não deixa vazio algum entre os extremos. Os brancos têm um status superior, mas é apenas uma parte desse grupo dominante que constitui a classe dirigente. Reciprocamente, os homens racializados têm um status mais baixo, mas são estratificados, o que faz com que sua classe possa ter um nível de vida mais elevado do que o da camada inferior do grupo branco. Disso resulta a concorrência entre as raças que disputam o status e a direção. A miscigenação é severamente reprovada. O ódio substitui a colaboração e a aceitação da subordinação. Última característica: como em nossas nações ocidentais a ideologia democrática domina, instaura-se um conflito entre essa ideologia e o preconceito racial. É o que Myrdal denominou o "dilema americano" e que poderíamos denominar, para a Europa, o "dilema colonial". Quanto mais democrática for a legislação, isto é, favorável à igualdade dos homens, mais o preconceito se desencadeia, sobrecarregado de emotividade, penetrado por frustrações sexuais, agressividade sádica, angústia do futuro, torturando-se pela "má consciência", praticando sanções ilegais ou violências crônicas: pogroms para os judeus, linchamentos para os negros.

Se aceitarmos esse esquema, diríamos que a situação racial atual pode definir-se pelo triunfo do tipo concorrencial em relação ao tipo paternalista. Permanecem certamente traços deste último na América Latina, onde a industrialização ainda não avançou, e nas matas africanas ainda não tocadas pelas modernas técnicas de desenvolvimento econômico. No entanto, se quisermos estudar o tipo paternalista em seu estado puro, deveríamos analisar sobretudo aquilo que se denominou América indígena, com seu dualismo apartado do grupo branco e do grupo indígena, sua contínua miscigenação através do concubinato ou o casamento costumeiro, isto é, não legalizado civil e religiosamente, com seu paternalismo afetivo que faz falar da "democracia racial" dessa América. A vontade do negro, mais dotado de iniciativa, mais aberto às influências das ideologias ocidentais, igualitárias ou fraternais, mais inclinado a aproveitar todas as possibilidades de ascensão social oferecidas pela escola gratuita, pela industrialização, pela vida urbana — e isso tanto nas colônias como na América negra — faz com que as relações raciais assumam cada vez mais a forma concorrencial.

Acreditamos, portanto, que haveria algum otimismo em acreditar que os preconceitos desfavoráveis desaparecerão à medida que os grupos dominados atingirão a igualdade por meio da educação, instrução, nível de vida, assimilação cultural aos grupos dirigentes — porque a função do preconceito é justamente impedir essa equalização. Mesmo se os preconceitos racistas desaparecessem, isto é, mesmo se reconhecêssemos a igualdade de todos os homens, a luta das raças não diminuiria de intensidade por causa disso. Mas então como proporcionar uma solução para esses conflitos? É a grande tarefa do mundo moderno.

É a equipe de Myrdal que, de certo modo, abre na América o movimento de integração planificada do grupo negro à comunidade nacional. Duas regras dominam esse esforço de planificação: os elementos de uma situação não devem ser tratados isoladamente, não se pode modificá-la partindo de um único fator, considerado, por razões técnicas, fundamental — o fator econômico, por exemplo, ou o fator político. Se os elementos de uma situação devem ser abordados em suas conexões vivas é preciso, antes de mais nada, lidar com aqueles elementos que se pode modificar melhor, pois eles influem uns nos outros, e assim o melhoramento de um desses elementos repercutirá a longo prazo nos demais. É o célebre princípio do efeito cumulativo. Enfim, o problema negro nos Estados Unidos é essencialmente um problema do homem branco. A barreira racial depende das atitudes deste último para com seus concorrentes de cor. Tais atitudes é que precisam mudar.[9]

Foi esse o caminho seguido pela psicossociologia norte-americana. De modo geral e recorrendo aos escritos de Allport,[10] pode-se juntar as principais técnicas tentadas às seguintes técnicas: a informação pelo ensino escolar — a dinâmica de grupos ou, mais simplesmente, o aprendizado da vida em comum, por exemplo na escola ou nos setores de pertença mista, tais como a *mass media*, o cinema, o rádio, a imprensa, as medidas legislativas e a terapia individual. Parece, segundo as experiências tentadas, que cada uma dessas medidas se mostra pouco eficaz por si só. A informação não modifica necessariamente nem as atitudes nem o conhecimento objetivo do comportamento humano. Os grupos mistos só podem diminuir o preconceito se aqueles que os compõem já possuírem o mesmo status, o que se choca com a função do preconceito de diferenciação dos status. A propaganda só é válida para aqueles que têm antes de tudo o desejo de mudar. As medidas legislativas não podem ir contra os costumes, que sempre acham um meio de contorná-las. A terapia individual atinge somente uma fraca minoria. Porém, se cada um desses fatores permanece impotente, ao se atacar de vários lados e ao mesmo tempo as atitudes tradicionais e esclerosadas, age-se "cumulativamente", para voltar a empregar a expressão de Myrdal.

Vê-se que reencontramos nesse conjunto de medidas aquilo que os sociólogos europeus denominam nominalismo norte-americano e que, na Europa, se choca com a oposição, sobretudo dos marxistas. Estes últimos atacam o próprio sistema social, com base na dupla dominação-subordinação, e afirmam que não é apenas mudando a estrutura social que poderá abolir ao mesmo tempo preconceitos e discriminações raciais. Os norte-americanos respondem que a mudança da estrutura social não modificará forçosamente as atitudes pessoais, pois tal estrutura é em grande parte o produto das atitudes dos indivíduos que a compõem. O problema de uma solução para a questão racial se liga, por consequência, a um problema teórico, e é esse problema — o do nominalismo ou do realismo sociológico — que se torna preponderante.

Para resolvê-lo, deveríamos ultrapassar os limites do que foi exposto e compará-lo com as tentativas de solução das nações ocidentais com as tentativas de solução das nações soviéticas. Acredito que a Federação Mundial deveria dedicar a esse problema comparativo um estudo especializado. Enquanto esperamos, podemos fazer duas observações. A primeira é que as soluções norte-americanas se desviaram, em certo sentido — o da tradição nominalista —, da opinião de Myrdal. Este não se referia tanto às atitudes individuais quanto às atitudes coletivas e estas não são uma simples soma de atitudes individuais — elas constituem uma realidade *sui generis*, que é preciso analisar e transformar *no nível do grupo*. Em segundo lugar, é que também existe nos Estados Unidos um ponto de vista oposto ao de Allport e que podemos, para designá-lo igualmente por um nome, chamá-lo de ponto de vista de Klineberg: o preconceito, ao variar de intensidade — acrescentaríamos: de natureza — segundo as regiões, os grupos profissionais, as classes sociais e as confissões religiosas, impõe a necessidade de colocar o problema racial não em termos de mecanismos individuais, mas em termos de condições políticas, econômicas e sociais predominantes. As atitudes individuais são moldadas pela comunidade que impõe a seus membros os estereótipos, as regras de conduta, as normas e os valores. O social domina o psíquico.[11]

Mas, se o social domina o psíquico, o social muda segundo os países. Retornamos, assim, ao chegar ao fim desta comunicação, ao nosso ponto de partida: a importância de encarar, para mais bem destruí-lo, o preconceito racial em situações sociais *totais*. Ora, sob esse ponto de vista talvez a sociedade americana seja menos estruturada do que a sociedade europeia; nela a divisão em classes sociais é menos extensa ou, se preferirmos, sendo a classe média largamente majoritária, ela engloba uma boa parte daquilo que em outros países é o proletariado. Pois bem, quando uma sociedade apresenta menor diferenciação de suas partes, a questão do status social exerce um papel predominante — daí a importância das despesas faustosas, dos clubes fechados etc. Em vez de classes bem-delimitadas, temos indivíduos ou massas. Em consequência, é possível que a estratégia de Allport, que consiste em mudar as atitudes individuais ou atingir as massas por meio da propaganda, seja a melhor possível para a América do Norte, ao passo que não poderia ter valor em sociedades mais estruturadas em classes.

Em todo caso, os Estados Unidos caminham em direção à integração progressiva da comunidade nacional. Acontecimentos recentes poderiam levar-nos a pensar que pelo menos o sul desse país há muito tempo não está pronto para aceitar essa integração. Não sou pessimista. Sempre ocorrem agitações quando uma revolução como aquela que a América realiza neste momento toca em tradições fortemente enraizadas. Mas, 1º) a integração profissional e sindical, consequência da Segunda Guerra Mundial, mesmo após o desaparecimento da Fair Employment Practice Committee (FEPC), pode ser considerada um primeiro êxito; 2º) a integração ecológica, ainda que menos desenvolvida, começou, e se ainda não conseguiu estabelecer aquilo que poderíamos denominar relações íntimas de amizade entre vizinhos, estabeleceu pelo menos em parte uma cooperação igualitária ao nível das relações de administração de prédios residenciais; e 3º) a integração educacional começou. É a mais importante de todas, pois pode modificar as atitudes individuais das crianças. Ela, no entanto, é a mais difícil, pois se realiza mediante uma autoridade, pela ação do governo federal, numa nação onde as liberdades locais são vigorosamente defendidas. Segundo parece, certas sugestões de Myrdal e de Allport foram justificadas por essas experiências. Com efeito, essas diversas medidas deram certo, sobretudo quando vários aspectos do mesmo problema eram atacados ao mesmo tempo e cumulativamente. A integração profissional, por exemplo, proclamada pela legislação, só pôde se realizar porque foi apoiada por uma parte da opinião pública, que formou grupos de defesa dessa legislação. Isso quer dizer que a medida foi imposta ao mesmo tempo de cima para baixo e debaixo para cima, enquanto certamente teria fracassado se não contasse com o apoio desses "grupos de pressão". Do mesmo modo, a integração escolar deu certo na medida que as autoridades locais recorreram, durante as férias escolares, à comunicação de massa — a *mass media* — a fim de preparar os pais dos alunos para a nova situação de contato.[12]

O movimento teve um início auspicioso. Nele ainda poderão existir oposições, infelizmente tão mais violentas na medida que elas se sentirão estéreis. Porém, nada mais conseguirá detê-lo.

Na América do Sul, em todos os lugares onde o tipo concorrencial tende a se formar, são tomadas medidas legislativas para impedir que as discriminações se estabeleçam. Por exemplo, a Lei Afonso Arinos, no Brasil, pune com multas e prisão diretores de escolas, dirigentes de fábricas, comerciantes e hoteleiros que recusem seu atendimento por motivo de diferença religiosa, étnica ou racial. Onde o tipo paternalista prossegue, a solução ocorre por si própria, a longo prazo, sim, mas eficazmente, através da miscigenação que dissolve as fronteiras físicas dos homens e cria comunidades homogêneas de mestiços...

Na Europa, o problema não se coloca com a mesma acuidade. Isso não quer dizer que certas tensões já não existam: 1º) em todos os lugares onde as tropas de ocupação passaram, houve o problema de crianças ilegítimas, nascidas das relações entre os soldados negros e as mulheres locais; 2º) a formação de elites africanas aumentou sensivelmente a quantidade de estudantes racializados e suscitou certos preconceitos *in statu nascendi* no que se refere ao alojamento, às relações sindicais e à concorrência sexual; e 3º) a demanda por uma mão de obra não qualificada negra nos portos da Inglaterra ou da França e de uma mão de obra também não qualificada, árabe ou berbere, na França, fez nascer condutas de segregação. Na Europa, entretanto, até o momento — segundo acreditamos — nenhuma medida foi tomada para diminuir as tensões, fora medidas de ordem econômica de ajuda aos deserdados. No entanto, se o racismo parece quase inexistente, é preciso cuidar para que esses novos contatos não o acionem. Torna-se necessária uma atenção contínua por parte de todos nós.

Assim, para a Europa, os únicos problemas são: o antissemitismo, que no momento parece estar jugulado, pois ela ainda sente remorso dos crimes que cometeu; e o colonialismo, que implica relações raciais, mas que as ultrapassa e que neste momento procura sua solução na descolonização progressiva dos países ultramarinos.

Podemos então concluir:

1. As relações raciais diferem não somente em intensidade, mas ainda e com frequência quanto à natureza, de uma região do mundo ocidental para outra, porque se inscrevem em contextos culturais, históricos e em estruturas sociais diferentes. E também porque as raças ou pseudorraças presentes não são as mesmas em todos os lugares: aqui sobretudo judeus e não judeus; fora daqui, brancos e indígenas ou brancos e negros.

2. Não existe, portanto, uma panaceia universal. Cada país deve resolver seus problemas segundo a natureza das relações raciais e seu contexto. Se as medidas de ordem psicológica, de mudança de atitudes, são em parte válidas universalmente, pois os homens são os mesmos em todos os lugares, no entanto, quando o Eu é a expressão de culturas divergentes, essas medidas também não podem mais se generalizar. Estudemos aquilo que é feito em outros lugares, mas não percamos nesse olhar sobre o outro o sentido de nossas próprias responsabilidades. Cada país está engajado na luta e cada um deles deve encontrar uma estratégia na medida de seus próprios problemas.

3

A dimensão econômica
(Os efeitos da industrialização sobre as relações raciais no Brasil)*

O que ressalta de últimos trabalhos escritos tanto por historiadores como por sociólogos é que o regime escravagista foi destruído pelo desenvolvimento ou pela expansão do capitalismo industrial, tanto na Inglaterra como no Brasil.[1] É por um lado a necessidade para um grande país produtor de impedir a concorrência de uma mão de obra não remunerada e, ainda mais, de transformar essa mão de obra em uma massa de assalariados, capazes de adquirir seus produtos, que levou a Inglaterra a se pôr à frente do movimento abolicionista na América. A constatação de que o trabalho servil era muito menos remunerador do que o trabalho livre, de que o regime da escravidão era anacrônico diante das novas formas de produção e, em segundo lugar, de que o capital imobilizado na compra e na manutenção dos escravizados seria mais rentável no investimento público ou privado levaram o Brasil à abolição. A supressão do trabalho servil em 1888 não foi de modo algum o resultado da revolta dos negros contra o regime que lhes foi imposto — se bem que, por volta do fim do século XIX, as fugas de pessoas escravizadas se tornaram cada vez mais numerosas (foi dito que a abolição era um assunto dos brancos, não dos negros, nem fruto de "bons

---

* Estudo publicado em inglês em *Industrialisation and Race Relations*, Oxford University Press, 1965, editado por Guy Hunter.

sentimentos", os quais não passaram de um epifenômeno que mascarou as contradições internas do regime escravagista). Não é, porém, nesse aspecto histórico da questão que queremos centralizar nosso texto. Apenas o assinalamos no início como um primeiro efeito da industrialização sobre as relações inter-raciais no Brasil, enquanto essa industrialização apenas se iniciava no país, além do que a pressão externa é certamente mais forte do que a pressão interna. O que vai nos interessar será somente o desenrolar da questão (1940-1962).

Entretanto, antes de examinar o impacto da industrialização sobre as relações entre os brancos e os negros no Brasil de hoje, é preciso evocar brevemente as etapas e as características dessa industrialização. Em 1850, havia apenas 50 estabelecimentos industriais em todo o país, com um capital de 700 contos, e em 1880, na antevéspera da abolição, 288 estabelecimentos, com 18.088 trabalhadores. Eis o ponto de partida, bem modesto, de um movimento que vai se acelerar. Essa progressão, no entanto, não se deu de maneira contínua; procedeu por saltos bruscos, o que teve consequências importantes na formação do proletariado[2] e na integração dos descendentes de pessoas escravizadas à classe operária. De 1880 a 1914 a quantidade de fábricas passou para 7.133 e a de operários para 217.335, mas ainda se tratava de uma indústria de tipo artesanal, de gestão familiar, à parte alguns estabelecimentos um pouco mais importantes, e centrada na produção de bens de consumo (alimentação, têxteis, móveis, instrumentos agrícolas). Os operários eram recrutados quase unicamente entre os imigrantes europeus ou, no Rio Grande do Sul, entre seus descendentes, italianos, alemães, portugueses e espanhóis. Entre esses estrangeiros era tão grande o desejo de ascender — era o que então se chamava "fazer a América": um bom operário poderia tornar-se no fim da vida um patrão provido de alguns recursos e deixar um negócio próspero para seus filhos — que a "consciência de classe" não existia, apesar de algumas greves que repercutiram, movimentos de revolta espontâneos, aliás, sobretudo por parte de anarquistas italianos e espanhóis. A guerra de 1914, ao afrouxar as relações entre a

A DIMENSÃO ECONÔMICA

Europa e o Brasil, por um lado forçou esse país a recorrer a uma indústria de substituição, de produtos que não poderiam mais proceder de nações em guerra, e, por outro lado, as migrações externas se interromperam. Disso resultaram duas consequências: um salto da indústria, que passou a contar com 39.937 empresas, em geral ainda pequenas ou médias, com 781.185 operários e 179.448 empregados. Como a lei considera nacionais os descendentes de estrangeiros nascidos no país, é difícil dizer em que medida o proletariado que cresce deve ou não esse crescimento sobretudo à integração desses descendentes de estrangeiros. É certo, porém, que esse é o momento em que o nacional penetra naquele proletariado. É preciso acrescentar a título indicativo que naquela época o Rio de Janeiro, que até então estava à frente da industrialização, perdeu definitivamente o primeiro lugar em benefício de São Paulo.

A partir da Segunda Guerra Mundial ocorreu um novo salto adiante e ao mesmo tempo uma nova transformação na composição do proletariado: 484.844 empresas concentradas sobretudo no Rio (19.286 fábricas com 436.850 operários) e em São Paulo (24.519 estabelecimentos industriais com 484.844 operários). Aumenta o porte dos estabelecimentos, passa-se da fabricação dos bens de consumo a uma indústria infinitamente mais diversificada. Diminui o ritmo da imigração e o proletariado se nacionaliza cada vez mais através de dois canais: o êxodo rural e as migrações internas, Minas Gerais-Nordeste em direção ao Rio ou São Paulo. É o momento em que o negro vai começar a proletarizar-se e também em que uma consciência de classe, apesar da origem camponesa de muitos operários, vai manifestar-se a partir da transformação dos sindicatos, inicialmente simples órgãos burocráticos instituídos pelo Estado tendo em vista controlar a classe operária. Então eles se tornam instrumentos de reivindicação e formação proletária.

A industrialização não é, porém, a única variável que devemos levar em consideração se quisermos compreender o estado atual das relações raciais no Brasil. Com efeito, caminhou a par com a urbanização. Embora a constituição de grandes metrópoles tentaculares seja em parte uma consequência da industrialização devido ao apelo que exercem sobre as classes rurais e a necessidade de uma mão de obra que não para de crescer, além do fator da construção — em 1940 construía-se em São Paulo uma casa a cada quarto de hora —, não é seguro que os efeitos da urbanização sobre a natureza e as manifestações dos preconceitos raciais se confundam com os da industrialização. Em 1959 a cidade de São Paulo tinha 3.490.355 habitantes, Rio tinha 3.123.984 e Recife, 765.305. É certo que se pode em certa medida diferenciar esses efeitos, comparando o Rio de Janeiro, ainda importante, apesar da criação da nova capital federal, Brasília, uma cidade mais burocrática, e São Paulo, mais industrializada. Os órgãos públicos, numa democracia, são mais abertos e tolerantes ao empregar pessoas racializadas do que as empresas privadas, o que explica que pelo menos até esses últimos anos as formas tradicionais das relações raciais se conservaram mais tenazmente no Rio do que em São Paulo, embora ela também esteja se desagregando ali.[3] Em todo caso, a urbanização e a industrialização caminham ao lado uma da outra e seremos obrigados a levar em conta nessa comunicação as transformações pelas quais as grandes cidades passaram em sua ecologia e o efeito dessas modificações na distribuição dos habitantes segundo sua cor e locais, pois essa distribuição exerce um efeito seguro sobre a manutenção, o desaparecimento ou as metamorfoses dos preconceitos raciais.

Isso dito — e era necessário recordá-lo brevemente para o leitor, antes de abordar o objeto próprio de nosso estudo —, qual era a forma que as relações raciais revestiam antes da industrialização no Brasil dito tradicional e qual é a forma que assumem hoje?

*

Após os escritos agora clássicos de Gilberto Freyre,[4] é fácil definir o antigo tipo de relações raciais, aquele que se formou no decorrer do longo

A DIMENSÃO ECONÔMICA

período escravagista e que ainda subsiste no Brasil tradicional ou "arcaico", caracterizando o que se costuma denominar a "democracia racial". Foi esse tipo que Charles Wagley e seus colaboradores descreveram para o Brasil rural de 1951 e que pouco antes Donald Pierson definiu, por oposição ao tipo de relações inter-raciais dos Estados Unidos, em seu livro sobre a cidade de Salvador, Bahia, que permaneceu colonial em seus costumes.[5] Antes de definirmos essa democracia devemos fazer duas observações extremamente importantes.

Poderíamos pensar inicialmente que o preconceito deveria assumir formas diferentes, por uma parte na região do nordeste ou da antiga São Paulo, isto é, nas áreas culturais das grandes lavouras (açúcar e café) ou nas das minas e, por outro lado, nas regiões do sul do Brasil, áreas de criação ou de economia de subsistência. É o que foi dito algumas vezes, após Saint Hilaire: a criação do gado era um fator de democratização entre as raças, enquanto a grande lavoura tendia a manter o regime das castas fechadas. No entanto, apesar das diferenças econômicas e sociais entre o norte e o sul, apesar do ritmo desigual da formação de uma sociedade de classes, as pesquisas realizadas durante esses últimos anos por Fernando Henrique Cardoso e Otávio Ianni em Porto Alegre, em Pelotas, no Rio Grande do Sul, em Florianópolis, no estado de Santa Catarina, e, finalmente, em Curitiba, estado do Paraná, mostraram, para grande espanto deles, que a natureza do preconceito ou as variações de suas manifestações não divergiam sensivelmente. Encontra-se de Pelotas a Florianópolis, apesar de pequenas diferenças, os mesmos comportamentos e as mesmas ideologias vigentes no Brasil rural do Nordeste ou em cidades como Salvador. Mesmo em Curitiba onde, por assim dizer, não existem negros e, por consequência, não há experiências de contato, encontram-se os mesmos estereótipos sobre o negro ou o mulato que ocorrem em outras regiões do Brasil.[6] Notemos que se o estado de Santa Catarina tem uma população essencialmente nacional, os estados do Rio Grande do Sul e Paraná possuem, ao contrário, uma considerável população de descendentes de estrangeiros ou de imigrantes, alemães, italianos, poloneses. Apesar dessa diversidade na composição da população, a homogeneidade das representações coletivas, dos valores e dos ideais das relações inter-raciais é a prova de que o estrangeiro não contribui com suas formas de discriminação, mas que assimila a mentalidade luso-brasileira.[7] Eis portanto a primeira constatação que devíamos fazer: a generalização para todo o Brasil, apesar das diferenças econômicas, culturais, demográficas, sociais, que distinguem suas diversas regiões, de um mesmo *pattern* de relações raciais, herdado da escravidão.

A segunda observação se refere à duração no tempo. Com efeito, poderíamos pensar que a abolição, ao destruir o regime jurídico da escravidão, fazendo de todos brasileiros, qualquer que fosse a cor de suas peles, cidadãos teoricamente iguais, metamorfoseando sobretudo o trabalho forçado em trabalho livre e valorizando esse trabalho, teria modificado um *pattern* que se formou na época da escravidão. Não foi o que aconteceu, pois a abolição se realizou progressivamente. O número de "libertos" por testamento, por compra de carta de alforria, por reconhecimento, começou a crescer no final do século XVIII, e foi assim que os brancos se habituaram a ter dois tipos de comportamento: um deles em relação aos escravizados, sobretudo aos negros puros, e outro em relação às pessoas racializadas livres, sobretudo os mulatos. Pode-se dizer que ao longo de todo o século XIX elaborou-se uma etiqueta refinada, que sabia manter as distâncias segundo a cor da pele, o regime de trabalho, a situação social ou a instrução, e que abria para os negros e para os mestiços escuros a porta da cozinha (escravizados), a porta do quarto para as mulatas, o vestíbulo do salão para os mulatos livres, que permitia a estes últimos se aproximarem aos poucos e cada vez mais do convívio com os brancos, naturalmente sem chegar à possibilidade de entrar no seio de suas famílias. A abolição, portanto, não teve que criar regras de comportamento, já elaboradas.

O desaparecimento do trabalho servil sem antes ter dado aos negros uma educação para a liberdade traduziu-se pela fuga dos escravizados no anonimato das grandes cidades, pela recusa, que alguns querem ver como algo revolucionário, de trabalhar (a recusa ao trabalho, diz Cardoso, não era uma manifestação de preguiça, mas contra aquilo que o trabalho tinha de desumano no pensamento do negro), pelo desaparecimento de formas de solidariedade que, mesmo distinguindo o escravizado do senhor, no entanto, o ligava a ele, o incorporava à sua família como elemento periférico e, em consequência, pela passagem não da servidão ao proletariado, mas da servidão ao lumpemproletariado. Se a mulher conseguiu, em termos relativos, encontrar empregos na cidade como domésticas, cozinheiras, lavadeiras, até mesmo prostitutas, o homem só podia tornar-se lixeiro, carregador ou cair na vagabundagem, na bebedeira ou no parasitismo social. Naturalmente, esse estado de coisas só fazia fortalecer o branco em seus julgamentos pejorativos sobre a raça negra. O conceito de "negro" substituirá o conceito de "escravizado", mas os preconceitos ligados ao escravizado agora estarão ligados ao novo conceito de "negro". Não existe o desaparecimento de estereótipos da época da escravidão, mas somente transferência. É o que explica por que a abolição, ao operar num Brasil que ainda não era verdadeiramente industrial, não acarretou o desaparecimento dos antigos *pattern*, conforme vimos, estendendo-se a todo o conjunto do país, e que continuam existindo onde a industrialização não penetrou ou está apenas começando.

Agora podemos definir as relações raciais tradicionais que definem o Brasil anterior a sua revolução econômica ou sem industrialização.

São relações de tipo paternalista numa sociedade de classes multirracial, em que as pessoas racializadas ocupam as posições mais baixas da hierarquia. É claro, como veremos daqui a pouco, que pode haver pessoas racializadas nas classes mais altas e brancos nas classes mais baixas; porém, de modo geral, a estratificação das classes segue a linha das cores: os negros escuros na plebe, os mulatos nos grupos intermediários, os brancos no topo da pirâmide, em postos de mando. A escravidão desapareceu, mas esse desaparecimento não acarretou a ascensão da massa dos negros à comunidade global. Os negros permaneceram onde estavam; não formam mais um grupo competitivo. E é justamente porque eles não constituem um perigo de transtorno para a estrutura social tradicional, porque não ameaçam o status dos brancos, que estes não abrigam sentimentos de medo, ressentimento, frustração, diante das pessoas de cor. Assim, relações pessoais, afetivas, podem criar-se entre os brancos e os negros, mas esse paternalismo só opera naturalmente em um clima de dominação-subordinação. Uma de suas manifestações é o apadrinhamento, de origem católica, que liga algum branco notável às famílias das pessoas racializadas da vizinhança. O branco deve proteção, ajuda financeira e também pode facilitar a instrução de seus afilhados de cor. Em retorno, o negro deve ajuda material — e sua mulher, trabalhos domésticos —, constitui uma clientela do branco, um pouco no sentido romano do termo, faz parte da massa eleitoral que vota de acordo com suas recomendações. A passagem do campo à cidade não acarreta *ipso facto* a desagregação do costume do apadrinhamento. As grandes famílias ainda têm "protegidos" descendentes de seus antigos escravizados, mas o apadrinhamento tende a passar da família para o partido político. O líder branco substitui cada vez mais o patriarca.

O paternalismo impede as tensões e abranda as relações entre as raças, porém fortalece ao mesmo tempo a dominação de um grupo racializado sobre o outro, institucionaliza a subordinação de negros que não podem beneficiar-se da proteção ou de certa familiaridade no tratamento por parte dos brancos mediante a condição de "saber ficar em seu lugar", de dar provas de deferência, reconhecimento e respeito. É, portanto, um instrumento de controle político e econômico que, ao corroer as possíveis relações de competição numa sociedade individualista como a nossa, ao impedir a luta e ao tornar inútil toda tentativa de mobilidade coletiva dos negros, garante à classe branca a supremacia, no que se refere à segurança. Compreende-se, em tais condições, por que os preconceitos se minimizam numa sociedade paternalista ou pelo menos por que permanecem mais num estado de latência do que de expressão exterior. É porque são inúteis, suas funções de controle e de impor barreiras são preenchidas pelo paternalismo. Veremos, entretanto, os preconceitos aparecerem a cada vez que essa ordem social corre o risco de ser atingida, por exemplo, pelo mulato que quer ascender à classe alta. "Devido à intensidade da competição", escreve Wagley em relação ao Brasil rural, "entre aqueles que querem ascender a esta classe superior local e às disputas de precedência entre aqueles que dela fazem parte, é neste nível da hierarquia social que o critério de raça mais se exerce na determinação da posição social."[8]

Entretanto, no decorrer do tempo, a oposição das raças poderia revelar-se perigosa, mas já na época da escravidão haviam sido criados mecanismos de compensação para enfrentar essa oposição. Toda uma diferenciação de status e uma hierarquização dos indivíduos de cor, negros boçais e negros crioulos, cristianizados, aculturados — escravizados e trabalhadores livres, geralmente filhos de relações extraconjugais dos senhores com suas amantes de cor. Alguns desses filhos ilegítimos, seguidos por seus pais, podiam ascender na sociedade através da instrução. No Brasil o regime escravagista jamais impediu certa mobilidade dos homens de cor, mas essa mobilidade permanecia individual, controlada pelo branco quanto à escolha dos indivíduos, à escolha do canal de ascensão aceito, nos limites da ascensão a ser concedida, portanto do começo ao fim do processo. Hoje o paternalismo adota o mesmo procedimento para frear as ambições de ascensão do grupo negro enquanto grupo. O negro brasileiro não tenta melhorar sua condição econômica e social como grupo, mas individualmente, enquanto membro da classe inferior. É por isso que encontramos negros instruídos nas classes intermediárias, embora em pequeno número, e mesmo alguns racializados de pele clara, de quem se esqueceu mais ou menos a ascendência, ingressam nas classes altas. É essa possibilidade de ascensão individual que define a "democracia racial brasileira", tanto quanto ou mais do que o paternalismo, e é ela que definiria com maior exatidão o "homem cordial", traço da personalidade de base do brasileiro. Essa mobilidade, porém, permanece sempre controlada, de tal modo que não se torne um perigo para a sociedade feita pelos brancos em benefício dos brancos, para que, ao contrário, constitua uma válvula de segurança e diminua as tensões inter-raciais. Isso quer dizer que as eclusas estão apenas semiabertas, que a passagem é vigiada, que são estabelecidos critérios de passagem e que em qualquer momento o branco pode fechar as portas. Os critérios escolhidos são a cor da pele, a fortuna, o tipo de profissão, a instrução e a educação moral. Daí a célebre fórmula: "negro rico é branco, branco pobre é negro."[9] Daí também o comportamento diferente do brasileiro diante do mulato e do negro de pele mais escura.

É essa diferença de comportamento que fez com que se dissesse que no Brasil o preconceito não era de raça, mas de cor ou, segundo outra fórmula, mais correta, pois leva em conta, ao lado da cor, outros critérios físicos tais como a forma do nariz ou textura do cabelo: é um preconceito de "marca", não de "origem".[10] Os traços fisionômicos negroides se tornam o símbolo da posição social dos indivíduos. A cor escura designa o homem da plebe, preguiçoso, bêbado, malandro, infrequentável. Todos os questionários do tipo distância social de Bogardus, aplicados no Brasil, embora revelem a existência de pequenas minorias mais intolerantes em relação ao mulato do que ao negro,[11] demonstram que a aceitação das pessoas racializadas é função de sua maior ou menor semelhança com os brancos. No entanto, é preciso prestar muita atenção ao fato de que o preconceito de cor tem outra função que não a de controlar a mobilidade social. Também permite ao mulato não se deixar confundir com o negro, introduz na classe dos homens racializados distinções de epiderme que impedem a constituição de um sentimento de frustração coletiva, de uma vontade de luta global, cria até mesmo um "racismo" dos mulatos e pôde-se notar que neles os preconceitos contra os negros eram mais fortes do que entre os brancos.

É que as pessoas racializadas aceitaram as ideologias da desigualdade natural das raças que os brancos elaboraram ao longo do tempo e que assumiram suas derradeiras formas no final da época escravagista. Pierson define essas ideologias como uma "ideologia de integração",[12] partindo da fórmula ouvida com frequência quando se interrogam os brasileiros sobre suas concepções das raças: "Formamos um único povo, somos todos brasileiros." Infelizmente esse termo ressalta apenas o processo positivo de formação da sociedade brasileira. Existem também aspectos negativos, que aparecem melhor na fórmula de Smith, a ideologia do embranquecimento, porque este, antes de mais nada, é devido à maior morbidez e mortalidade das classes pobres, portanto negras, em relação à classe dos mulatos, e em segundo lugar pela aceitação por parte dos negros da superioridade da cor branca, portanto ideológica, dos preconceitos e valores da classe dominante. Daí a política, por parte dos negros — e isso desde a época da escravidão —, de "limpar o sangue", isto é, deitar com os brancos para ter filhos de pele mais clara. Voltaremos daqui a pouco a essa colocação. Existe ainda outra fórmula da mesma política ou ideologia no sul do Brasil, que ressalta ainda mais seus elementos negativos, a da "arianização progressiva" do país. Com efeito, a imigração europeia nos estados do centro e do sul não foi instituída somente para permitir o desenvolvimento da produtividade, ao substituir a massa de escravizados sem formação profissional por contingentes de trabalhadores livres, habituados a desempenhar tarefas diferenciadas, mas também para submergir os descendentes de africanos numa população branca mais prolífica e, em última análise, para mudar a composição étnica da população do país. É o que está subentendido no mito da superioridade da raça branca.[13]

Assim somos levados a examinar uma terceira característica das relações raciais brasileiras: a miscigenação.

Não abordaremos o problema de saber se a miscigenação, tal como ocorre na América Latina, constitui uma forma de discriminação ou, ao contrário, uma marca de tolerância racial. Tratamos desse problema em outra ocasião.[14] Vejamos somente como se efetuam as relações sexuais entre as pessoas de cor diferente. Elas podem assumir a forma de relações ilícitas ou de concubinato e a forma de casamentos, legais ou costumeiros. Temos, no primeiro caso, uma sobrevivência da mentalidade escravagista: de um lado, o branco, considerando o escravizado como coisa sua, não hesitava em reservar para si as belas jovens de seu plantel. É um fenômeno muito geral, que encontramos desde a América do Norte até a África do Sul, durante o período escravagista. De outro lado, a mulher negra via nos abraços de seu senhor a possibilidade de melhorar seu destino, e se disso nasciam crianças, de "limpar o sangue", pois teria descendentes mais claros, portanto mais aptos a ascender na sociedade. Disso resultou no Brasil o gosto pela Vênus negra, sobre o qual Gilberto Freyre escreveu tão belas páginas, mas também a ideia de que a negra, essencialmente sensual, é uma prostituta em potencial; que as relações com ela não implicam consequências; que ela é reservada em princípio para a classe dos brancos, em particular para proceder à iniciação sexual dos jovens brancos. Se o homem branco deita com uma negra, ele não se casa com ela — com raras exceções. É que, para o brasileiro, a família é sagrada, e os filhos legítimos não devem ter uma gota de sangue negro.

No entanto, o casamento existe; mas, numa população em que as diversidades das cores são inumeráveis, ele ocorre de acordo com o seguinte esquema: branco-mulata passável (no sentido de que ela tem a aparência de uma branca); mulata clara-mulato escuro, mulata escura-negro. Isso quer dizer que, salvo na última escala da hierarquia, o intercasamento se dá entre duas nuances de cores, não entre duas cores, de modo a permitir um embranquecimento progressivo da população, o homem escuro pertencendo a um estrato mais elevado ou gozando de um status melhor, a mulher mais clara trazendo como dote a clareza relativa da pele, que permite ao marido esperar dela filhos mais claros do que ele. O sistema de intercasamento integra-se, portanto, à ideologia da classe branca, aceita pela classe negra. As exceções se dão apenas em dois pequenos setores da população: italianas, que preferem desposar um negro nas zonas rurais para escapar à labuta nas lavouras que seus maridos italianos lhes imporiam; ou, nas grandes cidades, negros da classe alta desposando, por uma questão de prestígio, uma branca geralmente de condição muito baixa, quando não se trata de uma simples aventureira.

A DIMENSÃO ECONÔMICA

Qual vai ser o efeito da industrialização sobre essas formas tradicionais de relações raciais?

*

No plano teórico, a industrialização marca a passagem do status ao contrato. Ela suprime as desigualdades de condições que se devem a atributos exteriores como a cor da pele ou a origem étnica, para considerar no homem somente suas aptidões à produtividade, sua força física ou seus conhecimentos profissionais. Ela multiplica os empregos e os diferenciam em relação ao regime pré-industrial, agrícola ou artesanal, permitindo assim uma mobilidade social mais ampla. O regime industrial, pelo menos nos países capitalistas, é ao mesmo tempo individualista — todos os trabalhadores de igual qualificação são intercambiáveis — e competitivo — luta no mercado de trabalho, onde o melhor deve prevalecer. Finalmente, ao ativar a concentração dos homens nas grandes cidades, a industrialização favorece o alargamento do setor terciário e permite a constituição de uma classe média, enquanto o regime escravagista repousa na predominância do status, impede a competição por uma legislação dita de castas e freia o desenvolvimento do setor terciário. Todos esses efeitos da industrialização atuam no Brasil e tendem a tirar o negro de sua situação de lúmpen para o fazer ingressar no circuito da produção, para derrubar as barreiras de raça que se interpõem à competição e à mobilidade social vertical dos negros instruídos e permitir finalmente o surgimento de uma pequena classe média de cor.

Esses efeitos, porém, são freados ao mesmo tempo pela sobrevivência de antigos *pattern* de relações raciais e de estereótipos sobre os negros herdados da escravidão. Isso faz com que encontremos simultaneamente no Brasil dois sistemas de atitudes contraditórias, algumas delas baseadas no status ligado tradicionalmente à cor e outras impostas pelo desenvolvimento econômico. Daí tensões, conflitos e frustrações tanto entre os brancos como entre os negros, mas tais tensões, conflitos e frustrações talvez assumam sua forma mais grave no nível da pequena classe média mulata. Certamente podemos perguntar por que as antigas concepções paternalistas e segregativas em situações de cordialidade puderam manifestar-se em um regime competitivo e individualista. Antes de tudo é, sem dúvida, porque a abolição data apenas de 1888, mas também porque o sistema social do Brasil sempre repousa na família, e porque a mulher é a guardiã da integridade e da pureza da família. Assim, o homem branco poderá, no âmbito das relações de trabalho, encontrar o negro em um plano de igualdade, participar com ele das greves ou das reivindicações sociais, mas, sob a influência da esposa, levantar barreiras à intimidade familiar e até mesmo recusar a entrada do negro nos bailes de sua classe, sendo os bailes a antecâmara do casamento. A urbanização, por outro lado, tende a separar os grupos operários dos outros grupos através da constituição de "bairros operários", habitados por antigos trabalhadores rurais emigrados ao lado de trabalhadores já nascidos na cidade, muitos deles de cor. Os migrantes ainda não mudaram de mentalidade, sobretudo suas mulheres se elas não trabalham ou permanecem na domesticidade, e é por isso que os antigos *pattern* se perpetuam até hoje.

Nós nos enganaríamos, entretanto, se definíssemos a situação atual pelo encontro de dois sistemas de valores. Vimos que os começos da industrialização são antigos — ela foi realizada por etapas — e que o negro penetrou verdadeiramente no proletariado somente a partir da Segunda Guerra Mundial. Isso significa que às diversas etapas dessa industrialização corresponderam mudanças a fim de adaptar, de algum modo, os antigos preconceitos a novas situações, que os antigos modelos de conduta somente se mantiveram mudando, seja de forma, seja de conteúdo, seja, enfim, de função (manifesta ou latente); que foi preciso repensar as antigas ideologias para moldá-las de acordo com o fluxo do devir econômico. Há forçosamente num país em mudança e segundo o grau de mudança ou de velocidade redefinições de estereótipos e de mitos raciais. Para julgar os

A DIMENSÃO ECONÔMICA

efeitos positivos ou negativos da industrialização, parece-nos necessário seguir o esquema que apresentamos no início e realizar certo número de cortes horizontais na sociedade brasileira das cidades industrializadas, em 1930, 1940, 1950 e 1960.

O primeiro proletariado é de imigrantes. De 1908 a 1938, dois terços dos imigrantes entrados pelo porto de Santos tinham profissões urbanas, especializações bem nítidas e estavam habituados com as diversas tarefas exigidas pela nova indústria. Os economistas não deixam de considerar como um dos fatores essenciais do tão rápido progresso industrial de São Paulo a chegada maciça dessa mão de obra especializada.[15] O desenvolvimento da cidade, devido a esse afluxo de recém-chegados, acarretava para o mercado de trabalho a necessidade de pedreiros que não precisavam ter grande qualificação, e foi por intermédio da indústria da construção que o negro ingressou no proletariado. As outras vias de acesso lhe foram barradas pela falta de aprendizado técnico, quando não pelo analfabetismo. Naquela época, a mulher racializada permanece na situação de doméstica nas casas opulentas. O grupo de mulatos, sobretudo no Rio, encontra-se no estrato que os estatísticos brasileiros designaram como "autônomos" (pequenos artesãos ou comerciantes) e no escalão mais baixo das funções públicas. Os negros, porém, criam instituições, nas quais encontram e fortalecem sua solidariedade, mas são instituições de tipo recreativo.[16]

Correspondem a essa situação redefinições de antigos estereótipos e a formação de novas ideologias, na base de ideologias da época da escravidão. Ocorre inicialmente uma primeira seleção dos preconceitos. Ainda se encontra, sem dúvida, o estereótipo do negro bêbado, preguiçoso ou parasita social, mas ele é aplicado somente a uma parte da população de cor. O estereótipo dominante é o do negro imprevidente, intelectualmente incapaz de exercer um trabalho muito especializado e, em particular, de fazer com que as máquinas funcionem. A ideologia reinante é aquela que Ianni denominou "uma ideologia de compromisso", pois tinha como função permitir ao negro adaptar-se à nova sociedade, mas mantendo-o sob o controle do grupo branco. Sem dúvida, nesse "compromisso", as duas populações, a branca e a de cor, faziam concessões mútuas, porém não tinham outro papel que não o de permitir a manutenção do negro na subordinação.[17] Essa ideologia pode exprimir-se pelas seguintes fórmulas: "não existe um problema negro no Brasil", ou ainda "os preconceitos, no Brasil, não são preconceitos de raça, mas preconceitos de classe", e, finalmente, a política de embranquecimento, que assumia nessa situação a seguinte forma: "não existem barreiras contra as pessoas de cor, elas, de acordo com suas qualificações, podem ascender a todos os empregos e a todos os níveis de emprego mas, para ser aceitas, é preciso que elas se tornem 'brancas', quer dizer, que aceitem os valores dos brancos, que se instruam, que adquiram as qualidades dos operários e dos empregados brancos." As pessoas racializadas aceitaram essa ideologia a fim de poder integrar-se à comunidade nacional, em vez de permanecerem na periferia e assim encontrar nessa comunidade canais de ascensão como a polícia, o exército, o trabalho numa fábrica. No entanto, apesar de toda a sua boa vontade, elas se deparavam com os lugares já tomados por imigrantes ou por seus descendentes. Elas se viam rejeitadas e deviam exercer trabalhos simples, que exigiam vigor. Só poderiam ocupar um pequeno espaço se continuassem a seguir a tática do tempo da escravidão: ligar-se a uma família poderosa ou militar em um partido político — não aquele que talvez correspondesse a suas aspirações, mas aquele que eles acreditavam ser o partido vencedor.

Os melhores entre eles experimentavam, entretanto, certo sentimento de frustração. Quando a crise econômica de 1929 generalizou esse sentimento, constituiu-se inicialmente em São Paulo o movimento da "Frente Negra",[18] mas que em seguida ampliou-se por todo o Brasil, excetuando naturalmente as cidades ainda não atingidas pela industrialização, como Salvador. É bastante difícil definir a ideologia desse movimento, pois corresponde a uma situação de transição, e essa aceitação se traduz pela aceitação de valores contraditórios. Ocorre ao mesmo tempo uma primeira

A DIMENSÃO ECONÔMICA

manifestação daquilo que em seguida se denominará a "negritude", a vontade de formar uma frente comum de todos os homens racializados para resistir às discriminações, aos preconceitos e, ao mesmo tempo, à aceitação da ideologia de compromisso, o apelo aos negros para que adotem os valores dos brancos, caso queiram ser bem-sucedidos: saber comportar-se em sociedade, ser bem-educados, parar de beber, instruir-se — há nisso uma parte de mito, a recusa da miscigenação, a vontade de enquistamento e, ao mesmo tempo, um realismo, a aceitação do proletariado como nível de integração do negro à comunidade, pedindo à classe racializada que não "imite" os brancos, e num país onde a escravidão desenvolveu o "complexo da mão branca", queiram tornar-se professores, contadores, funcionários, pois são situações barradas, em que o negro pode apenas vegetar em postos inferiores, mas pode tentar seguir a ascensão aonde ela era possível, através da proletarização progressiva da massa dos negros.[19]

Em 1940, essa ascensão é estimulada. Ela se traduz nas estatísticas sobre a profissão segundo a cor de pele na população ativa do Brasil. Prossegue até 1950, data da pesquisa da Unesco. A legislação trabalhista permitiu essa ascensão, defendendo o nacional contra o estrangeiro, mas pelo menos em parte, pois é fácil contornar a lei, aplicando-a aos descendentes de estrangeiros nascidos no país, portanto brasileiros segundo a lei ou reservando aos estrangeiros os postos de dominação, mas sobretudo aumentando os salários, criando o salário mínimo, garantindo o emprego e permitindo uma política de crédito a longo termo, que possibilitava a aquisição de objetos domésticos de qualidade. Os negros aproveitaram essas possibilidades e, enquanto seus salários de miséria não lhes permitiam melhorar sua situação, ou proporcionar uma instrução conveniente para seus filhos, essas leis ajudavam a elevar seu nível de vida. No fundo, até então, o negro, sem dúvida, exercia um papel no desenvolvimento econômico do Brasil, mas constituindo um simples exército de reserva que pesava no mercado de trabalho e tornando possível, através do medo, uma política de baixos salários, que permitia a um capital ainda fraco investir numa fábrica, em vez de alocá-lo no pagamento dos operários. Agora, porém, as comportas que separavam os dois níveis da sociedade estão abertas, e não estão mais abertas, como acontecia no passado, para indivíduos isolados que podem elevar-se sob o controle dos brancos. Estão abertas para uma ascensão coletiva do grupo racializado enquanto tal. Irão corresponder a essa situação novas reavaliações dos preconceitos, novas definições dos estereótipos e novas ideologias.

Os preconceitos que tinham apenas uma forma larvar ou hipócrita, devido à ideologia do embranquecimento, se intensificarão à medida que o negro se tornar um concorrente. Segundo parece, dessa vez passou-se definitivamente da relação paternalista à relação de competição. O preconceito desempenha a partir de então a função que ele tem nos Estados Unidos, de "manter o negro em seu lugar" e impedi-lo de concorrer com o branco. Suas manifestações ainda são ocultas, o que acontece com frequência — recusa do exame médico, quando o negro obtém boas notas em outras entrevistas, a vaga foi preenchida etc. — segundo a tradição de outrora, mas surgem também manifestações públicas como as petições dos comerciantes para que determinada rua seja proibida para os negros — no Brasil, o *footing* se realizava de acordo com a cor — ou a recusa de certos hotéis em hospedar negros "ilustres" de passagem. Os brasileiros fiéis às antigas normas de comportamento inter-racial denunciam, nesse novo estado das coisas, seja o imigrante que teria trazido para o Brasil suas concepções racistas, seja a moda "americana" a ser imitada e em tudo a maneira de agir dos norte-americanos. É evidente que isso significa permanecer na periferia do problema e fechar os olhos sobre a causa real do problema: os efeitos da industrialização. O remédio que se quer dar para a situação denuncia a mesma ilusão. A Lei Afonso Arinos de 1951 condena a penas severas os hoteleiros, diretores de escola, barbeiros, presidentes de clubes etc. que discriminem as cores. Ao querer salvar as antigas formas de convívio, ao recusar distinguir os negros, com seus problemas, e os brancos, a situação continua sendo puramente negativa. O que as associações de negros lhe exprobam é fechar os olhos para a existência de um problema negro específico e a recusa a considerar que existe sim um grupo negro que é preciso ajudar a integrar-se e a ascender, criando escolas especiais para eles, bolsas para que os negros pobres possam frequentar escolas técnicas, criando também ateliês nos quais a mulher negra aprenderá as profissões de costureira, enfermeira, assistente social etc. O preconceito, destinado com efeito a combater a competição dos negros no comércio, só poderá desaparecer quando a industrialização eliminar as diferenças de condições, para igualar todos os brasileiros no desempenho de tarefas produtivas.[20]

A aplicação de testes de distância do tipo elaborado por Bogardus evidencia inicialmente que os jovens mostram mais preconceitos do que as velhas gerações, pois eles, mais do que os velhos, sentem no começo de suas existências o peso da competição das pessoas de cor.[21] Ao comparar os grupos de renda extremos, aqueles que têm menos de 4.500 cruzeiros e os que têm mais de 14.500 cruzeiros por mês (1950), percebe-se que o grupo mais elevado tem mais estereótipos tradicionais, porém é mais tolerante em suas normas e em seu comportamento do que o grupo mais baixo, porque é esse último que se engajou na competição.[22] Foi dito algumas vezes que, no Brasil, são as pessoas das classes superiores as que têm mais preconceitos. Isso é confundir preconceitos com estereótipos. Na verdade, aqui ainda se esboça uma situação vizinha àquela dos Estados Unidos, a da reação dos "brancos pobres". Uma das perguntas feitas em diversas cidades do Brasil — "Aceitaria em seu emprego ficar sob o comando de um superior negro?" — resultou em respostas que embora nem sempre muito claras após a manutenção das normas tradicionais e da ideologia da "democracia racial brasileira", manifestam, entretanto, um sentimento de mal-estar, para não dizer (o que seria demais) de oposição.[23]

Os estereótipos, por sua vez, polarizam-se em torno da imagem do "negro novo", oposta à imagem do "negro tradicional", este sim detentor de todas as qualidades. A mulher negra considerava outrora uma honra servir numa boa família de brancos e chegava, conforme acontecia na escravidão, a identificar-se com essa família. Agora ela se sente atraída pela fábrica, onde talvez o trabalho fosse mais duro, mas que lhe permite independência. Disso decorrem as primeiras recriminações da burguesia branca, em relação à dificuldade de encontrar empregadas domésticas. Elas ainda são encontradas, mas essas novas empregadas domésticas negras usam batom vermelho, brilhantina no cabelo, pó de arroz, todos eles atributos das classes superiores. Não se pode dizer-lhes mais nada, elas são suscetíveis e reconhecem pouco a bondade de suas patroas. O mulato e o negro que ascendem na nova sociedade se tornam, ao que se diz, arrogantes, pretenciosos, e, se chegam a postos de mando, tirânicos. Eles não sabem mais manter-se em seu lugar, reivindicam, consideram que têm todos os direitos, são "racistas". Pode-se até mesmo dizer que em cada profissão em que o homem racializado se introduz em quantidade um pouco razoável são forjados logo em seguida estereótipos apropriados. Luiz de Aguiar Costa Pinto citou por exemplo os taxistas do Rio de Janeiro, onde os acidentes de tráfego são imputados aos negros, pois eles dirigem "como loucos", ficam exaltados ao guiar e não prestam atenção em nada. Não podemos dizer que esses estereótipos sejam imaginários. Correspondem a experiências reais, mas elas são pensadas mediante uma concepção negativa do negro. É a época em que artigos de jornais exprimem ao mesmo tempo seu temor diante do desenvolvimento de um racismo branco, que se evidencia em discriminações ostensivas, e de um racismo negro, que define o "novo negro", mas que permanece na periferia do problema, nos simples dados da observação empírica, sem ver nesse conflito o antagonismo do passado e as exigências da industrialização, o fim da ideologia de "compromisso", o mito do embranquecimento.

Afloram então novas ideologias e, em particular, o mito da negritude. É um mito vindo da Europa, mas que no Brasil assumirá contornos originais, pois não é mais uma reação contra a colonização ou a aculturação, mas uma reação contra a vontade dos brancos de não perder, numa situação de competição profissional, o controle dos instrumentos de direção da sociedade total. Com efeito, a negritude não valoriza, pelo menos nessa época, a África, que sempre é considerada um continente "bárbaro", "selvagem". Porém, o negro ocidentalizado, assimilado aos valores luso-brasileiros e que, apesar de tudo, é rejeitado pela comunidade, só pode ocupar nela posições inferiores. Essa comunidade valoriza a cor e não a cultura. Apoiadas nessa base, há várias orientações possíveis. No proletariado nascente expressa-se o sentimento de que o embranquecimento do negro é uma alienação e que o negro deve entrar na luta enquanto negro, sem renegar de modo algum sua cor. Na pequena burguesia utilizam-se os raros estereótipos positivos que o branco tem do negro para fazer deles um motivo de orgulho e assim reagir contra o "complexo de inferioridade" do descendente de escravo (estereótipos da superioridade do negro no campo da música, da arte, do futebol etc.). Nos dois casos tendia-se à constituição de um partido político negro, em vez de deixar a voz dos negros se dispersar entre os partidos políticos conduzidos e dirigidos por brancos. Nessa concepção da negritude o negro não se esforçava em se tornar "africano", pelo contrário, ele denunciava as sobrevivências africanas do Brasil tais como o candomblé e a macumba. A negritude se inscrevia no nacionalismo brasileiro, para considerar como os únicos brasileiros autênticos, diante dos descendentes de estrangeiros, aqueles que tinham pelo menos uma gota de sangue negro nas veias: "O Brasil é uma nação de negros ou de seminegros." A negritude constituiu, tanto na Europa como no Brasil, o mesmo mecanismo de defesa de um grupo discriminado que valoriza o objeto da discriminação. Compreende-se diante de tudo aquilo que foi exposto porque o mito assume colorações diferentes aqui e lá. É que o objeto de discriminação a ser valorizado nas sociedades colonialistas era a África e, nas sociedades de formação escravagista, a barreira era a cor.[24]

Não se deve esquecer que o proletariado negro reagia de um modo mais realista do que a elite intelectual. A pesquisa realizada por Florestan Fernandes em São Paulo e que distinguia, nas perguntas formuladas, as aspirações dos indivíduos e as profissões que se esperava ter, mostra, com efeito, que se ao nível das aspirações os antigos valores se mantêm (empregos em escritórios, no comércio, funcionalismo, profissões liberais), tais aspirações são rejeitadas ao nível básico e que para si não visa muito alto, mas profissões com salário melhor ou, caso se prefira, a passagem do trabalhador não qualificado para o trabalhador especializado.[25] Assim, a negritude não impedia que os mecanismos da industrialização, sempre progredindo, se exercessem em favor da inserção do negro na classe proletária.

Qual é a situação no fim de 1962?

Enquanto que no período que acabamos de examinar, caracterizado pela pressão do grupo negro sobre o mercado de trabalho, algo que é novo e parece constituir uma ameaça para os brancos, quando os fatores negativos da industrialização sobre as relações raciais parecem dominar, agora são os fatores positivos que se exercem. Por quê? Sob a pressão da miséria, intensificou-se a imigração dos camponeses das zonas áridas do Nordeste para as cidades do sul. Esses camponeses, frequentemente pequenos proprietários, não são impelidos por um desejo de ascensão social e de modo algum pensam em integrar-se definitivamente à vida industrial. Constituem, portanto, uma massa de manobra de trabalhadores não qualificados e não especializados, indispensável sobretudo para a indústria da construção e para trabalhos que exigem somente força física — o que era, como recordamos, a posição anterior dos negros. É claro que entre esses migrantes há também negros (são os "baianos"), mas os brancos predominam, e as representações coletivas que se faz dessa massa, os julgamentos desfavoráveis que ela suscita, os estereótipos que a definem não separam os brancos dos baianos. Há, portanto, deslocamento do preconceito de cor em direção à função dos indivíduos no desenvolvimento econômico, um deslocamento da origem racial em direção à posição numa hierarquia funcional, da qual o negro, já engajado no processo industrial, se aproveita. Ocorre também um deslocamento do grupo negro do subproletariado ao proletariado propriamente dito. Em segundo lugar, se o número de fábricas pequenas não diminui, o fenômeno de concentração tende, no entanto, a dominar. Ora, a fábrica de grande porte, ao contrário da fábrica pequena, facilita o desenvolvimento da consciência de classe. A aspiração à igualdade social não pode ser somente dos negros, é o objetivo comum de todos os proletários. A subida dos preços, consecutiva à inflação, e que prejudica os salários, determina tensões que interessam a todos os trabalhadores, qualquer que seja a cor da pele. Existem mais problemas comuns do que problemas particulares em um setor racial ou étnico da população trabalhadora. O sindicalismo, que foi uma criação do Estado e servia mais para controlar o proletariado do que para exprimi-lo, mudou de natureza no decorrer desses últimos dez anos. Existe um grupo crescente de trabalhadores, brancos e negros, algumas vezes dirigido por um líder negro, embora os dirigentes dos sindicatos geralmente ainda sejam brancos, "para quem a condição operária define todas as perspectivas do futuro" (Cardoso).[26] Sem dúvida, todos esses efeitos positivos da industrialização só foram possíveis porque o Brasil está em plena fase de expansão econômica; se acontecesse uma recessão, determinando a contração do mercado de trabalho, é possível que os preconceitos, os estereótipos, as discriminações, que permanecem latentes, conforme veremos logo adiante, despertem e atinjam o proletariado. Acreditamos, porém, que as vitórias adquiridas não poderão desaparecer inteiramente, mesmo nesse caso.

Um dos efeitos dessas mudanças se faz presente nas relações sexuais. A ideologia do embranquecimento não desaparece, e os casamentos inter-raciais seguem sempre a regra da hipergamia feminina. Acontece, porém, que há alguns anos os casais mais numerosos, não casados legalmente, aliás, eram os de homens brancos e de mulheres negras. Nota-se agora a multiplicação dos casais formados por homens negros e mulheres brancas. Isso quer dizer que os casamentos podem saltar as escalas de nuances de cor, que distinguimos anteriormente, e acontecer de maneira legal, entre os dois extremos: entre um homem negro, pertencente à burguesia de cor, a qual se desenvolve à medida que a urbanização amplia o setor das atividades terciárias e a instrução se expande, e entre uma mulher branca, sem dúvida de condição inferior, que quer se tornar "madame" a partir do casamento, mas que leva como dote a cor de sua pele.

Apesar de tudo, não podemos afirmar a morte dos preconceitos. A rapidez do crescimento, industrial e urbano, é de tal monta que a situação é extremamente complexa e ainda nos oferece uma mistura de estruturas sociais antigas e novas, sem que umas se sobreponham definitivamente às outras.

*

Este artigo foi escrito com base em uma primeira pesquisa solicitada pela Unesco, realizada sob a direção de Charles Wagley, René Ribeiro, Tales de Azevedo, Luiz de Aguiar Costa Pinto, Florestan Fernandes e eu, em 1951-1952, no Nordeste, Recife, Salvador, Rio e São Paulo, e numa segunda pesquisa, com duração de três meses, realizada após dez anos em São Paulo, enquanto cidade mais industrializada da América do Sul, tendo em vista verificar e controlar as hipóteses levantadas em 1952. Faço questão de agradecer a todos os que me ajudaram nessa nova tarefa, em particular os senhores H. Cardoso, O. Ianni, Azis e a Associação Cultural do Negro (ACN). Para uma bibliografia geral ver Ivy.[27]

4

A dimensão sexual
(Vênus negras e Apolos negros)*

O conflito racial é um dos fenômenos sociais totais de que falava Mauss e que apresenta, inextricavelmente unidos, aspectos econômicos, estruturais, religiosos e sexuais. Seja-nos permitido, entretanto, abordar neste artigo somente o aspecto sexual do conflito. Isso não quer dizer que ele foi inteiramente negligenciado. Ao contrário, a psicanálise originou toda uma série de pesquisas sobre as raízes libidinosas do racismo que puderam ser discutidas, mas que nem por isso deixam de constituir uma contribuição válida para a compreensão em profundidade de preconceitos e de fatos de discriminação.[1] Notar-se-á, entretanto, que essas raízes libidinosas, pelo menos no plano das relações entre negros e brancos, foram enfocadas sobretudo em países onde as barreiras de cor eram mais rígidas, como o sul dos Estados Unidos e a África do Sul. Há, porém, outros países, como aqueles da América Latina, nos quais a miscigenação é regra e quis-se ver justamente nessa mistura de raças a prova de uma "democracia racial" que oporia os países latinos aos países anglo-saxões, decididamente endógamos. Seria mesmo assim? No decorrer de duas pesquisas realizadas por solicitação da Unesco, uma delas em São Paulo, Brasil, sobre as relações raciais entre negros e brancos, e outra em Paris, sobre a formação das elites africanas

---
* Artigo publicado em *Race*, novembro de 1961.

nas universidades francesas, chamou-nos atenção o fato que, durante as muitas numerosas entrevistas, a cada vez que eu colocava a questão "raça", respondiam-me "sexo". Essa defasagem entre as perguntas feitas e as respostas obtidas revela a existência de um problema: a confusão entre a concorrência racial e a concorrência sexual, nos países que têm preconceitos não institucionalizados. A apologia da Vênus negra nos países da América Latina e o fenômeno inverso que se constata na Europa — a apologia do Apolo negro — que levam os sexos a se unir, ultrapassando as barreiras de cor, em contrário a uma opinião formulada com frequência, não provam a inexistência de preconceitos raciais, mas sim se manifestam algumas vezes sob uma forma larvar, algumas vezes sob uma luz mais escancarada.

É na fusão de dois parceiros sexuais de cor diferente ou no namoro que o precede, naqueles momentos privilegiados que parecem ser um desafio ao racismo e à redescoberta da unidade da espécie humana, que veremos o racismo aflorar sob as formas mais odiosas e desprezíveis, o que é um paradoxo. As raças se afrontam e se agridem em corpos que se procuram e se misturam. Para compreender esse estranho fenômeno, em que se manifesta o máximo de preconceitos que pareciam ter sido abolidos, é preciso naturalmente substituir a sexualidade nas situações sociais globais, pois definimos o conflito racial como um "fenômeno total". Por situação social global não entendemos apenas a presente conjuntura, mas também toda a herança do passado, um passado mais ou menos longínquo, que desenhou as linhas do presente, pois os seres que se unem não são unicamente corpos, mas pessoas sociais, cada uma delas dotadas daquilo que Halbwachs denominava "memória coletiva".

*

A miscigenação na América ocorreu no interior da sociedade escravagista e foi profundamente marcada por ela.[2] De modo geral, por um lado, a mulher negra é propriedade do seu senhor branco, que pode satisfazer impunemente seus desejos através dela e abandoná-la ao saciar-se. Por outro lado, a mulher negra compreende que o erotismo pode ser um canal de ascensão social numa sociedade baseada na força: melhoria de sua situação de escrava, passando dos trabalhos na roça ao serviço doméstico, e melhoria do destino de seus filhos, cujo pai branco poderá libertar, educar e que, sendo mais claros do que ela, serão admitidos mais facilmente no mundo dos brancos. A aproximação dos sexos nas sociedades multirraciais continua submetida até hoje a essas antigas características.

Ah! Se a miscigenação acontecesse sob a forma do casamento e, em consequência, do respeito e da igualdade dos sexos, ela seria o testemunho de uma ausência de preconceito racial, mas do modo como é praticada consiste em relegar uma raça inteira à condição de prostituição. Assim como a burguesia europeia criou a prostituição para pôr à salvo da lubricidade masculina as jovens de boa família, do mesmo modo os brancos salvam as mulheres de sua raça fazendo com que seu erotismo se dirija para o lado da raça condenada. Assim, aquilo que está na base da miscigenação é o que esteve na base da instituição da prostituição no Ocidente: a defesa de um grupo considerado superior e, em consequência, intocável, em detrimento de um outro grupo, social ou racial.

A mulher negra é considerada não uma mulher, mas um simples objeto de prazer, como uma presa fácil para o homem branco. Toda uma série de estereótipos se faz presente — inicialmente a ideia da mais desenfreada sexualidade da mulher negra em relação à mulher branca. A mulher negra só quer fazer amor, não importa com quem. Manifesta-se, em segundo lugar, a ideia de que o amor com uma mulher racializada não tem muita importância, não acarreta consequências, pois *o preto não se casa, junta-se*, segundo um ditado brasileiro. Assim, na base da aproximação entre os sexos de cor diferente, manifesta-se o mais assustador dos preconceitos, aquele que condena toda uma raça à imoralidade para salvar a virgindade das mulheres de outra raça. Ainda é possível discernir no próprio plano da seleção sexual outras formas de preconceito que intervêm. Na escolha da parceira amorosa, a mulata se sobrepõe à mulher escura. Isso quer dizer que no amor das negras não é a negra que se procura, mas somente a mulher enquanto objeto de prazer, pois a mais desejada será aquela mais parecida com a mulher branca. Em geral, como no tempo da escravidão, a mulher negra será considerada alguém destinada à iniciação amorosa de adolescentes, ainda tímidos, e que recorrem à solução mais fácil. A mulata será considerada a companheira das farras dos adultos e dos maridos desejosos de escapar dos constrangimentos impostos pelo amor conjugal. Conta-se a história de uma família que escolheu uma empregada negra, bem jovem, de modo a poder vigiar sua puberdade e garantir o bom estado de sua saúde, pensando que ela poderia servir seu filho para que ele aprendesse o que era o amor, sem correr o risco de contrair doenças venéreas e, como ela era uma doméstica, sem correr o risco de um possível casamento com uma pessoa de condição inferior.

A mulher negra aceita e então nos deparamos com a segunda característica da escravidão que persiste na sociedade atual, pois, numa sociedade controlada e dirigida pelo branco, é evidente que a ascensão social é mais fácil à medida que os indivíduos estarão mais próximos desse branco ou mais estreitamente misturados com a sociedade dele. Devemos considerar dois aspectos desse fenômeno. Há inicialmente o aspecto do "embranquecimento" progressivo dos negros pela mistura dos sangues. Isso é aceito pela negra enquanto mãe, que deseja que seus filhos tenham uma condição de vida melhor do que a dela, o que ela exprime ao dizer que quer purificar o sangue (*limpar o sangue*). "Veja meus filhos", dizia-me uma mulher negra, "eles já são brancos. Lutar, formar uma associação de defesa dos negros não serve para nada." Ela havia compreendido que o melhor meio de ascender não era a resistência política e racial que, ao contrário, só pode atiçar o branco contra o negro. Era prolongar-se através de crianças mulatas. Podemos confrontar aquela frase de uma mãe com a frase de um mulato que recusava dar seu consentimento ao casamento com pessoas mais escuras do que eles: "Vocês não sentem vergonha de querer casar com negros." Outro aspecto do fenômeno é sua "apropriação" não mais pelo negro, mas pelo branco. A miscigenação é definida por ele nos termos de que "o amor não é racista, sopra onde quer", mas como uma política consciente e voluntária, a de fazer desaparecer progressivamente a raça negra, dissolvendo o sangue africano na massa da população. Deu-se um nome a essa política: "a arianização progressiva do Brasil." O preconceito é patente sob esses dois aspectos. O próprio termo arianização é suficientemente explícito; a mancha negra é infamante, é preciso fazer com que desapareça. Mesmo que não seja infamante, o negro é inferior ao branco. Ainda mais grave é o fato de que a mulher de cor, constrangida a aceitar essa ideologia enquanto mãe desejosa de um melhor destino para seus filhos, é convocada a perder o orgulho de sua cor, o sentimento de sua dignidade racial, a trair e a renegar.

Se a miscigenação ocorre sobretudo sob a forma de concubinato, isso não quer dizer, entretanto, que não existe casamento entre pessoas de cor diferente, mas ele ocorre não entre cores opostas, mas entre pessoas de tez semelhante. Retornaremos a essa questão daqui a pouco.

O que quisemos mostrar é que o culto da Vênus negra não significa ausência de preconceito. Veremos agora que é devido ao fato de que o preconceito da superioridade do branco se manifesta que esse culto irá, ao contrário, exacerbar a luta de classes em vez de enfraquecê-la, sob a forma de uma concorrência sexual mais desigual.

Podemos detectá-la em todos os estratos da sociedade e até na prostituição. Uma pesquisa realizada em gafieiras revela esse combate. Os negros interrogados afirmam sua superioridade sobre o branco: "O coito do branco é rápido. A negra prefere o amor do negro. Se ela procura o branco é por vaidade ou por dinheiro, mas ela escolhe o negro pelo amor." As negras interrogadas proferem opiniões que não são contraditórias com as dos negros, mas que enfatizam outro ponto de vista: "Durmo com um negro e ele não me deixa tranquila a noite inteira. De manhã ele quer seu café com pão e manteiga e se não bastasse... ainda é preciso que eu lhe dê uns trocados para ele tomar um ônibus. Repare: as mulheres negras procuram os negros para dançar, mas depois elas sempre vão deitar com um branco." A luta dos sexos assume aqui sua forma mais vulgar. O negro se recusa a pagar sua companheira negra de uma noite; é o branco quem deve pagar.

Passemos agora ao mais elevado nível, o dos casamentos mistos, ao qual aludimos há pouco. Eles assumem a forma da hiper ou hipogamia,[3] na qual o marido, mais escuro, tem uma situação superior (dinheiro, prestígio etc.) e a mulher tem pele mais clara, o que permitirá o embranquecimento dos filhos. "O negro, em seu desejo de desposar uma branca, pega a primeira que aparece." Não pode fazer sua escolha; quem consentirá em desposá-lo será uma aventureira, uma prostituta branca, uma empregada doméstica ou uma jovem mulata empregada no pequeno comércio, desejosa de sair da miséria em que vive.

A escolha dos parceiros, quer se trate de casamento ou de uma noite de prazer, surge, portanto, nas sociedades multirraciais como um combate de raças. "O negro não dá valor à mulher negra", me dizia um dia uma mulher de cor, queixando-se. "Ele está sempre correndo atrás das brancas". A ideologia do negro será, com efeito, o oposto da ideologia do branco; será a apologia da "Vênus branca". O que predomina, entretanto, nessa apologia é, por um lado, menos a atração do que um sentimento de vingança contra a situação escravagista, a vontade de "possuir" a mulher branca que era "tabu", "proibida", e de roubá-la do homem branco. Por outro lado, como o branco assedia a negra, trata-se de vingar a honra dela fazendo com que, por sua vez, a branca "ceda". Esse caráter de vingança é ressaltado na história das relações inter-raciais. Por ocasião da Balaiada, revolta de negros armados por um partido político alijado do poder, o chefe dos negros, após tomar uma cidade, deitava-se com as jovens brancas mais belas e forçava os padres católicos a casar as outras com seus soldados.[4] Em 1809, o governador de São Paulo assinala em seu relatório anual que os negros libertos assediam as brancas e que os escravizados violentam suas próprias senhoras.[5] O folclore negro do "Pai João" é repleto de histórias de jovens brancas que mantêm às escondidas encontros amorosos com jovens escravizados sem que seus pais percebam ou de mulheres brancas que deitam nas redes dos negros quando o marido se ausenta.[6] Esse folclore não morreu — prossegue até hoje sob formas diversas. Encontramos no Brasil e nas Antilhas francesas a mesma história, que não é narrada como uma simples história, mas como narrativa de um fato histórico: a de uma branca que sobe numa escada para prender cortinas numa janela e que ordena a seu motorista negro que segure a escada para que ela não caia. O motorista não sabe o que fazer, dividido entre a tentação daquelas pernas brancas que se esfregam nele de propósito, daquele sexo entrevisto, quase oferecido, e do respeito que deve a sua patroa. Todos os negros que interrogamos estavam de acordo em afirmar que sua masculinidade era maior que a do branco e que era os preferidos pelas mulheres, "mas elas não se entregam, devido ao controle da sociedade, da pressão que a coletividade exerce sobre elas".

Isso faz com que, em definitivo, o homem negro esteja obrigado a se restringir à mulher de cor, mas ainda assim deve enfrentar a concorrência do branco, frequentemente vitoriosa. Dissemos que a negra prefere o branco. Acredita que assim escapará da atmosfera de seu meio racial, do *enquistamento* de seu grupo de cor. Vive durante momentos uma espécie de miragem, é cortejada, adulada pelo branco, que, por definição, é "distinto" (*branco fino, branco distinto*). Ela ultrapassou a barreira, mas finalmente será abandonada, talvez grávida, e, apesar das leis que teoricamente protegem a mulher, nada poderá fazer. Sua mãe procurará o delegado de polícia, mas em vão, pois ele dirá invariavelmente: "O que a senhora acha que eu posso fazer? Forçar seu amante a casar com ela? Ela devia ter se cuidado." Ou essa mulher negra deflorada, mesmo não tendo um filho de suas relações com o branco, será rejeitada pelos negros, que valorizaram em sua luta contra o branco "o tabu da virgindade" de suas futuras esposas. "Acabou o tempo em que o senhor deflorava suas escravas e em seguida as passava para seus negros como esposas legítimas. O negro de hoje tem sua 'honra de macho'. Não aceita as mulheres de sua raça que se envolveram previamente com um branco."

A batalha das cores é travada no Brasil com maior força na concorrência dos sexos do que na das profissões. O gosto da Vênus negra por parte dos brancos acarreta em contrapartida a apologia da mulher branca pelos negros antagonistas. A partir disso, cada raça imporá a suas mulheres o máximo de interdições, controles, barreiras de defesa: "Uma branca, mesmo prostituída, não vai dançar com esses negros vagabundos. Muito menos uma branca 'decente'. O negro, por seu lado, recusará casar com uma negra que teve relações com brancos. A negra deve chegar 'virgem' ao casamento."

*

Na França, o fenômeno que chama atenção dos observadores é o inverso daquele que ocorre no Brasil. Como nos antigos países escravagistas fala-se da Vênus negra, proporemos denominar Apolo negro o fenômeno inverso.

Esse fenômeno ainda foi pouco estudado do ponto de vista sociológico. A esse respeito conhecemos apenas algumas páginas escritas por Fanon,[7] mas que se coloca sob o ponto de vista da psicopatologia: desejo de embranquecer, por parte do negro; desejo de ser violentada, por parte da branca. O orgasmo nasce muito mais da imagem do abraço do negro do que do toque propriamente dito. Não pomos em dúvida as afirmações de Fanon, mas gostaríamos, entretanto, de fazer certas reservas. Antes de mais nada, Fanon é antilhano, não africano. O desejo de embranquecimento de que ele fala vale sem dúvida para os antilhanos, é consequência da situação escravagista, que interioriza no negro o ideal do homem branco, porém não é válido para os africanos. Quanto ao desejo de violação, ele é sem dúvida mais manifesto entre as classes intelectuais do que nas classes baixas da sociedade, nas quais a hipergamia é quem fornece a explicação mais convincente, e deveríamos aproximá-la das imagens eróticas que, do lado masculino, Baudelaire, por exemplo, elabora da Vênus negra: a associação que nossa civilização estabeleceu entre a cor negra e o diabólico permite provar, no enlace com alguém de outra cor, um refinamento do sentido do pecado. Esse refinamento, entretanto, só pode valer para indivíduos de certa cultura. Assim, a explicação psicopatológica de Fanon, se for exata, nos remete a certos grupos sociais: de um lado, o grupo antilhano; do outro lado, o grupo intelectual. O erotismo só se compreende quando situado no social. Que nos seja permitido, portanto, permanecer na análise dessa situação social.

Quais são os motivos indicados com maior frequência para explicar a atração sexual que o Apolo negro sente pela mulher branca? As respostas dos entrevistados sobre essa questão manifestam uma concordância. Os franceses me faziam notar que a mulher branca é "tabu" na África e que assim ela se torna objeto de cobiça por parte dos africanos. Estes, por sua vez, dizem: "Ao chegarmos aqui, a primeira coisa de que sentimos vontade, por um lado devido à curiosidade, de outro lado por espírito de vingança, é nos relacionarmos com brancas. Algumas vezes isso nos deixa desgostosos de nós mesmos, mas prosseguimos dizendo que é assim que vingamos nossas irmãs africanas." A curiosidade é certamente manifesta. A descoberta da "feminilidade" francesa (tomo emprestado esse termo aos estudantes negros) desempenhou um papel. Quantos deles me disseram que as africanas "se comportam como homens" e que eles não foram insensíveis ao "charme", ao "coquetismo" e a todas as novidades eróticas que as francesas lhes proporcionavam.[8] Tendo em vista nosso tema, porém, fiquemos com o segundo argumento. É a confissão, não disfarçada, de que a aproximação das cores — uma aproximação tachada, aliás, como algo "repelente" — não passa de uma forma da luta racial, não é a eliminação do racismo. Outro fato confirma sua virulência. A principal razão que se encontra no início de toda miscigenação é o desequilíbrio dos sexos entre os diversos grupos raciais presentes. O africano que chega à França só pode ter brancas como parceiras e algumas raras negras. No começo ele se relacionou com negras e engravidou algumas, sem pensar em desposá-las. Ainda que essa situação não tenha sido catastrófica, os africanos amam seus filhos acima de tudo; os pais teriam perdoado facilmente suas filhas, mas os estudantes negros sentiram remorsos, à medida que assimilavam os valores puritanos dos metropolitanos. Eles mesmos designaram esse remorso por um termo bem significativo, "o sentimento do incesto" que, segundo eles, definiria o sentimento daqueles que têm relações pré-nupciais com jovens africanas, aquelas que se instruem e que constituirão amanhã a elite feminina de seus países. Daí o direcionamento de seus desejos somente para as mulheres brancas.

O ideal procurado é duplo. Esteticamente é o da nórdica de cabelos loiros e olhos a azuis, o que os leva em direção das alemãs e escandinavas tanto quanto das francesas.[9] No plano social, trata-se da jovem de boa família, e aqui a expressão da vingança seria mais nítida, mas a jovem francesa não é fácil, dizem os africanos, que se queixam de seus preconceitos, de sua repulsa ou de suas exigências. Na realidade, os bailes se tornam uma espécie de campo de batalha no qual as jovens se dividem em dois grupos: aquelas que querem dançar somente com brancos e aquelas que os brancos ciumentos denominam "garotas para negros". Assim, uma sadia camaradagem entre os sexos e as cores só pode se estabelecer com extrema dificuldade. Compreende-se que, nessas condições, os brancos reajam violentamente à concorrência sexual e de duas maneiras: 1) atribuindo seja aos africanos, seja às francesas, motivos interesseiros. O estudante negro que não é bolsista espera que sua namorada lhe dê uma pequena mesada, a possibilidade de moradia gratuita, ao coabitar com ela, e a francesa corre atrás do estudante rico que pode lhe dar presentes: "o francês é avarento; o africano, lisonjeado por sair com uma bela jovem loira; é repleto de gentilezas e de consideração por ela." 2) o branco "desvaloriza" por meio de epítetos ultrajantes as jovens que saem com negros, e essa "desvalorização" teve certamente um efeito, criando, conforme pudemos constatar no decorrer de nossa pesquisa, um sentimento de culpabilidade em algumas delas, que se traduz por um agressivo complexo de superioridade. Elas exaltam a virilidade do africano e ao mesmo tempo sua meiguice nos jogos amorosos, mas exaltam sobretudo essas qualidades *contra os brancos* — pelo menos certa categoria de brancos que não possuem a despreocupação, a boa disposição, a generosidade do africano. Em seguida, passando ao ataque, elas manifestam declaradamente sua vontade explícita de insurgir-se contra o conformismo da sociedade europeia burguesa, de situar-se acima de "preconceitos estúpidos". Um psicanalista não erraria de todo ao descobrir por detrás desse antirracismo impertinente a revolta contra a família e contra as disciplinas infantis.

Já dissemos que a miscigenação seria reveladora de uma ausência de preconceitos raciais se ocorresse somente pela via legal do casamento. Ainda assim seria necessário que o casamento se realizasse entre parceiros da mesma condição. Ora, o casamento misto também existe na França, mas existiu sobretudo há alguns anos. Torna-se mais raro hoje e, quando acontece, é forçado principalmente pela chegada de uma criança, não exprime em geral a vontade do africano. "Não quero me casar com uma branca, mas se eu tivesse um filho reivindicaria meus direitos sobre ele e até mesmo aceitaria regularizar a situação para garantir meu controle sobre ele. Não renunciaria a ele sob pretexto algum." "Regularizar a situação" é, portanto, o que se aceita por não haver algo melhor. A aproximação sexual é aceita apenas sob a forma de concubinato ou de relações efêmeras, mais acentua o preconceito do que o enfraquece. Quanto aos casamentos mistos, cujo número diminui sem cessar, eles ocorrem como na América Latina, segundo as regras da hipergamia. Na África, as "gentes de castas" (ferreiros, griôs ou seus descendentes) só podem casar no interior de seus próprios grupos e veem no casamento misto a ruptura do círculo fechado que aprisionava sua livre escolha e, por consequência, uma forma de hipergamia. Citemos a jovem branca que, em geral, se casa acima de sua situação familiar — enfermeira de origem camponesa ou operária que desposa um estudante de medicina, futuro médico; empregada dos correios que desposa um desses estudantes africanos que substituem um funcionário durante as férias (na triagem das cartas) para ganhar algum dinheiro, mas que logo retomarão seus estudos de direito, de letras ou de engenharia.

Em nossa pesquisa, não chegamos ao extremo de penetrar nos lares dos casais mistos. Parece, no entanto, que pelo menos em certos casos, sobre os quais conseguimos apenas algumas informações, o africano, que sabe muito bem que sua esposa não conseguirá habituar-se com sua família africana e que será malvista pela "colônia" branca, se vê constrangido a permanecer na França. O remorso lancinante de ter abandonado a África pode, até mesmo no amor compartilhado, envenenar as relações conjugais. Um estudante africano que agrediu sua esposa sentiu-se "grande", após esse gesto, do qual se glorificava entre seus amigos da mesma cor. A esposa, no entanto, habituada às "gentilezas" do antigo amoroso não compreende o drama que se esconde nessa metamorfose da conduta e conhecemos uma delas que encontrou a solução apenas no suicídio.

Concluindo, parece-nos que, em contrário a uma opinião correntemente difundida, a aproximação das cores, tanto no plano da pura sexualidade como do casamento, não é sinal de uma ausência de preconceitos. É, paradoxalmente, sua consequência: a Vênus negra oculta o rebaixamento da negra à prostituída, o Apolo negro procura vingar-se do branco. Não é tanto o amor, abolindo as barreiras, que une os seres, mas as ideologias raciais, que continuam a enfrentar-se até no leito dos enlaces.

5

A dimensão religiosa
(Calvinismo e racismo)*

I

O ponto de partida deste estudo é uma constatação de fato: os preconceitos raciais parecem ser muito mais fortes e venenosos nos países protestantes, Estados Unidos ou África do Sul, do que nos países católicos. Assim somos levados a perguntar se a religião não constitui um fator de criação ou de reforço desses preconceitos.

Antes de abordarmos a questão devemos passar rapidamente em revista algumas das soluções que foram dadas a esse problema. Sabemos que para Cox[1] o fator econômico é a única explicação. Por um lado, não existe diferença essencial nas relações entre o capitalismo europeu e as massas trabalhadoras; por outro lado, entre brancos e pessoas de cor. Em todos os lugares encontramos a mesma vontade de explorar o proletariado para obter dele o máximo de proveito. Se as relações raciais foram mais brandas nos países colonizados pelas nações latinas e católicas como Portugal e Espanha, é porque eles não tinham conhecido um desenvolvimento econômico, apoiado na indústria, comparável ao da Europa setentrional.

---

* Resumo de um curso dado na École Pratique des Hautes Études em 1957-1958. Uma parte da documentação foi utilizada em um relatório apresentado no Congresso Internacional de Sociologia de Bruxelas e em um artigo publicado em *Dedalus*, "Cor, racismo e cristianismo".

Naquelas nações o espírito capitalista, fonte de racismo, foi obstaculizado pela tradição medieval católica. Assim, a religião parece bem atuante, mas age somente enquanto causa indireta e prévia, apenas na medida em que favoreceu ou, ao contrário, freou o desenvolvimento capitalista. É, portanto, uma causa longínqua, no sentido de que as relações entre o calvinismo e o racismo nos remetem a um problema anterior, o das relações entre o calvinismo e o capitalismo.

É o problema que foi tratado por Max Weber. Poderíamos, portanto, encontrar nesse autor os elementos de uma teoria do racismo como sequência lógica de sua teoria das origens do capitalismo. Ele foi levado a dedicar certo número de páginas de sua obra à categoria sociológica da raça.[2] Para ele, a raça pode ser definida como uma comunidade de indivíduos que possuem os mesmos caracteres hereditários e que têm uma origem genética comum. No entanto, o racismo surge somente quando essa categoria deixa de ser biológica e torna-se sociológica, somente quando se acrescenta aos membros de uma comunidade racial outra espécie de laço social, de ordem política ou supersticiosa, engendrando fenômenos de "repulsa" dos membros de um grupo racial em relação aos membros de outro grupo. É aqui, mediante um viés, que vemos ressurgir a oposição entre sociedades industriais e pré-industriais, o que, com efeito, caracteriza o feudalismo, isto é, o regime no qual as relações sociais se baseiam na conquista, na glorificação do rapto da mulher pelo herói do estrato senhorial. Deve-se ao fato de que a sociedade feudal foi exportada da península Ibérica para a América luso-hispânica[3] que a miscigenação se tornou possível, inicialmente com a mulher indígena e em seguida com a mulher negra. Ela traduzia o caráter "exógamo" da ética feudal. Ao contrário, a colonização da América do Norte foi feita por uma classe de pessoas simples, marcada pelo espírito puritano e capitalista, portanto voltada para si mesma, que não sonhava mais com a conquista, mas com a manutenção de seus valores de grupo, uma sociedade que se tornou essencialmente endógama. Reencontramos aqui, como em Cox, mas sob outra forma, a ação indireta da religião, na medida em que o calvinismo acarretou o desaparecimento da sociedade feudal exógama para a substituir pela sociedade burguesa, endógama.

Um pouco mais adiante, Max Weber faz outra observação que interessa a nosso tema, quando mostra que a crença em um parentesco de origem idêntica, mesmo não tendo fundamentos objetivos, tem grande importância política. Ele propõe denominar "grupos étnicos" os grupos humanos que, baseando-se na similitude dos hábitos e dos costumes ou em lembrança da colonização e das migrações, têm a crença subjetiva de uma "procedência comum". Weber acrescenta que o alicerce dessas comunidades é a participação de todos os seus membros num mesmo sentimento, a "honra étnica", da qual os estrangeiros não participam. Ele dá como exemplo o caso dos "brancos pobres" do sul dos Estados Unidos, a quem considera os verdadeiros inventores da antipatia racial, porque sua "honra social" dependia da desqualificação do negro. Basta recordar que o calvinismo situou no centro de sua ética o sentimento da "honra de Deus" para que possamos entrever a possibilidade da passagem dessa honra de Deus à honra ética do povo de Deus. Max Weber, entretanto, não tentou descrever o processo dessa metamorfose, pois em suas páginas sobre o racismo estava mais preocupado com o fator político do que com o fator religioso.

As doutrinas de que acabamos de falar permanecem muito gerais. Outras se baseiam em uma análise mais concreta de fatos históricos. Delas daremos dois exemplos.

Em primeiro lugar, o encontro dos puritanos dos Estados Unidos com os indígenas, no século XVII. Afirma Ortega y Medina que os puritanos chegavam não com uma vontade racista, mas, ao contrário, com uma mentalidade democrática, inspirada pelo cristianismo. Não tinham uma ideia de raças superiores e inferiores. Ao contrário, o inglês e o indígena eram identificados por eles sob o ponto de vista da natureza corrompida do homem. A igualdade se dava por baixo. Bastava, porém, "que o índio abandonasse sua liberdade anárquica e discordante", diabólica, aceitando tornar-se filho de Deus, mediante um ato livre e voluntário, para que a igualdade também se estabelecesse, de cima para baixo. Como foi que se pôde passar desse igualitarismo ao racismo? É que eram exigidas três condições para a regeneração do indígena: a predestinação, que não dependia dele, mas de Deus; a eleição — a descoberta da salvação se dava através do critério do sucesso mundano; e a cidadania democrática, isto é, o respeito à noção de contrato, pois este, entre os homens, era apenas o prolongamento do contrato entre uma alma e seu Deus, que lhe servia como um modelo transcendente, já que a sociedade humana deve, para subsistir, regrar-se pelas leis divinas. Sob este último ponto de vista, enquanto os espanhóis tomavam as terras dos índios, os puritanos as compravam deles legalmente, mas o índio julgava que elas continuavam a lhe pertencer. Não aceitava uma venda que, aos olhos dos brancos, foi efetuada livremente. Assim, recusava a primeira condição de sua regeneração, o ingresso na cidadania dos filhos de Deus. As duas outras condições também eram recusadas, pois o índio não aceitava abandonar seus costumes e crenças ancestrais; continuava sendo um "selvagem". Com a Bíblia na mão, os ingleses podiam justificar suas apropriações e seus abusos, dada a abundância de terras e o pouco lucro que os peles-vermelhas obtinham delas. Além do mais, via-se que os indígenas, devido a um incompreensível julgamento divino, progrediam pouco no caminho da salvação... o que, aos olhos dos puritanos, era o sinal infalível de uma predestinação negativa, isto é, de uma inelutável condenação. Então o que poderiam fazer a mais, eles, santos e puritanos, senão ajudar Deus a eliminar daquelas terras "semelhantes seres"? Sim, o julgamento de Deus em relação aos indígenas era misterioso, mas, como o sucesso mundano era o signo manifesto de uma eleição, os fatos estavam presentes, vividos pelos brancos: violação de contratos livremente consentidos, retorno à vida diabólica, estado de subdesenvolvimento econômico. Assim, o fator religioso surge como algo preponderante. Foi porque a evangelização dos indígenas se realizou através dos moldes do calvinismo que o racismo branco pôde constituir-se.[4]

A DIMENSÃO RELIGIOSA

O segundo exemplo que apresentaremos nos fará passar do século XVII ao XIX, isto é, do calvinismo teológico ao calvinismo secularizado, que sempre mantém a ética do trabalho, o critério de sucesso no mundo como signo de eleição, mas que, a partir da ideia da racionalização da atividade humana, tão bem manifestada por Max Weber, apresenta a ideia de um Universo permeável à análise científica.[5] Em nosso segundo exemplo, é esse novo calvinismo que entrará em contato com a mentalidade africana em Serra Leoa.

Michel Banton insistiu em reportar-se às tensões provocadas pelo atrito entre dois mundos de pensamento: o dos anglo-saxões, que acreditam no valor moral do trabalho, na importância da economia (contra o "materialismo" dos gastos suntuários), que tem, por um lado, uma concepção racionalista do mundo. O outro lado é o dos africanos que não têm o sentido da "vocação", tal como os calvinistas a entendem. Eles convertem os benefícios proporcionados por seu trabalho não em capitais, mas na aquisição de mulheres suplementares ou em "contradons", suscetíveis de elevar seu prestígio social. Apesar da escolarização, eles mantêm uma concepção mágica do universo e, em particular, a personalização das relações sociais, cuja natureza varia de acordo com o tipo de relações, de clientela, de parentesco, de vizinhança... e que entra em choque com a conduta de "peregrino" do calvinista, que faz com que o cristão não hesite em abandonar sua mulher e seus filhos para alcançar sua salvação.[6] Vê-se que elementos antigos se misturam com novos elementos na conduta dos descendentes dos puritanos para alimentar, quando não seu racismo — o termo não está enunciado no livro de Banton —, pelo menos seu etnocentrismo. Sabe-se que Serra Leoa nasceu de um pensamento cristão e humanitário, que sua fundação foi um momento da luta contra o regime escravagista, mas lá, como ocorreu com os calvinistas norte-americanos, a "boa vontade" dos brancos em relação aos negros foi seguida por uma desilusão. Os sucessos dos colonizadores em face da estagnação econômica das massas africanas não foram pensados em termos de exploração ou de dominação, mas em termos de "predestinação" positiva para alguns (os favores da graça divina) e negativa para outros (degradação moral e espiritual).

Nos dois casos examinados, que possibilitaram análises pertinentes, chegamos sempre à mesma conclusão: a de que o racismo não nasce diretamente do calvinismo, ao contrário. O calvinismo tendia a uma doutrina de igualdade racial. O racismo é um produto posterior, consequência do fracasso missionário, fruto da experiência dos pioneiros ou dos colonizadores. Essa experiência, no entanto, foi vivida a partir da ética calvinista e da teologia da predestinação. Isso faz com que o calvinismo seja indiretamente responsável pela diferença de comportamentos, nas relações inter-raciais, entre os povos anglo-saxões, protestantes, e os povos latinos, católicos. Observa-se, todavia, que os elementos do "calvinismo" retidos como suscetíveis de proporcionar alguma luz sobre as origens do racismo são exatamente os mesmos que aqueles apresentados por Max Weber em seu estudo das origens do capitalismo. Isso faz com que, no fundo, o atrito das raças se ligue ao atrito de dois sistemas econômicos, pré-industrial e capitalista, e que a maior tolerância dos católicos para com os indígenas, bem como sua maior facilidade em misturar-se sexualmente com eles, provém do fato de que na época dos primeiros encontros eles permaneceram mais próximos do regime pré-capitalista e da exogamia feudal do que os protestantes.

São as sugestões de antropólogos e de sociólogos que devemos tentar verificar agora, mediante uma dupla análise, a do pensamento de Calvino e algumas situações históricas de contatos inter-raciais.

II

É evidente que o calvinismo começa por colocar a igualdade dos homens em dois planos diferentes, o da Razão, própria a todo o gênero humano — trata-se aqui da razão natural, não daquela que é iluminada pelo Espírito Santo — e o da corrupção, pois todos os homens suportam o peso do mesmo pecado original.

"O conhecimento de Deus está naturalmente enraizado no espírito dos homens", algo tão verdadeiro quanto em relação àqueles que, na época, eram denominados "pagãos" e em relação aos cristãos: "não se depara com uma nação nem com um povo tão brutal e selvagem" que não tenha alguma ideia da divindade. No entanto, esse conhecimento de Deus pode ser amortecido: 1º) pela cegueira intelectual, e Calvino desenvolve aqui certas ideias que prefiguram tanto as de Lévy-Brühl como as de Leenhardt, relativas aos sentidos que permanecem colados nas coisas, em vez de as transcender por um ato do espírito, e tais ideias explicam que os pagãos abafaram o conhecimento natural de Deus porque não souberam remontar da natureza ao criador, não puderam separar o sagrado do não sagrado: corrupção da inteligência; e 2º) pelo vício, isto é, a corrupção dos sentidos:

> É de se notar que todos aqueles que abastardam a religião, como acontecerá com todos aqueles que seguem sua fantasia, separam-se do verdadeiro Deus e revoltam-se com isso. Eles muito protestarão por não ter essa vontade, mas não se trata de julgar... que eles se convençam... mas sim que eles, em sua obscuridade e trevas, suponham diabos no lugar de Deus (*Instituição cristã,* I, 5, 12).

Assim, o igualitarismo de Calvino torna-se finalmente condenação dos pagãos, que fizeram mau uso dessa Razão que os deveria conduzir não à Fé — pois o Espírito Santo é necessário aqui –, mas pelo menos ao monoteísmo.

Os homens também são iguais no pecado, isto é, na corrupção, agora não mais em se tratando da Razão, mas da Vontade humana. O capítulo 14 da terceira parte da *Instrução cristã* é dirigido contra os católicos que creem na justificação através das obras, mas ele se inicia por considerações sobre os pagãos, que merecem prender nossa atenção durante um instante. "O Senhor... imprimiu no coração de cada um a distinção entre as obras honestas e as obras vilãs", o que faz com que os pagãos, assim como os cristãos, tenham uma "moral", mas Calvino declara que o objetivo da virtude não é o ato virtuoso em si, é a glória de Deus, a "honra divina". Ora, os pagãos não se elevaram a este conceito:

> Quantas vezes aquilo que eles fazem parece ser um bom conselho em se tratando de uma ação externa, mas, no entanto, é pecado, quando se trata de um mau fim... Todos aqueles que foram elogiados entre os pagãos sempre pecaram quanto à aparência de virtude que tiveram, tanto mais que, sendo desprovidos da clareza da fé, eles não ajustaram suas obras, que foram consideradas virtuosas, ao fim que divisavam.

Calvino pensa nos sábios da Antiguidade, mas sua reflexão também é válida para os povos "primitivos". Ele se antecipa à condenação da teoria do "bom selvagem", que, no entanto, será desenvolvida por calvinistas como Jean de Léry, a do selvagem virtuoso, moralmente superior ao branco, que entra em contato com ele, portador de todos os seus vícios, frutos da civilização. Os pagãos, mesmo dotados de qualidades morais, são condenados e destinados à "morte eterna".

É possível que esses textos tenham desenvolvido naqueles que os liam e acreditavam-se justificados certo sentimento de pertença a uma aristocracia, que destruiria o igualitarismo de base do calvinismo, como também a ideia de que o pagão não é somente um homem a ser salvo (pelo trabalho missionário), e que ele não é responsável por sua perdição (pois não lhe ensinaram a Escritura Santa), mas é um homem que merece a condenação, pois Deus dotou-o da mesma Razão e do mesmo discernimento do bem e do mal, assim como a nós, mas que utilizou mal sua Razão (para deixá-la ser abafada pelas superstições) e que desviou a moral de seu verdadeiro objetivo (que é a honra de Deus). Acontece que esse orgulho, ponto de partida de todo racismo, só pode ser compreendido na medida em que os calvinistas, anglo-saxões ou holandeses, se sentiam um povo eleito, uma comunidade de "justificados".

A teoria calvinista da justificação é bem conhecida. Após a queda, o homem é corrompido; não pode salvar a si próprio, mas somente pela graça de Deus. O que salva não são as obras, mas a "vontade arbitrária" de Deus. É certo que as promessas de salvação são universais; isso não impede que haja apenas um número pequeno de eleitos — mas como alguém pode saber se foi salvo? Max Weber mostrou muito bem que o sucesso na vida era o critério da salvação, o que faz com que a doutrina da predestinação não termine na angústia, mas na ação: "O Senhor Deus, ao multiplicar suas graças em seus servidores e ao conferir-lhes todos os dias novas graças, tanto mais que a obra que começou neles lhe é agradável, encontra neles matéria e ocasião de os enriquecer e aumentar" (idem, II, 3, II).[7] Compreende-se, nessas condições, o abalizado fundamento das análises de Ortega y Medina e de Banton. O duplo fracasso da atividade missionária (o "selvagem" permanecia voluntariamente apegado a suas superstições) e da atividade econômica (enquanto o colono europeu progredia e enriquecia nas colônias o "selvagem" parecia destinado a um perpétuo estado de subdesenvolvimento) era algo natural, na medida em que o sucesso mundano era o critério visível da eleição, que nutriria o orgulho e faria nascer o racismo. Pode-se ir ainda mais longe e encontrar na *Instituição cristã* textos facilmente utilizáveis para justificar a condenação dos pagãos e a necessidade de uma política de segregação. Por exemplo, na teoria das "tentações", entre os perigos que podem ameaçar-nos, Calvino cita as ciladas da vida entre os selvagens (idem, I, 17, 10). A fim de evitar tais "ciladas" e de algum modo o contágio do pecado, os colonos poderiam entrincheirar-se em suas "culturas" europeias e sentir sobre eles, pequeno rebanho perdido, a mão protetora de Deus. Em outro texto, Calvino diz que sempre devemos desconfiar de nós e repousar-nos em Deus (idem, II, 10). Ora, o que caracterizava os "pagãos" é que eles, ao contrário, depositavam sua confiança neles mesmos. Com efeito, o que define o pensamento mágico é que a ação de homem, se ela se realizar segundo as regras, chega sempre a um resultado, e se a cólera dos deuses se desencadear, o pagão sabe que por meio de ritos apropriados ele restabelecerá o equilíbrio cósmico ou social perturbado. Enfim — mas já assinalamos esta questão num parágrafo anterior — o branco trazia consigo o sentimento da dignidade do trabalho feito para a glória de Deus e o valor da "vocação" nesse mundo que lhe foi destinado pelo Senhor, enquanto o pagão trabalha somente quando é pressionado pelas necessidades da vida. Quando suas necessidades são satisfeitas ele se entrega à festa. A ética do puritanismo, ao chocar-se com a ética da festa, proporcionava aos colonos o sentimento de que eles faziam parte do pequeno mundo dos eleitos, enquanto que a vontade dos pagãos permanecia para esses colonos definitivamente corrompida, por desviar-se de seu verdadeiro fim, a honra divina, por mergulhar no diabólico que era o prazer dos sentidos. Essa teoria da "vocação" certamente se exerceu nas origens de certo racismo. Calvino afirma, é certo, que a desigualdade dos dons existe tanto entre os pagãos como entre os cristãos porque essa desigualdade (que para ele acarreta a complementariedade das profissões) é o que ele denomina "uma graça natural" e não "sobrenatural" (como a da predestinação). Não há a menor dúvida de que esses dons provêm de Deus, "que Ele distribui para quem Lhe aprouver". Ora, os europeus, que então não possuíam conhecimentos etnográficos, ao entrar em contato com aqueles que denominavam "selvagens", deviam considerá-los "limitados", "tolos e estúpidos", para retomar os termos de Calvino. Devia parecer, para eles, que Deus não deveria ter dado aos "selvagens" dons especiais e superiores, mas apenas dons — como a capacidade do trabalho físico — que os condenava, na complementariedade hierárquica dos status, a se tornarem servidores dos brancos.[8]

Poderíamos encontrar facilmente na obra de Calvino toda uma série de textos que valorizam o pequeno grupo dos eleitos em face da massa dos condenados, textos próprios para suscitar os fenômenos de segregação e de orgulho espiritual, que reencontraremos mais tarde no racismo. Assim, no *Comentário sobre Mateus*, IX, 37-8 — "a seara é grande, mas poucos são os trabalhadores" —, após afirmar que todos os povos da terra são dispostos a receber o Evangelho, Calvino acrescenta que, no entanto, "Deus aprecia mais a pequena companhia dos seus do que todo o resto do mundo". Porém, ao lado do veneno existe o contraveneno, pois toda a ética calvinista é uma ética do amor, um amor baseado na definição do próximo como carne e imagem de Deus. Ora, o "selvagem" que, como dissemos, participa da humanidade tanto através da Razão como através do pecado é, antes de tudo, nosso "próximo": "sob o nome de Próximo compreende-se até mesmo os mais estranhos" (II, 8, 55), "mas digo, entretanto, que é preciso abraçar com afeto e caridade todos os homens em geral, sem nenhuma exceção, sem fazer diferença entre o grego e o bárbaro, sem reparar se eles são dignos ou indignos desse acolhimento" (II, 8, 54). Ao lado da lei da caridade, que vai contra o pecado do orgulho, a fundamentação do pensamento de Calvino, porque tudo é obra de Deus, não nossa — o rebaixamento do homem e não sua glorificação: "Somos a tal ponto ingratos que nos parece que a coisa tenha advindo... por nossa indústria...; sempre despojamos Deus de sua honra" (Sermão LXXIV sobre o Deuteronômio); ou, ainda, "sejamos humildes e pequenos" (Sermão XLII sobre o Deuteronômio). Em livro recente, J. Boisset mostrou muito bem as raízes dessa lei da caridade e dessa lei da humildade no calvinismo. É talvez somente por uma distorção desse pensamento que o sucesso mundano pode ser encarado como um critério de eleição. "Não devemos nos esquecer", ele escreve, "que a doutrina de Calvino, tão rígida, tão terrivelmente dura em sua expressão intelectual, é praticamente submissa à lei da caridade." No que diz respeito à discriminação humana entre os eleitos e os reprovados, Calvino sempre manteve uma sábia reserva, recusando-se a designar aqueles que estavam perdidos e aqueles que estavam salvos. Se o crente sabe que ele é eleito, ignora que é perdido, como ignora que outro que não ele é eleito. Seu comportamento em relação a seus semelhantes, eleitos ou reprovados, é um comportamento de caridade. Ele remete praticamente tudo à soberana vontade de Deus.[9]

Há outro aspecto do pensamento de Calvino — sua eclesiologia — que é preciso examinar para ver se esse aspecto não poderia levar a um comportamento racista. No catolicismo, o dogma da comunhão dos santos terminava por identificar a Igreja visível com a Igreja invisível. Os reformistas, ao oposto de Roma, sempre repudiaram essa identificação de uma unidade puramente mística com uma instituição social: a Igreja invisível é o conjunto dos eleitos de Deus, mortos ou vivos, que formam o corpo único de Jesus, mas, ao lado, existe a Igreja visível, que se fundamenta na história, e que tem como propósito propagar a palavra de Deus em grupos sociais determinados. Ora, ao distinguir assim as duas igrejas, Calvino não tornava possível uma teoria da discriminação dos grupos raciais, não se antecipava em justificar a criação de Igrejas brancas separadas de Igrejas negras? A crítica a Roma e a seu supernacionalismo não leva Calvino a escrever frases como esta?

> Estender a todo o mundo universal aquilo que foi útil para uma nação não é proceder através da razão, mas, ao contrário, existe uma grande diferença entre todo o mundo e um certo povo... Agora que a religião se difundiu pelo mundo inteiro, quem não vê que é uma coisa de todo absurda conferir a um único homem o governo do Oriente e do Ocidente? (*Instituição Cristã*, IV, 6).

Embora frases como esta, dirigidas primitivamente contra o papado em favor das igrejas nacionais, quando uma nação é multirracial e cada uma de suas raças constitutivas possui uma "civilização" original, não deveriam acarretar, em consequência, a ruptura da Igreja nacional, o que implicaria tantas igrejas particulares quantas são as diferentes culturas? Veremos mais adiante que aquilo que se poderia denominar "a teologia do apartheid" na África do Sul não se fundamenta em outras bases.

A eclesiologia de Calvino reflete um momento histórico, o da formação das nações sobre as ruínas do cristianismo medieval, e talvez ainda mais por ser a consequência lógica da teologia calvinista. No entanto, esse momento histórico é também aquele que presencia, como Durkheim mostrou em *Da divisão do trabalho social*, o advento do conceito de "contrato" no pensamento jurídico. Aqui o pensamento de Calvino ainda se liga a sua época e é a expressão lógica dela. Sob certos aspectos, a Reforma protestante, em sua luta contra o catolicismo, corresponde a essa evolução do antigo conceito de instituição, que marca o pensamento católico tradicional, em direção ao novo conceito de contrato. Ao criar a Igreja, o cristianismo antigo quis realizar aquilo que Tertuliano denominou um *Genus tertium*, "um outro povo", superando a oposição do senhor e do escravizado, do patriarca e do gineceu, do grego e do bárbaro. Na Igreja, nascida do Pentecostes, e, em consequência, destruindo a torre de Babel, todas as raças se encontram reunidas, em torno do pão da comunhão, para formar um povo novo. A instituição homogeneíza, se me permitem a expressão, as diversidades naturais para dar forma a uma unidade sociológica. A este conceito se opõe a ideia de contrato, isto é, de relação baseada numa dupla liberdade, a de duas partes contratantes, o homem e Deus. Calvino reencontrava no Antigo Testamento essa ideia de contrato, que fazia da nação hebraica uma nação eleita, só que ele dava esse novo estatuto não mais a uma nação separada, mas a um pequeno grupo de eleitos destinado a ser o sal da terra, e não a organização de um corpo social particular. Podemos dizer que aquilo que permanece de pensamento judaico no calvinismo é o que provém do Antigo Testamento e não do Novo — que é a fonte possível de todo racismo —, inscrevendo-se numa tradição calvinista.

Agora podemos concluir esta primeira análise:

1) O pensamento de Calvino reflete certa situação histórica, a da formação das nacionalidades e também a da formação do direito contratual. Na medida em que é o reflexo, ele é a "ideologia" de uma época ou, melhor ainda, integra a uma reflexão teológica elementos que lhe são "exteriores", adventícios em relação a uma linha mestra. Surge daí uma primeira interrogação: o racismo dos filhos de Calvino se assemelha a um pensamento que é próprio dele ou a esses elementos adventícios?[10]

2) Quando analisamos o pensamento de Calvino sob o ponto de vista das possíveis fontes de um comportamento racista, ele nos pareceu contraditório. Certos elementos, como a análise do pensamento pagão ou ainda o mundo pagão como o lugar da tentação e da contagiosidade do pecado, o valor do trabalho como "vocação" etc., nos pareceram aptos a suscitar esse comportamento, enquanto outros elementos vão contra, tais como o igualitarismo, a lei da caridade ou a da humildade em relação ao próximo, pois ninguém sabe qual é a escolha de Deus. Portanto, o racismo é obrigado a fazer uma seleção. Então se coloca o problema de saber o que determinou os calvinistas a fazer determinada escolha no lugar de outra. Daí uma segunda pergunta: o calvinismo criou verdadeiramente a atitude racista? Ou mais simplesmente ofereceu certo número de conceitos que poderiam servir para justificar demasiado tarde, ideologicamente, um racismo que tinha outra origem, econômica e não religiosa, e assim acalmar a "má consciência" dos cristãos infiéis?

Assim, somos levados do estudo do calvinismo ao estudo do uso — ou dos usos — do calvinismo nos países protestantes racistas, isto é, da teologia ou da ética religiosa à história e à sociologia.

III

Van den Berghe distinguiu dois tipos de relações raciais — imagens ideais no sentido weberiano: o tipo paternalista e o tipo concorrencial. O preconceito existe nos dois casos, mas:

Tipo paternalista	*Tipo concorrencial*
1. Miscigenação sob forma de concubinato — mas somente entre homens da casta superior e mulheres da casta inferior.	Miscigenação severamente desaprovada ou mesmo proibida por lei.
2. Preconceito desprovido de conteúdo sexual.	Preconceito repleto de frustrações sexuais, agressividade, sadismo, medo de castração.
3. Preconceito integrado à ideologia. Inexistência de conflitos ideológicos entre os preconceitos e o resto da ideologia.	Conflitos: o famoso "dilema americano" de Myrdal.
4. Atitude protetora e paternalista da minoria dominante e aceitação mais ou menos passiva de um status de inferioridade pela maioria.	Antagonismo e ódio racial.
5. Estabilidade relativa do sistema. O preconceito exerce um papel funcional na manutenção do *status quo*.	Instabilidade do sistema; violências crônicas: linchamentos, rixas... Preconceito disfuncional.
6. Intensidade pouco elevada do preconceito.	Tendência à intensidade, num círculo vicioso. Emotividade no preconceito.

Van den Berghe liga esses dois tipos a duas formas de economia, uma delas mais agrícola e pré-industrial, a outra mais urbana e industrial. Estamos de acordo e vimos que no Brasil, onde o paternalismo dominava, a industrialização está acarretando uma modificação funcional dos preconceitos raciais. Contudo, o sul dos Estados Unidos, assim como a África do Sul, conheceram outrora o tipo paternalista. Mas um fato salta aos olhos: o regime paternalista tende a dominar ou a se manter nos países católicos, e o regime concorrencial tende a predominar nos países protestantes. Chega-se a uma conclusão que tem grande importância para nosso tema. O racismo é um fato universal, encontrado em todos os lugares, qualquer que seja a confissão religiosa dos habitantes do país. Então, se o calvinismo é responsável por alguma coisa, não é de racismo propriamente dito, *mas certa forma ou de certo aspecto* do racismo.

Infelizmente é difícil analisar o exemplo dos Estados Unidos sob esse ponto de vista, pois a ideologia norte-americana não deriva somente do puritanismo de seus primeiros colonos, de origem calvinista, opostos aos grandes plantadores anglicanos do sul, mas também da filosofia das Luzes. Ralph Barton mostrou muito bem que esta se opunha à religião dos fundadores[11] e que triunfará a partir do século XVIII, e finalmente a partir do século XIX com a marcha para o oeste (o espírito de fronteira).[12] Isso faz com que seja bem difícil isolar a variável "calvinista" nesse conjunto de fatores constitutivos da mentalidade norte-americana e, em consequência, de "seu" racismo. Pode-se, no entanto, notar certas ligações entre esses três fatores. A filosofia das Luzes retoma certas tendências do puritanismo anterior, como o sentimento da dignidade humana, a igualdade dos homens perante Deus, a condenação do luxo e do orgulho. A "experiência da fronteira" veio corroborar a ideia que os eleitos puritanos e os fundadores da democracia tinham de seu destino, acreditando que eram os objetos de um favor especial da Providência... O puritano sentia-se seguro de contar entre os eleitos, quando conseguisse suportar a adversidade e triunfar sobre os obstáculos.[13] Nem a filosofia das Luzes nem o espírito de fronteira conseguiram, em consequência, destruir o velho fundamento que enraíza a mentalidade dos norte-americanos no calvinismo dos fundadores.

Quais são os elementos desse primeiro calvinismo que puderam contribuir para o desenvolvimento do racismo? Antes de tudo, talvez a importância da justiça redistributiva. Se o homem não pode ganhar sua salvação sem a graça de Deus, ele pode ganhar sua danação. Ora, a recusa do indígena em se tornar "branco", em adotar a mentalidade dos colonos europeus a fim de manter seus valores arcaicos, bem como a imoralidade dos escravizados negros (os brancos não percebiam ou não queriam perceber que ela era consequência direta da instituição da escravidão e não, da parte dos negros, um ato de livre vontade) provavam, por parte das pessoas racializadas, que eles tinham escolhido a danação. A partir disso, pode-se imaginar uma atitude de distanciamento, oposta à caridade cristã, pela qual se começou quando se estabeleceram as primeiras relações inter-raciais. Em segundo lugar e, sobretudo, a ideia de uma higiene espiritual. O pecado era considerado uma doença contagiosa. Por mais que tomasse as precauções necessárias, o indivíduo, apesar de tudo, poderia contrair a doença. Ora, o negro e a negra pareciam monstros de sexualidade, tentações permanentes para os sentidos ou a sensualidade dos brancos. Além disso, a cor de suas peles, oposta à alvura dos lírios e das pombas, sinônimo de pureza, não manifestava que eles ou elas eram rebentos do diabo, o rei negro do mundo das trevas? Os sociólogos que estudaram a situação racial nos Estados Unidos se surpreenderam com o fato de que a necessidade da segregação e das discriminações raciais é justificada pelos racistas como o único meio de impedir o branco de ceder às tentações. Se não separar as raças nas escolas, nos serviços religiosos, nos lugares públicos e nos meios de transporte, ocorrerá a miscigenação.

Não se pode explicar o racismo nos Estados Unidos pela religião. Explica-se pelo regime econômico, o da competição no mercado de trabalho ou pelo status social, que caracteriza o regime capitalista. O calvinismo parece disfarçar esse racismo de tipo concorrencial na medida em que, ao centralizar sua ideologia na higiene espiritual, ele faz da segregação e da discriminação consequências lógicas do medo da miscigenação (pontos 1, 2 e 6 da dicotomia de Van den Berghe). É por isso, sem dúvida, que Arnold Rose critica o livro de Adorno, *A personalidade autoritária,* no qual o autor opõe o tipo "autoritário" ao tipo "democrático" mediante critérios puramente psicológicos, como se quisesse desresponsabilizar os Estados Unidos de todo racismo, fazendo deste último somente a atitude de indivíduos particulares. Rose nota que as características pelas quais Adorno define seu "tipo autoritário" — conformismo, rigidez, pobreza de imaginação, estereótipos, ligação com o grupo, falta de altruísmo, rigidez moral e, finalmente, preconceito racial — constituem características "culturais" e não "individuais": "minha suposição é que aquilo que o grupo da Califórnia, Adorno e seus colaboradores denominam *personalidade autoritária* não é nada além daquilo que os historiadores e sociólogos denominavam há muito tempo 'puritanos' ou 'fundamentalistas'."[14] Não se poderia dizer melhor que a personalidade de base daqueles que fazem profissão de racismo nos Estados Unidos foi marcada em seus aspectos essenciais por certa "cultura" protestante.

Assim como Myrdal, ao se colocar no terreno da ideologia política, pôde falar de um "dilema americano", também é possível, ao se colocar no terreno religioso, falar de outro dilema. Como mostramos no parágrafo anterior, o calvinismo acolhe postulações opostas: algumas podem suscitar atitudes racistas, outras as impedem. Certos estudos de opinião, realizados nos Estados Unidos, mostraram, pelo menos nas faculdades protestantes do norte da Louisiana e faculdades católicas do sul da Louisiana que a) os protestantes eram mais favoráveis aos negros do que os católicos; e b) que os protestantes mais estreitamente identificados com a Igreja são mais favoráveis do que aqueles que menos se identificam com ela.[15] Isso quer dizer, antes de mais nada, que *a situação domina a religião*, pois nos países em que as atitudes raciais predominam os católicos não são menos indemnes a elas do que os protestantes. Em segundo lugar, a religião não é somente uma doutrina moral, mas o eixo do conjunto de um agrupamento, e assim ela exerce funções extraespirituais, podendo associar-se a todos os conflitos e preconceitos que dividem esse agrupamento, como o racismo, por exemplo.[16] Enfim, é preciso distinguir bem dois tipos de vida religiosa: aquela que é vivida profundamente e aquela que é mais ou menos "convencional". É esta e unicamente esta que pode unir-se ao racismo e — vamos mais longe — dar-lhe um colorido especial.

IV

O caso do Brasil holandês é para nós muito mais significativo, pois a ocupação do Nordeste do Brasil pelos holandeses se estendeu apenas de 1630 a 1661. Em consequência, as ideologias não tiveram tempo de transformar-se como nos Estados Unidos, e esse exemplo, sobretudo, nos permite uma comparação com o Brasil ibero-português da mesma época, onde, com relativa facilidade, podemos isolar a variável religiosa, pois o regime econômico é semelhante, nos dois Brasis: exploração colonial, capitalismo comercial, regime da grande propriedade e agricultura destinada à exportação, em particular do açúcar, para a metrópole. É verdade que os holandeses preferiam a vida urbana do Recife ao campo, o artesanato e sobretudo o comércio à agricultura, e que as grandes propriedades rurais, com seus engenhos, continuaram sendo propriedade de antigos portugueses, que Maurício de Nassau protegeu, apesar da fidelidade deles ao catolicismo. Em todo caso, o regime de produção e de distribuição das riquezas produzidas é o mesmo no Brasil ibero-português e no Brasil holandês. Somente a religião é que muda.[17]

Os holandeses do Brasil, assim como os puritanos dos Estados Unidos, vêm com uma concepção igualitarista, apoiada em sua tradição calvinista. Eles, por um lado, desenvolvem missões entre os indígenas, introduzem a Bíblia entre eles, os ensinam a ler. É verdade que a metrópole encoraja esse ardor missionário por motivos que pouco têm a ver com o zelo pela religião, e que se trata para ela de ampliar ao máximo a conquista do país. Por outro lado, os holandeses são contra a escravidão dos negros. Eles aportam nos trópicos com sua ética religiosa, da dignidade do trabalho, da santidade da vocação, e quiseram substituir o trabalho servil pelo trabalho livre: "Pensamos que os engenhos devem ser trabalhados por homens brancos." Assim, apelarão às pessoas livres para que venham substituir os negros na nova colônia e, de fato, soldados reformados, pequenos artesãos, mercadores ou empregados no comércio, professores primários, licenciados em medicina e sobretudo aventureiros tomaram o caminho de Pernambuco. No entanto, como vemos por essa enumeração, tratava-se de uma população sobretudo urbana, pouco atraída por labutas agrícolas sob um sol escaldante. A escravidão era necessária, caso se quisesse que a colônia desse lucro. Assim, a pressão dos interesses econômicos foi mais forte do que a moral de Calvino. A captura de escravizados, que se aproveitaram das lutas entre os batavos e os portugueses para fugir, foi autorizada. Os direitos dos senhores de libertar aqueles que lhes serviam passaram por restrições e os holandeses acabaram conquistando a Guiné e Angola para se tornarem os senhores do tráfico negreiro. Dispomos de estatísticas desse tráfico. Entre 1636 e 1645 ele não parou de aumentar. Os fatos estavam presentes e iam contra o igualitarismo calvinista, colocando-o entre parênteses: "O açúcar não pode ser produzido sem a ajuda do escravo africano."

Mas se o sistema de trabalho é o mesmo entre os portugueses e os holandeses, as relações raciais assumem nele aspectos diferentes? Os holandeses sempre afirmaram que tratavam melhor seus escravizados do que os portugueses. Em uma de suas cartas o pastor Soler escreve: "Nosso povo manifesta, em relação a eles, maior bondade; os portugueses, ao contrário, os tratam com bestial ferocidade." No entanto, uma obra anônima, escrita em francês, *État présent des Indes hollandaises*, afirma o oposto. Como tentamos mostrar em outro livro,[18] o regime escravagista força os senhores a uma certa dureza e é evidente que, quanto a essa matéria, as diferenças não devem ter sido muito grandes entre os dois Brasis. Sem dúvida os pastores se contrapunham ao trabalho forçado e à falta de educação religiosa: "Visto que os doutores cristãos opinam que o principal fim da aquisição dos negros é leva-los ao conhecimento de Deus e à salvação, deve-se levá-los à igreja e instruí-los na religião cristã." Os católicos do outro Brasil não se exprimiam diferentemente, mas essas admoestações permaneciam letra morta: as pessoas escravizadas trabalhavam durante toda a semana e também no domingo, e Maurício de Nassau respondia à Assembleia dos Pastores que os escravizados antigos falavam português, eram submissos e, em consequência, não havia vantagem alguma em impor-lhes pela força a doutrina protestante em língua holandesa.

Pelo menos a miscigenação que caracterizava o Brasil católico e que aproximava sexualmente raças separadas devia encontrar uma barreira entre os holandeses, se nossa precedente análise do "puritanismo" for exata. Porém, as mesmas causas, a falta de mulheres brancas na colônia, a sensualidade do clima tropical e sobretudo a divisão entre uma classe de senhores e uma classe de escravizados — não provocam sempre os mesmos efeitos? Pierre Moreau, em sua *Histoire des derniers troubles au Brésil*,[19] nos diz que no Recife todos os vícios estavam na moda. Os brancos "corrompiam as negras e as tinham como concubinas". "Judeus, cristãos, portugueses, holandeses, ingleses, franceses, alemães, negros, brasileiros, tapuias, mulatos, mamelucos e crioulos se misturam, sem falar dos incestos e dos pecados contra a natureza." Os dois Brasis também não se diferenciavam quanto a esse aspecto. É verdade, porém — e é isto que precisamos reter — que foi tentada uma política de segregação, mesmo que não tenha sido bem-sucedida. Em 1641, uma lei proibiu o casamento entre brancos e negros. Em 1644 foi dada ordem de casar os negros com as negras; alguns holandeses, cujos nomes conhecemos, que viviam casados[20] ou em concubinato com índias, foram expulsos da colônia; um pastor que vivia com uma prostituta foi destituído e mandado embora... e quando os holandeses, vencidos pelos portugueses, perderam sua possessão americana, os pastores viram nisso a prova da cólera divina:

> O conselho se inclina a considerar que entre outras coisas Deus se mostra irritado, pois não tomamos neste país as medidas necessárias para levar aos negros o conhecimento da existência de Deus e de seu filho Jesus Cristo, posto que a alma dessas pobres criaturas, cujo corpo empregamos em nosso serviço, deveria ter sido arrancada da escravidão do diabo.

O diabo, ao contrário, serviu-se desses "corpos" a fim de que eles perdessem suas almas para os senhores brancos.

No Brasil, assim como nos Estados Unidos, a situação — e por situação entendemos o conjunto de dados reais: regime de produção, clima, relações de dominação de uma raça por outra — é mais forte do que a religião. A ética calvinista flutua, como uma imagem privada de todo dinamismo criador, acima de uma realidade que a nega impudentemente. O "puritano" da Holanda, por mais que desembarcasse nos trópicos munido de igualitarismo, com sua vontade de converter e "salvar" os indígenas e os negros, sua moral de "trabalho livre" e sua angústia diante do pecado da carne, que o levava a separar as raças, deparou-se com um meio que foi mais forte do que a "doutrina".

V

O último caso que estudaremos e que abordaremos mais detidamente é o mais rico em ensinos. Trata-se da África do Sul.[21]
Devemos partir de um fato: a separação das cores na África do Sul não tem um século de existência. Surge daí uma primeira pergunta: como ela se impôs e o que a precedeu? A Companhia Holandesa das Índias criou, em 1652, na Cidade do Cabo, um porto para as embarcações que iam para a Índia, frequentado unicamente por marinheiros e aventureiros, mas em 1657 os brancos foram autorizados a se estabelecer como fazendeiros nos arredores da fortaleza e levar gado com eles. A partir do século XVII,

afluíram à África do Sul holandeses calvinistas e huguenotes franceses. Houve, portanto, dois tipos de contato, entre os brancos e os hotentotes, que povoavam o país, ou com os escravizados negros: 1º) na Cidade do Cabo, o concubinato e a miscigenação dos soldados e funcionários civis, todos solteiros e frequentemente aventureiros; e 2º) a segregação nos campos, na região das lavouras, onde os holandeses fazendeiros viviam em família, conservavam o culto familiar tão característico dos protestantes, liam a Bíblia à noite, durante o serão. No entanto essa política de isolamento e de separação não impedia o estabelecimento de relações raciais, de tipo paternalista, entre os patrões brancos e seus servidores hotentotes, jardineiros ou criadores de gado. Era-lhes dada uma educação religiosa muito consistente e quando era considerado suficientemente avançado no caminho da salvação para receber o batismo o escravizado era libertado imediatamente. Uma vez livre, ele poderia desposar legalmente brancos; no entanto, os casamentos foram raros, tal como o de Eva com o explorador Van Mierkoff. Em todo caso, e ao contrário do que acontecia na Cidade do Cabo, nenhum concubinato. O maior puritanismo nos costumes. Assim, no começo, uma situação de separação sexual, sem dúvida, mas que não impedia uma verdadeira fraternidade, no contexto familiar, entre senhores e servidores.

Dois fatos vão modificar esse quadro idílico do início. Em 1806, a colônia holandesa cai nas mãos dos ingleses. Se os ingleses suprimem a escravidão em 1828 e, em 1850, estabelecem um governo representativo onde os "tisnados" e os "negros" são eleitores e até mesmo elegíveis, tais medidas, à primeira vista liberais, não produzem outros efeitos que não o de fazer desaparecer o tipo "paternalista" das relações raciais para inaugurar um tipo "concorrencial". Os ingleses, em seu movimento expansionista, sairão do território hotentote para estabelecer relações com os bantos, inicialmente com os xhosa. A evangelização prossegue certamente, porém assumirá um caráter particular, não será mais familiar, tal como acontecera com os bôeres. Ela ficará nas mãos das "missões" organizadas pela metrópole e que assim destruirão as relações afetivas de fraternidade entre os grupos, e serão baseadas em relações interpessoais, para fazer do amor cristão o objeto de instituições especializadas. Finalmente, a crescente intervenção da administração, ocasionada pela grande migração do século XIX de descendentes de holandeses em direção ao leste e ao norte e, em seguida à Guerra dos Bôeres, a conquista daqueles territórios pelos ingleses, criarão uma separação entre holandeses calvinistas e ingleses liberais, no plano político com certeza, mas que terá repercussões no plano religioso. Isso faz com que possamos perguntar se as políticas opostas, na África do Sul, dos descendentes de ingleses e africânderes em relação aos bantos, não derivam mais de um conflito político do que de divergências em suas respectivas éticas religiosas ou, mais exatamente, se as divergências na ética religiosa não são fortalecidas, enrijecidas, exageradas pelos antagonismos políticos.

O segundo fato é a descoberta, em 1870, de minas de diamante e, em 1896, de minas de ouro, que transformarão a antiga economia sul-africana por meio do desenvolvimento dos transportes, criação de cidades, o surgimento de novas formas de indústrias e, em consequência, a necessidade de recorrer a uma mão de obra africana cada vez mais vasta. Ora, a antiga economia agrícola tornava possível a separação das raças, sobretudo nas regiões de criação de gado, que não necessitavam de mão de obra numerosa (sem contar as relações paternalistas servidores-patrões), ao passo que a industrialização: 1º) acarretava um afluxo de bantos aos grandes centros urbanos e, em consequência, misturava as raças em espaços de pouca extensão territorial; e 2º) acarretava a formação de uma classe de "brancos pobres" que, no mercado de trabalho, tinham de concorrer com os bantos, os quais aceitavam salários inferiores aos deles. Mais do que o desenvolvimento lógico de convicções religiosas, o racismo branco é uma resposta a essas novas condições econômicas. A oposição entre africânderes e anglo-saxões, isto é, entre trabalhadores e patrões, manifesta-se logo em seguida, mediante uma série de leis, de demissão de brancos, de reações sindicais, de natureza econômica e não religiosa. O liberalismo anglo-saxão traduzia o interesse dos patrões em manter uma mão de obra mal paga e o racismo africânder atingia os interesses dos trabalhadores brancos, privados de suas terras pela Guerra dos Bôeres, obrigados a se refugiar nas cidades e que não desejavam proletarizar-se ainda mais pela concorrência negra: a Federação Industrial da União Sul-Africana, de um lado, e o Partido do Trabalhador, de outro lado.

Foi, portanto, a passagem de um tipo paternalista de relações raciais para um tipo concorrencial. O que ocorreu foi a integração das diferenças de ética religiosa nos conflitos, que lhes eram exteriores, de natureza política ou econômica. Na estratégia das relações raciais foi uma oposição de duas atitudes — a dos bôeres, ainda camponesa, de separação e defesa dos antigos valores europeus contra as influências de um novo meio, de separação e defesa dos antigos valores europeus, urbana, comercial, capitalista, e a dos ingleses, de conquista e assimilação dos bantos à cultura ocidental. A vitória do doutor Malan assinalou o triunfo da estratégia dos bôeres em relação aos ingleses e se traduziu pelo triunfo da política do apartheid.

O apartheid é bem conhecido; não nos interessa descrevê-lo mais uma vez. O que nos interessa é sua "ideologia" e o lugar que a religião nele ocupa. Os liberais anglo-saxões pensam que a assimilação dos negros à cultura dos brancos, ao diminuir as diferenças de comportamento ou de atitudes entre brancos e pessoas racializadas, sobretudo ao criar uma nova estratificação racial, baseada na renda e não mais na cor, permitiria o nascimento de uma sociedade multirracial unida. Os partidários da "separação" respondem[22] que a ideia de que os bôeres são antinegros, enquanto os ingleses são os defensores dos africanos, é uma ideia falsa — não tem outro objetivo que não indispor os africanos contra o governo no poder. O apartheid não é uma manifestação racista, mas uma política nacionalista, o que não é a mesma coisa. No fundo, o liberalismo concede aos negros apenas o falacioso direito de voto. Ao reservá-lo para os negros ricos ou instruídos, só pode dividir a comunidade negra, para permitir ao capitalismo branco explorar mais radicalmente as massas. O que se impõe, ao contrário, é a passagem da política de não interferência na economia à política da "proteção" e da "educação". É a última metamorfose do tipo "paternalista" bôer numa sociedade de concorrência racial. É voltar atrás ou, como dissemos, uma "resposta camponesa". Outro erro do liberalismo consistiria em fazer do homem racializado um mero apêndice do homem branco, um europeu que se diferenciaria do outro somente pela cor da pele — em suma, destruir a cultura banto, em sua originalidade e em sua "negritude", enquanto que, por outro lado, ao autorizar a miscigenação, interferiria na cultura branca e a dissolveria numa cultura sincrética.[23] Haveria até mesmo a possibilidade de que o triunfo desse liberalismo desembocasse numa sociedade estratificada em classes, no gênero daquelas da América Latina, em que o poder pertenceria a uma minoria branca, enquanto o proletariado seria constituído pelos bantos pauperizados[24]. Em suma, o apartheid surge ideologicamente não como uma doutrina racista, de dominação, mas como uma política de autopreservação do grupo europeu e de sua cultura, e ao mesmo tempo de reconhecimento e proteção da comunidade banto e de sua originalidade cultural: "A política do desenvolvimento separado é a condição do próprio desenvolvimento das comunidades bantos e assegura-lhes, em particular a posse inalienável do território... a oportunidade de eles mesmos se encarregarem de suas próprias questões, a oportunidade de um desenvolvimento econômico."

A religião, porém, faz parte da cultura, o calvinismo faz parte da cultura dos africânderes e o Evangelho missionário faz parte da cultura banto. É preciso, portanto, examinar o lugar da religião no apartheid. Indicamos que os negros batizados eram considerados pelos colonos seus iguais, mas tratava-se unicamente de empregados domésticos ou de escravizados hotentotes. O contato dos brancos com os bantos, no século XVIII, transformava os dados do problema. A evangelização doméstica cedia lugar à atividade missionária, e mesmo se no início a existência de cultos separados não impedia a unidade da Igreja, vemos de 1829 a 1857 a ideia da segregação se infiltrar pouco a pouco nessa Igreja, "por motivos de higiene" ou medo da miscigenação, ou pela crença de que o contato social "acarreta prejuízos à causa de Cristo entre os cristãos". Em resumo, vê-se desenhar pouco a pouco o movimento que acabará triunfando com o apartheid, o de uma Igreja branca e de uma Igreja missionária.[25] O famoso Relatório Tomlinson faz dessa Igreja missionária um escudo para a defesa dos brancos: "A única salvaguarda da civilização europeia da África do Sul consiste em um esforço intensificado de evangelizar os não cristãos" — se opondo sobretudo ao messianismo das igrejas de Sião, frequentemente ligado a um racismo negro e à guerra antibrancos. Esse relatório, entretanto, pede aos missionários que não privem os negros de sua língua e de sua cultura, que estabeleçam a distinção entre o cristianismo e a civilização ocidental e que respeitem as tradições bantos, na medida em que elas não se opõem aos dogmas cristãos. Finalmente, o Relatório Tomlinson, ao reportar-se à proibição dos casamentos mistos, conclui que a Igreja não tem por que definir as relações entre as raças — isso cabe à política. É preciso dar a César o que é de César... Certamente os cidadãos devem seguir, em sua vida privada, os ensinamentos da Bíblia, isto é, respeitar e amar seus irmãos de cor. O apartheid não vai contra isto; diz respeito apenas à organização política e econômica das relações inter-raciais, que é domínio do Estado.

Os textos publicados do doutor Malan são infinitamente mais significativos. O apartheid, diz ele, será o que faremos dele. Existe um perigo certo, o de fazer a segregação *contra*. Ele preconiza a segregação *com*. Não existem raças superiores e inferiores, existem raças e civilizações diferentes, igualmente respeitáveis. As discriminações são injustas somente quando têm em vista a exploração de uma raça por outra, são justas quando visam à livre expressão de cada cultura. O bispo Peacy acrescenta que o liberalismo anglo-saxão se baseia em definitivo na ideia de que existe um povo de senhores, enquanto o apartheid se baseia na igualdade das civilizações e na encarnação do cristianismo na cultura banto, assim como ele encarnou outrora na cultura greco-romana. O liberalismo contribuiu apenas para destribalizar os bantos, que não têm mais sua antiga ordem social sem ter uma nova ordem e para os desmoralizar: a destruição da família, desaparecimento do respeito pelos chefes, pelos anciãos, pelos pais... enquanto o apartheid permitirá aos africanos a renovação e a santificação de tradições arcaicas e aquilo que poderíamos denominar o advento de uma "negritude" cristã.[26] Certamente Cristo restabeleceu a unidade da raça humana por meio da comunhão dos santos, mas essa unidade foi rompida pelas divisões naturais de raças, povos e nações, o que faz com que essa unidade destruída desde a torre de Babel só pudesse ser restabelecida por Cristo *santificando* essas diversidades e não as abolindo. Contra a teoria católica do *genus tertium* de Tertuliano, o calvinismo africânder sustenta a tese da sublimação, em Deus, de raças, povos ou nações. A honra de Deus, de Calvino, confina com a "honra étnica" e entende-se que essa honra étnica vale tanto para o banto como para o europeu.

Vemos, assim, que, apesar das aparentes analogias, as duas ideologias de "separação" que nos foi preciso considerar em suas relações com o calvinismo, na América do Norte e na América do Sul, não se situam no mesmo plano. Na América do Norte, onde os brancos são maioria e onde os negros, em decorrência da escravidão, perderam suas culturas nativas, a oposição ao casamento misto repousa no estereótipo da sexualidade desenfreada do negro e, em consequência, no medo do pecado. Na África do Sul, onde as tradições familiares holandesas cristãs foram fielmente conservadas, mas onde, segundo a expressão de Little, os brancos se sentem perdidos na "neve negra", a condenação do casamento misto repousa no temor de perder, no amálgama, a herança cultural europeia e, mais particularmente, o componente cristão dessa herança.[27] Do mesmo modo, no âmbito da separação das igrejas, o pensamento dos norte-americanos é que ela não impede, em um nível mais elevado, o domínio do Invisível, a "comunhão dos santos". Os sul-africanos, mediante um raciocínio inverso, declaram que a unidade da Igreja invisível não impede que ela, ao se realizar sociologicamente, se amolde nas diferenças das culturas.[28] No Dia de Pentecostes, em que o Espírito baixa, dizem eles, cada discípulo fala uma língua diferente, como se Deus quisesse justificar assim a sublimação das etnias, em face de sua destruição em um *genus tertium* que ignoramos qual seja.

É preciso insistir nessas diversas questões, tão importantes para nosso tema. O apartheid pareceu-nos uma resposta política a uma certa situação social e racial, mas como essa resposta era a de descendentes de calvinistas, que permaneceram profundamente religiosos, julgamos que havia também na ideologia do apartheid certo aspecto religioso, que tentamos delimitar. Prossigamos nossa pesquisa, interrogando as igrejas da África do Sul somente sob esse aspecto particular. A Assembleia das Igrejas Reformadas, de 1955, afirma a unidade da Igreja cristã como corpo místico de Cristo, mas os reformistas e mais particularmente Calvino sempre repudiaram a identificação desse corpo místico com as igrejas-instituições, tão diferentes umas das outras e algumas vezes em conflito umas com as outras: a separação das igrejas negras e brancas repousa na diversidade das civilizações, europeias e africanas, que acabará somente com o fim do mundo, o que faz com que a Igreja de Cristo, sendo supranacional, nem por isso seja "anacional". Enquanto houver raças diferentes haverá igrejas independentes; elas não destroem a unidade do povo de Deus, ao contrário, revelam mais completamente a riqueza das experiências cristãs. É certo que a existência de igrejas raciais separadas em um país multirracial como a África do Sul comporta perigos inegáveis, daí as "recomendações" da assembleia para uma política de amor, tolerância e respeito mútuo. O apartheid, caso se queira fazer dele um meio de explorar melhor uma raça, é condenável, mas, se a medida for aplicada com um espírito cristão, ela será a melhor das soluções, pois permite aos brancos preservar sua cultura e sua raça e aos bantos crescer no interior de sua própria civilização mantida, sem incorrer nos perigos mortais da destribalização.[29] Na mesma linha de pensamento, Arthur Keppel Jones nota que o apartheid reivindica apenas a separação dos povos e de suas civilizações, não a discriminação. Ao contrário, ele deve permitir relações mais harmoniosas entre grupos autônomos.[30] Com efeito, a segregação deve se efetuar na igualdade. O apartheid não deve ser uma técnica de dominação econômica; este é o liberalismo dos anglo-saxões, que quer criadas para os trabalhos domésticos e operários para as fábricas. Ele é o fundamento da verdadeira integração que se baseia na coordenação das indústrias e da agricultura, bantas e não bantas, em um único mercado.[31] B. B. Keet, em um livro dirigido, aliás, contra o apartheid, *Où va l'Afrique du Sud?*, resume assim os argumentos de seus defensores: Deus quis povos diferentes (Gn 3, 20; At 17, 26 etc.); a vontade de Deus manifesta-se através da experiência de nossas vidas; ora, nossos ancestrais estavam dispostos a admitir os povos nativos, mas foram forçados a abandonar essa atitude e a estabelecer barreiras, devido a diferenças de cultura grandes demais — o sacramento do casamento foi estabelecido por Deus. Bem, os fatos mostram que não há casamentos harmoniosos entre raças heterogêneas e que contatos frequentes entre as raças levam facilmente a casamentos infelizes. O quarto mandamento proíbe matar e suicidar-se. Um povo, não mais do que um indivíduo, não tem o direito de dispor de sua vida. Ora, se não mantivermos barreiras entre brancos e negros, devido à desproporção numérica das duas populações, condenaríamos à morte os valores essenciais de nossa civilização — nosso dever é viver alegremente com os outros. É, porém, um fato que a maior parte dos brancos abriga sentimentos de repugnância em relação aos negros. Fazer com que uns e outros vivam juntos levaria a atritos e frustrações mútuas. O apartheid pode evitar o ódio de nascer — Deus nos deu uma "vocação", a dos brancos, a de levar os negros ao Evangelho, ajudá-los a se desenvolver, tanto material como espiritualmente. Essa missão somente poderá ser realizada se mantivermos nossa raça pura.

As outras igrejas condenam o apartheid em nome da igualdade dos homens perante Deus, da unidade dos filhos de Cristo, da Lei da Caridade (declaração dos arcebispos e bispos sobre a discriminação racial na África do Sul, *Southern Cross*, J. H. Oldham, *Christianity and the Race Problem* etc.). No entanto, esses argumentos, como acabamos de ver, são aceitos pelas igrejas calvinistas holandesas e integrados a sua ideologia religiosa do apartheid. Só podem ser válidos se denunciarmos um uso hipócrita desses argumentos por essas igrejas, se formos até o limite de desmitificação do apartheid, como Hoffmeyer, que escreve: aqueles que defendem a separação das raças declaram que os nativos assim poderão realizar-se melhor, mas esse não é o verdadeiro motivo do apartheid. O verdadeiro motivo é o egoísmo dos brancos, é sua vontade de pôr os negros numa situação de inferioridade; é tornar permanente a desigualdade das oportunidades; é, portanto, dar as costas ao verdadeiro cristianismo. Ao contrário, é preciso confiar em Deus e na generosidade dos homens.[32] No entanto, não faltam declarações de adesão de membros de outras igrejas à política do doutor Malan e em nome de princípios cristãos, como a declaração do bispo anglicano Peacy, que já citamos,[33] e que quer ver no liberalismo anglo-saxão a continuação da política de São Pedro, que queria circuncidar os cristãos. Seus defensores querem desenvolver os Bantos segundo a linha europeia, o que levaria a fazer deles um povo dependente social, eclesiástica, política e intelectualmente dos ideais dos brancos (um pastor negro não dizia a Peacy: "Vocês, europeus, querem que nos tornemos retratos de vocês?"), ao passo que o apartheid situa-se na linha de São Paulo, que aceita as diversidades das heranças culturais. Os liberais confundem o religioso e o civil. A fraternidade cristã é algo espiritual, nada tem a ver com as estruturas das igrejas e ainda menos com as das nações.

Quais são as conclusões a que se chega desse conjunto de fatos, textos e considerações?

Em primeiro lugar, o apartheid surge como uma resposta política a uma situação social particular, criada pela urbanização e industrialização da África do Sul. Essa resposta, que exprime certa nostalgia de um passado julgado idílico, reflete o ideal dos antigos colonos, contra as transformações que o capitalismo industrial acarretou nas antigas relações raciais.

Em segundo lugar, como essa resposta é dos africânderes, ela se exprime por uma ideologia que, entre outros aspectos, comporta um aspecto religioso. É evidente que esse aspecto apresenta uma distorção do cristianismo.

Para nós, entretanto, a questão não é essa. O que procuramos é saber se tal "distorção" tem ou não sua origem no calvinismo dos crentes holandeses ou se a ética calvinista também é "distorcida".

Em sua análise da situação racial na África do Sul, Kenneth L. Little[34] não deixa de apelar ao fator religioso, ao lado do fator econômico: "É sobretudo em razão do estreito particularismo social e religioso dos primeiros colonos bôeres que se chegou a considerar os nativos e outros indivíduos de extração não europeia como os membros de um grupo heterogêneo." Mais adiante, indo além do medo da concorrência dos "brancos pobres" ou do medo mais geral da minoria branca de se ver submersa, ele remonta o apartheid à tradição dos antigos bôeres e a sua repulsa às pessoas de cor: "É sempre do exclusivismo deste grupo de pioneiros baseado na doutrina da predestinação e na consciência de sua homogeneidade racial que procede o obstáculo intransponível a toda solução não conforme ao princípio da separação das raças." É talvez uma colocação um tanto apressada e é preciso distinguir vários níveis de explicação. O calvinismo situa-se, em cada um desses níveis, num plano diferente.

Em um primeiro nível, o do "espírito de fronteira", o calvinismo surge como um "elemento" de um conjunto, como parte de um complexo cultural.[35] Numa "sociedade de fronteira" os homens estão engajados numa luta incessante contra as forças da natureza e contra os outros homens. Essa atmosfera de guerra cria um sentimento contínuo de insegurança, que impede a criação de um estatuto orgânico das relações raciais e até mesmo um estatuto de "senhor" e escravizados. Esse sentimento de insegurança faz, por sua vez, com que o grupo de pioneiros se apegue desesperadamente à sua cultura nativa e fé religiosa, pois ambas são indissoluvelmente unidas. A fé, enquanto um de seus elementos constitutivos, faz parte da cultura. O calvinismo surge, portanto, nesse primeiro nível, mas como parte de uma herança cultural, muito prezada na medida em que se sente a intensificação das ameaças que a rondam. Trata-se, por parte do grupo, de um reflexo que, de certo modo, é de conservação de sua "identidade" própria.

A DIMENSÃO RELIGIOSA

Vimos entre os textos a favor do apartheid a referência ao sexto mandamento. Deixar-se submergir ou penetrar pela massa negra seria um crime, pois assim se deixaria destruir essa "identidade", isto é, essa "individualidade" cultural. Assim, o apego do calvinista a sua fé e as suas práticas não age como *stimulus* de uma solução racista, mas como "parte" de uma resposta global à situação de fronteira. Os brancos bem que tentaram evangelizar os pagãos, mas o cristianismo dos negros, quando há cristianismo, é de outra natureza do que o dos brancos, pois encarna-se em tradições culturais diferentes. Há, portanto, motivos para defender o cristianismo próprio dos brancos como elemento constitutivo de sua personalidade de base. Esse é o primeiro nível em que o calvinismo surge, mas o vemos não como "explicação", mas "elemento".

Em consequência, nesse nível, na medida em que o calvinismo não é "causador" mas "causa", ele é o objeto de uma distorção. Nada mais natural, à primeira vista, que a apaixonada ligação dos grupos minoritários com seus valores. Para as diversas colônias de brancos esse é um fenômeno banal e universal. Não diremos o mesmo de grupos negros que, ao contrário, interiorizam com frequência os ideais dos brancos, o que manifesta bem a ação, nos grupos brancos, de outro elemento, o orgulho racial ou étnico. Isso tem por consequência um fenômeno de isolamento voluntário, de conservação agressiva e de esclerose. As religiões podem ser "conservadoras", sem dúvida, mas o fato é que inicialmente o cristianismo e, em seguida, a reforma protestante se apresentam como fenômenos revolucionários, como manifestações coletivas de uma vontade de subversão, de mudança da ordem social, de transformação radical dos indivíduos. Ora, o espírito de fronteira elimina da religião esse dinamismo criador para o cristalizar numa tradição morta, em um tesouro que foi herdado e que não se deve dilapidar. A fé é trancada num cofre forte. Ela só se apresenta sobrecarregada de defesas, deixou de ser o que foi entre os primeiros apóstolos ou entre os primeiros reformistas. O calvinismo é distorcido, pois mudou de signo, e de positivo ele se tornou negativo.

Em um segundo nível o calvinismo pode agir como *stimulus* de certas atitudes racistas. É nesse nível que se situa a citação de Little, a que nos reportamos anteriormente. Os primeiros holandeses, como os puritanos da Nova Inglaterra em suas relações com os indígenas, desembarcaram na terra africana imbuídos de uma concepção igualitária, mas sua atividade missionária fracassou em grande parte, bem como sua vontade não equívoca de desenvolver os indígenas econômica e socialmente. Assim, a teoria da predestinação parecia revelar, na medida em que o sucesso mundano era o critério da salvação, que a graça de Deus era reservada para a comunidade holandesa que constituía na África do Sul o "povo eleito". Não é impunemente que nos textos das igrejas calvinistas sejam numerosas as citações do Antigo Testamento que fazem referência à escolha de um povo em se tratando dos desígnios da providência divina. Os não europeus não souberam explorar a terra que Deus lhes deu, não fizeram frutificar o talento da parábola. Os brancos tentaram aperfeiçoar a raça bovina dos criadores bantos, de substituir a quantidade do gado (que em consequência causava a erosão das terras) pela qualidade, o que permitia à terra descansar. Eles, porém, enfrentaram a "resistência" de uma civilização que via no boi não uma possível fonte de lucro, mas um signo exterior de riqueza e de dote de casamento. Assim sendo, aos olhos dos holandeses calvinistas, tudo acontecia como se Deus tivesse desejado "cegar" os nativos, enquanto fazia frutificar a economia dos brancos. Aliás, o desenvolvimento do messianismo negro não é atribuído a uma reação anticolonialista ou a um contrarracismo, mas a uma incapacidade natural de compreender as verdades da Bíblia, à "superstição" que recobre o cristianismo trazido pelos missionários ou o reinterpreta em termos pagãos — em suma, à cegueira e consequentemente, e em definitivo, à vontade misteriosa de Deus, que escolhe alguns e condena outros. Entretanto, a teoria da predestinação não possui, em Calvino, o caráter sociológico que os holandeses lhe atribuem. Trata-se unicamente de eleições individuais, não de povos "postos de lado". Assim, o calvinismo só pôde agir como *stimulus* na medida em que deixava de ser um dogma para se tornar uma ideologia — ele passava a fazer parte do processo inconsciente das racionalizações e das justificações "tardias".

E agora estamos no terceiro nível. O calvinismo torna-se o aspecto ideológico de uma política econômica, que não possui outras raízes que não o egoísmo e a vontade de dominação de uma raça em relação a uma outra. Os próprios textos dos opúsculos de propaganda para uso dos cristãos estrangeiros ressaltam claramente esse elemento de racionalização ou de justificação "tardias". Quando as contradições são por demais manifestas entre os textos da Bíblia ou de Calvino e as realidades do apartheid — por exemplo, a respeito da separação das raças na santa comunhão —, nós nos deparamos com frases deste tipo: "devido a circunstâncias históricas", "devido à fraqueza humana", "devido a ideias racistas que vieram de fora, mas tão arraigadas que não seria preciso provocar escândalos para abalar a fé do rebanho". Sente-se aflorar a "má consciência". Se teoricamente o apartheid se apresenta como uma forma de relativismo cultural, de mútuo respeito às diferenças étnicas, de desenvolvimentos separados, mas iguais, ele termina praticamente por facilitar o controle de uma minoria branca sobre a massa de cor, isolando-a, deixando os negros em permanente estado de inferioridade, reservando para eles as piores terras, dando-lhes uma educação especial, destinando ao desenvolvimento das comunidades não europeias apenas uma parte mínima do orçamento nacional... Os bôeres, entretanto, são por demais religiosos para aceitar essas injunções ou essas pressões econômicas e materiais, sem que procurem conciliá-las com sua lei. A ideologia religiosa do apartheid serve para que os bôeres dissimulem, sob uma aparência aceitável em relação a suas próprias consciências, seus interesses egoístas de classe racial.

*

A comparação entre o caso norte-americano, o caso brasileiro e o caso sul-africano nos permitiu, sem dúvida, encontrar certos elementos comuns e talvez mais elementos divergentes, embora tenhamos partido sempre de grupos "calvinistas" que migraram para novas terras com seus dogmas, sua ética e suas igrejas.

Não é sem razão que os africânderes de hoje aproximam sua política da política dos portugueses católicos. Com efeito, uns e outros reconhecem a existência de "culturas" distintas, mas igualmente válidas. Ambos viveram durante muito tempo em contato com povos diferentes para não ter sentido que cada um deles possui sua "civilização". O anglo-saxão, ao contrário, tende a considerar que as pessoas racializadas não têm "civilização" e que a tarefa que lhes incumbe é, antes de tudo, "assimilá-los". Com efeito, na América do Norte, a escravidão destruiu as culturas nativas e o branco entrava em relação com povos "sem culturas", enquanto o holandês pôde constatar experimentalmente que os bantos eram diferentes dos hotentotes. Isso, porém, acarreta uma diferença de sentido numa política de segregação que, à primeira vista, parece semelhante nos Estados Unidos e na África meridional. Nesta última, onde culturas vivas se defrontam, a política de segregação é uma reação de defesa da civilização branca, ameaçada pelas civilizações das massas negras. Nos Estados Unidos, onde a civilização branca se defronta com uma ausência de civilização própria, a segregação é uma reação do puritanismo moral às tentações da carne ou, se quisermos, da "cultura" contra a "natureza", na medida em que a escravidão destruiu as disciplinas culturais dos africanos, que eram considerados indivíduos que retornam a uma vida instintiva, corporal e carnal. Existe nos africânderes certa "repugnância" em relação aos negros, o que faz com que entre eles a separação não tenha o caráter dramático que ela apresenta na América do Norte: o branco se defende do *Alter*. Na América do Norte ele se defende de si, do apelo dos abismos que estão dentro dele. A rejeição ao negro é a objetivação ou exteriorização da luta do branco contra ele mesmo.

O calvinismo dos puritanos é marcado por elementos da doutrina de Calvino que Max Weber assinalou para fazer deles os elementos distintivos do espírito do capitalismo industrial. O calvinismo dos bôeres é um calvinismo de camponeses. É por isso que o apartheid constitui uma reação contra a industrialização e a urbanização que misturam as raças e tendem a constituir nações "multirraciais" onde as cores se estratificam em classes. O racismo nos Estados Unidos tem outro caráter, pois se exerce justamente numa nação "multirracial", onde é preciso somente impedir o negro de ultrapassar os limites das classes, forçando-o a "ficar em seu lugar". A criação de castas endógamas e fechadas não tem outra função que não a de manter esse sistema de classes estratificadas, dominadas pela classe branca. Não é mais uma "cultura" que defende seu sistema de valores, é um "estrato étnico" que defende seus interesses econômicos na concorrência inter-racial. No caso do Brasil holandês, mostramos que o calvinismo era dominado pela situação. Agora podemos generalizar: o calvinismo sempre se exerce em situações particulares e, em consequência, se exerce "diferentemente". Não podemos considerá-lo uma variável "independente", mesmo que seja por hipótese. Ao contrário, ele nos é apresentado sem cessar como uma variável "dependente" — dependente dos interesses culturais, sociais e econômicos do homem branco.

Mas então teríamos razão ao procurar no calvinismo "estímulos" do racismo? Se são os interesses, tanto os espirituais quanto os materiais, do grupo branco que explicam em última análise o racismo, por que essas análises minuciosas que encetamos tendo em vista detectar nele também suas raízes religiosas? Quando nos referimos à dicotomia entre o tipo paternalista e o tipo concorrencial, dissemos qual foi o motivo: é que se a religião não cria o racismo, ela o colore, pode determinar suas formas, a intensidade, a qualidade dominante. Um ponto se destacou para nós: os calvinistas brancos levaram, tanto para as terras americanas como para as africanas, o calvinismo "total", isto é, o igualitarismo, o caráter individual da eleição divina ou da predestinação, o sentimento da vocação, a dignidade do trabalho etc. Somente aos poucos certos elementos foram deixados de lado e outros, ao contrário, foram valorizados. Na base de experiências de contatos raciais, mal-interpretadas, aliás, foi realizada uma seleção no calvinismo, para conservar nele, se quisermos, mais elementos judaizantes do que elementos cristãos, mais elementos de eleição do que elementos de danação do pecador... em resumo, passou-se da experiência vivida à ideologia. Ou, se preferirmos, de uma fenomenologia da fé a uma sociologia dos grupos eclesiásticos. Existem, portanto, apesar da diferença de situações, certos elementos comuns que nos permitem falar — se não existe racismo cristão — de um racismo calvinista, assim como de um racismo anglicano ou de um racismo católico. Há toda uma sociologia a se fazer das "infidelidades", porque a "infidelidade" não tem justamente um caráter ético, mas sociológico.

ANEXO

6

Estereótipos, normas e comportamento racial em São Paulo, Brasil

(Em colaboração com Van den Berghe)*

Costuma-se afirmar que a situação racial existente no Brasil oferece um contraste evidente com a do sul dos Estados Unidos. Isso não quer dizer que não existe um problema racial brasileiro, mesmo se ele assume formas específicas. Afirma-se também que as mudanças que estão ocorrendo na estrutura social desse país, com a urbanização e a industrialização das grandes metrópoles do sul, como Rio de Janeiro e São Paulo, não acarretam mudanças nas atitudes étnicas tradicionais ou nas relações entre brancos e negros.[1] Lucilla Herrman, professora da Faculdade de Ciências Econômicas, elaborou um questionário tendo por objetivo verificar em que medida era possível detectar e medir essas mudanças na classe média

---

* O presente estudo é uma parte da pesquisa realizada sob os auspícios do Departamento das Relações Raciais da Unesco que não pôde ser integrado ao relatório final. O falecimento da professora Lucilla Herrmann ocorreu antes que ela tivesse tempo de estudar os resultados do questionário, e as folhas preenchidas deste último só nos chegaram após muitos anos.

branca da cidade de São Paulo, a partir das respostas dos alunos de escolas normais e colégios secundários.

Esse dicionário compreendia quatro partes:

1) Uma lista de estereótipos estabelecida a partir da lista de Guy B. Johnson,[2] a fim de julgar melhor as possíveis diferenças entre a estereotipia brasileira e a dos americanos do norte, e um inventário prévio do folclore oral, bem como da literatura erudita brasileira. Para cada qualificativo — cautela, sugestionabilidade, autocontrole, inteligência etc. — pedia-se ao informante que respondesse se ele julgava primeiro o negro e em seguida o mulato, igual, superior ou inferior ao branco.

2) Uma série de 27 perguntas sobre as normas ideais de conduta, por exemplo: deve-se deixar as crianças brancas brincar com crianças negras, deve-se receber e retribuir a visita de negros e mulatos, se o casamento misto é recomendável, se é recomendável escolher um negro como representante de seu país no estrangeiro? A resposta se inscrevia numa das cinco colunas: muito favorável, favorável, indiferente, desfavorável, muito desfavorável.

3) Uma série de dezesseis perguntas sobre o real comportamento do informante ou de sua família, perguntas que correspondiam naturalmente àquelas que foram feitas para as normas ideais, a fim de verificar a possível distância entre o ideal e o real.

4) Entretanto, como se tratava de jovens estudantes que ainda não podiam ter conhecido todos os tipos de situações em que as relações raciais poderiam estar implicadas, como o casamento ou o voto eleitoral, uma última série de perguntas foi feita de forma condicional: você aceitaria namorar, casar, ir ao cinema, ir dançar com um negro, um mulato claro etc.?

A amostragem

A amostragem não foi escolhida ao acaso nem segundo critérios proporcionais. Consiste em um grupo de 580 alunos de escolas normais e de ginásios, provenientes de cinco diferentes instituições, cujas idades variam entre 15 e 44 anos, inclinando-se muito para o segmento "jovem" (idade média: 19,9 anos), com 483 mulheres e 97 homens. A distribuição por profissão do pai dos pesquisados indica forte pertença à classe média e até mesmo média-superior; 75% dos pais exercem profissões não manuais. Infelizmente, apenas 296 dos pesquisados informaram a renda aproximada de sua família. O segundo quartil, para aqueles que responderam, situa-se por volta de 7.000 cruzeiros mensais e por família; 200, entre 296, situam-se entre 3.500 e 10.500 cruzeiros (1950). Do ponto de vista da origem étnica, 348 são filhos de pais brasileiros, 102 têm pelo menos um genitor estrangeiro, 85 são filhos de dois pais estrangeiros e 9 não responderam. É preciso acrescentar que, entre os 348 filhos de pais brasileiros, 232 têm pelo menos um dos avós — paterno ou materno — estrangeiro. A amostragem parece muito característica da classe média de São Paulo, na qual aqueles que descendem de três gerações de brasileiros dominam somente nos dois extremos da escala: classe alta e classe baixa.[3]

Não devemos, portanto, generalizar as conclusões a que chegaremos a partir desse questionário a nenhum outro grupo que não seja o da classe média de São Paulo.

Método

O questionário foi submetido a uma dupla análise sistemática e independente, que poderíamos denominar vertical e horizontal. A primeira consistiu em tratar cada indivíduo como uma entidade. A segunda, em tratar cada pergunta como uma entidade. Essa análise permitiu a corroboração independente das mesmas conclusões.

A análise vertical postula que a quantificação de dados qualitativos não falsificava sensivelmente a realidade estudada e que a mesma cota tinha o mesmo significado entre pessoas diferentes. Decorre, desse postulado, uma classificação das pessoas em relação às seis escalas quantitativas que foram tratadas como variáveis unidimensionais: a variável α que vai de 0 a 41 e mede o número de respostas igualitárias à primeira parte do questionário e para os negros; quanto mais elevada a cota, menos a pessoa aceita estereótipos; a variável ß de 0 a 41 anos, medindo dessa vez o número de respostas igualitárias para o mulato; a variável γ, que vai de +41 a -41 e representa a diferença ß – α, em que as cotas positivas indicam uma imagem mais favorável do mulato e as cotas negativas uma imagem mais favorável do negro; e a variável η, que vai de +27 a -27 e que exprime a diferença entre as respostas favoráveis e as respostas desfavoráveis ao questionário sobre as normas. Quanto mais a cota é elevada, mais as respostas dos pesquisados são democráticas; a variável θ, que se escalona de 0 a 16, é a soma das respostas "sim" à terceira parte do questionário e a variável χ é a das respostas "sim" (algumas precisaram ser invertidas) à quarta parte. Nos dois casos, as cotas elevadas indicam um forte grau de associação, real ou futura, com as pessoas de cor.

A análise horizontal postula que a mesma resposta tem o mesmo sentido entre indivíduos diferentes. Todas as respostas às diversas perguntas foram reduzidas a uma porcentagem daqueles que responderam. As não respostas ou as respostas equívocas foram eliminadas. Esses dois postulados podem ser objeto de críticas. Certas perguntas eram uma "armadilha" que exigiam um esforço de reflexão e pode ter acontecido que alguns inquiridos tenham caído nela. Não acreditamos, entretanto, que as conclusões gerais tenham sido falsificadas.

Estereótipos: a forma brasileira do preconceito racial

A distribuição de α pende muito fortemente para o lado do preconceito. Setenta e cinco por cento da amostragem aceita 25 estereótipos ou mais. A distribuição de ß é mais simétrica do que a de α, embora inclinando-se na mesma direção. Os pesquisados têm, portanto, uma imagem mais favorável do mulato do que do negro. A segunda análise corrobora esses resultados e nos permite constatar, além disso, que o preconceito contra o negro diverge sob vários aspectos daquele que prevalece nos Estados Unidos, por exemplo, no que diz respeito à inteligência (55% consideraram o negro intelectualmente igual ao branco; somente 43% o consideraram inferior) ou no que se refere ao dom musical (a ideia de que o negro é dotado de talentos musicais congênitos é aceita apenas por 22% dos pesquisados). As similitudes, entretanto, prevalecem sobre as dissemelhanças, e no Brasil nos reencontramos em particular com o preconceito racial associado à sexualidade.

A distribuição de γ nos permite classificar os pesquisados em três categorias: um grupo de 269 indivíduos que têm uma ideia semelhante sobre o negro e o mulato (indivíduos cujas cotas vão de +2 a -2); um grupo de 268 indivíduos que têm uma ideia mais favorável do mulato do que do negro (cota superior a +2); e um pequeno grupo de 43 indivíduos que, ao contrário, têm uma ideia mais favorável do negro do que do mulato. Esse grupo de 43 indivíduos foi comparado com o grupo de 45 indivíduos que se situavam na outra extremidade da escala (cotas de $\neq$ 13 ou mais). Essa comparação não revelou nenhuma diferença estatisticamente significativa no que se refere à idade, ao sexo, à nacionalidade dos pais e à renda familiar. Existem, ao contrário, grandes diferenças quanto às variáveis η, θ e χ.

	Média	Média	Média
Grupo positivo	10,4	6,8	5,2
Grupo negativo	4,7	4,4	3,4

Isso quer dizer que o grupo das cotas negativas apresenta provas de mais preconceitos em suas normas e em seu comportamento real. Essas diferenças são válidas estatisticamente no nível $\rho = 05$.

Se compararmos os dois grupos quanto a sua aceitação do casamento inter-racial, perceberemos que o grupo negativo apresenta maior tendência à endogamia do que o grupo positivo.

	Desposariam negro ou mulato	Desposariam somente mulato	Não desposariam nem um nem outro	Total
Grupo positivo	3	8	34	45
Grupo negativo	1	1	41	43

$x^2 = 8{,}34$ $\qquad \eta = 2$

O grupo positivo é mais exógamo do que a amostragem total. Os dois únicos casos de exogamia no grupo negativo são casos marginais (cotas de -3 e de -4, respectivamente).

Há na amostragem, portanto, dois modos contrastados de pensar sobre as relações raciais e a miscigenação. Esses dois tipos de preconceito têm em comum a crença na superioridade da raça branca, porém o grupo mais favorável aos mulatos os considera superiores aos negros porque estão mais próximos do branco. Assim, esse grupo é menos oposto à miscigenação e, em geral, mais tolerante. O grupo mais favorável aos negros exprime, ao contrário, um racismo muito mais extremado. Se ele julga os negros mais favoravelmente é enquanto "raça pura"; toda mistura de sangues é, para esse grupo, prejudicial, e ele se mostra muito mais virulento em todas as manifestações do preconceito. Essa conclusão se opõe a uma afirmação frequentemente manifestada pelos estudiosos das realidades brasileiras, segundo a qual o preconceito no Brasil é um "preconceito de marca", isto é, de aparência física ou de cor, mais do que um "preconceito de origem" ou de raça.[4] Se essa afirmação é válida de modo geral, o questionário revela, entretanto, a existência ao lado e num certo setor da população — restrito, aliás — de um preconceito racial puro, independentemente do preconceito banal de cor. O que ainda é mais significativo é que esse preconceito não foi trazido ao Brasil pelo imigrante europeu. Essa constatação parece ser confirmada por outra pesquisa sobre os estereótipos realizada no Rio de Janeiro, a qual denota, naquela cidade, onde a população é mais homogênea do que em São Paulo, a prevalência de sentimentos hostis ou fortemente hostis contra o mulato em relação ao negro.[5] Permanece a questão de saber em que medida se trata de uma herança da escravidão ou, ao contrário, da dinâmica das relações raciais, que faz do mulato um concorrente mais temível do que o negro na luta pelo status social.

Estereótipos, normas e conduta

O problema mais importante, entretanto, é saber em que medida esse preconceito influi na conduta, ideal ou real, dos indivíduos. A distribuição de um η muito aplainado e que pende ligeiramente para o lado tolerante, em contraste com as escalas α e ß, e a análise horizontal da segunda parte do questionário, mostram que as normas sociais definem bem o Brasil como uma democracia racial. No entanto, é preciso notar que, se a igualdade teórica é aceita de modo quase unânime; que se as relações ocasionais e não afetivas são aceitas por uma maioria substancial, quando se trata de relações íntimas que ultrapassam uma vizinhança cordial; então surge uma linha de cor — opinião dividida em partes quase iguais entre o medo, o contra e a indiferença, a respeito das relações de amizade: 75% contra a miscigenação com negros; 55% contra a miscigenação com mulatos.

As distribuições de θ e de χ se inclinam, ao contrário, para a base da escala, e esses resultados da análise vertical são corroborados pelos resultados da análise horizontal da terceira e da quarta parte do questionário.

Se compararmos agora as diversas escalas de nossas quatro variáveis, constataremos não apenas que todos os coeficientes são positivos, o que indica a coerência e a lógica interna do questionário e também que a correlação mais forte é a que se dá entre as normas sociais e as normas pessoais do comportamento, e a mais fraca é aquela que liga os estereótipos ao comportamento real.

	α	η	θ	χ
α	–	+.60	+.25	+.37
η	+.60	–	+.51	+.68
θ	+.25	+.51	–	+.49
χ	+.37	+.68	+.49	–

Assim, de um lado a estereotipia afeta pouco a conduta dos indivíduos e essa conduta tende, ao contrário, a amoldar-se segundo as normas da democracia racial brasileira. Por outro lado, existe um contraste marcante entre a aceitação teórica de normas ideais e o elevado grau de estereotipia, a falta de relações reais entre as raças e a resistência aos contatos pessoais com pessoas de cor. Isto indica o caráter ambivalente das relações raciais no Brasil, às voltas com o preconceito e a tradição paternalista ou com os resíduos do regime escravagista e o igualitarismo democrático. Se o "dilema brasileiro" não se assemelha ao "dilema americano" ele ainda assim existe.

Variações do preconceito segundo os sexos, o nível econômico e a origem étnica da população

Existe uma oposição manifesta entre homens e mulheres. Por um lado, os homens dão provas de mais estereotipia do que as mulheres; por outro lado, se mostram muito mais tolerantes em outras áreas. Essas diferenças são estatisticamente válidas no nível *p* = .01:

	Média α	Média η	Média θ	Média
Amostragem total	13,3	5,4	5,7	4,2
Grupo masculino	11,8	8,4	7,9	5,0

Em particular, no que se refere a perguntas sobre o casamento misto, encontramos consideráveis diferenças entre os dois grupos sexuais. Os homens sentem menos repugnância dos que as mulheres em desposar mestiças claras. Isso está de acordo com a pesquisa realizada na Bahia por Pierson,[6] bem como com o folclore erótico brasileiro, centrado na apologia da *morena*.

Essa diferença se explica pela educação racial nas famílias da classe média e que se apoia em dois polos: a rejeição da miscigenação, a do negro também do ponto de vista estético; e o desejo de não melindrar inutilmente os indivíduos devido a sua cor, de provocar tensões raciais.[7] Resulta do primeiro polo a maior intolerância e do outro a autocensura na expressão dos preconceitos. É certo que o rapaz é educado do mesmo modo, porém escapa mais depressa à influência do meio familiar. Encontramos, aliás, uma confirmação dessa hipótese no fato de que se a mulher der provas de que tem menos estereotipias, é necessário, entretanto, abrir uma exceção para a pergunta 39 da primeira parte do questionário: o grupo feminino acha os negros mais sensuais do que os brancos; os homens, ao contrário, tendem a achá-los iguais aos brancos:

	Negros superiores	Iguais	Inferiores	
Homens	4%	57%	39%	$X^2 = 72,9$
Mulheres	40%	44%	16%	

Essa diferença, válida estatisticamente no nível $p = .01$, revela como fruto dessa educação o maior medo subconsciente da mulher de uma agressão sexual por parte dos negros. No entanto, a mulher que entra menos em concorrência econômica com os negros do que os homens não precisa, para defender-se, desenvolver tanto quanto o homem a crença na superioridade da raça branca.

O critério de renda por si só evidentemente não permite uma classificação rigorosa em classes sociais, isto é, para nossa amostragem, em classe média superior e classe média inferior. Comparamos, entretanto, um grupo de 49 indivíduos com renda familiar de pelo menos 14.500 cruzeiros com um grupo de indivíduos com renda familiar de menos de 4.500 cruzeiros. Somente as diferenças para a variável α são estatisticamente válidas no nível de confiança $p + .05$. O grupo que tem renda elevada aceita mais estereótipos do que o grupo de renda baixa, mas no que se refere a normas sociais e ao comportamento real ele se mostra mais tolerante. Assim, as coisas ocorrem como se esse grupo se sentisse indemne da ameaça que os negros poderiam fazer a seu status social; ele ainda se sente em segurança. Contudo, a ascensão dos negros graças à recente industrialização da cidade de São Paulo, que já começam a fazer concorrência aos brancos em alguns de seus empregos na faixa inferior da escala profissional, desperta na classe média inferior uma perturbação que se manifesta por uma conduta mais discriminatória. Teríamos assim *in statu nascendi* um fenômeno análogo àquele que ocorreu nos Estados Unidos com os "brancos pobres" durante o período da reconstrução. No entanto, esse comportamento mais tolerante não cria uma estereotipia marcada, que poderia ir contra o próprio grupo branco inferior. Pierson afirmou que o preconceito racial no Brasil é mais um preconceito de classe do que de raça.[8] A análise do questionário não permite isolar o preconceito de classe do preconceito de cor. No entanto, as duas conclusões a que chegamos para o sexo e para a renda sugerem igualmente a necessidade de submeter esta afirmação a uma revisão crítica: a importância da sexualidade na estereotipia impede identificar pura e simplesmente o preconceito de cor com um preconceito de classe, e o comportamento do grupo de baixa renda mostra a discriminação nascendo no interior da classe quando ela é ameaçada de ser invadida pelos negros.

Finalmente, quando comparamos o grupo dos nacionais com o grupo de filhos de imigrantes, não encontraremos uma diferença significativa. Isso não quer dizer que a grande força do preconceito em São Paulo, quando comparado com o do Brasil tradicional e rural, não se deva em parte aos imigrantes porque, como vimos, o grupo dos nacionais puros é muito pequeno e nossa amostragem prova que, em gerações ascendentes, houve misturas étnicas. Se também não encontramos diferenças significativas é também porque o grupo de filhos de imigrantes não é homogêneo. Como cada etnia tem um comportamento étnico diferente, esses comportamentos podem neutralizar-se nos resultados globais. A fim de verificar esse fato examinamos sucessivamente os quatro grupos étnicos mais numerosos:

Etnias	Média	Média	Média	Média	Média
Japoneses	18,3 –	9,6 –	6,2 –	5,6 –	O sinal de – indica um preconceito inferior; o sinal de + indica um preconceito superior
Sírio-libaneses	11,5 +	1,1 +	3,5 +	3,8 +	
Italianos	15,1 –	4,7 +	5,4 +	4,1 +	
Portugueses	12,4 +	12,0 –	7,9 –	4,9 –	

Os japoneses dão prova de muito menos preconceito, sem dúvida porque constituem um grupo minoritário na população e sofrem certa discriminação. Os sírio-libaneses revelam muito mais preconceitos, o que se explica por razões históricas e socioeconômicas que um de nós estudou em um texto anterior.[9] Os italianos se comportam como pessoas de baixa renda, o que está de acordo com o nível econômico da maioria dos membros desse grupo. Os portugueses se comportam como o grupo que tem rendas elevadas, o que sem dúvida está em contradição com seu status econômico real, mas que se esclarece devido à homogeneidade cultural de portugueses e brasileiros. O preconceito diferencial do grupo de renda elevada seria mais característico daquilo que poderíamos denominar o Brasil arcaico e, para esse grupo, que ainda não se sente tocado pelas modificações da estrutura social e da ascensão do grupo negro, é uma herança do passado.

Conclusões e discussão

Em resumo, foi estabelecida a existência de um preconceito de raça ou de cor contra os negros e os mulatos. Opiniões que variam da extrema tolerância à extrema intolerância se manifestam na amostragem. A liberdade de atitudes — e, em menor grau, de comportamento — é bastante grande. As normas sociais são mais flexíveis do que constrangedoras. A igualdade de oportunidades é largamente aceita, as associações com amigos são muito toleradas, mas as relações íntimas constituem objeto de reprovações. Os mulatos são, em geral, objeto de menos preconceitos do que os negros. Um pequeno grupo da amostragem tem uma opinião mais desfavorável do mulato do que do negro e dá provas de um preconceito racial muito mais virulento do que o outro grupo. O sexo é um determinante importante do preconceito. O status socioeconômico exerce certamente um papel, embora nossos dados sejam muito incompletos e incertos para o revelar com exatidão. A origem nacional dos filhos parece ser importante se distinguirmos umas das outras as diversas nações de origem. Finalmente, se a maior parte de nossas conclusões confirma o quadro clássico que se apresenta da situação racial brasileira, elas também sugerem a necessidade de as revisar sob certos aspectos.

Essa revisão, entretanto, só poderá ser realizada se for objeto de futuros estudos. Por exemplo, para verificar em que medida o preconceito racial no Brasil se diferencia do preconceito de classe — o que nos parecia transparecer tanto da análise do grupo feminino como da análise do grupo de baixo nível econômico — seria necessário elaborar uma nova pesquisa de tipo experimental. Em todo caso, o que é certo no momento é que a relação entre o status socioeconômico e o preconceito não é direta e simples. Do mesmo modo, nossa hipótese de um dilema brasileiro mereceria uma pesquisa específica. Ela nos foi sugerida pelo contraste entre a estereotipia, as normas ideais e a conduta das pessoas. No entanto, a insuficiência do questionário no âmbito das relações inter-raciais mascara as relações raciais e complexas, com tendências contraditórias, que podem existir na realidade dos fatos, conforme indicam os estudos norte-africanos sobre a vizinhança.[10] Finalmente, fomos levados a explicar certas tendências nas respostas dos grupos submetidos ao questionário pelas mudanças da estrutura social consecutivas à industrialização. É preciso observar que o questionário é por demais estático para nos possibilitar penetrar tão intimamente quanto seria desejável na dinâmica das relações raciais.

PARTE II

O encontro das civilizações

As barreiras que os homens erguem entre eles felizmente não impedem as civilizações de encontrar-se e de interpenetrar-se. Indicamos no *Traité de Sociologie*, editado por G. Gurvitch, as perspectivas segundo as quais, a nosso ver, deveria ser realizado este estudo sobre os contatos e as interpenetrações.

É certo que sempre se trata de culturas globais e não devemos esquecer esse fato. No entanto, é possível, mediante a condição de o fazer com prudência, abordar somente um aspecto desses encontros ou uma das formas que eles podem assumir. Reunimos aqui certo número de artigos que tratam dessas formas ou aspectos, talvez mais particularmente de problemas de aculturação religiosa.

Enxertos de plantas exóticas em um solo novo e sob outro céu. Casamentos das culturas. Criação de novas riquezas. Contribuições de todos os povos ao humanismo de amanhã.

1
A aculturação formal

Na medida em que que a sociologia e a etnologia seguiram as lições de Durkheim ou de Kroeber e estudaram os fatos sociais como coisas, exteriores e superiores aos indivíduos, a única aculturação que chamou atenção dos pesquisadores foi a aculturação material, aquela que se inscreve em fatos perceptíveis: difusão de um traço cultural, mudança de um ritual, propagação de um mito. Foi preciso esperar o encontro da antropologia cultural com a psicologia para que outra espécie de aculturação atraísse o interesse de pelo menos certos etnólogos. É aquela que proponho denominar aculturação formal.

O pioneiro nessa trajetória é um homem um tanto esquecido, pois surgiu cedo demais e sua terminologia continuou sendo a terminologia clássica. Trata-se de Raoul Allier, em sua *Psychologie de la conversion chez les non-civilisés*. Nos capítulos sobre a religião emotiva ou a religião puritana foram descritos com muita perspicácia os fenômenos que Herskovits designará pelo termo "fenômenos de reinterpretação", mas Allier vai muito mais longe pois, no fim de seu livro, ele mostra como a cristianização termina pela ocidentalização, isto é, por uma aculturação da inteligência e da afetividade, enquanto Herskovits insistia sobretudo na manutenção da mentalidade africana através daquilo que, à primeira vista, poderia parecer uma completa assimilação dos negros à cultura euro-americana. No Brasil, mesmo antes de R. Allier, no início do século XX, Nina Rodrigues estava a caminho de descobertas análogas. Ao mostrar a diferença que existia em sua época entre os candomblés africanos e os candomblés de caboclo, ele sugeria, mas sem insistir, que essa diferença se devia a uma primeira aculturação formal. Ele, no entanto, enfatizava sobretudo o aspecto sobre o qual Herskovits insistirá meio século mais tarde. Seu capítulo sobre a "ilusão da catequese" é um prelúdio à teoria da reinterpretação.

A existência desses incontestáveis pioneiros não nos deve levar a subestimar a primordial importância de Herskovits na área que estamos abordando. Foi ele quem proporcionou aos pesquisadores o termo reinterpretação, em seguida muito em voga; em segundo lugar, uma sistematização do problema e, finalmente, a mais rica ilustração desse fenômeno. Podemos nos dar melhor conta de sua contribuição quando o compararmos por exemplo com Boas, que também entreviu o fenômeno antes dele, mas que o apreendeu somente através da etnologia, isto é, a interpenetração da etnologia com a psicologia. A reinterpretação torna-se com Herskovits um caso particular da aculturação formal, que é o estudo da aculturação da psique e não mais da coletividade.

Talvez possa causar espanto o fato de que não cite, ao lado de Herskovits, outros nomes como o de Stonequist e todo o conjunto de obras da psicologia do homem marginal. É que essa psicologia permaneceu diluída quase até nossos dias por uma lamentável confusão entre o conflito das culturas e a "marca da opressão". No fundo, aquilo que se descreve é um marginalismo mais sociológico do que cultural, o dos homens pertencentes à cultura ocidental e que se sentem rejeitados fora dessa cultura pelas barreiras das discriminações raciais. O drama de que se trata não é o do homem dividido entre duas civilizações, é o da dupla pertença a uma *cultura* ocidental e a uma *sociedade* minoritária. Isto posto, mesmo se separarmos os dois problemas para os estudar à parte, os proponentes da psicologia do marginalismo permanecem na aculturação que denomino material, a dos *conteúdos* da consciência psíquica. Eles não chegam até a aculturação formal, isto é, às transformações ou às metamorfoses da forma de sentir e de apreender dessa consciência. Basta ler seus livros para ver que os conflitos que eles descrevem são conflitos entre representações coletivas, entre valores, entre sentimentos de pertença, e que a assimilação consiste apenas em unificar o conteúdo dessas consciências conflitantes por meio de uma sábia harmonia dos contrários ou pela adesão a um único sistema de valores. Como vemos, permanecemos sempre no campo dos "fatos psicológicos" vividos. Não atingimos as formas, que são sempre *inconscientes,* as maneiras de pensar e de sentir. É por isso que, apesar do interesse desses trabalhos, a escola do marginalismo psicológico nada nos pode proporcionar.

É, portanto, de Herskovits que devemos partir. O termo interpretação pode ser tomado em dois sentidos. Pode-se pensar tanto na reinterpretação das realidades africanas em termos ocidentais quanto na reinterpretação das realidades ocidentais em termos africanos. Na verdade, Herskovits se interessou verdadeiramente por este segundo aspecto, seja quando mostra no "duplo relacionamento" a reinterpretação da poligamia africana, seja quando mostra em certas formas de sincretismo uma reinterpretação do catolicismo ou do protestantismo através da sensibilidade religiosa africana, para limitar-me a esses dois exemplos. Por que essa predileção? Poderíamos cogitar, naquele homem tão resolutamente antirracista, na perpetuação, no mais fundo de seu inconsciente, de uma ideologia de branco, a da incapacidade do negro em pensar como um Ocidental. Então ele daria prosseguimento a Nina Rodrigues, acrescentando à ilusão da catequese a ilusão da assimilação. É o que explicaria porque os adversários de Herskovits são recrutados sobretudo entre os sociólogos negros, como Frazier, que denunciam em *The myth of the negro past* a forma contemporânea do preconceito branco. É, no entanto, mais verosímil que tenhamos, em Herskovits, uma derradeira marca do renascimento negro, que foi a primeira forma daquilo que hoje denominamos a negritude. Ele teria dado uma justificativa científica para aquilo que os poetas e romancistas negros daquele renascimento tinham apenas expressado. Pouco nos importa, de resto, as razões profundas que levaram Herskovits a insistir na retenção e na manutenção de uma psique africana, que pode aceitar muito bem elementos da cultura ocidental, mas para repensá-los e vivê-los de um jeito africano. A consequência é que o termo reintegração sugere logo esse único aspecto. Sem dúvida também encontramos em Herskovits exemplos do fenômeno inverso, o da interpretação de traços culturais nativos mediante nossa mentalidade ocidental, mas ele lhe dá outro nome e então fala de etnocentrismo, o que faz com que possamos perguntar se afinal ele não acreditava na dupla indissolubilidade das mentalidades, para além de todas as aparências. É para escapar a essas diversas dificuldades — a dificuldade do emprego de duas palavras, para, no fundo, exprimir o mesmo fenômeno, reinterpretação e etnocentrismo, também a do sentido particular, que o termo reinterpretação assume entre os acadêmicos, após as ilustrações fornecidas por Herskovits —, finalmente e sobretudo, para escapar das querelas e das ideologias subterrâneas que podem esconder-se atrás das teorias, que propusemos, num livro recente, o emprego do vocábulo aculturação formal, que me parece ter o mérito de ser neutro — não subentende a ideia da permanência de uma mentalidade — e ainda ser mais nitidamente psicológico ao distinguir essa aculturação da aculturação material, que preocupa sobretudo os antropólogos.

Ao proporfmos certo número de fatores que puderam atuar sobre Herskovits para o levar a insistir na resistência da psique africana, deixamos voluntariamente de lado um deles e o abordamos agora: a conjuntura histórica. Herskovits escrevia nos Estados Unidos no momento em que o problema número um dos norte-americanos era a integração das massas indígenas ou negras à nação e à democracia. O conceito de reinterpretação era uma advertência à impaciência de certos brancos bem-intencionados, impaciência que, devido a desilusões manifestas poderia transformar-se em intolerância e raiva. A África ainda não tinha saído do colonialismo. A instrução que ali se transmitia continuava sendo superficial demais para que se pudesse aprofundar o conteúdo da consciência dos "evoluídos" da época e, consequentemente, aquilo que dominava, na África e nos Estados Unidos, era a reinterpretação no sentido restrito que Herskovits lhe conferia. Naquela época, somente a leitura dos últimos capítulos de R. Allier — mas será que ele os leu? — ou um estudo dos poetas norte-americanos do renascimento negro — mas a etnologia o desviava deles para o atrair em direção à cultura folk — poderia revelar a Herskovits o outro aspecto da aculturação formal. Ele faleceu antes de poder presenciar os primeiros efeitos da descolonização.

Isto posto, e com seu antecedente, a formação nas universidades europeias de futuros quadros africanos ressaltou, ao contrário, o outro aspecto da aculturação formal. Os africanos formados em nossas faculdades, após sólidos estudos secundários, adquiriram, não digo valores ocidentais, pois ainda se tratava somente do conteúdo da consciência — e, como veremos, aliás, eles, por oposição, recusam muitos de nossos valores, porém moldaram suas mentalidades e sensibilidades de tal maneira que pensam e sentem exatamente como seus colegas brancos. Assim, quando falamos de aculturação formal, não queremos dizer que os ideais dessa elite — o nacionalismo, a industrialização, a vontade de produtividade etc. — sejam ideais tomados de empréstimo à civilização branca; isso, além de ser uma banalidade, nos faria permanecer na matéria psíquica. Aludimos, porém, a transformações mais profundas, as das estruturas perceptivas, mnemônicas, lógicas e afetivas. Aqui certos exemplos se tornam necessários.

A luta contra o colonialismo não foi somente uma luta pela independência nacional, mas foi marcada pela vontade de ressaltar os valores africanos em oposição aos valores ocidentais. É aquilo que se denominou a negritude. Aconteceu que os adeptos da negritude eram intelectuais formados pela cultura ocidental e profundamente modificados por ela. Isso fez com que a negritude tenha sido finalmente uma tomada de consciência da África por sensibilidades e inteligências desafricanizadas. Dá-se muito bem conta disso quando se conversa com camponeses ou sacerdotes animistas que, apesar da colonização que tocou neles muito pouco, permaneceram africanos. A negritude, aliás, foi uma máquina montada com todas as peças contra a colonização, isto é, uma ação *voluntária* daqueles intelectuais. Césaire, a quem certo dia censurei amigavelmente por ter identificado a negritude com o surrealismo, enquanto a verdadeira negritude se situa no oposto da mentalidade surrealista — ela não é irracional, é simbólica, o que não é a mesma coisa —, reconheceu isso prontamente. A verdadeira negritude é inconsciente, ela se encontra mais na reinterpretação de Herskovits do que na elaboração de intelectuais europeizados. Isso leva a paradoxos curiosos. A África da negritude é uma África "exótica" e não enraizada carnalmente na alma daqueles que a celebram. Ela é um sistema de participações místicas, um pouco da maneira como Lévy-Bruhl descrevia a mentalidade primitiva, a tal ponto que eu seria tentado a definir assim a negritude: ela aceita a imagem que o ocidental tem da África para a marcar com um sinal positivo, ao passo que o ocidental a marcava com um sinal negativo. Ocorre apenas uma simples mudança de valores; é sempre uma África de homens brancos. É por isso que, anteriormente, eu definia como uma primeira negritude o movimento norte-americano do renascimento negro. Trata-se, nos dois casos, de uma reinterpretação da África a partir das categorias lógicas e afetivas da mentalidade ocidental. Isso faz com que a negritude seja o primeiro e o mais típico dos exemplos que se possa dar do que é a aculturação formal.

No interior desse movimento e para melhor compreender essa espécie de aculturação, podemos insistir em alguns de seus aspectos. Encontramos atualmente na África e nos Estados Unidos duas ideologias vizinhas: a do "socialismo africano" e a da "cooperação coumbite" do Haiti. Todas as duas padecem da mesma confusão, denunciada há muito tempo por Marx, entre o espírito "comunitário" e o espírito "cooperativo". É sem dúvida tentador ver no trabalho coletivo, na ajuda mútua, os inícios de nossa cooperação, assim como, na época de Marx, se queria ver no Mir um início do comunismo. A cooperação, entretanto, supõe a passagem prévia da mentalidade pré-capitalista à mentalidade capitalista. Os fatos são nítidos. Em todos os lugares em que subsiste a sensibilidade comunitária, com suas categorias próprias de temporalidade não histórica e de afetividade de "festa", a cooperação fracassa, pois ela supõe outra temporalidade, em que o futuro tem mais importância do que o presente, bem como uma afetividade desligada da alegria, neutralizada pelo egoísmo. Ela supõe a comunidade vista através dos indivíduos e não o indivíduo através da comunidade ou, se preferirmos, o princípio de adição em vez do princípio de síntese — a passagem, diria Durkheim, da solidariedade mecânica à solidariedade orgânica. Assim, os intelectuais que elaboram ideologias a partir da comunidade tribal ou da coumbite haitiana veem esses fatos mediante uma mentalidade ocidental. Trata-se de um fenômeno estritamente análogo ao do etnocentrismo. A visão que os seguidores dessas ideologias têm das realidades africanas é uma visão "branca", porque eles são assimilados intelectual e sentimentalmente aos brancos. Aqui seria preciso inverter o título do belo livro de Fanon, *Pele negra, máscaras brancas*, e falar de almas brancas e máscaras negras, pois a negritude, por não ter procurado suas lições entre os iniciados nas religiões "pagãs", não é nada além do que uma máscara negra para dissimular a profundidade da aculturação formal. Tomemos outro exemplo.

Sei muito bem que a imagem do negro que tem o ritmo e a dança no sangue é uma imagem estereotipada. Ela, entretanto, tem um fundo de verdade. Uma coisa que muito chamou minha atenção é que a maior parte dos intelectuais negros não sabem mais dançar. Sei também que se pode dar mais de uma interpretação a este fato. Nele pode existir uma vontade, mais ou menos consciente, justamente a de lutar contra o estereótipo e de mostrar que o africano não é aquele que se imagina. A perda do sentido de ritmo ocorre frequentemente em africanos atingidos por doenças de fundo nervoso e pode-se incriminar igualmente como fator fundamental dessa perda o drama do homem dividido contra ele mesmo. Há também a longa educação musical dada pelo Ocidente, ao frequentar concertos, audições de programas de rádio etc. Os primeiros africanos vindos a Paris e que conheci diziam-me que não entendiam nada da música europeia. Decorridos dez anos, conheço africanos que, em academias de Paris, estudam dança clássica. Realizou-se, portanto, uma profunda modificação da sensibilidade rítmica, mas os Estados Unidos poderiam oferecer-nos fenômenos análogos. Nada mais oposto do que a dança dos negros dos Estados Unidos e, por exemplo, a beguine das Antilhas francesas. A violência da primeira se explica pela barreira de cores e é extravasar a agressividade reprimida; a voluptuosa doçura e a tranquila indolência da segunda exprimem outro gênero de vida. Em consequência, são exteriorizações de inconscientes moldados no passado por meios sociais e culturais heterogêneos.

O Brasil também nos pode dar um excelente exemplo de aculturação formal: os candomblés ditos comerciais ou para turistas. São os mesmos gestos, o mesmo cerimonial ou quase, os mesmos passos de dança ou os mesmos leitmotiv musicais e, por consequência, do ponto de vista do *conteúdo*, não existem grandes diferenças entre eles e os candomblés tradicionais. Porém, os dirigentes desses candomblés têm uma mentalidade tradicional e não mais africana, pois perderam a fé. Enxergam sua religião mediante categorias de produtividade, lucro, benefícios. Gerenciam-na como excelentes comerciantes, como uma empresa rentável. Sabem dosar a parte de erotismo (na dança) e a parte de sadismo (no transe espetacular), enquanto o verdadeiro candomblé ignora o erotismo — a dança é religiosa — e o sadismo – nele o transe raramente é espetacular. Isso quer dizer que esses novos promotores de espetáculos, esses professores de balé, repensam o candomblé a partir de uma mentalidade branca, reinterpretam-no em termos ocidentais. A distinção entre a aculturação material e aculturação formal aqui é particularmente nítida, pois materialmente, por assim dizer, não tocou na sequência dos ritos bem como na organização dos gestos, mas são pensados em um outro registro. É claro que, a partir dessa

A ACULTURAÇÃO FORMAL

aculturação formal, mudanças de conteúdo podem se introduzir pouco a pouco, sobretudo onde a memória coletiva sofreu mais perdas, como na macumba: a mudança da hora do sacrifício, que passa da manhã para a noite; do espaço sagrado para salão de dança; ou ainda a introdução de certos elementos do teatro musical. Foi o que presenciei: a introdução do striptease em um vodu haitiano. Essas mudanças, entretanto, são subsidiárias e consecutivas a uma primeira aculturação, formal, e somente podem se explicar a partir dela.

Pensamos que esses poucos exemplos bastam para mostrar o que entendemos pelo termo aculturação formal.

Em resumo, dois capítulos importantes dessa aculturação formal não apresentam grandes dificuldades. São aqueles que se referem à reinterpretação da cultura africana em termos ocidentais, o que corresponde à assimilação dos antigos etnólogos. No entanto, vemos como estamos distante dela, pois essa assimilação formal combina com a contra-aculturação, o que é uma nova prova, se ainda precisássemos dela, da necessidade de distinguir a aculturação formal da aculturação material, e a reinterpretação da cultura ocidental em termos africanos, o que corresponde aos limites e aos obstáculos da aculturação formal. Restaria ainda estudar aquilo que, nessa aculturação formal, corresponderia aos fenômenos de sincretismo da aculturação material, isto é, aos processos de mudança da mentalidade, às possíveis misturas que podem ocorrer ou aos cortes que fazem com que a inteligência talvez já esteja ocidentalizada, ao passo que a afetividade permanece nativa — ou reciprocamente. Mas como alcançar esses fenômenos pois, por definição, toda forma é inconsciente?

É preciso ultrapassar o reino do "ego", ao qual se pode chegar através da informação ou do questionário, e chegar ao "eu" puro. Não é algo impossível, mas subentende-se que:

1) Como a aculturação formal é psicológica, os métodos que ela utilizará serão os métodos da psicologia e não mais os da sociologia ou da etnologia.

2) Como toda forma é um princípio de organização, o que devemos pedir à psicologia é que ela nos faça chegar aos processos de desorganização das antigas formas de percepção, de memorização etc. e aos processos de sua reorganização segundo outras normas ou, se preferirmos outra terminologia, os processos de desestruturação e de reestruturação da afetividade e do pensamento.

Somente então teremos condição de saber se fatos análogos ao sincretismo podem existir ou se, ao contrário, a passagem de uma forma a outra não se faz por mutação brusca e se a mudança numa atividade intelectual, qualquer que ela seja, não acarreta *ipso facto* uma mudança global. Confessamos que, na falta de estudos realizados segundo a perspectiva que preconizamos, não podemos dar respostas a essas perguntas, todavia muito importantes. É curioso notar que até mesmo os psicólogos que, como Piaget, estudaram um problema análogo, o das transformações da personalidade da criança, distinguiram etapas, mas não discerniram as passagens de uma forma de organização para outra forma. Seria porque as mutações daquilo que é formal só podem ser bruscas, ao contrário daquilo que se passa no conteúdo da consciência, ou todos os sincretismos são permitidos? Não podemos, porém, generalizar no caso da criança, em que há desenvolvimento, maturação, em suma, breve progresso, e generalizar nos casos de aculturação, pois cada cultura tem seu valor — todas elas, em consequência, se situam nos mesmos níveis; nenhuma constitui uma etapa no caminho de qualquer progresso. É à psicologia étnica que precisamos pedir informações sobre a pergunta feita.

Se, como acabo de dizer, a pergunta não se preocupou verdadeiramente com o problema, nem por isso deixará de fornecer certo número de indicações úteis e, inicialmente, as aplicações do teste de Rorschach. Hallowel e outros psicólogos-etnólogos afirmaram, a partir dos protocolos de indígenas da América do Norte, que era preciso três gerações para que a aculturação se completasse. Infelizmente, devido à falta de distinguir entre nossas duas aculturações, entre os conteúdos da consciência e os princípios da organização, entre aquilo que é estruturado e a lei da estruturação, não sabemos muito bem o que eles querem com essa afirmação. Como, no entanto, eles se limitam a formular suas conclusões sem nos pôr em contato com o conjunto dos protocolos registrados, somos reduzidos a hipóteses. Parece-nos, todavia, que como, desde a primeira geração, os indígenas assumem traços culturais e, portanto, tomam emprestados valores dos brancos, e que na terceira geração ainda subsistem traços de sua civilização, quanto mais não fosse por imposição do meio geográfico, que a afirmação de Hallowel significa que é preciso três gerações para que a assimilação tenha mudado mais do que os conteúdos e também as formas de afetividade e do pensamento intelectual. Se nossa interpretação for exata, não se trata somente da aceitação da cultura ocidental em sua integridade, mas de uma verdadeira reorganização formal. A lacuna que tentamos preencher subsiste, apesar de tudo; e então o que acontece com a segunda geração? O teste de Rorschach nos revela muito bem a duração do processo de estruturação e reestruturação, mas não a natureza desses processos.

Dispomos felizmente de uma segunda fonte de informações, os assim chamados testes de inteligência. Em geral, foram aplicados na África sob a pressão das necessidades do desenvolvimento econômico, particularmente tendo em vista a implantação de certas indústrias, a fim de detectar trabalhadores capazes de as fazer funcionar. Os testes foram africanizados ou foram aplicados testes transculturais. É justamente porque se havia imaginado testes originais, muito diferentes dos nossos, que se acreditou que eles mediam verdadeiramente a inteligência. Já que se tratava de descobrir homens capazes de operar máquinas ou comandar pequenas equipes de trabalho em vista da produtividade, a inteligência que se mede é aquela que é organizada como a nossa. Durante um debate com um psicólogo belga chamei sua atenção para o fato de que seus testes não eram testes de inteligência, mas de aculturação. Tudo o que podiam medir era a distância existente entre certa estrutura da inteligência e a estrutura de nosso espírito. Além de outras colocações, disse-lhe que o teste que ele imaginou para os nativos do Congo, e que era um teste de construção, tendo em vista o filme que os mostrava tentando resolver o problema colocado, revelava uma estrutura rítmica de gestos de tipo musical dos tocadores de tambor muito diferente da estrutura geométrica dos gestos impostos para a resolução do teste por ele elaborado, algo que atrapalhava sua realização. Em todo caso, testes análogos aplicados nos mesmos indivíduos em intervalos regulares, se não medem a inteligência, podem medir os graus daquilo que denominei aculturação formal.

Pressentimos isso ao estudar a aplicação de um teste de memória em jovens africanos enviados para a França onde fariam seus estudos secundários. A psicóloga que o aplicou para o Escritório Universitário de Seleção (Bureau Universitaire de Sélection — BUS) ficou admirada com a longa duração do tempo das reações, mas também se deu conta de que essa duração excessiva, que constrangia aqueles meninos vindos de meios pouco "evoluídos" na memorização de suas aulas, não se devia a um defeito da memória, porém ao fato de que as lembranças se organizavam segundo outras leis que regem nossa memória. Era preciso, portanto, que eles fizessem um esforço, daí a demora da resposta correta, para que se pudesse reorganizá-los segundo nosso sistema. Aliás, a organização do pensamento conceitual daqueles ginasianos negros era análoga à de seus colegas brancos. Sem querer retornar à velha teoria das "faculdades", experiências como aquela pareceriam mostrar que a aculturação cultural pode acontecer mais depressa em certos setores do que em outros e que assim poderíamos encontrar na aculturação formal fenômenos análogos aos do sincretismo, no sentido de que segmentos inteiros da mente poderiam ser organizados *simultaneamente* segundo formas de pensamento africano, enquanto outros ofereceriam as estruturas do pensamento ocidental.

No momento, não podemos fazê-lo e devemos avançar com muita prudência. Será preciso multiplicar as pesquisas antes de propor as leis de uma psicologia da aculturação. A única conclusão de que temos certeza é que a aculturação formal deve ser separada da aculturação material. No plano material, uma cultura pode ter desaparecido quase totalmente, pode ter sido atingida pela onda da cultura da raça dominante, a tal ponto que o negro pode dizer com muito boa-fé "nós, latinos" ou "nós, anglo-saxões...", mas as estruturas profundas podem permanecer inabaláveis, as formas de organização podem não ter sido atingidas. Os etnólogos podem falar reciprocamente de contra-aculturação, enquanto que no mais íntimo de suas personalidades a assimilação é completa. Devemos, portanto, no plano psicológico, distinguir espécies, nesse tipo de contra-aculturação que os etnólogos não notam. Se, por exemplo, o messianismo dos camponeses africanos reinterpreta o cristianismo em termos africanos, os intelectuais da negritude reinterpretam a civilização africana em termos ocidentais. Quanto ao sincretismo, ele se faz na aculturação material segundo o princípio da continuidade. Poderíamos simbolizá-la por uma linha cujos dois polos constituiriam a cultura africana pura e a cultura ocidental pura e, entre esses dois pontos terminais, teríamos todas as misturas possíveis, substituindo progressivamente um por um os traços africanos por traços ocidentais. Ao contrário, a aculturação formal pareceria ocorrer segundo o princípio de ruptura, porque as organizações mentais se apresentam como *gestalten* e não como simples acréscimos de traços. Eis o único ponto sobre o qual temos certeza: as duas formas de aculturação que distinguimos não podem confundir-se. Elas se opõem e, em todo caso, constituem dois mundos à parte.

Para concluir, queremos fazer outra observação. É que, embora diferentes, essas duas formas de aculturação sempre tocam uma na outra; em consequência, podem atuar umas sobre as outras. Ninguém melhor do que Kant distinguiu as formas *a priori* e a matéria do conhecimento, mas ao mesmo tempo ele mostrou sua inseparabilidade: "A forma sem a matéria é vazia, a matéria sem a forma é cega..." A aculturação material pode agir analiticamente, rompendo os complexos culturais para neles operar escolhas, aceitar elementos, rejeitar outros. Cada um desses elementos, nesses complexos, mantém sua coloração, sua força dinâmica. O valor ocidental tomado de empréstimo tenderá a reconstituir no interior da psique a organização mental que ele exprime. Isso faz com que, na escola, aprender física ou a língua dos brancos não seja apenas aprender palavras ou as leis da natureza, mas faz com que ocorra toda uma reelaboração das *gestalten*, que irá modificar a percepção, a memória, o processo de pensar, que metamorfoseará a sensibilidade. A mudança do conteúdo da consciência termina forçosamente em determinado momento numa mudança da forma, pois nela só existe matéria que seja informada. No início, a nova matéria é elaborada a partir de formas antigas e depois ela as desorganiza, devido à incompatibilidade das *gestalten* que as ordenam. Assim, a diferença das duas aculturações não exclui, portanto, seu jogo dialético.

2
A aculturação jurídica*

O direito internacional, público ou privado, que estuda as relações entre os Estados ou entre os indivíduos participantes de sistemas jurídicos diferentes, assim como o direito comparado, que examina o fenômeno de empréstimos jurídicos, deveriam ter levado os juristas a se interessar pelos problemas da aculturação. Certamente, isso aconteceu, em parte, pois a colonização obrigou forçosamente as potências europeias, em particular a Inglaterra e a França, a colocar esses problemas. A França, entretanto, mais do que a Inglaterra, pois o empirismo inglês estudou os contatos entre a metrópole e as colônias numa perspectiva etnográfica, enquanto o racionalismo francês foi levado a apreender esses contatos em termos de um encontro entre o direito escrito metropolitano e os direitos costumeiros nativos. Entretanto, como assinala muito corretamente Lévy-Bruhl, "é sobretudo, o ponto de vista prático que domina. Procura-se, antes de mais nada, soluções legislativas e administrativas para as dificuldades que se manifestam cotidianamente".[1] Resta empreender o estudo científico e objetivo da aculturação jurídica.

---

* Relatório apresentado ao VIIº Congresso Mexicano de Sociologia, em 1957.

Tal estudo começa, todavia, a tentar cada vez mais os juristas, pelo menos aqueles que estudam o direito de um ponto de vista sociológico ou antropológico, tanto na América como na Europa. Em consequência, antes de retomar o problema por nossa própria conta, é bom examinar de início algumas dessas tentativas.

A mudança de perspectiva que está ocorrendo na França é ressaltada se compararmos, por exemplo, a *Sociologie coloniale* de René Maunier com o recente artigo pioneiro de H. Lévy-Bruhl sobre os contatos entre sistemas jurídicos.[2] O livro de René Maunier retoma pura e simplesmente os dados da antropologia cultural norte-americana para se limitar a traduzi-los em termos jurídicos. Assim, o conceito de "assimilação" se converte ao direito de dominação, o de "contra-aculturação" ao conceito de nacionalismo e o de "sincretismo" ao conceito de cooperação. O resultado dessa mudança de designações faz com que René Maunier, em vez de se interessar pelo essencial, isto é, pelos próprios contatos, se vê levado a estudar apenas os reflexos desses contatos nas ideologias ou superestruturas: a aculturação é escamoteada. Já denunciamos essa escamotagem, aliás.[3] O ponto de vista de Lévy-Bruhl é absolutamente oposto. Consiste, ao contrário, em apreender os contatos dos sistemas jurídicos por meio de dados da antropologia cultural. Que nos seja permitido citar uma passagem significativa deste autor:

> Acontece frequentemente de depararmos com uma verdadeira assimilação. Esta se realiza sobretudo quando não existe uma diferença muito grande de nível cultural entre os dois povos, quando seus direitos possuem traços comuns. No entanto esse fato também ocorre, embora mais lentamente e também, sem dúvida, por meios mais violentos, quando esses povos não têm afinidade alguma entre eles. A resistência a uma civilização estrangeira recebeu o nome de contra-aculturação.
>
> Em matéria jurídica, ela se traduz essencialmente pela manutenção, sob uma forma clandestina, de costumes paralegais ou ilegais.

Fora o caso de assimilação espontânea, encontramos — e isto é muito frequente — a criação, após o contato, de um novo regime jurídico que não é nem um direito do primeiro povo nem do segundo, e que incorpora elementos de um e de outro... Isso acontece sobretudo quando existe uma diferença muito acentuada entre os dois sistemas jurídicos. Tal é o direito das populações negro-africanas ou, em menor grau, o direito da África branca muçulmana francesa.[4]

Contudo, o pensamento de Lévy-Bruhl não é uma simples generalização de dados da antropologia cultural norte-americana em uma nova área. Ele possui também o mérito de corrigir aquilo que essa antropologia tem de deficiente para os sociólogos franceses que permanecem fiéis ao espírito do método de Durkheim, isto é, a redução que esse pensamento opera, do sociológico ao psicológico e ao interpsicológico.[5] Com efeito, os juristas não devem aplicar as conclusões dos antropólogos a um tipo especial de contato. Eles devem retomar por sua própria conta o conjunto do problema das interpenetrações das civilizações, mudando o espírito com que ele é abordado nos Estados Unidos, fazendo refluir a explicação do campo dos contatos inter-humanos para o campo do contato entre "instituições". O mérito dos juristas consistirá justamente, se é verdade que a sociologia se define pelo estudo das instituições,[6] em recolocar finalmente os estudos sobre a aculturação em sua verdadeira base sociológica.

Poderíamos fazer comentários, se não idênticos, pelo menos análogos, no que diz respeito à evolução da sociologia jurídica latino-americana. No Brasil, por exemplo, é a partir de um problema prático, o dos empréstimos jurídicos, e especialmente empréstimos jurídicos no direito constitucional, que foi abordado, durante a segunda metade do século XIX e por Tobias Barreto, o estudo da aculturação. Esse autor, utilizando a teoria alemã da escola histórica, denuncia a introdução do direito inglês, francês e norte-americano no direito brasileiro como contrária ao caráter étnico nacional.[7] No entanto, o problema ainda não é tratado de maneira objetiva. Através da violência verbal do escritor, sente-se que o problema da "difusão" jurídica se liga a um problema mais amplo, o da luta de classes: a reação da plebe de mestiços contra a elite intelectual branca que empresta do estrangeiro seus modos de pensar. Em compensação, toda a evolução subsequente, de Torres a Oliveira Viana,[8] consistirá, mesmo quando as valorizações nacionalistas se deixarão adivinhar, em passar da sociologia polêmica à sociologia científica (Torres) e em seguida ao que se poderia denominar a "antropologia jurídica" (Oliveira Viana). O direito constitucional brasileiro se define como um problema de "reprodução cultural", segue as mesmas regras que todas as outras — as das modas, das crenças, dos costumes, isto é, que leva ou à assimilação ou expulsão do conteúdo jurídico tomado de empréstimo ou à sua deformação e à sua reinterpretação. Os juristas adotaram uma parte ou a totalidade das instituições políticas da Europa ou dos Estados Unidos, na crença de que as mesmas leis produziriam os mesmos efeitos, qualquer que fosse o meio cultural ou social em que elas fossem aplicadas. Na realidade, o parlamentarismo inglês ou o presidencialismo norte-americano produziu no Brasil somente uma caricatura da democracia, pois existia uma oposição entre o espírito comunitário dos anglo-saxões e o espírito familiar dos brasileiros, o que faz com que a luta dos partidos no Brasil tenha sido somente a continuação da luta colonial entre os clãs familiares.

Os estudos brasileiros a que acabamos de aludir são da maior importância para a constituição de uma ciência das aculturações jurídicas, com a condição de os inserir no conjunto mais vasto de todos os empréstimos jurídicos. Com efeito, atualmente quase todos os direitos nacionais tomam emprestado elementos de direitos estrangeiros, tanto no campo do direito comercial como no campo do direito social, do direito financeiro e do direito constitucional. É, portanto, necessário estar atento para não confundir esse fenômeno de empréstimo com o fenômeno mais amplo das relações entre o direito escrito e os costumes. Existe em todos os lugares uma separação mais ou menos grande entre o ideal inscrito nos códigos e os comportamentos dos homens. Os autores brasileiros que citamos confundiram, no fundo, dois problemas estreitamente ligados, sem dúvida, mas que é preciso separar: o da racionalização progressiva das relações entre os homens e o da aculturação. Max Weber assinalou suficientemente esse movimento de racionalização para que seja necessário insistirmos nele, mas ele se depara com forças antagonistas, quer essa racionalização venha de fora, mediante imitações, quer venha de dentro, através dos esforços dos juristas para modificar as realidades nacionais. Se, como declara Oliveira Viana, o direito social trabalhista brasileiro nasceu de uma reflexão e de um estudo anterior dos costumes trabalhistas do país, ele, em sua aplicação, também é muitas vezes uma "caricatura" do direito social. Reciprocamente, se é verdade que as eleições de tipo democrático não fizeram desaparecer a autoridade patrimonial do tempo da colônia, não é menos verdade que as normas jurídicas vindas de fora mudam progressivamente o clima político do Brasil para as aproximar de um clima democrático.

Na América hispânica o problema mais importante que se abordou do nosso ponto de vista é o da relação entre o direito espanhol, trazido pelos conquistadores, e os direitos indígenas. Esse problema, entretanto, evoluiu à medida que a América hispânica passou do estado de colônia ao estado de um conjunto de nações independentes, o que não quer dizer que ela tenha saído inteiramente do colonialismo, pois em certa medida poder-se-ia definir as comunidades indígenas como colônias interiores em relação à metrópole e não exteriores, como no caso das antigas colônias europeias. Essa evolução consistiu em passar de métodos jurídicos que se revelaram ineficazes aos métodos da antropologia cultural. Pode-se seguir, mediante uma vasta bibliografia, essa mudança que termina com Gonzalo Aguirre Beltran.[9] Com ele o problema da integração jurídica das comunidades indígenas à nação torna-se um capítulo da sociologia dos contatos culturais.

Constatamos, em resumo, que em muitos lugares delineiam-se movimentos em favor da criação de um novo capítulo da sociologia ou da antropologia jurídicas: o dos encontros entre sistemas jurídicos diferentes.

É, porém, necessário nos darmos conta de que a constituição desse novo capítulo se depara com dificuldades muito especiais, que explicam seu atraso em relação ao capítulo sobre a aculturação técnica e a aculturação religiosa e, ao mesmo tempo, seus limites. Tentemos evidenciar, antes de mais nada, as dificuldades. A primeira que surge claramente na obra de Herskovits[10] consiste no fato de que o direito é, ao mesmo tempo, fator e matéria de explicação; que ele é uma causa da aculturação e, também, um de seus objetos ou, em outros termos, define a situação social que explica por que e como ocorre a aculturação. Ele é, simultaneamente, um traço cultural submetido ao movimento da aculturação. Com efeito, de um lado os processos aculturativos, embora comportem elementos comuns, se diferenciam segundo operem numa situação escravagista, numa situação colonial ou nos países comunistas, porque, por um lado, as relações jurídicas entre senhores e escravizados, entre metrópoles e colônias ou mandatos e entre repúblicas soviéticas e repúblicas-satélites não são da mesma natureza: aqui o direito é um fator de explicação. Por outro lado, o estudo dos contatos entre sistemas jurídicos diferentes constitui um capítulo especial, no qual os direitos particulares que se encontram, assim como as outras instituições sociais, são enredados na trama das mudanças que a sociologia investiga.

O primeiro equívoco não é grave, entretanto; se o direito constitui uma das formas mais importantes do controle social, ele não é o único. A religião, por exemplo, ou a educação constitui outra forma desse controle e, em consequência, o estudo da religião ou da educação pode dar lugar aos mesmos equívocos. Tais equívocos consistem naquilo que se pode considerar ao mesmo tempo como fatores e objetos de aculturação — fatores, quando se examina, por exemplo, a ação do protestantismo, do catolicismo ou do Islã, na interpenetração das civilizações; objetos, quando examinamos o modo como o catolicismo, o protestantismo e o Islã são reinterpretados mediante mentalidades animistas ou politeístas. Infelizmente, a aculturação jurídica enfrenta uma dificuldade mais grave:

a confusão entre *pattern* e norma de direito. A norma de direito é um conceito elaborado pelos juristas e o *pattern* é um conceito elaborado pelos antropólogos. O abismo entre esses dois tipos de conceitos é tamanho que os problemas da aculturação jurídica correm o risco de ser falsificados caso não se proceda a uma comparação crítica dos dois tendo em vista seu uso na pesquisa.

Quais são as implicações dos "modelos normativos" (*pattern*) para o problema que nos preocupa? Esse conceito tem a função de permitir a ligação entre a antropologia cultural, a sociologia e a psicologia social, lançando uma ponte entre as estruturas e os valores, bem como entre os indivíduos, as estruturas e as culturas. Se esses modelos normativos explicam a integração das pessoas e dos grupos numa sociedade, quando ocorre o encontro de civilizações, estão presentes dois tipos de modelos normativos e, em consequência, desintegração parcial de um, do outro ou de ambos. A questão consiste em saber se os sistemas jurídicos podem ser considerados modelos normativos. Se a resposta for sim, então o ponto de vista norte-americano é o único válido: o problema essencial é um problema de comunicação. Até que ponto um povo pode compreender os modelos estrangeiros? Se o comportamento exterior tem a aparência de uma aplicação da norma, na realidade essa norma é reinterpretada. Quais são agora as implicações das "normas jurídicas"? Aqueles que examinam os problemas da aculturação desse ponto de vista, ao contrário daqueles que veem no costume o verdadeiro, o obrigatório, tenderão a identificar os costumes com uma forma primitiva de direito. É claro que se trata apenas de tendências. Na realidade, é possível conciliar esses dois pontos de vista. Durkheim, por exemplo, que partiu do direito para compreender as diferentes formas da solidariedade e que definiu o fato social pela sujeição sob a influência de seu juridismo, ao interiorizar essa sujeição e ao defini-la também como um fim desejado, nos faz passar da "norma de direito" ao "modelo normativo".

A última dificuldade com que se depara a constituição de uma sociologia dos contatos jurídicos é a tendência a cada dia mais dominante de considerar os sistemas socioculturais em bloco, o que leva a condenar aqueles que desejam estudar a aculturação apenas no campo da cultura e, em consequência, a aculturação no direito.[11] Pensamos, todavia, que essa objeção não é fundamental, sendo o direito, em certo sentido, a forma geral assumida pelas relações múltiplas entre indivíduos e grupos, situando-se, todavia, em todos os níveis daquilo que Georges Gurvitch denominou "a sociologia em profundidade". De fato, muitos livros escritos sobre os contatos de civilizações, como os de Thurnwald, de Westerman, contêm capítulos especiais sobre esses encontros e interpenetrações de sistemas jurídicos diferentes.

Todas essas dificuldades não nos devem deixar esquecer que os juristas, ao abordar o campo da aculturação, podem contribuir e muito para a sociologia dos contatos culturais. Até o presente, apenas os etnólogos e os antropólogos se aventuraram nessa área. Foram eles e somente eles que propuseram hipóteses explicativas ou sistemas de conceitos para dar conta dos fatos. Se a história não é sempre eliminada, ela não é particularmente utilizada — é apenas para esclarecer uma situação *presente*. Isso é esquecer que os fenômenos de contatos culturais são fenômenos permanentes, que se repetem ao longo da história, uma história que é a história de migrações, guerras, conquistas e trocas comerciais entre os povos. A sociologia somente será científica na medida em que se desligar da explicação do presente para confrontar os dados da etnologia com os dados da história.[12] Ora, a história do direito nos oferece justamente toda uma série de dados sobre os contatos entre sistemas jurídicos no passado e no presente. No decorrer do artigo de Lévy-Bruhl, que citamos, encontramos exemplos tomados de empréstimo a situações atuais (direito franco-muçulmano, direito franco-africano) e a dados históricos (desenvolvimento do direito romano em suas relações com o direito itálico e, posteriormente, com o direito dos bárbaros; substituição progressiva do direito romano em relação com o direito feudal; confusão do direito público com o direito privado na formação dos Estados modernos). Os historiadores e os juristas recolheram uma grande quantidade de documentos da maior importância para a elaboração de uma teoria geral da aculturação. Infelizmente, seus estudos não são "cumulativos" em relação aos estudos dos etnógrafos. O exame de fatos de aculturação jurídica, por se reportar ao mesmo tempo a fatos passados e fatos presentes, talvez nos permitirá reconciliar os dados da história com os dados da etnografia, possibilitando que as investigações dessas duas áreas finalmente se tornem "acumulativas".

3

A aculturação folclórica
(O folclore brasileiro)*

I

O folclore só pode ser compreendido se reintroduzirmos suas manifestações na vida da comunidade. É preciso substituir as descrições analíticas, com seu odor de museu, de cânfora e de desinfetantes, que desligam os fatos da realidade em que eles operam, a única a dar-lhes um sentido, uma descrição sociológica que os situa no interior dos grupos. Infelizmente no Brasil essa tentativa enfrenta certo número de dificuldades. Não existe uma terminologia uniforme neste país. Cada região tem seu léxico folclórico diferente. É assim que uma mesma dança apresenta nomes diferentes segundo as regiões — aqui é batuque, lá é jongo, samba rural, coco ou então aqui é chegança de marinheiros, lá é nau catarineta, a menos que não seja o mesmo nome que designa realidades diversas. Por exemplo, o batuque designa em certos lugares uma dança de roda e, em outros, uma dança em fila; aqui uma cerimônia profana (São Paulo) e em outro lugar uma cerimônia religiosa fetichista (Porto Alegre).[1] É que o folclore brasileiro, ao contrário do europeu, ainda não se cristalizou. Apresenta-se com extraordinária fluidez e

---

* Artigo publicado na *Revue de Psychologie des peuples*, quinto ano, n. 4, 1950.

mesmo admitindo que a ausência de documentos de arquivos não constitua necessariamente uma ausência de realidade histórica, o fato é que a maioria das danças dramáticas folclóricas foi introduzida no Brasil bem tardiamente. É por isso que esse folclore é essencialmente móvel, se decompõe e se recria com novas formas a cada instante, muda de datas ou passa de um grupo social a outro, o que constitui para o sociólogo uma fonte de dificuldades. Para me limitar a um exemplo, certos sociólogos pensam que a chegança dos marinheiros e a chegança dos mouros foram primitivamente uma mesma dança, que na sequência fragmentou-se e em manifestações menores: barca, nau catarineta, marujada, mouros.[2] No entanto, também poderíamos pensar que a chegança nasceu, ao contrário, da fusão de dois temas, originalmente diversos, um que narra as aventuras de um navio perdido em alto-mar ("Era um naviozinho...") e outro que descreve a luta dos cristãos contra os muçulmanos.[3] No entanto, a sociedade brasileira não é homogênea: nela existem grupos de agricultores e grupos de pescadores, de criadores de gado no Ceará e de domadores de cavalos nos pampas do sul, há regiões onde os descendentes de índios dominaram e regiões que receberam a contribuição de escravizados africanos. Cada um desses grupos sociais tem um folclore próprio, mas pode estender-se de um lugar para outro, através do fenômeno de "difusão cultural". Essas dificuldades, entretanto, não devem nos deter, pois neste artigo não se trata tanto de apresentar um aspecto definitivo da sociologia do folclore brasileiro como de submeter aos pesquisadores sugestões de investigação e de formular hipóteses de trabalho.

As obras de André Varagnac[4] nos familiarizaram com as noções de civilização tradicional e de arqueocivilização. Elas mostraram, no folclore francês, a sobrevivência de uma antiga civilização neolítica, que mais reprimiu o cristianismo do que se adaptou a ele. Pode-se, no entanto, generalizar suas conclusões para a maior parte dos países europeus. O folclore brasileiro tem sua base no folclore português. A dupla contribuição do nativo e do africano é relativamente pouco importante em comparação com a que provém da metrópole.

A ACULTURAÇÃO FOLCLÓRICA

Daí o interesse sociológico que o folclore brasileiro apresenta. Em que medida o folclore português pôde resistir ao brusco transplante de um continente a outro? O calendário das festas europeias é ligado a certo ritmo das estações. Os portugueses, quando chegaram ao Brasil, se depararam com um mundo invertido, onde o inverno corresponde ao verão e o verão ao inverno; onde o Natal devia ser comemorado sob a mais ardente canícula e a festa de São João durante noites relativamente frescas. Esse fato não poderia deixar de provocar profundas transformações no calendário folclórico. Limito-me a um único exemplo: antes de estudar mais profundamente essa influência da inversão das estações, sabe-se que uma das preocupações dos agricultores é a chegada da chuva, que fecunda as futuras colheitas. Na Europa, o agricultor tem necessidade de um santo situado no equinócio do verão, enquanto o brasileiro tem necessidade de um santo situado no equinócio do inverno. Daí a mudança das datas: a festa de São Médard na França (8 de julho) torna-se a festa de São José, no Ceará (19 de março), mudança que implica imediatamente uma outra. Enquanto na França o efeito é direto — a estação será chuvosa, se chover naquele dia —, acontece o contrário no Ceará — se no dia de São José fizer bom tempo, choverá no inverno.[5] Esse simples fato nos prova o quanto os colonizadores portugueses deviam ter ficado perturbados diante da nova situação em que se encontravam, a espécie de pânico que deles se apoderou em um mundo novo, situado nos antípodas, na presença de uma natureza que parecia zombar de todas as tradições dos camponeses lusos.

Não devemos, entretanto, exagerar essa influência. Varagnac mostrou o erro de Fraser, que liga estreitamente demais o folclore à morte e ao renascimento da vegetação. Esse é apenas um de seus aspectos, não o mais importante. Em segundo lugar, o sociólogo sabe que o essencial é menos o ritmo das estações do que o ritmo da vida social que o acompanha: os períodos de condensação e de dispersão, as festas coletivas e do trabalho familiar.[6] Aqui intervém um segundo elemento de diferenciação. Os jesuítas tentaram reunir em seus aldeamentos diversas tribos indígenas para as fazer passar do estado nômade ao estado sedentário, a fim de as cristianizar mais rapidamente. O aldeamento, entretanto, permanecerá uma exceção no Brasil antigo. O povoamento se realizará de maneira dispersiva, pela grande lavoura, pelos engenhos de açúcar, pelas fazendas de criação de gado. O que ocupa o lugar da aldeia francesa ou europeia é a casa do senhor (*casa-grande*) que agrupa em torno dela as cabanas dos mestiços de índios, que formam a clientela do patrão branco, e as senzalas dos escravizados africanos.[7] Se, como prova Varagnac, o folclore é ligado a certo gênero de vida e desaparece quando esse gênero se perde, o Brasil apresenta ao antigo camponês português um gênero de vida totalmente oposto àquele que sustentava o folclore europeu. Homens isolados, perdidos num país imenso, diante de uma natureza tropical repleta de armadilhas e de perigos, vivendo no meio de homens de cor, sem formar verdadeiras comunidades, mas dispersos e separados uns dos outros — eis o espetáculo que o Brasil do primeiro século da colonização apresenta.

O folclore, entretanto, vive em dois planos e é a primeira conclusão interessante que o estudo do Brasil nos sugere: inicialmente, no plano material, na infraestrutura das pequenas aldeias, na morfologia dos grupos, dos sexos e das idades, no ritmo das estações e das festas, e em segundo lugar, na consciência dos homens, em seus sentimentos e atitudes, como uma realidade espiritual. Foi esse segundo folclore que os portugueses trouxeram, como uma lembrança nostálgica da mãe-pátria.

O estudo sociológico do folclore constitui então um capítulo especial daquilo que Halbwachs denominou "memória coletiva". Os historiadores mostraram muito bem a ligação entre o patriotismo e o folclore, o que faz com que todos os países subjugados comecem suas revoltas por uma restauração de suas tradições populares. O folclore é um pouco a terra deixada pelo exilado, uma lembrança mais afetiva do que intelectual, e o primeiro cuidado dos colonos desembarcados numa nova região será recriar a terra perdida, batizando as montanhas e os rios com os nomes da pátria abandonada, transplantando as flores e as árvores da metrópole, entregando-se às brincadeiras da infância. Os imigrantes alemães do Brasil não se limitaram a construir casas europeias: povoaram seus jardins com estátuas de gnomos e duendes e ressuscitaram no solo americano as lendas germânicas.[8]

Ora, um dos elementos fundamentais da arqueocivilização de Varagnac se encontrava no Brasil e podia permitir a fixação dessa nostalgia: a oposição entre o campo cultivado e a floresta selvagem. As lavouras eram verdadeiras ilhotas no interior da floresta, ilhotas que cresciam pouco a pouco através das queimadas. E os bosques que as rodeavam eram povoados por monstros ou seres fantásticos. É curioso notar que foram os negros, mais do que os brancos, que mantiveram essa oposição, no Brasil e nas Antilhas. Em Cuba é a oposição da cidade, civilizada, e da montanha coberta de vegetação, onde vivem os eguns (espíritos dos mortos), Osain (a divindade iorubá dos vegetais) e outros fantasmas assustadores.[9] No Brasil, em São Luís do Maranhão, os voduns africanos moram nos campos que rodeiam a cidade e não nela.[10] No Recife também ocorre a oposição entre a cidade e a mata virgem. O feiticeiro africano busca nela as plantas medicinais, com ritos e cantigas especiais.[11] Para os caboclos, descendentes mestiços de índios, encontra-se sob termos diferentes a mesma oposição entre o interior desabitado (sertão) e os campos cultivados.[12] Uma erva arrancada do jardim de uma casa não tem valor mágico algum.[13] Ela só conterá *mana* quando for colhida no "reino de jurema", que é o sertão. Assim, para a população de cor, o elemento de base da arqueocivilização subsiste.

O que foi que aconteceu com os portugueses? É certo que também entre eles encontramos uma oposição, mas aquela que exerceu a impressão mais forte em sua sensibilidade de exilados foi a oposição entre a colônia e a metrópole. E a metrópole não é mais o domínio dos deuses, mas o da mulher branca:

Eu do lado de cá, tu do lado de lá,
Passa um rio entre nós dois.

Tu, do lado de lá, soltas um suspiro,
Eu, do lado de cá, um suspiro e meio.[14]

É uma reminiscência da situação que Granet estudou na antiga China com seus dois grupos, masculino e feminino, e seus entreveros amorosos, mas aqui o rio que separa as duas metades é o vasto oceano.

No entanto, o português e o espanhol levaram para a América, desde o início da colonização, suas mouras encantadas, suas fadas e seus bichos-papões. Povoaram os rios do Brasil com suas ninfas e esconderam seus dragões nas cavernas das montanhas.[15] Nessa tentativa, eles se defrontaram com a existência, anterior a sua vinda, de toda uma geografia mística da América. Os indígenas tinham seus sacis, seus curupiras, seus botos, suas mães d'água ou mães da mata. Os portugueses, assim, se situaram noutro mundo, diferente do seu. A participação mística entre a mata fechada e a fazenda cultivada não poderia mais ocorrer do mesmo modo como ela acontecia no Carnaval europeu. Uma pequena anedota narrada pelo romancista Oswald de Andrade permite nos dar conta do que deve ter sido a mentalidade daqueles pioneiros. Um professor, para deixar envergonhados seus alunos brasileiros que acreditavam em fantasmas, interroga um menino de origem japonesa: "É verdade que os fantasmas não existem, não é mesmo?" "Ah, sim senhor, eles não existem... no Brasil, mas no Japão existem, sim!" Os portugueses do primeiro século se viam diante de uma situação análoga. As divindades locais — fadas, dragões etc. — são tão integradas às paisagens que é tão impossível levá-las consigo quanto as próprias paisagens. Então o colono foi obrigado a aceitar do índio as divindades que já povoavam a selva brasileira.

Isso deveria acarretar forçosamente uma radical mudança da função do folclore. Na Europa, por um lado, o mundo dos mortos e dos gênios era, de certo modo, um tabu, proibido para as crianças e também para os adultos durante a noite ou fora de certas estações do ano. Por outro lado, os mortos e as fadas continuavam a velar os vivos e em determinadas épocas. Era possível uma participação entre esse mundo dos espíritos e o mundo dos viventes. Durante o Carnaval, os mascarados se espalhavam pelos campos. No mês de maio, cavaleiros e moças partiam para o mato. Os portugueses tiveram de deixar os mortos e as fadas em Portugal. Assim, é suprimido todo um segmento da civilização tradicional, o da participação. Sobra apenas o outro aspecto, o do terror sagrado. As divindades nativas assumem então uma função policialesca: policiar a caça ou a pesca (proteção dos animais selvagens ou venenos contra o massacre dos brancos), policiar com fins educativos (impedir as crianças de se afastar das casas ou sair delas à noite) e policiamento econômico (impedir, pelo medo, a formação de quilombos).[16]

O homem, entretanto, não pode dispensar-se, em determinados momentos, de entrar em comunhão com os mortos. No Brasil, porém, a Igreja permitia essa comunhão apenas com os mortos cristianizados, aqueles que jaziam em cemitérios abençoados, os das capelas de engenhos e fazendas, somente em 2 de novembro, Dia de Finados. A procissão de penitentes que perambula à noite nas ruas de pequenas cidades brasileiras é acompanhada pelo exército dos mortos; por isso, nenhuma mulher ou criança pode ver sua passagem, ainda que através das janelas, sob pena de um castigo exemplar. Os espíritos, as fadas, os habitantes da selva inculta, não têm mais lugar na "Terra de Santa Cruz", primeiro nome dado ao Brasil.

Tais são os fatores que vêm contrariar a nostalgia do folclore português. A memória coletiva, assim como a memória individual, conhece o esquecimento, condicionado pela ausência de um substrato material ao qual as lembranças possam ligar-se, devido à ruptura dos "quadros sociais" da memória e a dispersão da comunidade primitiva em pequenas ilhas de indivíduos isolados. A memória de um grupo só pode funcionar por meio da cooperação de todos os seus membros, cada um deles portador de determinada categoria de lembranças, que se completam mutuamente e são evocadas somente quando os indivíduos se reencontram.[17] Ora, o Brasil via os portugueses perdidos numa terra hostil, afastados uns dos outros por léguas de distância e sem aldeias. A arqueocivilização não podia mais subsistir nesse transtorno de modos de vida, devido a uma transplantação de um país a outro, ou, em todo caso, ela só podia contribuir com fragmentos de costumes, espécies de banquisas arrancadas de seu polo místico e flutuando ao sabor das lembranças.

II

No entanto, aquilo que provocava o desmanche de toda uma civilização tradicional dava ao catolicismo, ao mesmo tempo, uma oportunidade inusitada: a de impor em seu lugar a tradição cristã.

Halbwachs analisou bem esse aspecto do cristianismo, que é comemoração de acontecimentos passados, esse novo ritmo do tempo, que acontece no contexto da vida histórica de Cristo, desde seu nascimento até sua morte.[18] A Igreja, porém, não pôde impor totalmente à sociedade pagã, em cujo meio ela nasceu, sua própria memória coletiva. Ela foi obrigada a adaptar-se, a deslocar as datas de algumas de suas festas para as fazer coincidir com as grandes festas da comunidade rural e as cristianizar. Daí a existência, na França, de dois tempos diferentes, qualitativamente distintos — o tempo do folclore e o tempo do catolicismo popular. Varagnac, que pôs em evidência o papel desempenhado no folclore dos grupos sociais, crianças, adolescentes, recém-casados, adultos ou velhos, nota uma lacuna imensa: o padre está ausente. Isso quer dizer que, se os dois tempos podem coincidir, interferir cronologicamente algumas vezes, eles não se confundem. Cada um deles mantém sua própria autonomia.

Eis que se abria para o catolicismo um mundo novo, que podia moldar como bem lhe aprouvesse, um continente virgem ao qual poderia impor o ritmo único das comemorações dos acontecimentos da vida de Cristo. Aqui está o segundo grande interesse dessa sociologia do folclore brasileiro: a tentativa de criar um folclore católico para substituir o antigo folclore, desaparecido na sequência do isolamento dos colonos. A Igreja, porém, não se via somente diante de aventureiros lusos. Ela devia trabalhar em vários planos diferentes, pois ali ela encontrava igualmente o índio e, em breve, encontraria o escravizado africano. Vejamos inicialmente o que ela fez nesses dois campos. O indígena brasileiro era meio nômade. Para o evangelizar era preciso, antes de tudo, fixá-lo na terra, daí a criação dos aldeamentos jesuíticos. Neles as tribos mais diversas vinham confundir-se. Essa dupla circunstância tornava mais fácil a ação missionária. Os costumes mais diversos, que se entrechocavam, acabaram com efeito se destruindo devido a seu contato. Os jesuítas se deram conta rapidamente que não era muito proveitoso interferir em gerações já formadas, cristalizadas em suas tradições, e que seria melhor minar a civilização ameríndia separando as crianças de seus pais, modelá-las em seus colégios e, em seguida, enviá-las como missionárias da nova fé.

No entanto, a evangelização, mesmo apoiada nesse duplo desarranjo — do gênero da vida e da hierarquia etária — devia levar em conta, para ser bem-sucedida, certos componentes das civilizações ameríndias. Daí a dualidade do tempo nos aldeamentos, ligada à separação da estação seca e da estação das chuvas: um período de nomadismo, quando os homens se dispersavam nas matas para colher os produtos da terra, revendidos em seguida pelos jesuítas, e um período de condensação demográfica que, segundo o esquema de Mauss,[19] tornava-se a estação da vida religiosa e, consequentemente, das festas.

Ora, o indígena compreendia a festa apenas como um complexo de danças e cânticos coletivos. Assim sendo, Nóbrega pensava que a música deveria tornar-se o grande instrumento de conversão do nativo, e os jesuítas se esforçaram por desligar a dança dos complexos religiosos pagãos para a integrar à comemoração dos ritos católicos. As curtas peças de teatro de autoria do padre Anchieta que chegaram até nós dão uma ideia desse folclore nascente: fragmentos dramáticos da vida dos santos entremeados com danças autóctones. As civilizações originais ameríndias eram assim destruídas, mas delas subsistiam pelo menos alguns elementos motores. Alguns deles permaneceram até hoje e constituem um primeiro elemento do folclore brasileiro. O sairé,[20] o cateretê,[21] a dança da Santa Cruz[22] e o cururu[23] são testemunhos desse sincretismo entre o catolicismo jesuíta e os festejos dos indígenas. O sairé, na Amazônia, é uma festa do Arco, mas continua sendo o único elemento indígena, pois a festa acontece diante de uma capela ou de um altar católico, improvisado para a circunstância. É uma procissão acompanhada por uma cantiga lenta, de uma melopeia triste, que simboliza com seus movimentos de vaivém, com o balancear do arco sobre a multidão, a história da arca de Noé. A dança da Santa Cruz, no estado de São Paulo, comemorado no início do mês de maio, é certamente em sua origem uma reinterpretação cristã da árvore de maio, festas lusas da vegetação, que os jesuítas trouxeram mas que se pode admitir unicamente sob esta forma catolicizada: a árvore tornou-se a imagem ou a prefiguração da Cruz. O cururu, na origem, diante de um pequeno altar numa aldeia, é um desafio entre cantores sobre temas bíblicos ou sobre a história santa. A forma agonística dessa festa se prestava à educação religiosa segundo o procedimento caro à pedagogia dos jesuítas, que é o apelo ao amor próprio, uma metamorfose folclórica das discussões travadas em seus colégios. O cateretê ou catira é uma dança de fila, seja de homens alinhados em duas filas ou de mulheres e de homens em fila, mas separados e precedidos por violeiros. O que nos importa, sob o ponto de vista sociológico, é menos o que esses divertimentos são em si do que os grupos que os integram e os mantêm até nossos dias. Após o fim da catequização, a intensa invasão dos brancos, a expulsão dos jesuítas, o desaparecimento das "reduções", o que aconteceu de fato?

As festas primitivas eram ligadas a um calendário religioso e à glorificação dos santos ou das grandes comemorações da vida de Cristo. O sairé é um exemplo dessa localização no tempo cristão: é o símbolo do dilúvio e da arca flutuando sobre as águas. Após o desaparecimento das missões, as comunidades indígenas não puderam manter a memória de um calendário novo demais para elas, muito distante de seu modo de medir o tempo, e essas festas, ao longo de sua duração, acabaram sendo comemoradas em datas mais representativas. Temos aí uma primeira manifestação dessa mobilidade de todo o folclore artificial a que me referi anteriormente. Hoje o sairé, como todas as festas folclóricas indígenas da Amazônia cantadas ou dançadas diante de um altar católico, é celebrado durante o Natal e tornou-se a comemoração dos reis magos que vêm adorar o menino Jesus em sua manjedoura. Essa mobilidade não impede, entretanto, sua manutenção e sua perpetuação. Por quê? O catolicismo rural do Brasil apresenta características particulares. A imensidão do país e o pequeno número de sacerdotes para uma população tão dispersa forçam a comunidade aldeã de origem missionária a ser autossuficiente e a dar a si mesma seu próprio alimento místico. O vigário vem a cavalo ou de barco de tempos em tempos a fim de batizar, celebrar casamentos e rezar a missa. São acontecimentos capitais, porém raros. O leigo deve substituir o padre ausente, daí a multiplicação de rezadores, de condutores de novenas ou de benzedeiros. Estes últimos formam uma categoria de curadores opostos aos curadores-feiticeiros (curandeiros), pois cuidam dos homens ou do gado somente por meio de orações medievais, dirigidas aos santos, ou fazendo o sinal da cruz sobre as chagas. A fé das populações rurais, na ausência de qualquer controle da Igreja, cria assim seus órgãos e suas instituições. A vigília europeia é substituída pelo culto, privado, mas festivo, no qual a oração continua através da dança ou do canto. É evidente que esse catolicismo não pode mais obedecer a uma ordem fixa de duração. Ele se conforma às necessidades subjetivas da comunidade religiosa, de suas angústias no tempo das secas, e também de suas possibilidades econômicas, pois a festa, quando se distribui comida e bebida, custa caro para populações miseráveis. No cururu e no cateretê procura-se inserir uma grande comemoração — Natal, pentecostes etc. — ou então eles se realizam em momentos não específicos, quando o povo sente a necessidade de reanimar-se por meio da religião e sentir uma solidariedade que a dispersão do trabalho o impede de manifestar na vida cotidiana.

A dança de São Gonçalo,[24] embora de origem portuguesa, é particularmente significativa quanto a esse aspecto. Ela não nos distancia tanto quanto poderíamos pensar desse catolicismo indígena, pois com muita frequência a dança diante da imagem do santo é acompanhada, no decorrer da noite, pelo cateretê ou pelo cururu no estado de São Paulo. No início, essas danças se realizavam no interior das igrejas, para as jovens casadouras, e La Condamine ainda as pôde ver em 1817, no Recife. Elas aconteciam no dia 10 de janeiro, dedicadas a São Gonçalo, mas a Igreja acabou proibindo esse culto nas grandes cidades, pois o julgava indecente, e, apesar dos esforços para que renascesse, acabou desaparecendo por volta de 1889, ao mesmo tempo que a monarquia.

As danças, entretanto, se conservaram nas zonas rurais, em todos os lugares em que o controle da Igreja pode assumir apenas uma forma temporária e descontínua e onde é preciso que a fé se alimente por si própria, sem nada esperar do que vem de fora. Ao deixar de ligar-se às velhas instituições que as criaram, essas danças não mais se realizam no dia do aniversário do santo, mas em qualquer momento do ano, de acordo com o que seus organizadores determinam. Elas se tornam uma "promessa", um "voto" de um camponês que se curou de alguma doença dolorosa ou que pede ao santo clemência para com uma moça que não consegue arranjar marido. Antes de mais nada é preciso reunir os recursos necessários para o santo ficar contente com a festa que lhe oferecem. Em seguida, é preciso convidar uma população dispersa, o que exige tempo. Assim, o folclore rural se torna a missa das pessoas simples. A vigília brasileira opõe-se, portanto, à vigília europeia. Não é mais uma instituição permanente. O clima, que não conhece grandes frios, se opõe a ela. A dispersão demográfica a torna difícil. É uma festa temporária, fora do tempo, e que atende necessidades periódicas de reunião das pessoas. Por isso mesmo não é mais uma simples vigília, acontece durante a noite inteira.

Contudo, muitas aldeias jesuíticas — e São Paulo é um exemplo — transformaram-se em grandes cidades. O que aconteceu com o folclore nesse caso? São Paulo foi desde o início uma espécie de república que manteve em certa medida as instituições municipais portuguesas, em particular as corporações de ofício. Ressalta das obras de historiadores que foram essas corporações que se tornaram o sustentáculo do folclore nativo, bem como do folclore português, aliás. Cada ofício tinha seu lugar e seu papel, seja nas grandes procissões católicas, seja nas festas profanas, como aquelas em que se comemorava o nascimento de uma princesa ou um casamento real. Nesses festejos públicos cada corporação de ofício tinha sua dança, que ele organizava, e de cuja despesa se encarregava. Para alguns eram danças portuguesas, como a dos mouros e, para outros, eram as antigas danças ameríndias, conservadas pelos mestiços, mas — o que é curioso —, devido à mudança étnica da população, foram dançadas em seguida por grupos de mulatos ou de negros livres.[25] Os viajantes estrangeiros que percorreram a província de Minas, uma das mais profundamente urbanizadas devido à riqueza das minas de ouro, nos deixaram testemunhos análogos sobre essa "corporatização" (se me permitem o barbarismo) do folclore.[26] Ele também não resistiu às transformações econômicas do século XIX e desapareceu com a mudança das condições de trabalho. No Nordeste ocorreu um fenômeno diferente. Repelidas pela Igreja, ávida por mais pureza na fé, as danças nativas, que também tinham sido executadas pelas corporações de ofício, se mantiveram, mas o único elemento que nelas se viu foi o disfarce. Como é próprio do Carnaval, os caboclinhos de Pernambuco ou da Paraíba tornaram-se elementos integrantes dessa festividade, mas sempre organizados em sociedades. Assim, um folclore inventado por missionários tendo por objetivo a evangelização dos indígenas subsistiu em todos os lugares em que grupos sociais dele se encarregaram, seja em pequenas comunidades rurais, com suas casas dispersas, seja por parte das corporações de ofício nas cidades. Nos dois casos houve um distanciamento da intenção inicial, devido a uma carência do controle eclesiástico, e que era forjar um tempo ritmado segundo as Escrituras e a *Lenda dourada*.

Após o índio, a Igreja católica irá se opor à civilização tradicional da África.

Também nesse caso são as condições sociais que determinam a formação e as características de um folclore africano. A escravidão, ao destribalizar os negros, arrancados dos mais diversos países do continente africano, e ao reunir nas mesmas fazendas e engenhos pessoas das mais diversas etnias, tornava impossível a manutenção de diversas civilizações tradicionais africanas. No entanto, os brasileiros brancos temiam que a nova solidariedade, nascida do sofrimento comum e da comum revolta contra o regime de trabalho servil, constituísse um perigo, sobretudo em regiões onde os homens racializados eram mais numerosos do que eles. Era preciso, portanto, impedir esse perigo e o melhor meio era manter em certa medida a solidariedade étnica, as rivalidades entre as tribos e os povos, para impedir que os escravizados compartilhassem o ódio que sentiam dos senhores. Daí o esforço tanto da Igreja como dos governantes civis em manter as "nações".[27] Em consequência, o folclore africano resultará desse duplo movimento, que é ao mesmo tempo destribalização e fomento de rivalidades entre as "nações". Ele se apresentará, em certa medida, um pouco como um teorema de composição de duas forças antagônicas.

Isso não é tudo. O negro era considerado apenas um instrumento de trabalho, valia somente como objeto econômico. No entanto, percebeu-se rapidamente que o rendimento dessa máquina humana se dava em função das diversões que lhe eram permitidas. O trabalho necessitava a concessão de horas de repouso, a fuga da labuta cotidiana na alegria da festa. Aliás, como se poderia proibir totalmente o negro, que tem a música no sangue, de entregar-se ao potencial do ritmo da dança, em certas horas? O regime da escravidão deixava, portanto, a porta aberta para certa possibilidade de folclore.

Capelães e conselheiros dos senhores de engenho recomendavam, em seus escritos, deixar que nas noites de folga os escravizados se reunissem em torno de fogueiras nos terreiros.[28] Explica-se assim a manutenção do batuque, do jongo, do samba, do lundu,[29] pois o controle do branco não podia ser exercido sobre essas manifestações. O africano podia aproveitar aquelas danças para se entregar a suas cerimônias religiosas, duplamente perigosas: para a Igreja, porque perpetuavam o paganismo negro, e para a colônia, pois os feiticeiros eram os líderes autorizados da resistência contra os brancos.

Além disso, ao lado das danças místicas em que os orixás se manifestavam nos corpos de seus fiéis, havia danças eróticas, nas quais o macho e a fêmea se solicitavam, em um ritual de sedução e que terminava obrigatoriamente pela umbigada, quando o homem esfrega seu ventre no da mulher. Então os interesses morais da Igreja se chocavam com os interesses imorais dos senhores. Eles favoreciam a procriação em suas propriedades, pois era um meio econômico, numa época em que os escravizados custavam muito caro, de multiplicar a mão de obra sem desembolsar nada. Assim, a prostituição na senzala não lhes causava temor e eles consideravam o batuque o melhor convite para uma relação. Mas a Igreja, fiel mantenedora da moralidade, considerava o amor apenas sob a forma do casamento cristão, e a dança sensual causava repugnância à sua moralidade ocidental. Era preciso, portanto, assim como para o indígena, encontrar uma solução que permitisse ao negro conservar o gosto pela dança do africano, mas desligando-o de sua civilização tradicional para o integrar no seio do cristianismo.

Daí a distinção, que se apresenta com tanta frequência nos documentos dos governadores, entre o batuque — termo que abrangia tanto a dança religiosa pagã como a dança sensual — e a congada, isto é, a dança cristianizada. A congada, o moçambique, o maracatu, os cucumbis, as taieiras[30] nos fazem retornar àquele folclore artificial que já levamos em consideração a propósito do índio. Trata-se de emprestar das civilizações africanas elementos utilizáveis, mudando, porém, sua função. Por exemplo, a existência de reinos africanos quando se coroam os reis do Congo, mas dentro da Igreja, e para que esses reis sirvam de intermediários entre o branco e a massa dos homens racializados no controle dos costumes africanos — ou ainda o amor pelas lutas intertribais, mas para as sublimar, tomando como modelo a chegança dos mouros, o combate entre negros cristianizados e maometanos ou, ainda, o combate entre os africanos e os índios, a fim de direcionar para outras raças o ódio que poderia acumular-se contra o branco (quilombos).[31] Precisamos retornar sempre ao mesmo ponto: o folclore somente pôde conservar-se mediante a condição de inscrever-se na vida dos grupos e de institucionalizar-se. Daí a formação de irmandades religiosas nas regiões de plantio da cana-de-açúcar ou nas regiões de mineração, em torno de virgens ou santos negros — irmandades do Rosário, de Santa Ifigênia, de São Benedito —, compostas unicamente por negros ou mulatos, porém com um tesoureiro branco. Essas irmandades foram o centro de manutenção desse folclore artificial. Duraram e prosperaram porque atendiam ao gosto dos africanos pela associação. Constituíram clãs ou tribos, e as guerras intertribais dos negros assumiram nelas a forma de rivalidade entre as irmandades dos congos e as dos moçambiques, entre as irmandades dos negros e as dos mulatos.[32] No entanto, sobretudo com a urbanização do Brasil e o aumento dos negros livres, a religião dos orixás pôde se reconstituir na Bahia, no Recife, em São Luís do Maranhão, em Porto Alegre. No que diz respeito ao africano temos, portanto, a justaposição daquilo que se poderia denominar arqueocivilização negra e de um folclore artificial imaginado pela Igreja.

Com as transformações da estrutura social, o que aquela arqueocivilização e esse folclore se tornaram? A civilização religiosa tradicional se manteve com relativa pureza porque ela se propaga por meio da iniciação. Assim, cada seita, através das gerações, assegura-se de seu recrutamento. A iniciação permite a transmissão dos mitos, da língua sagrada dos ancestrais, das cantigas e dos passos de dança extática, do calendário das festas, e se é certo que cada povo tem sua religião, no Brasil foi o povo mais organizado, o iorubá, que, de modo geral, impôs aos outros sua particular tradição. Além disso, há o fato de que as comunicações jamais cessaram entre o Brasil e a África, o que permitiu a renovação incessante do contato dos negros brasileiros com os centros religiosos da terra dos negros.[33] Mesmo assim, não é impunemente que se vive no meio de uma civilização branca, cristã, e aconteceram mudanças no ritmo da duração mística. Os candomblés dão início ao ano religioso não segundo o ritmo das estações, mas de acordo com o ritmo do ano civil, em janeiro. A cerimônia de lavagem dos objetos sagrados, dos fetiches, realizada por ocasião da festa de Oxalá, tende a passar do mês de setembro, reminiscência africana,[34] para o mês de janeiro, devido à influência da lavagem da igreja do Bonfim, católica.[35] No decorrer da quaresma os candomblés fecham suas portas, em sinal de luto pela morte de Cristo. No mês de maio realizam-se as litanias da Virgem diante do altar católico do barracão e ali se reza para os deuses africanos cultuados sob suas imagens de santos católicos ou a oração é unicamente cristã.[36] Não se deve acreditar, entretanto, que o calendário das festas tradicionais cristãs esteja totalmente transformado, apenas adaptou-se em parte à civilização cristã. A polícia de Pernambuco decidiu impor às cerimônias dos xangôs uma ordem determinada, que seguia o ritmo de duração das festas cristãs:

Festas dos Reis Magos: 5, 6 e 7 de janeiro
Festa de São João: 23, 24 e 25 de junho
Festa de Santana: 27, 28 e 2 de julho
Festa do Inhame: 20, 21 e 22 de outubro
Festa de Nossa Senhora da Conceição: 7, 8 e 9 de dezembro
Natal: 24, 25 e 26 de dezembro

Mantinha-se da arqueocivilização negra apenas o costume de três dias de festas sucessivas e a antiga festa das colheitas, mas então ocorreu um protesto quase geral.[37] Houve, portanto, uma resistência da tradição. Essa resistência, entretanto, só pôde ser efetuada quando, de algum modo, se põe a religião "em conserva", isolando-a em pequenos grupos fechados.

Vimos que as danças licenciosas eram mantidas nas zonas rurais, apesar da interdição da Igreja, e isso devido à vontade dos senhores de obter mão de obra servil barata. Essas festividades não se prendiam a um calendário fixo. Seguiam a rotina dos engenhos, com a festa das colheitas, da moenda das primeiras canas, ou se adaptavam à vida dos proprietários. Eram concedidas noites de festas para os escravizados quando se casava uma filha do senhor, quando seus filhos eram batizados, no dia do aniversário do patrão etc. É por isso que, após a supressão da escravidão, vemos essas danças flutuarem no decorrer do tempo, ao longo do calendário. Algumas vezes elas se realizam durante festas católicas como o Natal, ou participam do folclore do branco, por ocasião da festa de São João, ou então ocorrem na data do aniversário da abolição da escravidão, ocorrida no Brasil no dia 13 de maio de 1888. Apesar da oposição dos padres,[38] elas constituem a parte profana das cerimônias dedicadas a dois grandes santos dos homens de cor: a Virgem do Rosário e São Benedito. Em meio cristão como aquele, em que os valores coletivos mudaram necessariamente, a umbigada é apenas simulada (jongo do estado de São Paulo) ou assume uma forma mais agonística do que sexual (batuque do estado de São Paulo). Essas danças, entretanto, não são mais do que danças de velhos, excetuando zonas de preponderância negra ou extremamente distantes dos centros urbanos, formando ilhas culturais. O desenvolvimento da instrução, a ascensão econômica do negro e a imitação pelos jovens das danças dos "civilizados" ocasionam o desaparecimento progressivo desse folclore, cujos derradeiros resquícios surgirão no Carnaval, conforme aconteceu com o índio.

Quanto ao folclore artificial inventado pelo catolicismo para a cristianização das danças africanas, ele só poderia subsistir na medida que criava seus próprios grupos de organização. Uma vez que a Igreja triunfou, então aquelas danças negras mais prejudicavam do que ajudavam a ascensão espiritual do negro. Era preciso, portanto, separar a irmandade dos homens racializados da congada e do maracatu, para a centralizar na procissão cristã das imagens dos santos, mas já se começava a criar um hábito e a congada, expulsa do templo católico, tentou se manter. Os negros constituíram sociedades originais, espécies de grupos de teatro de amadores, que mantinham com ciúmes o texto da peça, seja oralmente, seja por escrito em um caderno escolar, e que organizavam a festa com meses de antecedência, quando os participantes ensaiavam etc. A sobrevivência da congada é, portanto, função da força de solidariedade desses grupos, que desaparecem quando a solidariedade é frágil e que subsistem — dificilmente — onde a solidariedade se fortalece. No norte, o maracatu e o afoxé encontraram no Carnaval, que ocupa um lugar importante na imaginação do povo, um centro firme e fixo que os salva do desaparecimento. Como o maracatu é ligado ao xangô e o afoxé ao candomblé, a solidez da arqueocivilização dos negros dá seu apoio a esses elementos do folclore catolicizante, fornecendo, no lugar da solidariedade e da disciplina das irmandades, a solidariedade e a disciplina dos iniciados no culto dos orixás.[39]

Vemos, assim, que o folclore, para viver, tem necessidade de um grupo social, mas que esse grupo não basta. Ainda é preciso que ele encontre seu lugar em um conjunto estrutural, em um gênero de vida que engloba toda a comunidade brasileira, mesmo que seja somente uma civilização de conserva, e que esse folclore possa localizar sua ação num calendário fixo, com uma duração socialmente ordenada. Daí o interesse para os folcloristas brasileiros de não mais negligenciarem o estudo das organizações de folclore que apoiam as últimas congadas com suas regras, sua hierarquia no que diz respeito à chefia, suas datas de reunião, seus tipos de solidariedade,[40] em vez de se limitarem à simples descrição, de algum modo anatômica, da festa em si.

III

A dispersão da população branca por um território imenso, acarretando o desaparecimento da comunidade rural, base do folclore europeu, possibilitava ao clero encarregar-se das festas populares. A expectativa social em Portugal já era fortemente marcada pelo catolicismo, mas seria possível ir ainda mais longe nesse caminho. Gilberto Freyre mostrou muito bem a oposição entre o catolicismo das cidades do litoral, em particular o dos jesuítas, e o dos capelães dos engenhos coloniais. O capelão escapava do controle da Igreja para se tornar uma espécie de empregado do patriarca. Ele se deixava envolver pela atmosfera sensual do engenho, com suas mulheres de cor, fáceis e tentadoras. Tudo isso é exato.[41] Entretanto, se no plano político e social o capelão permanecia submetido ao senhor, no plano religioso era ele quem controlava a vida do engenho e que colocava o tempo rural sob o domínio do ideal católico. Fragmentos da arqueocivilização subsistirão com certeza, sobretudo na festa de São João, durante o inverno, porém desligados de todo significado e inseridos num ritmo essencialmente cristão.

As cidades se formarão pouco a pouco, a partir dos entrepostos marítimos, dos postos de defesa militar ou das encruzilhadas de um comércio praticado em lombo de burro. Essas cidades serão naturalmente centros místicos. O templo contará com uma torre de sino ou de sinos para abençoar toda a região circunvizinha. Como acontece com as estações, a inversão será total em relação à Europa. A cidade é o prolongamento da zona rural. Enquanto do outro lado do oceano é o burguês que tem sua casa de campo, aqui é o grande proprietário de terras que tem uma casa na cidade aonde vai passar as festas.[42] Essas festas, porém, serão impostas pela Igreja. Acontece que a religião brasileira é o transplante, na América, do barroco exuberante do século XVI, com suas grandes cerimônias, imponentes e pomposas, seus desfiles de multidões e de crianças vestidas de anjo, seus andores carnavalescos, mitológicos ou alegóricos, misturados com as irmandades e as músicas militares. Sendo a única a condensar as multidões, geralmente espalhadas pelos campos, em pequenas fazendas e engenhos, a Igreja impõe a todos o modo como ela mede o tempo. Basta ler um livro como o de João da Silva Campos sobre as procissões tradicionais da Bahia para se dar conta da força mística exercida pelo clero sobre a massa: duas procissões em janeiro, três em fevereiro, três em março etc.[43] As principais festas são o Natal, com seus pastoris, suas danças de pastoras; a Semana Santa, com a procissão das Almas, as estações da Cruz; a Quarta-Feira de Cinzas e o Domingo de Ramos, a Ascensão do Senhor e as diversas festas da Virgem. Assim, certa de seu poderio, a Igreja permitirá que certos elementos folclóricos se imiscuam neste conjunto, mas com a condição — bem entendido — de permanecerem ajoelhados à sombra da Cruz. O bode expiatório, caro a Fraser, por exemplo, e que na Europa geralmente é identificado com o manequim do Carnaval, torna-se aqui o

Judas do Sábado de Aleluia, pendurado nas árvores antes de ser estraçalhado por rojões. A grande fogueira do solstício de inverno (que aqui é no verão) transforma-se e passa a ser o costume de queimar o presépio numa fogueira, em torno da qual cantam alegremente as filhas dos senhores de engenho. A participação do mundo dos mortos no mundo dos vivos se dá durante a Semana Santa (a procissão noturna das Almas é acompanhada por todos os antepassados que, durante alguns momentos, comparecem na cidade dos vivos). As procissões católicas em geral terminam com as danças de grupos das corporações de ofício ou do povinho.

Não se deve acreditar, entretanto, que essa imposição de um novo ritmo do tempo ou de uma tradição essencialmente cristã se realizasse em todos os lugares sem dificuldades. O governo português participava oficialmente das festas e, a fim de que essa participação não custasse muito para os cofres públicos, era hábito, em Portugal, forçar os mais bem aquinhoados das comunidades rurais ou urbanas a arcar com uma parte das despesas.[44] Esse costume continuou no Brasil e vemos, por exemplo, nas atas da Câmara Municipal de São Paulo, o conselho intervir a cada instante para obrigar os particulares a adornar as casas, as corporações de ofício a participar das procissões e a pagar uma ou outra despesa, os juízes ou conselheiros a assistir às cerimônias, providenciar os gastos com velas e círios, cuidar da limpeza das ruas etc. Vemos também multas impostas àqueles que não cumpriram seus deveres, como muitas pessoas notáveis que alegavam doenças para não concorrerem às comemorações, dispendiosas demais para seus pobres bolsos.[45] São Paulo foi obrigado, no decorrer do tempo, a passar do ritmo das quatro grandes festas anuais para o ritmo de duas festas, em decorrência do mau estado das finanças públicas. Apesar de tudo, pode-se dizer que as condições históricas do Brasil colonial conduziram ao triunfo do folclore católico, se me permitem a expressão imprópria, sobre o folclore da arqueocivilização.

Esse gênero de vida é, porém, mais forte do que a vontade dos homens, e veremos esse folclore católico confinar com ritos análogos àqueles que foram estudados por Varagnac, porque aquilo que caracteriza toda a civilização de outrora é a angústia da comida, a nostalgia do rega-bofe. Acabamos de dizer que a festa católica não era promovida somente pela Igreja, mas também pelos notáveis de uma comunidade. Essa característica está sempre presente. Não existe festa religiosa sem os festeiros, e o papel deles é antes de mais nada preparar durante um ano — pois eles são escolhidos com um ano de antecedência — o acúmulo da comida necessária para os campesinos que virão de toda a vizinhança para participar da festa da cidadezinha. A comemoração católica, na imaginação popular, acaba sendo mais ou menos um *potlach* de comida, uma grande distribuição de víveres, e naturalmente não serão esquecidos os doentes da Santa Casa e os prisioneiros da cadeia pública. Essa distribuição alimentar só é compreensível porque ainda reencontramos no Brasil exatamente aquelas condições da vida antiga que se levava nos campos da França, que Varagnac descreve em termos tão envolventes e onde se come carne muito raramente. O folclore do mês de maio desapareceu na Europa ao mesmo tempo e à medida que as condições econômicas dos camponeses melhoraram. Pedir víveres de fazenda em fazenda não atende mais as necessidades da próspera população atual. No Brasil, essas solicitações continuam sendo feitas, pois nem sempre o festeiro tem condições de arcar sozinho com todas as despesas, sobretudo nas regiões pobres. Daí as folias, que durante muitos meses percorrem os arredores das cidades, pedindo víveres nas fazendas ou outras contribuições. Seria oportuno estudar, mais detidamente do que fizemos, as relações entre a economia e o folclore no Brasil, e seria igualmente interessante desenhar um mapa com o roteiro dos caminhos percorridos pelas folias, porque seu itinerário está ligado a uma cristalização do folclore, e que o cururu em particular encontra nessa perambulação um de seus centros sociológicos de resistência e de conservação.[46]

O clima tropical torna o velório inútil, mas a necessidade de manter encontros o reconstitui, e, como sabemos, o segundo elemento folclórico europeu também se recria à sombra da Cruz. Persistem no Ceará as

A ACULTURAÇÃO FOLCLÓRICA

litanias do mês de maio[47] e em São Paulo as folias do Divino. Em outros lugares, os velórios é que servirão de condensador do folclore, permitindo às pessoas certas brincadeiras, como a do casamento e o desafio de matar charadas.[48] Nas macumbas rurais seus participantes contarão lendas, como as de Malazarte.[49] O velório é, portanto, um momento cronologicamente maldatado, um pouco fora do ritmo da vida rural, sem significação tradicional, com um significado unicamente sociológico (ritmo de dispersão e condensação). O velório, entretanto, mesmo se realizado em torno do defunto, une os homens e, portanto, lembranças, fragmentos da memória coletiva, e esse compartilhar de recordações ocasiona a revivescência de certos elementos da arqueocivilização. Matar charadas é um deles. A brincadeira do casamento evoca a tradição europeia, quando o velório é o momento em que se corteja ou é escolhida a futura esposa. É preciso acrescentar que, ao lado de velórios de tipo religioso, embora acompanhados de elementos folclóricos, podem acontecer reuniões puramente profanas, por ocasião da passagem de um cantor célebre de desafio ou, em outras circunstâncias, os pagodes de Goiás.

É que a Igreja, apesar de sua vontade, não podia impedir totalmente a arqueocivilização de reconstituir-se à medida que os portugueses povoavam o Brasil, trazendo com eles a nostalgia da pátria que ficou para trás. Assim, a memória coletiva, juntando fragmentos por fragmentos as lembranças de grupos diferenciados, podia reconstituir o tempo folclórico puro: o entrudo, com suas aspersões de água, de farinha e suas máscaras; as fogueiras de São João, com as consultas sobre o futuro; os mastros ou as árvores erguidos no mês de maio ou em outras épocas do ano. No entanto, esse folclore que emergiu da memória, por não mais se apoiar na infraestrutura social antiga, estaria sujeito às leis do esquecimento. Daí a diversidade regional, que faz com que a colheita de ervas, na festa de São João, aconteça em alguns lugares e em outros não, que o banho no rio esteja presente ou ausente segundo as regiões, ao acaso das lembranças dos recriadores do folclore. O que subsistirá em todos os lugares é aquilo que se consolidará profundamente na memória afetiva: as formas de profecia, os meios de uma jovem adivinhar o nome de seu futuro esposo ou entrever a imagem dele. É, portanto, uma memória lacunar e também em conflito com a não correspondência das estações do ano e a questão da duração do tempo, sobre as quais falamos no início. As festas populares hesitarão ao longo do calendário. Como todo esquecimento de lembranças tende a tapar os buracos feitos na trama da recordação, enfiando naquilo que falta recordações maldatadas, emprestadas de outros rituais folclóricos, veremos que no Brasil essa arqueocivilização, em vez de estender-se ao longo do tempo numa série de cerimônias, desde simples fogueiras até a fogueira de São João, tende, ao contrário, a restringir-se a certo número de dias significativos, delimitados, acumulando neles durante algumas horas as lembranças conservadas por todo um período. Segundo a lei sociométrica estabelecida por Moreno para as relações intermentais,[50] a das estrelas, esses dias se tornarão centros de atração para todo o folclore artificial dos índios e dos negros e que agora não conta com o apoio da Igreja. Novos pontos de condensação irão se criar; as festas se deslocarão, passando de um dia para outro, bem como de um grupo social para outro. Um novo calendário folclórico será criado e ele misturará o tempo da arqueocivilização reencontrada com o tempo cristão imposto.

IV

Os fragmentos de folclore, ameríndio, africano ou português, se deslocam ao longo do calendário tradicional ou católico, fixando-se ao acaso, em se tratando dos festejos populares. Sente-se que aquilo que mais importa é a alegria de se reunir, o sentimento da solidariedade vivida. Alguns exemplos são significativos dessa mobilidade. A chegança dos mouros ocorria na Bahia tanto no Natal quanto no dia do Ano-Novo, ou no Dia de Reis, ou então nas festas de Nosso Senhor do Bonfim, da Santa Padroeira, de São Gonçalo, da Purificação da Virgem, de São João, de São Pedro e de

A ACULTURAÇÃO FOLCLÓRICA

Nossa Senhora da Conceição.[51] Nas regiões campestres mais pobres a festa só pode ser realizada uma vez por ano, mas esse dia muda segundo as regiões. O bumba meu boi, por exemplo, em alguns lugares, é dançado no Natal; em outros, nos festejos de São João; ou então no final das festas dos santos padroeiros locais. A congada, que devia ser celebrada obrigatoriamente no dia da Virgem do Rosário, em outubro, passou no estado de Minas Gerais a ser realizada no dia da festa da Virgem, em agosto.[52] Consequentemente, qualquer que seja a festa, cristã ou cívica, basta que o povo se reúna e que não seja um dia em que se trabalha para que logo os festejos dos antepassados nasçam de si mesmos, do ajuntamento dos indivíduos. Isso é ainda mais verdadeiro no que se refere aos folclores indígenas ou negros em contraposição ao folclore branco. Vemos na Bahia as grandes procissões religiosas terminar, à noite, com sambas, capoeiras, congadas e boizinhos.[53]

No entanto, as duas grandes festas do solstício do verão (inverno invertido) — o Natal — e do solstício do inverno (verão invertido) — o São João —, ou a grande festa intermediária do Carnaval, que substitui o entrudo colonial, tornam-se os maiores polos de atração em cuja direção se deslocam invencivelmente todas as danças, sejam elas dramáticas ou não. Assim os cucumbis, desfiles de negros com seus animais totêmicos, passaram do Natal ao Carnaval.[54] O boi gordo da França, que era celebrado no Carnaval sob a forma de bumba meu boi, tornou-se um festejo de São João.[55] Essa atração dos dias, inicial e terminal, do grande ciclo pagão da arqueocivilização, varia geograficamente. Por exemplo, a chegança dos marinheiros fixou-se finalmente na Paraíba durante as festas de São João, enquanto que no sul do rio São Francisco ela é um momento das festas de Natal.[56] Apesar dessas variações regionais, que complicam o esquema corrente, pode-se dizer que em geral o polo de atração no norte, mais controlado pela Igreja, foi o ciclo do Natal, que se estende de 24 de dezembro a 6 de janeiro, enquanto no sul o polo de atração foi o ciclo de São João, com seus três dias de feriados — Santo Antônio, São João Batista e São

Pedro. Existem vestígios, no sul, de um antigo ciclo de Natal que foi muito importante no passado,[57] como as congadas de Sorocaba. Do mesmo modo, as zonas rurais do norte continuam a manter as fogueiras de São João. Pensamos, entretanto, que, no conjunto, essa atração, antitética no norte e no sul, continua sendo pertinente.

A mobilidade temporal, em busca de sua cristalização, se complica por meio de uma mobilidade sociológica ainda mais extraordinária. Se Varagnac nos falou de um folclore diferencial, segundo os grupos, tratava-se mais de grupos etários, e cada um deles tinha sua função em um conjunto estrutural, na vida da comunidade rural. No Brasil seria mais apropriado referir-se a grupos étnicos, a corporações profissionais, a irmandades, o que nos distancia da Europa — se bem que lá também existiu um folclore das profissões, porém ligado à vida rural, e um folclore medieval das confrarias, dirigido pela Igreja. Primitivamente, as festas são hierarquizadas, a exemplo das procissões, que se iniciam com as irmandades dos negros e terminam com o desfile dos notáveis. Os três folclores — o dos indígenas, o dos negros e o dos brancos — não se confundem, mesmo que sejam patrocinados e controlados pelo clero. Eles se superpõem e coexistem. A demarcação da escravidão e das cores predomina em relação à cooperação comunitária.

O Natal dos brancos incluía a missa da meia-noite, a feitura de um presépio, que seria queimado no final dos festejos, o combate dos dois grupos de pastoras, que se enfrentavam por meio de cânticos alternados e que se diferenciavam pela cor de seus turbantes. O Natal dos negros comportava, além das congadas, com a coroação do rei e da rainha dos congos, o desfile dos moçambiques, os ternos dos Reis Magos, que iam em peregrinação a Belém e que, ao longo do caminho, pedem dinheiro ou comida para os brancos, a fim de comemorar melhor suas festas, os ranchos, acompanhados por animais feitos de papelão, que eram talvez reminiscências de um totemismo negro (asno, boi, aves, diversos animais), os cucumbis etc. Mais tarde, o grupo dos negros invadiu o folclore dos brancos, que estava desaparecendo, e os pastoris dos dias de hoje se realizam somente por mulatos ou homens de cor.[58] Do mesmo modo, se os negros coroavam seus reis, os brancos podiam opor a eles o Imperador do Divino. Assim, a festa do Divino era a contrapartida branca da festa dos africanos, mas nos Açores o imperador tornou-se rapidamente um homem racializado e alguns viajantes descreveram a existência, no interior do Brasil, de tentativas análogas dos africanos para substituir o imperador branco por um menino negro. As grandes festas nos engenhos e fazendas se realizavam igualmente em dois planos: no terreiro da casa-grande, onde ocorriam as danças dos brancos, de origem portuguesa e em todo caso hispânica, e no terreiro da senzala, onde aconteciam as danças dos negros, que se entregavam ao lundu e ao batuque. Devido à urbanização, as festas dos brancos desapareceram, com exceção dos festejos joaninos, e as festas dos negros prosseguiram, mas misturaram suas danças com o desafio literário dos brancos e intercalaram essas danças com o cururu ou o desafio, disputas em versos compostos, improvisados, num ritmo obrigatório determinado por aquele que dirigia a festa. É verdade que o negro, que não ignorava o desafio literário, transpôs, reinterpretou mediante sua mentalidade, o antigo desafio tradicional erudito dos trovadores, que se manteve entre os brancos (questões relacionadas com a teologia ou com as ciências e que é preciso saber resolver) por meio de charadas, pelo emprego de imagens simbólicas, como a do cachorro (deve-se entender que ele simboliza o capitão do mato), o touro, que simbolizará o novo patrão etc. Essa mobilidade racial é algumas vezes um sinal de ascensão social, como a entrada do negro no cururu, que outrora lhe era vedado e do qual, graças a seu talento como improvisador, ele se tornou depressa um mestre (ver Maynard Araujo, *Cururu*). Essa mobilidade também proporciona ao folclore uma nova função sociológica, a da assimilação dos imigrantes ou pelo menos dos filhos de imigrantes aos valores culturais brasileiros. Alguns dos melhores cantores de cururu são filhos de italianos ou espanhóis, e Florestan Fernandes mostrou muito bem, em seus estudos sobre o folclore infantil, como as crianças estrangeiras ingressavam rapidamente na comunidade brasileira através das trocinhas e das brincadeiras de rua dos bairros pobres de São Paulo.[59] Por sua vez, o imigrante também pôde transmitir elementos exóticos ao folclore de seu novo país, como a árvore de Natal, de caráter mais urbano do que rural, aliás. Os camponeses alemães do extremo sul mantiveram seu idioma e formaram aldeias "fechadas", mantiveram manifestações folclóricas germânicas (ver Emilio Willems, *Assimilação e populações marginais no Brasil*, São Paulo, 1940), e será interessante observar o que será delas com o movimento de interpenetração dessas comunidades teuto-brasileiras com comunidades puramente brasileiras.

É, portanto, a passagem de um grupo étnico a um outro, e também a passagem de um grupo de ofícios a um outro, segundo as regiões. Cada corporação de ofício tinha sua dança, que devia apresentar por ocasião das festividades religiosas ou civis, arcando com as despesas, conforme vimos: vendedoras de rua, padeiros, marceneiros etc. Além desses grupos se modificarem no decorrer do tempo — por exemplo, com o desenvolvimento da escravidão ––, eles passavam dos mestiços de índios para o grupo dos negros escravizados e depois para o grupo dos mulatos livres — a mesma dança pertencia, ao mudar de região, a uma corporação de ofícios ou a outro grupo. A chegança, por exemplo, em alguns lugares conta com a participação de marinheiros; em outros, dela participam ferramenteiros ou então criadores de gado, o que acarreta variações simbólicas. O combate, em Portugal, dos mouros e cristãos cuja versão francesa é o embate de São Nicolau, torna-se a luta entre negros e índios, nas regiões dos quilombos, a luta dos portugueses contra os espanhóis nas regiões do sul, zonas fronteiriças das colônias hispânicas. É, enfim, a passagem, como na Europa, de um grupo de idade a outro. Os romances de cavalaria, que continuam a inspirar a verve dos cantores do Nordeste, não são mais do que brincadeiras de roda de crianças no estado de São Paulo.[60]

O exemplo da malhação do Judas, no final da Aleluia, condensa inúmeras dessas modificações. Foi um meio para a opinião pública das pequenas comunidades de se livrar de ódios acumulados e de manifestar, sob a forma

A ACULTURAÇÃO FOLCLÓRICA

simbólica de um boneco a ser queimado e a leitura do testamento grotesco que o acompanhava, a reação delas a determinado político local ou a uma notabilidade detestada. A malhação passou em seguida para o grupo dos negros, já na época de Debret, e possibilitava-lhes vingar-se do branco, destruindo um homem branco sem nenhum risco, pois Judas traiu Jesus. Hoje ela não passa de uma brincadeira de crianças, que algumas vezes nela manifestam a raiva que sentem dos professores ou de pessoas de destaque que as impedem de se divertir. É claro que existem possibilidades de retorno a estágios superados. No ano passado, em Santos, o Judas serviu de protesto popular contra a política governamental do café.[61]

No entanto, todas essas mudanças, essas passagens de uma cor à outra não impedem que os limites se mantenham, pois uma diversão adotada pelos negros é abandonada imediatamente pelos brancos. E o branco somente acolhe a dança negra para metamorfoseá-la completamente em dança de salão — ontem o maxixe, hoje o samba. Os textos de versos agonísticos, da cana-verde ao desafio, sublinham essa contínua oposição dos grupos, masculinos e femininos, branco, africano e caboclo.[62] O Carnaval do Recife justapõe o frevo, em que o branco domina, e o bloco, predomínio do negro, duas cores e também duas psicologias diferentes, a do homem isolado e a do homem em nação.[63] Isso faz com que, em definitivo, a democracia racial do Brasil não impeça que o folclore não misture as cores, nem as raças. Cada uma delas tem seu próprio jeito de agir, que interfere raramente. Enquanto na arqueocivilização de Varagnac os folclores diferenciais de cada grupo irão cooperar na festa, que reivindica que cada um esteja em seu lugar e que somente pode se realizar a partir da solidariedade da comunidade total, aqui a alegria da festa dispersa seus participantes em grupos fechados e reconstitui as fronteiras que a vida cotidiana geralmente abate. Assim, se a mobilidade dos grupos não impede certa cristalização, do mesmo modo a mobilidade dos dias não impede certo calendário. De modo geral, o ano comporta quatro festas: o ciclo do Natal (as janeiras de Portugal), os três dias de Carnaval, o ciclo de São João e a festa do Divino

Espírito Santo — dois restos da arqueocivilização entre duas comemorações cristãs, mas que ainda mantêm alguns de seus elementos. A mobilidade folclórica de que falamos faz com que fragmentos da memória coletiva surjam por acaso e, por exemplo, as árvores do mês de maio passam a ser festejadas em junho, e com os negros os dias dos festejos em comemoração a São Benedito tornam-se variáveis.

A festa de Natal é a que possui o caráter mais artificial e é por isso que, mesmo no norte, ela é pouco mais do que uma festa da gente de cor. Mantém, da civilização tradicional, apenas as chamas da epifania — as manjedouras queimadas após o uso — e a distribuição de víveres. O Carnaval é de origem recente. Desenvolveu-se somente após a Guerra do Paraguai, durante o império e sobre as ruínas do entrudo português, mas ocupou imediatamente um grande espaço nos costumes, pois constitui um ponto de inflexão da vida social, a passagem da estação de verão à estação de inverno. O entrudo incluía dois elementos da arqueocivilização: as máscaras, símbolos do exército dos mortos que se apresentavam aos seres vivos; e a aspersão de farinha, símbolo da purificação pelos mortos dos seres e das coisas. Devido a sua origem recente e de certo modo artificial, o Carnaval corresponde apenas a uma necessidade puramente sociológica, a da libertação dos entraves sociais a que os indivíduos são submetidos. É um momento de euforia, de mistura dos sexos, das classes e das raças,[64] mas, justamente por ser uma libertação das restrições impostas pelo meio, o Carnaval será muito animado em cidades como o Recife, Salvador e Rio de Janeiro. Tornar-se-á um catalizador do folclore que não sabe mais situar-se no cotidiano das metrópoles. Na Bahia, ele atrai os cucumbis e o afoxé,[65] e em Pernambuco os caboclinhos, a capoeira (no frevo),[66] o maracatu e certos elementos do bumba meu boi.

Se o Natal e o Carnaval são apenas eixos imantados que atraem folclores não datados, mais ou menos artificiais, com os festejos de São João, nós voltamos a nos situar na arqueocivilização europeia. Esses festejos apresentam para o sociólogo duplo interesse: são também um desses ímãs que atraem as danças, as cantigas indígenas ou africanas, as peças de teatro popular imaginadas pelos portugueses para glorificar suas expedições marítimas ou a derrota dos mouros e, enfim, peças puramente brasileiras. Além disso, o São João, filho da memória coletiva dos portugueses colonizadores, não retém quase nunca e integralmente a totalidade do complexo europeu e, segundo as regiões, essa amplitude aparece ou desaparece. Poderíamos dizer que se assemelham a tecidos conservados com muito cuidado, nos quais o tempo fez buracos que são remendados com tecidos recortados, com outras cores e texturas.

O São João é certamente uma tradição portuguesa, mas, se resistiu à mudança das estações, isso se deve ao fato de que no Brasil ele se apoia no ritmo da vida camponesa. O Natal não corresponde a nada ou corresponde apenas a uma necessidade de fazer despesas suntuárias, de consumos agonísticos; poderia muito bem ser comemorado em outra data, que se situa frequentemente mais próxima do São João: a Festa do Divino. O São João, porém, é um prelúdio da colheita, da qual dependerá a felicidade ou a infelicidade, a prosperidade ou a miséria do camponês. Uma angústia é subjacente à alegria das cerimônias. Trata-se de captar em proveito das colheitas toda a força sobrenatural. É por isso que Alceu Maynard Araújo tem razão ao afirmar que o São João, mais do que o dia do Ano-Novo, aqui é o começo do ano para as populações rurais.

Notemos, antes de mais nada, que não se trata de um dia de festa, mas de um ciclo que se inicia no dia 13 de junho, dia de Santo Antônio, e termina no dia 29 daquele mês, dia de São Pedro. Durante esse período ouve-se aonde quer que se vá o barulho dos rojões, o reluzir dos fogos, à moda de Portugal. O solstício de inverno é no Brasil a mudança de um ano cósmico, e a cada abalo do cosmos acontece algo semelhante a uma fissura na ordem do real, por onde influências malfazejas podem penetrar e os espíritos malignos só podem ser expulsos por meio do barulho.

Nesse ciclo, porém, a noite do dia 24 ocupa um lugar essencial e devemos, em primeiro lugar, ver aquilo que persiste e aquilo que muda.

É certo que essa noite é a noite da colheita das ervas sagradas, mas esse elemento, tão importante na Europa, aqui perde sua influência e apenas subsiste fragmentariamente. É que esse elemento se tornou uma especialidade de feiticeiros e feiticeiras e interessava apenas subsidiariamente à comunidade aldeã. Foi por isso que o esquecimento começou a esgarçar e rasgar a trama. Honório Silvestre nos faz saber que outrora, nas regiões rurais do Rio de Janeiro, naquela noite colhia-se a samambaia, erva do São João, para fechar o corpo.[67] E existem até mesmo vestígios pouco sólidos, aliás, que a noite de São João era escolhida por quem queria fazer um pacto com o diabo.[68] No entanto, se no Brasil as plantas são introduzidas no culto a São João, elas não são as ervas mágicas do diabo — são as ervas e as flores cristãs que embelezam as árvores escolhidas para honrar os três santos, em redor das quais cantam mulheres enfeitadas:

Umas com cravos e rosas,
Outras com manjericão[69]

Essa cantiga é de origem portuguesa, e é também de Portugal que veio o costume de banhar o santo naquela noite. É um rito de chuva, apelo à água benfazeja do céu que fecundará os campos antes da colheita, mas que, devido ao sincretismo com o batismo de Cristo, adquiriu um significado místico e não somente mágico. Não é somente o santo que se banha, são as pessoas que também entram na água para nela depositar seus pecados e, ao mesmo tempo, depositar os germes das doenças ou os atentados da infelicidade. Em Portugal, canta-se:

Esta noite a água é benta,
Ela tem virtudes para todos

No Recife, bandos de homens e de mulheres que iam até o mar gritavam:

Meu São João,
Vou me lavar,
Vou deixar lá
Todas as minhas misérias[70]

No interior, o santo é lavado no rio mais próximo. Infeliz daquele que ao cumprir essa santa tarefa não vê seu reflexo na água: morrerá no decurso do ano. Justamente porque o São João é o signo da mudança do ano cósmico, toda a duração do ano está compreendida nesse breve espaço de 24 horas. O tempo repartirá através de 365 dias aquilo que se encerra nesse modelo em miniatura do porvir. Daí a importância de consultar a sorte. Enquanto os dois primeiros elementos que citamos apenas subsistem fragmentariamente e não em todos os locais, aquilo que é geral e uniforme, que domina do norte ao sul e do leste ao oeste é consultar o futuro por meio dos mais diversos procedimentos e, mais particularmente, a respeito de duas grandes questões que sempre preocuparam os homens: o amor e a morte. O mais frequente é que o mesmo signo saia no jogo. Consulta-se a respeito do amor e o destino responde: a morte. A clara do ovo diluída na água, o alho plantado, um ramo de manjericão jogado em cima do teto, um grão de milho escondido no purê, a faca enfiada na terra úmida, os três pratos — um sem água, outro com água limpa e outro com água suja —, os sonhos de uma jovem durante a noite sagrada, agulhas jogadas na água, gotas de cera derretida que caem na água, o reflexo no espelho etc.[71] — tudo aquilo que a imaginação popular pode descobrir para perceber o semblante de quem se ama ou de um futuro marido foi transferido para aquela data privilegiada, ao passo que o mais frequente, na Europa — a ligação da sorte com o São João —, se faz por intermédio das brasas tiradas de sua fogueira naquela noite e não comporta semelhante acúmulo.

Entende-se que o elemento central da festa é a fogueira. A fogueira acesa na frente da fazenda é o núcleo de toda uma série de usos. Em torno dela os velhos reencontram o calor no decorrer de noites algumas vezes frias. Nela serão cozidos alimentos comidos durante uma espécie de refeição comunitária, pois no Brasil não existe festa que não seja alimentícia até certo ponto. Após a meia-noite, quando a procissão retorna do rio em que o santo foi banhado, anda-se de pés descalços em cima das brasas ainda quentes para se obter a felicidade ou a saúde. No entanto, a fogueira do dia de São João, conforme acontece na arqueocivilização, não é mais preparada do mesmo jeito. Depois que o fogo começa a crepitar, saltam por cima da fogueira diversos grupos etários, cada um deles com sua função bem-definida na festa. As brasas sagradas não são mais aquelas da fogueira, mas as das árvores ou dos mastros da festa de São João,[72] pois as árvores festejadas em maio foram levadas para aquele dia, seguindo a lei que vimos presente em todo o folclore brasileiro, desde a concentração até algumas datas privilegiadas. Árvores de Santo Antônio, de São João, de São Pedro, plantadas nos dias daqueles santos, enfeitadas com festões e flores, são festejadas enquanto se recitam as rezas católicas, e finalmente é trazida a garapa, símbolo da fecundidade da terra. O mais importante é o mastro de São João, que no início é carregado por homens, pois uma espécie de graça é ligada a ele. Seu *mana* passa para aquele que o toca, ainda que rapidamente. É levado em procissão em torno das lavouras, para garantir o sucesso das futuras colheitas. Flutuam na extremidade do mastro a bandeira ou as bandeiras do santo ou dos santos, novo presságio de felicidade ou infelicidade, pois conforme o sopro do vento a bandeira virará para um ou outro lado e se tornará um meio de adivinhar o futuro. Assim, o culto da fecundidade é ligado no Brasil à fogueira de São João. No buraco no qual são plantadas as árvores depositam-se os ovos, grãos e sementes para garantir uma boa colheita. Naquele dia, as laranjeiras levam pancadas ou suspendem-se algumas delas para que essas árvores produzam frutos mais doces. Finalmente, após o ciclo, as árvores são queimadas. Um galho carbonizado, depositado na capela ao lado de um ramo bento do Domingo de Ramos, traz a felicidade para a casa de quem o colocou ali e, em particular, a torna invulnerável ao raio. O São João retém, portanto, muitas características da arqueocivilização. No entanto, como é uma noite de festas, ali também estão presentes os dois elementos artificiais do folclore brasileiro: as orações católicas e as danças de origem indígena, como o cururu, africana, como o jongo, e brasileira, como o bumba meu boi.[73]

A sociedade em que estão presentes essas festas não é mais a sociedade rural europeia. É a nova sociedade nascida no Brasil, radicalmente transformada por diferentes condições de vida e pelo regime patriarcal escravagista. Tudo aquilo que se encontra relativo à divisão da comunidade em classes etárias — e trata-se aqui de um país de dispersão demográfica, onde grupos de vizinhança preponderam em relação a aldeias e vilarejos — é a separação, na procissão do mastro: as crianças carregam a bandeira do santo e os homens carregam o mastro. A principal divisão, que assumiu o lugar da divisão da arqueocivilização europeia, é a hierarquia do *pater familias*, de seus clientes livres e dos homens de cor, ex-escravizados. É o chefe de uma família numerosa que se encarrega das despesas da festa, é ele quem acende a fogueira e quem dispara os três primeiros rojões. São seus parentes e clientes que carregam o mastro em torno dos campos lavrados que serão abençoados. E é também nesse dia que é escolhido seu compadre, seu protetor ou protetor de seus filhos, laço algumas vezes mais poderoso do que os próprios laços familiares. Parece, portanto, que em certas circunstâncias a arqueocivilização possa resistir a uma transformação da estrutura social e comportar uma nova organização do ritual.

O São João abre a época da colheita. A Festa do Divino encerra o ciclo agrícola. É a festa das despesas ou do consumo. É uma festa católica, conforme dissemos, e em consequência pertencente àquele folclore artificial de origem cristã que, no pensamento de seus fundadores, deveria medir a duração do tempo. É o *potlach* da nutrição, quando os festeiros de diversos anos tendem a aumentar seu prestígio diante do povo. É a festa da distribuição de víveres através das folias do Divino que percorrem a pé ou em canoas vastas distâncias a fim de recolher as vitualhas ou o dinheiro necessário para a celebração da festa. É ainda o centro de condensação do folclore não datado, pois a passagem da folia é utilizada por quem a acolhe para organizar um desafio de cantores. Não faz muitos anos, a festa católica terminava com sambas e outras diversões populares.

Já assinalamos todas essas peculiaridades e mostramos como esse folclore do Espírito Santo criou grupos especiais, as confrarias de pedintes calcadas em um modelo português, ou, de modo mais geral, em um modelo daqueles bandos de jovens europeus que pediam alimentos no mês de maio, ao passo que a festa do Espírito Santo aqui é celebrada no mês de agosto ou de setembro ou até mesmo um pouco mais tarde, devido ao calendário diferente das estações. Até mesmo o elemento cristão foi repensado mediante uma mentalidade mística primitiva. A folia que passa é a benção de Deus para os indivíduos, os rebanhos e as lavouras. Aquele que solicita os favores de quem o acolhe pode curar a erisipela ou os vermes das crianças, aquele que dá uma fita para a bandeira vermelha do Espírito Santo verá sua fortuna aumentar em proporção do tamanho da fita e aquele que beijar o santo ambulante gozará de saúde.[74] Assim, debaixo da asa branca da pomba, um pouco da arqueocivilização ainda poderá fazer seu ninho, porém desligado do calendário tradicional.

Tal parece-me ser o novo ritmo do tempo que está se cristalizando no Brasil. Tivemos em vista sobretudo os agricultores ou os habitantes de cidadezinhas tranquilas. Entenda-se que esse ritmo deverá adaptar-se a outros gêneros de vida, os dos criadores de gado ou dos pescadores do oceano, por exemplo. No entanto, aqui entramos no âmbito das variedades regionais, que não podemos abordar neste rápido esquema do folclore brasileiro encarado do ponto de vista sociológico.

4

A aculturação culinária
(Cozinha africana e cozinha baiana)*

A antropologia cultural abre um espaço bastante grande para a alimentação como aspecto distintivo de uma cultura, e com muita razão, pois a alimentação varia segundo os grupos sociais, homens e mulheres, crianças e adultos, deuses e humanos. Ela abre uma série de caminhos que desembocam na ecologia, na técnica (a da conservação de alimentos ou cozimento), na vida familiar (refeições separadas ou em comum), e na religião (com seus tabus alimentares, suas proibições de misturas ou seus pratos preferidos, segundo a natureza da divindade a quem uma pessoa é consagrada). No entanto, a arte de cozinhar, de preparar pratos, de dar a eles um cheiro ou um perfume especial, de os tornar agradáveis tanto para os olhos quanto para a boca permanece deixada de lado e com excessiva frequência pelos antropólogos. Contudo, Paulo Duarte tem muita razão: o requinte da cozinha é um sinal de civilização, mas é preciso despojar-se de todo etnocentrismo, não julgar a culinária estrangeira a partir de nossos antigos hábitos alimentares, permanecer sempre disponíveis a toda nova forma de sabor.

A cozinha tem uma grande importância na África — entendo-a como arte e não como simples satisfação de uma necessidade física — e quanto

---

* Artigo publicado em *Anhembi*, n. 111, 1960.

a isto não quero nada além de outras provas do que o sucesso alcançado na Nigéria, por exemplo, de livrinhos de receitas culinárias tais como *The Kudeti Book of Yoruba Cookery*, que teve sete edições entre 1934 e 1948, ou no Daomé,* onde há concorrência entre as vendedoras de alimentos cozidos. Com efeito, na África, assim como na Bahia, em todos os mercados, nas encruzilhadas das ruas ou nos caminhos mais frequentados, as mulheres com seus trajes multicoloridos oferecem aos transeuntes pratos, doçaria ou frutas suculentas dos trópicos. É como na Bahia — e eu diria até mesmo mais do que na Bahia —, pois os mercados denominados "mercados pequenos", pois acontecem diariamente, enquanto os "mercados grandes" se realizam a cada quatro dias (semana iorubá), são verdadeiros restaurantes ao ar livre. Os compradores, antes de fazer suas escolhas, conhecem as vendedoras cujos pratos são mais saborosos. Cada mercado, isto é, cada cidade ou aldeia tem sua especialidade. Para me limitar a um exemplo, os akara das vendedoras de Porto-Novo são mais saborosos e procurados do que os das vendedoras de Sakété.

Há outro fato que pode dar uma ideia da importância que a cozinha tem na África. É o lugar de destaque que lhe é reservado durante o paná. Os estudiosos dos candomblés conhecem bem a cerimônia do paná realizada no final do ciclo da iniciação. As novas filhas de santo que estão no estado de erê, isto é, de semitranse, ao adquirir uma nova personalidade, esqueceram completamente os gestos da vida cotidiana. No decorrer do paná elas voltam a aprender a vida profana na qual vão reingressar. Remeto o leitor aos escritos de Edison Carneiro e ao artigo de Herskovits sobre o paná baiano. Assisti na fronteira do Daomé com a Nigéria, ao lado de meu amigo Pierre Verger, à cerimônia africana de onde derivou o paná da Bahia. No decorrer da cerimônia, dezoito jovens e rapazes ingressavam na confraria de xangô. O ritual compreendia duas partes. Na primeira parte os rapazes eram separados das jovens e cada grupo voltava a aprender as

---

* Atual Benim. [*N. do E.*]

A ACULTURAÇÃO CULINÁRIA

tarefas próprias de seu sexo: o rapaz cortava lenha, revolvia a terra etc. e a jovem ia vender no mercado. Na segunda parte os dois grupos se reuniam e ambos aprendiam a cozinhar: esmagar com uma pedra pimentas vermelhas, acender o fogão, fazer molhos... A cerimônia do panã durava mais ou menos três horas. Um terço era dedicado ao aprendizado de cozinhar, outro terço era reservado ao aprendizado de outras atividades e o último terço se destinava ao recebimento de conselhos e também do novo nome (cerimônia baiana de *dar o nome*).

Talvez nos cause espanto ver que o homem se reunia com a mulher, quando se tratava da cozinha. É que a mulher africana, pelo menos a mulher iorubá, a única que me interessa em relação à Bahia, goza de uma independência muito grande. Ela passa o tempo indo de um mercado a outro; algumas vezes junta-se a sua família; desaparece de tempos em tempos, durante vários dias ou semanas, frequentemente sem avisar, deixando sozinho seu marido, que é obrigado a saber cozinhar para subsistir. E, como ele é guloso, precisa saber como cozinhar bem.

Era, portanto, interessante para mim tomar conhecimento dos segredos dessa culinária iorubá a fim de a comparar com a da Bahia. Gilberto Freyre dedicou à cozinha do Nordeste e em particular à da Bahia páginas que se tornaram clássicas e que se leem — tenho a ousadia de dizer — tanto com a boca quanto com os olhos. Ele mostrou o encontro ocorrido das cozinhas daquela cidade de culinária portuguesa, com seus pratos adocicados, de nomes angelicais ou eróticos, com a alimentação africana, baseada no azeite de dendê. As mãos brancas das mulheres da casa-grande, atarefadas em preparar confeitos e marmeladas. As mãos negras das cozinheiras, fazendo dourar no azeite de dendê pedaços de frango ou camarões secos. Concorrência racial em torno da mesa do senhor, talvez mais astuta e mais temível do que em torno de seu leito ou de sua rede.

Eu mesmo insisti, após Arthur Ramos e muitos outros, no caráter religioso dessa cozinha africana, na qual cada deus tem seus pratos preferidos: Xangô o caruru, Oxum o xinxin de galinha, Oxalá o arroz de Haussá sem sal. Em larga medida, se a cozinha africana pôde se manter com fidelidade na Bahia, contra a cozinha portuguesa ou a cozinha indígena, na base da mandioca, é que ela é ligada ao culto dos deuses e ao fato de que os deuses não gostam de mudar seus hábitos.

Apesar de tudo, essa culinária não se transformou em torno dos fornos da Bahia, não sofreu a influência dos gostos do branco, não se deixou contaminar, sobretudo quando as donas de casa quiseram fazer os pratos que suas cozinheiras negras lhes ensinaram? Em resumo, também não aconteceu ali sincretismo e casamento de civilizações? Tal foi a questão que eu colocava para mim ao percorrer os caminhos do Daomé nagô e da Nigéria iorubá. E, reciprocamente, se a África pôs sua marca na cozinha da Bahia, não ocorreu uma influência da cozinha da Bahia na África a partir de traficantes de pessoas como Martins ou o Chachá, de antigos escravizados retornados ao país de seus pais, os Da Silva, os D'Almeida, os Souza, os Freitas, os Lima, os Pereira dos Santos, os Pinto da Silveira? Todos esses negros brasileiros não levaram novos gostos, outras preferências alimentícias, adquiridas nas cozinhas das casas-grandes e nas senzalas e que espalharam em seu entorno, fazendo-as triunfar entre aqueles que os rodeavam?

Essa segunda questão coloca o problema da origem do calalou (ou calulu, ou calilu), que nada mais é do que o caruru da Bahia. É preciso assinalar, antes de mais nada, que esse prato não existe somente no litoral do Daomé, mas também em outras regiões da África que estiveram em contato com o Brasil. O calulu é o prato mais célebre de São Tomé e Francisco Tenreiro assinala que ele provém do Brasil (*As ilhas de São Tomé e Príncipe e o território de São João Batista de Ajudá*, Sociedade de Geografia de Lisboa, 1956). A cozinha de São Tomé parece, aliás, ter sido particularmente influenciada pelo Nordeste brasileiro; e se o arroz-doce lá é denominado "à moda da terra", pois além dos ingredientes utilizados pelos portugueses da metrópole a fim de prepará-lo ele contém "coco em pó misturado com sua água", essa moda da terra não seria uma moda do Recife, cuja culinária faz grande uso da polpa e da água de coco? No Daomé, o calalou era o prato preferido dos "brasileiros" ou "crioulos", como ainda eram chamados na segunda metade do século XIX, e, devido a isso, considerado um prato de "ricaços", somente ao alcance de bolsos bem-fornidos. Era feito com pedaços de peixe defumado (colocado sobre grelhas sob as quais se acendia um fogo moderado) ou seco (primeiro debaixo do sol e depois na sombra), cozidos lentamente com azeite de dendê, com gombôs (*Hibiscus succulentus*) que mantiveram durante muito tempo seu nome brasileiro (quiabos), pimenta, ervas aromáticas, formando um molho viscoso. Algumas vezes substituía-se o peixe por carne ou galinha, porém os requintados achavam que isso o desnaturava: "O peixe é sempre preferido" (ver sobre o antigo consumo do calulu pelos brasileiros "da Costa" os livros de Père Bouchet, *Sept ans en Afrique occidentale, la Côte des Esclaves et le Dahomey*, Paris, 1882, p. 61, e E. Foâ, *Le Dahomey*, Paris, 1895, p. 154).

A questão, entretanto, não é tão simples quanto parece. O calulu tem um nome africano ao lado de seu nome brasileiro, ekó, segundo E. Foâ; óblé, de acordo com o padre Bouché. O gombô é um vegetal de origem africana e foram os africanos que o levaram para o Brasil. O livro *Yoruba Cookery* nos dá a receita do calulu nativo:

EKÓ

Para quatro pessoas
INGREDIENTES: 2 bacias de ogi
                3 ½ bacias de água
MÉTODO: Lave uma panela, encha-a com água e leve ao fogo. Quando a água estiver quase fervendo, misture o ogi com um pouco de água fria. Quando a água ferver, acrescente o ogi e mexa. Deixe durante alguns minutos e verifique se engrossou. Assim que estiver pronto ponha-o em cima de folhas de alguma planta e embrulhe ou sirva num prato. O ekó pode ser comido frio ou quente. Se for comido frio, sirva-o com qualquer

tipo de sopa de legumes; se for comido quente, sirva com akara, ole ou alapa e robô.

Vemos que o caruru brasileiro é um refinamento do antigo ekó e que os pratos africanos se transformaram no Brasil para retornar ao continente negro enriquecidos e aperfeiçoados.

Se o gombô ou quiabo é um dom da África à América, os portugueses enriqueceram reciprocamente a flora africana com toda uma série de plantas alimentícias como a mandioca e o milho, que deviam transformar sua cozinha. Na região iorubá a mandioca deu origem a um prato, o gari, e a uma sobremesa, a tapioca. O milho ao akassa é exatamente o acaçá brasileiro. E. Foâ nos dá sua receita: "Deixar o milho de molho na água até começar a fermentar. Em seguida ele é pilado, reduzido a uma pasta fina, separado em pedaços, embrulhados em folhas de alguma planta e cozidos." Ele acrescenta que os "brasileiros" da Costa dos Escravos preferem o akassa sem fermentação, ao qual dão um nome português: pilão. Assim, não é de surpreender que um viajante que passa da Bahia para o Daomé não se sinta deslocado. Encontra em cada esquina mulheres diante de pequenos fornos portáteis ou tabuleiros que o fazem lembrar-se das baianas, e pode comprar delas os mesmos pratos ou as mesmas delícias da cidade de todos os pecados e sobretudo o pecado da gula.

Houve, portanto, entre o Nordeste do Brasil, um vaivém incessante, não somente de homens, de modos de se vestir, de crenças religiosas e também de receitas culinárias. As influências se exerceram em mão dupla. Acabamos de constatar a contribuição do Brasil à África. Vejamos agora a contribuição da África ao Brasil.

O akara dos Nagô está na origem do acarajé da Bahia. Esses croquetes com azeite de dendê constituem um dos pratos mais apreciados da Costa. Para melhor avaliar essa contribuição de um país a outro damos duas receitas, uma africana (segundo a *Yoruba Cookery*) e a outra brasileira, que consta do *Caderno de Xangô*, de autoria de Sodré Vianna.

AKARA

Para seis pessoas
Ingredientes: Feijão numa lata grande (o ideal é uma lata de leite)
Pimenta numa colher de sobremesa
½ cebola grande
1 ½ lata pequena de azeite
1 lata grande de água
1 ½ colher de chá de sal

Método: deixar o feijão de molho durante cinco minutos. Descascar. Moer e pôr numa tigela. Bater bastante, acrescentando um pouco de água de cada vez até a mistura ficar bem diluída. Acrescentar sal e misturar bem. Em seguida acrescentar pimenta-da-terra e a cebola cortada. Misturar bem e fritar numa panela com azeite de dendê ou óróró. Servir após ficar cozido. Se preferir, a pimenta pode ser fritada separadamente no azeite para formar um molho.

SOPA DE FEIJÃO OU GBEGIRI

Ingredientes: feijão numa lata grande
1 ¼ colheres de chá de kaun
1 ¼ colheres de azeite de dendê
1 colher de sobremesa com pimenta
1 ½ cebola grande
Duas colheres de chá com iru
Duas colheres de chá com sal

Método: deixar o feijão de molho e descascar. Lavar bem e pôr numa panela com água. Acrescentar o kaun até se transformar numa pasta pouco espessa. Passar o gbegiri numa peneira e pôr em outra panela. Juntar todos os ingredientes que foram misturados com um pouco de água (iru, sal, pimenta, cebola e azeite de dendê). Ferver e servir com oka ou eba.

ACARAJÉ

Pôr feijão fradinho na água e deixá-lo inchar. Descascar grão por grão. Em seguida esmagá-los com uma pedra redonda ou então moê-los. Temperar a pasta assim obtida com sal, cebolas esmagadas, camarões secos sem casca e pilados. Bater, pôr numa panela com azeite de dendê e levá-la ao fogo. Pegar a pasta com uma colher de sopa e pôr numa frigideira. A forma do acarajé será a da colher, que lhe serve de molde. Uma vez fritos, os bolinhos são retirados e postos de lado. São servidos frios com o molho de acarajé.

MOLHO DE ACARAJÉ

INGREDIENTES: Pimenta malagueta seca e esmagada
Camarões secos, descascados e esmagados
Cebolas picadas
Sal

MÉTODO: fritar no azeite de dendê, de preferência num recipiente de terra. Servir frio.

O *akara*, no entanto, possui na África uma riqueza maior do que no Brasil. Ali se conhece pelo menos cinco variedades que se distinguem umas das outras por suas formas, como o *bobowobowo*, em forma de anéis, o *akara-awon*, em forma de filetes, ou então pelas matérias-primas, como o *akara-fouillé* no qual a okro (planta) é misturada com farinha de feijão, o *ekurou*, feito com uma espécie de feijão branco, o *éré*, e enfim, segundo as necessidades ou as funções sociais do prato, tal como o *akara-hous*, que é muito seco, conserva-se durante muito tempo e se servia durante as guerras interétnicas como alimento de campanha para os combatentes.

Na Bahia, ao lado do acarajé, é conhecido o *abalá*, feito com a mesma pasta do acarajé, mas cada bolinho é enrolado com um camarão seco numa folha de bananeira e cozida no banho-maria, bem como o *aberém*, feito com arroz pilado, fervido e embrulhado com folhas secas de bananeira. O *abalá* também existe na Nigéria, mas lá ele se confunde com o *aberen*, pois não é feito com feijão, mas com arroz. Parece, portanto, que para os escravizados transportados para outro mundo o que mais contava não era a matéria de que era feita a comida, mas o nome, que os fazia recordar o país perdido e o fato de que as palavras passavam facilmente de um tipo de croquete para outro.

Poderíamos também comparar o xinxin de galinha baiano com a preparação culinária dos frangos na África ou o arroz de Haussá com seu paralelo africano e o modo de servir as bananas fritas de um lado ao outro do Atlântico. Limitemo-nos ao efó, para não abusar da paciência do leitor.

EFÓ

MÉTODO: cortar em pedacinhos folhas de "língua-de-vaca" ou de taioba (espécie de espinafre) após fervê-los bastante. Colocá-los numa peneira e pressionar com força para que a água escoe. Temperar com camarões secos sem casca e bem-esmagados, cebolas piladas, pimenta e sal. Acrescentar um pedaço de peixe seco (garoupa ou merluza) dando preferência à cabeça do peixe com seus "ossos". Cozinhar com muito pouca água até que a pasta fique bem cozida e consistente. Acrescentar azeite de dendê e mexer bem. Serve-se o prato em terrinas e antes de as colocar sobre a mesa passa-se nelas azeite de dendê quente. Esse prato é acompanhado com arroz branco, *acaçá* ou *abérém*.

Aqui, como acontece com o *akara*, os tipos de espinafres cultivados na África são mais numerosos e cada um deles resulta num prato diferente: o *efó*, o *eyo* e o *gbùre*. Os negros da Bahia precisaram procurar em sua nova pátria ervas análogas, mas na verdade se depararam com uma única espécie que os fazia lembrar de uma planta caseira, a menos que a língua-de-vaca seja uma importação africana, o que não me foi possível verificar. A grande diferença entre a Bahia e a Costa dos Escravos é o lugar ocupado pelo inhame em sua culinária. O *Caderno de Xangô* entre 38 receitas baianas contém apenas uma que é interessante: bobó de inhame (p. 48-49). O livro *Yoruba Cookery*, entre 87 receitas, 10 são relativas ao inhame (p. 13-17). Mostramos em um de nossos livros, *Le Candomblé de Bahia, rite Nagô*, a ambivalência do escravizado em relação às cerimônias religiosas agrícolas. Com efeito, ele não podia rezar para os deuses, tendo em vista a fecundidade das lavouras, pois elas não lhes pertenciam e eram posse de seus senhores brancos, além do que a abundância das colheitas implicava naturalmente para ele o acréscimo de um trabalho penoso — embora a festa dos inhames constituísse o início do ano. Todos os viajantes e etnógrafos falaram sobre sua importância na África. Pudemos assistir a uma dessas festas, ligada ao culto de Ondo, porém todas as confrarias a realizam. Em tais condições não é de surpreender que ela tenha chegado ao Brasil. Como os brancos não cultivavam o inhame em suas roças e o negro sempre considerava um tabu comer esse tubérculo antes de oferecê-lo às divindades, o ritual do inhame pôde subsistir no interior dos candomblés da Bahia assim como no Xangô do Recife. Parece que na Bahia foi uma confraria de Oxalá que trouxe a festa, pois devido às particularidades do ritual o pilão de Xangô é ligado à água de Oxalá. As descrições de que dispomos em relação ao Recife são por demais sumárias para que se possa descobrir sua origem.

Em todo caso — e é o que nos interessa —, o inhame permaneceu na Bahia inserido em um contexto religioso, ao passo que na África a religião serve, ao contrário, para revogar a interdição em torno da colheita, permitindo o uso profano, puramente culinário, do tubérculo.

Manuel Querino nos fala dos bolinhos de inhame (*bobo* ou *ipetê*):

> Estes pratos de inhame, preparados à moda africana, embora incorporados ao cardápio brasileiro desde o tempo da escravidão, sempre mantêm para os adeptos das cerimônias afro-brasileiras um caráter religioso.

Nos Xangôs de Pernambuco, além dos pratos citados por Querino, pudemos registrar três outras formas de cozinhar o inhame: o *eôfupa*, o *eôfunfun* e o *beunha*. Todas elas têm uma função mágico-religiosa. (*Costumes africanos no Brasil*, p. 184, 186)

O inhame é mais um alimento de terreiro do que de cozinha da casa grande ou até mesmo da senzala, ao passo que na Costa do Escravos ele, ao lado do feijão, é a base da alimentação dos camponeses.

Ao terminar esta análise comparativa de duas culinárias é possível responder à primeira questão que colocamos no início deste artigo: há um fenômeno de aculturação da cozinha iorubá em sua passagem de um continente a outro? Se apresentamos certo número de receitas — e poderíamos multiplicá-las —, foi justamente a fim de fornecer ao leitor os dados do problema e os elementos de uma resposta.

Eles evidenciam que se a técnica de preparo ou as etapas de cozimento de um prato não variam, que se os ingredientes fundamentais não mudam, novos requintes, tendo em vista proporcionar novos odores ou novos sabores, foram introduzidos pouco a pouco na Bahia. Um exemplo é a utilização sistemática dos camarões secos, descascados e pilados, ou o casamento da pimenta de Portugal com a pimenta da costa africana. No entanto, se nos limitássemos a esse enriquecimento, teríamos apenas um aspecto do requinte a que aludi.

Em primeiro lugar, o africano come, até certo ponto, quando a fome se faz sentir, mas é frequente que quando ele se senta à mesa a comida começou a esfriar. O azeite de dendê muda de cheiro com o grau de cozimento. O baiano situa sua refeição em um cerimonial que faz com que o prato desejado seja servido no grau de cozimento adequado, na temperatura em que ele tem o máximo de sabor, valorizando-o por meio de todo um conjunto de convenções trazidas do Ocidente. Em segundo lugar, as mãos peritas do brasileiro multiplicam as operações preliminares. Os quiabos, depois de lavados e espremidos, são postos numa panela com azeite vermelho.

Isso faz com que ele conserve toda a sua suntuosidade, que é uma carícia para o paladar sem causar salivação. Na África não se toma essa precaução preliminar; pedacinhos viscosos caem da boca no prato, pendem de lábios enlambuzados. Em resumo, houve aceitação da cozinha africana na Bahia, mas ao mesmo tempo transformação dessa cozinha para adaptá-la ao gosto dos portugueses.

Resumindo, poderíamos simbolizar as duas cozinhas, a africana e a brasileira, por dois círculos que se cruzariam e compreenderiam uma parte comum, a das trocas. As receitas africanas foram levadas para a Bahia, mas ali passaram por modificações, e sob suas novas formas retornaram algumas vezes à Costa dos Escravos, como é o caso do caruru, e lá se tornaram um prato especialmente apreciado pelos gastrônomos. Hoje, porém, o sincretismo luso-africano cessou e a evolução da cozinha iorubá, se evoluir, ocorrerá nos moldes de diretivas francesas ou inglesas. O livro *Yoruba Cookery* fornece em suas últimas páginas as bases de uma culinária anglo-iorubá.

5

A aculturação literária
(Sociologia e literatura comparada)*

Este artigo tem duplo objetivo. Pretende em primeiro lugar propor uma renovação da literatura comparada ligando-a à sociologia da interpenetração das civilizações e em segundo lugar criticar o ponto de vista que a antropologia cultural nos propõe dos fenômenos ditos de "aculturação".

É a antropologia cultural que até o momento presente se ligou quase unicamente sozinha aos problemas dos contatos culturais. Ela elaborou conceitos que direcionam tais pesquisas. Esses conceitos relativos ao sincretismo, adaptação e reinterpretação são tão válidos para os fatos literários quanto para os fatos religiosos, econômicos, ergológicos? Se a resposta for positiva, essa generalização não daria à literatura comparada uma base mais objetiva, retirando-a do "ensaio", brilhante sem dúvida, mas subjetivo?

Tanto quanto eu saiba, uma tal aplicação da antropologia cultural à literatura comparada jamais foi proposta, nem pelos adeptos da literatura comparada, muito desculpáveis por não levarem em conta uma ciência que escapa a seu preparo intelectual, nem pelos adeptos da antropologia cultural, o que é mais espantoso. E meu espanto é muito maior na medida em que Gabriel de Tarde, em suas *Lois de l'imitation*, já havia afirmado a existência de leis sociológicas ao nível das imitações literárias. Considero-o

---
* Artigo publicado nos *Cahiers Internationaux de Sociologie*, n. XVII.

o verdadeiro fundador da antropologia cultural. Sem dúvida isso ainda não foi observado, mas as três leis de Tarde, a da imitação, a da oposição e a da adaptação ou invenção, estão na origem de três conceitos diretores da antropologia: difusão cultural, resistência ou contra-aculturação, adaptação (a "transculturação" de Malinovski se identifica perfeitamente com a adaptação de Tarde definida como invenção). A antropologia cultural não fez nada além de repensar Tarde a partir da imensa documentação proporcionada pela etnografia, e isso nada tem de surpreendente se nos lembrarmos da influência que a sociologia francesa exerceu sobre as origens da sociologia norte-americana. É certo que a importância de Tarde na elaboração dessa nova ciência foi mais inconsciente do que voluntária, ao ponto que os antropólogos a citam pouco. Ela, no entanto, me parece inegável. Se tivesse sido voluntária, então certamente aqueles antropólogos, ao refletirem sobre a famosa lei segundo a qual a imitação vai do interior ao exterior, e que Tarde justifica pela análise das influências da literatura italiana ou espanhola sobre a literatura francesa, teriam pensado em dedicar um de seus capítulos à literatura comparada.

Recordemos, porém, que Tarde foi violentamente criticado por Durkheim. Então poderíamos perguntar se a crítica de Durkheim também não diz respeito ao encontro com a antropologia cultural. Com efeito, em que se baseia a antropologia cultural? Na diferença entre a cultura e a sociedade. O que distingue a primeira da segunda é que a cultura pode passar de uma sociedade para a outra, pronta a se modificar no decorrer dessa passagem. No entanto, após afirmar essa distinção e recorrer a um imperialismo que desconheço, os antropólogos fazem igualmente da sociedade um conjunto de traços culturais que também podem difundir-se. Então seria preciso dizer sem duvidar, para não cair na contradição dos termos, que a sociedade pode passar de uma cultura para outra. Se as sociedades, bem como as culturas, podem imitar-se, não seria porque a distinção entre elas não se apoia em nada? E que o mundo dos valores e o das inter-relações são estreitamente ligados no interior da sociedade global?

A ACULTURAÇÃO LITERÁRIA

E que a antropologia cultural vai de encontro à sociologia das relações entre as sociedades globais? Demonstramos em outros textos[1] que aquilo que permanecia de organicismo na sociologia de Durkheim o impediu de abrir um espaço em sua obra para as intercomunicações de civilizações. Se, entretanto, eliminarmos esses restos de organicismo que se explicam pelo momento histórico e que surpreendem em um pensador que tanto fez para apartar a sociologia da biologia, permanece o fato de que a ideia de "meio interno" deve ficar no centro de uma pesquisa verdadeiramente positiva sobre os problemas da aculturação.

A antropologia norte-americana toma o partido de seguir esse caminho, à medida que ela se torna mais precisa e se transforma. Herskovits teve o mérito de aproximar a antropologia da psicologia: não são as civilizações que se encontram em presença e agem umas sobre as outras, são os homens que pertencem a essas civilizações. É necessário, porém, ir mais longe. Esses homens fazem parte de certas estruturas sociais, ocupam certo lugar numa hierarquia de funções e de papéis, são ligados entre si por relações mais ou menos institucionalizadas. É finalmente mediante essas estruturas morfológicas — se preferirmos o termo durkheimiano —, é mediante esses "meios internos" que devemos examinar os fatos da aculturação, se não quisermos nos ater a uma simples descrição, mas chegar ao plano da explicação.

Apresentamos algumas provas desse fato ao estudarmos os casos de contato entre as civilizações europeias e africanas nas Américas.[2] Agora o abordaremos em um novo campo de estudos, o da literatura comparada. Perceberemos melhor o interesse que a literatura comparada apresentaria ao renovar-se em contato com a antropologia cultural, que finalmente tornou-se sociológica, e o interesse que essa sociologia das interpenetrações socioculturais comportaria em alargar seu campo de ação no campo da literatura.

Pedimos desculpas por tomarmos nossos exemplos recorrendo sobretudo à literatura comparada entre a França e o Brasil, que conhecemos melhor. Não duvidamos que aquilo que diremos a propósito desse exemplo particular é aplicável a todas as outras literaturas comparadas.

O ENCONTRO DAS CIVILIZAÇÕES

Para bem compreender a literatura brasileira dos séculos XVII e XVIII e a influência sobre ela exercida pela literatura portuguesa é preciso partir da "situação colonial". Não basta mostrar que os usos e costumes "lusos" se expandiram na colônia, como a Arcádia, apesar da diversidade das duas sociedades, uma delas tendo como base a família particularista e a outra baseada na família patriarcal. É preciso ver que o "meio interno" explica o fenômeno de difusão, antes de tudo um protesto político. Com efeito, ela assume suas formas mais "cópias servis" quando o nativismo se desenvolve, quando a opressão econômica se torna um peso insuportável, quando em cada cidade erguem-se na praça central o palácio do governador e a prisão. Trata-se, portanto, de mostrar que os nativos podem agir tão bem e até melhor, esteticamente, do que os metropolitanos; que as "gentes da terra" não são "bárbaros" que é preciso dirigir, mas que alcançaram a maturidade intelectual; que podem governar-se. Não foi impunemente que a conspiração de Tiradentes contra Portugal recrutou escritores que eram os maiores imitadores das modas literárias "lusas". Iríamos encontrar nas literaturas "coloniais" atuais, de língua inglesa ou francesa, o mesmo fenômeno que se repete nos dias de hoje assim como no passado.

Se a influência francesa sucedeu a influência portuguesa após a proclamação da independência, isso ocorreu porque o Brasil sentiu que sua independência política não foi seguida por uma independência cultural. Era preciso, portanto, cortar o cordão umbilical, o derradeiro laço que ainda ligava o Brasil a Portugal. O "meio interno" do Brasil havia mudado devido aos progressos advindos da urbanização, que facilitava a formação de uma classe média, a mobilidade vertical, "a ascensão do bacharel e do mulato".[3] A cultura francesa então se torna aquilo que é o conhecimento do latim na França, o símbolo de certo estatuto social.

A lei de Goblot, a da "barreira e do nível" então se exercerá e é mediante esse fenômeno da sociologia que devemos compreender a generalização da influência francesa e de sua literatura. O mesmo ocorre com a influência da literatura alemã no Recife, que se desenvolve com Tobias Barreto, um mestiço, e que exprime a psicologia do ressentimento do grupo mulato, manifestando-se pela escolha de um idioma mais afastado do que o francês da língua portuguesa, a superioridade intelectual do homem racializado contra a aristocracia branca que queria mantê-lo nos níveis mais baixos da escala social.

É sempre, portanto, a morfologia que explica ao mesmo tempo a seleção das influências literárias e as metamorfoses das escolas, quando elas passam de uma civilização para outra. O que foi que o Brasil tomou de empréstimo ao romantismo francês? O indianismo, no início. Isso causou espanto em Silvio Romero,[4] pois a civilização brasileira pouco deve ao indígena e muito mais ao português ou ao africano. Parecia-lhe impossível dar um salto por cima da colonização portuguesa e do tráfico negreiro para ligar direta e arbitrariamente o Brasil do século XIX ao indígena. Também ele não via no indianismo nada além de um mito, uma simples imitação desprovida da base sólida do estrangeiro, em particular de Chateaubriand. Isso, porém, seria esquecer que o Brasil era então um país escravagista, que a pele escura era um estigma, não tanto enquanto cor, mas enquanto evocação de uma ascendência servil. O indianismo, ao ligar a cor morena ao indígena, em vez do negro, aristocratizava o mestiço. Se o indianismo não é inteiramente uma criação do mulato, ele triunfa e difunde-se com Gonçalves Dias nesse setor da população. O romantismo tinha ainda outra função social. A família patriarcal, ao passar do campo para a cidade, não podia mais manter-se tal como existia na época colonial. Ao perder seu isolamento primitivo, embora a casa da cidade, para imitar a casa das fazendas e engenhos, fosse sempre rodeada de jardins, essa família não podia impedir uma dupla revolta, a da mulher e a da criança, contra a absoluta autoridade do patriarca. O que a mulher e a criança vão buscar no romantismo é a teoria do amor-paixão que se opõe aos casamentos convencionais, frequentemente endógamos, da antiga aristocracia rural. O romance brasileiro é o reflexo dessa metamorfose da família, tanto e mais do que um simples reflexo de influências estrangeiras. Ou, mais exatamente, a influência estrangeira se exerce a partir do canal de um desarranjo da estrutura social.[5]

O que acabamos de ver no que se refere à seleção das influências literárias vale também para suas transformações quando se passa de um meio a outro. Foi assim que o procedimento da antítese, presente em Victor Hugo, foi retomado por Castro Alves, mas essa antítese adquiriu no Brasil novas cores. Ela se tornou a oposição entre a independência política da nação e a escravidão de uma parte de sua população, entre o senhor branco de alma negra e o escravizado negro de alma branca, entre a *Casa Grande* e a *senzala*, entre o erotismo libidinoso do europeu e o amor casto do africano. Permitiu igualmente reverter todos os estereótipos que diziam respeito ao negro para transformar em beleza aquilo que antes era desonra. Assim, a passagem da influência de Victor Hugo para a de Lamartine foi ditada pela condição social do Brasil. Notar-se-á mais tarde que os escritores racializados preferirão o parnaso ou o simbolismo a outras formas de poesia porque essas escolas defendem a dificuldade na arte, o trabalho artesanal, a pesquisa e não a inspiração. É um meio para esse setor da população de lutar contra a imagem de "selvagem" que a sociedade tem em relação ao negro. Cruz e Souza afirma com clareza: ele quis lutar contra suas heranças e a música do tan-tan, indo ao encontro da arte mais refinada e transcendental que existia, opondo o canto da flauta ou a melodia do violão às batidas surdas do tambor. Isso não impediu que ele tivesse metamorfoseado os temas simbolistas, tanto o da Vênus negra de Baudelaire quanto o do espelho "água fria entediado em sua moldura gelada" de Mallarmé, pois Cruz e Sousa vivenciou as experiências sociológicas do grupo de cor.[6] O francês busca um crescimento do pecado, numa confusão mítica entre a cor negra e o demoníaco. O brasileiro descobrirá, ao contrário, uma espiritualização do amor e uma sublimação da sensualidade. Existe também uma refração das correntes literárias através dos temperamentos individuais, que tendemos a olvidar, mas mesmo nesses casos as variações ocorrem no interior de uma mentalidade ou de um comportamento de grupo. À primeira vista nada existe de comum, por exemplo, entre os romances do mestiço Machado de Assis e os do mestiço Lima Barreto. Nem por isso ambos deixam de exprimir o naturalismo na arte como "símbolo" da classe média de cor, porém Machado de Assis foi muito bem-sucedido em sua ascensão social, o mesmo não acontecendo com Lima Barreto. Daí a diferença de tom e de estilo.

O que acabamos de dizer sobre a literatura comparada França-Brasil pode abranger todo o campo da literatura comparada. Recorreremos, portanto, a um último exemplo, o das relações entre Corneille e o drama espanhol. Em relação a isso já houve uma interpretação sociológica, mas que merece ser discutida, pois permanece na esfera dos "valores" sem os encarnar em grupos sociais. Já foi dito que Corneille exprimia o ideal da antiga nobreza, então em luta contra o absolutismo, fazendo a apologia do "sentimento de honra" contra o "sentimento do serviço" que o rei exigiria da nobreza dali em diante. Assim sendo, *El Cid* se inscreveria na história da resistência da nobreza a Richelieu. Então a literatura espanhola foi chamada em socorro. Isso é esquecer que Corneille não pertencia à nobreza de sangue, que ele era burguês, e que durante muito tempo continuaria a escrever um teatro baseado na honra, enquanto a nobreza se rendia definitivamente à sujeição e dessa vez aos romanos. Em nossa opinião, Corneille representa sobretudo a vontade de enobrecimento da burguesia, que quer substituir a antiga aristocracia, mas identificando-se inicialmente com ela. É por isso que ele irá escolher o sentimento de honra onde se exprime sob sua forma mais pura e, se ouso dizer, em estado nascente, o drama espanhol. Exatamente como em uma esfera vizinha, a da literatura mística, a burguesia alemã aceita, da antiga mística de corte, a teoria do "puro amor". Trata-se nos dois casos de um grupo social dar provas de sua ascensão no interior de uma comunidade mais vasta, contra seus detratores que o acusam de basear seu prestígio no dinheiro, desenvolvendo, ao contrário, uma literatura do mais perfeito desinteresse.

Se esse conceito sociológico da literatura comparada for fundamentado, compreenderemos melhor por que as influências de escolas ou de formas estéticas algumas vezes seguem e outras vezes não seguem as rotas comerciais ou militares. Houve um empenho muito grande em mostrar que as ideias se transportam como pacotes de mercadorias e isso aconteceu com frequência. A influência italiana teve início na França em Lyon, local importante do comércio francês com a Itália, mas nem sempre isso ocorreu assim. Para que uma moda literária seja aceita é preciso que ela atenda às necessidades de certo grupo social, de determinado setor de uma população. Em seguida, passará ou não de um setor a outro a partir da lei que rege a barreira e o nível, ou por meio da lei que rege a luta de classes ou pela aplicação de qualquer outra lei sociológica. Nem sempre os caminhos das imitações podem ser desenhados em um mapa de geografia, mas sempre é possível fornecer esquemas sociológicos de tais caminhos.

A consequência que se depreende dessas reflexões é que o problema da literatura participante e de seu debate com a arte pura é um problema malcolocado, pois é situado apenas no plano da propaganda política ou da propaganda religiosa, e não é recolocado em uma análise das sociedades globais. Acabamos de dizer que os grupos que aceitam uma influência vinda de fora, naturalmente prontos a digeri-la em seguida, a transformá-la ou a colher dela novos frutos, aceitam-na porque ela responde a suas necessidades profundas. É afirmar que toda escola literária, mesmo aquela que é a menos participante de todas, mesmo aquela da "arte pela arte", responde a uma função social. Ela serve a um grupo, pequeno ou grande; permite-lhe lutar ou defender-se, superar ou resistir a uma decadência. Acreditamos que a introdução do método funcionalista na sociologia literária nos evitaria o erro de pensar que a arte pôde algumas vezes ser um "jogo gratuito", uma espécie de luxo associal. Mesmo quando ela tem o ar de ser aparentemente um luxo, esse luxo preenche uma função. Ela se torna o símbolo de um status social, prisioneiro dos esforços dos grupos ascendentes, como bibelôs caros expostos numa vitrine para os exibir, mas os separando.

Nossa conclusão será, portanto, que é preciso encarar em definitivo o problema das relações entre a literatura comparada e as interpenetrações de civilizações e de certo modo ao nível de dois estágios sucessivos.

A antropologia cultural corrente já pode ajudar a literatura comparada a renovar seus pontos de vista, a enriquecê-los. Ela lhe proporciona certo número de conceitos utilizáveis, como os da contra-aculturação ou da reinterpretação. Reciprocamente, a antropologia cultural teria tudo a ganhar acrescentando ao estudo da aculturação em geral o estudo das relações entre as diversas literaturas nacionais. No entanto, se permanecermos nesse estágio, corremos o risco de ver os estudiosos percorrerem caminhos perigosos. A antropologia cultural em seu gradiente que vai da resistência à assimilação parece pensar que a assimilação é o grau mais elevado de identificação, mas vimos que, ao contrário, ela pode ser uma forma de resistência e de vontade de autonomia. Os escritores mais "assimilados" são aqueles que com maior frequência estão na vanguarda de movimentos diferenciadores. O mesmo se pode dizer daqueles que procuram o sincretismo cultural ou religioso em suas obras que freiam os protestos raciais ou políticos. É que uns e outros não pertencem aos mesmos grupos sociais. Todo o drama da "negritude" está nisso.

Em vez de fazer da sociologia um simples capítulo da antropologia cultural, sob o pretexto de que a cultura também compreende as instituições sociais; ou em vez de separar radicalmente a sociologia da antropologia cultural, sob pretexto de que em um caso estamos no plano das inter-relações e no outro caso no plano do "superorgânico"; é preciso, ao contrário, reintroduzir a antropologia na sociologia. O problema da aculturação se confunde com a sociologia da interpenetração das civilizações. Não se trata de uma simples mudança de palavras, mas de um novo espírito. Em uma sociologia das profundidades pode haver, por um lado, sem dúvida, cortes ou choques entre as camadas dos símbolos, dos valores e dos ideais; por outro lado, entre as camadas das instituições ou das bases morfológicas. Isso não impede que o problema da literatura comparada deva ser colocado no terreno da globalidade social. Então somente as razões das escolhas, a mudança das modas estrangeiras, os canais de passagem, os processos de metamorfoses serão devidamente esclarecidos. A literatura não plana no vazio — é obra de homens que são ligados entre eles por estruturas sociais determinadas. A literatura comparada, assim como a crítica literária, deve "reencarnar" a arte na carne viva das sociedades.

6

A aculturação religiosa

a) Imigração e metamorfose de um deus

A sociologia religiosa não pode negligenciar o problema da transferência das religiões de uma civilização para outra e de todas as consequências que dela decorrem. No entanto, essas transferências de deuses e cultos de uma região do mundo para outra podem ser voluntárias ou involuntárias. No primeiro caso, trata-se das missões e, no segundo, dos imigrantes, livres ou forçados, que levaram com eles, nas rotas do exílio, suas crenças e suas práticas, para continuar a vivê-las ou a segui-las em sua nova pátria. É verossímil nos depararmos com fenômenos comuns no caso das missões e no caso das imigrações dos povos, porém isso não é evidente *a priori*. O missionário procura impor sua fé com a maior pureza possível, enquanto o imigrante, mesmo que resista, mesmo que não queira que os valores místicos a que é ligado sejam contaminados, deve, no entanto, fazer um esforço para se adaptar ao meio no qual se vê constrangido a viver. Já dispomos de certo número de trabalhos que nos permitem comparar esses dois fenômenos: os que foram publicados sobre as igrejas cristãs na África e os publicados sobre as sobrevivências religiosas africanas na América. Infelizmente, a comparação continua a apresentar dificuldades, pois esses trabalhos não são realizados com os mesmos critérios, através dos mesmos sistemas de conceitos, nem com os mesmos métodos ou técnicas. À espera de que se possa abordá-las utilmente, devemos nos contentar em estudar as aventuras de uma divindade, transportada da África para a América, mediante a ajuda de dados e métodos da sociologia. Esta divindade é *Exu* (*Eschu, Edchou*) dos iorubás, denominado *Legba* entre os Ewe. "O culto deste espírito", diz Parrinder, "provavelmente nasceu entre os iorubás, mas alcançou grande desenvolvimento entre os Fon" e na América, acrescentamos, continua subsistindo no Brasil e nas Antilhas, transformando-se. Vem daí o motivo de nossa escolha.

*

A escravidão destruiu completamente toda a organização social dos negros africanos. Ao importar mais homens do que mulheres para a labuta nas lavouras, ao separar os sexos nas senzalas, fazendo da jovem negra uma presa fácil da lubricidade dos senhores brancos, a estrutura da família foi aniquilada. O trabalho nas grandes lavouras de tipo capitalista ou nas minas sob o severo controle de capatazes fez desaparecer a antiga organização do trabalho tribal ou familiar e, naturalmente, a organização política das nações africanas. Quando a escravidão for abolida, os negros se verão obrigados a reorganizar suas vidas sociais, mas só poderão fazê-lo segundo o modelo da sociedade brasileira. Copiarão suas instituições, adotarão seus costumes, seu tipo de família.

Por outro lado, a escravidão deixava intacto o mundo dos valores, das ideias e das crenças religiosas. Na medida em que a religião é um conjunto de representações coletivas, a escravidão não podia fazer nada contra ela. Ao contrário, o sofrimento, o ódio ao branco e a vontade de não morrer só podiam exaltar a fidelidade a seus deuses, pelo menos entre os iorubás e os daomeanos, que tinham uma civilização superior. O escravizado devia ser batizado, evangelizado, sem dúvida, mas o branco se interessava muito mais pelo lucro econômico que poderia obter da mão de obra servil do que pelos negros enquanto almas a serem salvas. É por isso que a cristianização não foi além da superfície. Ela somente foi bem-sucedida entre os bantos, mais passivos, mais maleáveis, mais submissos e que não dispunham de uma mitologia mais sistematizada e de uma organização religiosa bem-estruturada. Foi assim que os orixás nigerianos se conservaram no Brasil. E entre eles Exu.

Ele continua a ser adorado no Brasil, na Amazônia, no Maranhão — com exceção da Casa das Minas, daomeana, onde seu nome não é conhecido e não parece ocupar um lugar no culto — no Recife, na Bahia, Rio, até mesmo em São Paulo e no Rio Grande do Sul. Nós o encontramos também em Cuba e no Haiti, na ilha de Trinidad e em certas regiões do sul dos Estados Unidos. Assim torna-se possível constatar se, em sua passagem da África para a América, Exu transformou-se ou não e se essas transformações se efetuaram seguindo as mesmas direções no Brasil e em outras regiões. Também é possível descobrir os motivos das metamorfoses pelas quais sua figura não deixou de passar em suas viagens através do espaço e do tempo.

Na Nigéria e no Daomé, Exu está ligado ao culto de Ifá ou Fá, isto é, à adivinhação e, consequentemente, pertence ao sacerdócio que se considera ser o mais elevado, o dos *babalaô* (iorubá) ou *bokono* (ewé). Segundo certos mitos, foi Exu que revelou a Ifá o sistema de adivinhação com a ajuda de nozes de palmeira cortadas em dois pedaços. É por isso que toda consulta a Ifá deve ser iniciada com um sacrifício em homenagem a Exu e que todo iniciado a Ifá deve possuir obrigatoriamente uma estatueta de Exu feita de barro, que o protegerá dali em diante. Torna-se, porém, necessário ir mais longe. Os iorubás, assim como os fon, possuem dois sistemas de adivinhação: o das nozes, denominado *okpêlê* e o dos búzios, o *dilogun*. Se Ifá é o senhor do *okpêlê*, é Exu que "fala" através dos búzios. Devemos considerar separadamente esses dois tipos de adivinhação, a fim de saber se a característica primordial de Exu se manteve nas Américas negras. Resulta das pesquisas de Lydia Cabrera, bem como as de Bascom, que em

Cuba a adivinhação manteve as mesmas características gerais observadas na África — toda a série de mitos que ligam Ifá a Exu. No Brasil, o *okpêlê* foi superado, ao que parece, definitivamente, pelo *dilogun*. Em outros escritos, explicamos quais foram os motivos. Quanto mais alguém se eleva na hierarquia sacerdotal, mais contrai uma série de obrigações, interditos e tabus. Acontece que o homem de hoje quer gozar a vida, não aceita ver sua atividade entravada por um excesso de numerosas e muito severas limitações. É por isso que o babalaô brasileiro prefere ler o futuro nos búzios, que solicitam menos obrigações rituais do que o *okpêlê*. Mas o babalaô, no decorrer de sua vida, não forma um discípulo que o sucederá após sua morte. Afirma-se que Ifá o pune, fazendo com que sua alma perambule eternamente na terra sem poder encarnar novamente. Compreende-se que em tais condições os indivíduos hesitem em tornar-se babalaô devido ao temor de não encontrar um aprendiz e, assim, submeter-se à cólera de Ifá. Ao fazê-lo, o adivinho assina sua sentença de morte, pois o *dilogun* não é privativo dele. Certas mulheres, filhas da deusa Oxum, obtiveram de Exu o direito jogar búzios e de ler os signos, que elas desenham numa peneira. Foi por isso que em certas cidades do Brasil o babalaô desapareceu completamente e que a adivinhação passou dele para os sacerdotes e sacerdotisas das seitas religiosas africanas. Assim, por um lado, o papel desempenhado por Exu diminuiu enquanto ajudante de Ifá, mas essa perda, por outro lado, foi compensada, pois é ele que "fala" no *dilogun*. Exu continuou sendo em todos os lugares aquele que poderia ser denominado o intérprete dos deuses, pois as divindades não falam a mesma língua dos mortais. É necessário traduzir sua língua para uma língua humana, e o papel da adivinhação consiste justamente em interpretar a vontade dos orixás e dos voduns através dos "signos" que se revelam através de nozes de palmeira cortadas em dois pedaços ou de búzios, abertos ou fechados, legíveis por aqueles que foram iniciados (os *odu*).

Uma segunda característica de Exu é seu caráter fálico. Essa característica é menos pronunciada em Exu do que em Legba, que sempre dança com

A ACULTURAÇÃO RELIGIOSA

um enorme falo de madeira e que imita o ato sexual em sua coreografia obscena. Exu, porém, também é considerado o deus da fecundação. Algumas de suas estatuetas encontradas nos *pegi* (santuários) de antigos e tradicionais terreiros de candomblé da Bahia ou do Recife ainda têm esse caráter fálico. As fotos dessas estatuetas, publicadas por Nina Rodrigues e Arthur Ramos, são bem convincentes, mas é possível que esses objetos de culto tenham sido comprados na África e levados para o Brasil. Sabemos que as ligações entre a Bahia e o golfo da Guiné jamais cessaram no século XIX e que os chefes das religiões afro-brasileiras faziam vir da África búzios, plantas sagradas etc. Não ocorreu jamais ruptura entre a religião afro-africana e a religião afro-brasileira. Não podemos, portanto, nos apoiar demais nessas estatuetas para afirmar que Exu conservou no Brasil seu caráter fálico. O contrário parece ser mais verdadeiro. Por exemplo, o que caracteriza as danças das filhas de Exu, segundo Edison Carneiro, não é a sexualidade, como ocorre com a legbano do Daomé, mas a violência histérica, o corpo que se arrasta no chão, que se retorce.[1] É a possessão de tipo diabólico, não a imitação ritual do ato sexual. No entanto, segundo Nina Rodrigues,[2] permanece um elemento sexual no culto brasileiro a Exu: a escolha dos animais que serão sacrificados. A ele são oferecidos o bode ou o galo, considerados animais "satíricos".

Sabemos igualmente que no Brasil negro Exu preside o ato sexual e que ele, desgostoso, abandona as mulheres que acabam de dar à luz, isto é, durante quinze dias após o nascimento de uma criança, quando o homem é proibido de manter relações sexuais com sua mulher. Permanecem, portanto, no Brasil certas características do Exu fálico, mas em vias de desaparecer. Qual o motivo? É que a religião africana, para poder subsistir, teve de adaptar-se ao novo meio: o catolicismo brasileiro. Além do mais, os candomblés são submetidos ao controle da polícia. Daí decorre certo puritanismo nas manifestações exteriores da religião e a moralização da dança. Não existe nada que mais choque a sensibilidade ocidental, moldada por séculos de cristianismo, quanto a expressão pública da sexualidade e, em consequência, tudo o que havia de demasiadamente ostensivo na sexualidade de Exu desapareceu, permanecendo aquilo que é menos aparente, o mito que liga esse deus ao amor físico e o simbolismo dos animais sacrificados. Ao que parece, os mesmos motivos produziram os mesmos efeitos nas Antilhas. Segundo certos observadores, em Cuba e no Haiti ocorre uma reviravolta total de determinado ponto de vista. Legba tornou-se um ancião e, assim, ele é o deus da frigidez sexual. É ele que, segundo um mito, impede Xangô de manter relações sexuais com Oxum. Existem sem dúvida traços do aspecto fálico de nossa divindade naqueles dois países, e há ao menos uma outra interpretação do mito de Exu, Xangô e Oxum. Trata-se da peça que Exu aplicou em Xangô, pois Exu gosta desse tipo de brincadeiras. Verifica-se, no entanto, que em todos os lugares há uma diminuição do elemento sexual.

No entanto, ao lado de traços que se apagam, existem traços africanos que se conservam: antes de mais nada, o conceito de que Exu é o intermediário obrigatório entre os homens e os deuses, o mensageiro que transmite aos homens as ordens da divindade. Ainda mais, é aquele que pede aos orixás sua benevolência para os seres humanos. Outro conceito africano que se manteve no Brasil é a ideia da multiplicidade de exus. No Daomé existem 82 legbas. Os negros brasileiros apresentam cifras diferentes e algumas vezes mais fantasistas. Os nomes dos diversos exus nem sempre correspondem àqueles que são dados pelos etnógrafos que realizaram pesquisas de campo na África. Subsiste, porém, o centro mítico, a multiplicidade divina. Igualmente a ideia de que todo orixá tem seu Exu corresponde no Brasil à ideia daomeana de que todo vodun tem seu Legba, que no culto daomeano é marcada pela existência do legbano ao lado do voduno.

Outro elemento que se conservou é o do *trickster*, do deus malicioso e desprovido de honra, que gosta de pregar peças, que introduz disputas e perturbações no candomblé, que sente ciúmes dos outros deuses e que por isso quer que os primeiros sacrifícios sejam oferecidos a ele. Reencontramos esses mesmos elementos conservados nas Antilhas. No Haiti, por exemplo, Legba é considerado o intermediário obrigatório pelo qual se deve passar a fim de se dirigir aos vodun. Ele é nosso mensageiro em relação às divindades, e sempre se entoa para ele a seguinte cantiga:

Legba, abre-me a barreira

A "barreira" é a porta que, ao ser aberta, possibilita a comunicação entre o divino e o humano. Em Cuba, Exu é identificado com São Pedro, pois é ele quem abre as portas do Paraíso e assim permite a passagem entre dois mundos sobrepostos, o terrestre e o celeste. Encontramos também nas Antilhas, como no Brasil, a ideia da multiplicidade dos exus, com outros nomes. Aliás, e enfim, sobretudo em Cuba, Exu é representado sob a forma de uma divindade ciumenta, malvada.

Por que esses diversos elementos foram conservados enquanto outros desapareceram? Ao que parece é porque todos eles são elementos míticos, simples representações do espírito, que assim podiam transmitir-se facilmente e oralmente de uma geração para a outra. A ligação com Ifá foi rompida porque a organização sacerdotal mudou e o poder dos babalaôs diminuiu. O componente fálico desapareceu porque agredia demais a consciência brasileira. Porém, nos mitos que acabamos de enumerar — o do *trickster*, o da multiplicidade divina, o do Deus mensageiro —, não existia ligação alguma com a organização sacerdotal e nada por demais ostensivamente contraditório com a moralidade comum. Em consequência, não havia motivo algum que justificasse certos desaparecimentos.

Do mesmo modo foram conservados os ritos principais do culto a Exu, bem como os mitos em que eles se baseiam. Por exemplo, o primeiro sacrifício sempre deve ser feito para o padê de Exu. Essa primazia cronológica é encontrada em todas as cerimônias, tanto em festas públicas quanto em obrigações privadas, nos ritos de iniciação e no culto dos mortos, até mesmo em festas profanas como o Carnaval, quando as seitas religiosas negras desfilam em grupos (*afoxé* na Bahia, *maracatu* do Recife) e misturam-se durante alguns momentos com a alegria popular que se apodera da cidade esfuziante. No culto africano de Ifá ou Fá era Exu ou Legba que recebia os primeiros sacrifícios enquanto intermediário, pois é justamente ele que traduz para os homens a linguagem dos deuses. Sabemos também que na África Legba é o guardião da casa dos bokono, o guardião das aldeias e dos caminhos. Diante de cada aglomeração rural, por exemplo, existe uma pequena cabana de Legba, onde lhe oferecem sacrifícios sangrentos. No Brasil existe algo equivalente, mas a escravidão destruiu a organização africana das aldeias e o negro se misturou nas cidades com os brancos e os imigrantes. Assim sendo, não lhe foi possível impor suas crenças à comunidade mais ampla e sacralizar a entrada das cidades. No entanto, a aldeia africana, ou mais exatamente a comunidade africana, se manteve sob a forma de candomblés e de seitas religiosas. Um terreiro de candomblé constitui de fato uma verdadeira aldeia, com suas múltiplas casas e muito frequentemente os principais membros do culto moram na vizinhança. A casa de Exu, situada na entrada da aldeia africana, situa-se na entrada dos terreiros de candomblé, mas tem exatamente a mesma função, a de proteger a comunidade contra influências nefastas. Sem dúvida não se oferecem mais a Exu, nessas casas, sacrifícios humanos, e o mesmo ocorre atualmente na África após a colonização. No Brasil, Exu come de tudo, com exceção de carne humana e carne de cachorro.[3] É evidente que a civilização brasileira não poderia manter sacrifícios humanos, daí o tabu do sacrifício, que não é nada mais do que uma interdição da moral corrente. Oferece-se, porém, a Exu sacrifícios sanguinolentos, bodes ou galos. As representações de Exu que se encontram nesses *pegi* são análogas às da Nigéria ou do Daomé. São cones de terra que frequentemente assumem a forma de um rosto humano com búzios no lugar dos olhos e da boca. Nina Rodrigues nos diz que os formigueiros são considerados montículos de Exu.[4] Eles têm a mesma forma do cone de Edshu de que nos fala Frobenius. Existe enfim outro elemento cerimonial africano que se manteve no Brasil, o assentamento dos exus pessoais. Maupoil nos mostra, com efeito, que os bokono do Daomé fazem exus para aqueles que se iniciam na confraria de Fa e são colocados diante da casa dos fiéis. São destruídos somente no momento em que eles morrem. Os babalorixás da Bahia, atendendo a um pedido de um cliente, assentam algumas vezes um Exu particular, que será seu guardião. Assim, os elementos de conservação dos traços africanos de nossa divindade são mais numerosos do que os elementos desaparecidos ou a caminho do desaparecimento, tanto no que se refere aos ritos quanto às representações figuradas e aos mitos.

Esses elementos conservados se transformaram até certo ponto no Brasil. Em primeiro lugar o assentamento dos Exus pessoais passou dos babalaôs ou bokonos para os babalorixás, passou dos adivinhos para os sacerdotes comuns. É a consequência inevitável do que dissemos anteriormente sobre a diminuição progressiva da importância do babalaô brasileiro e de sua subordinação. Ele perde cada vez mais suas antigas funções africanas e são os babalorixás que herdam essas funções. Notemos também que o cliente que havia encomendado um Exu na Bahia jamais foi buscá-lo e, no entanto, era um Exu "gentil", "civilizado", "dócil", nada malvado. Isso prova que a imagem que os negros têm do deus-guardião e protetor está se transformando. Retornaremos a essa questão em um instante. A ligação entre Exu e a entrada de um terreiro de candomblé que se abre para a rua e o fato de que os sacrifícios a Exu são largados nas encruzilhadas apresentam no Brasil um aspecto crescente do caráter de Exu como deus do espaço ou da orientação, que Maupoil assinala em seu livro sobre a geomancia quando afirma que, no Brasil, Exu se tornou a divindade dos caminhos e das encruzilhadas. Trata-se aqui de um prolongamento, de uma intensificação, não mais de uma diminuição de um traço africano. É preciso notar também que para certos africanistas, como Frobenius, o Exu africano é antes de tudo a divindade que governa a ordem do mundo.

Ao lado do Exu Bará feito de barro encontramos exus-oguns feitos de ferro. Esse elemento é menos um novo elemento do culto do que uma transformação de dados tradicionais. Todo orixá tem seu Exu, portanto Ogum também tem seu Exu e mesmo certos mitos afro-brasileiros dizem que Ogum dispõe de todos os exus para que lhe sirvam. Daí a ligação entre Ogum, deus do ferro, com Exu ou os exus feitos de ferro: estes talvez sejam apenas a transformação dos *assens* reproduzidos por Pierre Verger e Bernard Maupoil.

O elemento de malícia de Exu vai se acentuando sob a influência do catolicismo para chegar finalmente à ideia de que Exu é o príncipe do mal. O cristianismo popular tende com efeito a um certo dualismo entre Cristo, que encarna a bondade, e Satã, encarnação do mal. Esse dualismo se chocou com a concepção africana dos orixás, que não são nem bons nem maus, porém amorais, podem fazer coisas boas como coisas más. Há meio século Nina Rodrigues já notava certa tendência dualista que acontecia entre os negros com a oposição entre Oxalá e Exu. Não se deve exagerar, os membros dos candomblés mais puros protestam em relação à identificação de Exu com o diabo. "Não, Exu não é malvado", eles afirmam. Distinguem o Exu que fica na entrada de um terreiro de candomblé, que é temível, do Exu "porteiro", que fica na entrada do barracão no qual acontecem as festividades e que é amável e protetor. Em Porto Alegre, Exu é identificado com São Pedro e no Recife, com São Bartolomeu, o que prova muito bem que ele não é confundido com Satã. Nem por isso deixa de existir, sobretudo nas seitas bantos, uma tendência a fazer de Exu uma divindade malfazeja, o que acarretou uma nova explicação mítica sobre o primeiro sacrifício, que lhe é oferecido obrigatoriamente. Não é mais porque ele é o intermediário e o mensageiro, mas porque poderia perturbar a festa, ocasionar disputas entre os fiéis, atrair a presença da polícia. É preciso, portanto, começar fazendo o despacho de Exu, isto é, despedi-lo, fazer com que ele vá embora, expulsá-lo do terreiro de candomblé. O rito africano do padê permanece mas assume outro significado, justificado de um novo jeito, sobretudo nos candomblés de Angola e Congo. Em vez de cantar como no Haiti:

Legba, abre-me a barreira

aqui se cantará:

*Vai-te embora, Aluvaiá
Teu lugar não é aqui.*

Parece que essas transformações são menores nas Antilhas do que no Brasil. No Haiti, Legba jamais foi identificado com o diabo, mas com santos de grande moralidade, tais como Santo Antônio Eremita, Santo Antônio de Pádua ou ainda São Pedro. Em Cuba, Exu é igualmente identificado com São Pedro. A resistência africana foi, portanto, mais forte, e o elemento malícia não chegou a ser pura malvadeza naquelas duas grandes ilhas.

O que ajudou esse elemento maldade a acentuar-se no Brasil é, ao lado do dualismo popular entre o bem e o mal, o fato de Exu ocupar um lugar muito grande na magia. Certamente Exu ou Legba são também feiticeiros temíveis na África e, em Cuba, Exu é igualmente o senhor da magia. No Brasil, porém, o mesmo termo designa os restos do sacrifício a Exu e o sortilégio, o termo ebó. O conceito de ambivalência do sagrado, sobre o qual tanto insistiu Durkheim, se exerceu aqui. Como é preciso jogar fora, na rua, o que sobra do padê de Exu e como um pouco da força mística continua a palpitar no galo sacrificado, as pessoas que se deparam com um ebó na rua sentem medo. Se o tocarem com o pé e adoecerem, imaginam que o deus as castiga. Assim, passa-se insensivelmente do ebó religioso ao ebó mágico. Transfere-se ritualmente a força maligna de Exu para um animal, que é largado no caminho da pessoa a quem se deseja "azar". Ele levará a infelicidade a esse indivíduo quando encontrar ou tocar no ebó. Existem, sem dúvida, duas magias: uma "magia branca" e uma "magia negra", uma magia de proteção contra a falta de sorte, contra as doenças e infelicidades da vida, e uma magia ofensiva, que causa a doença, o infortúnio e a morte dos inimigos. No Brasil, a magia branca tende a assumir a forma de amuletos, mas sobretudo de orações católicas, enquanto a magia negra tende a assumir a forma africana do culto de Exu. Eis aí uma das possíveis causas da metamorfose do *trickster* em Satã.

Mais uma metamorfose deve ser assinalada. O culto de Exu separou-se dos babalaôs para se integrar aos candomblés. Neles Exu tem filhos e filhas, tal como os outros orixás, embora em menor número. Eles passam pela mesma iniciação e têm as mesmas obrigações. Não encontramos, entretanto, no Brasil a distinção que existe entre os vodúnsi e os legbanon na África. No Brasil ambos se situam no mesmo plano. Edison Carneiro nos fala da existência nos candomblés de duas filhas de santo entre as mais antigas iniciadas encarregadas do *padê*, a *dagá* e a *sidagá*, mas elas nada têm a ver com um legbano e não dançam uma dança especial de Exu. Não sei qual é a origem da especialização delas para fazerem o *despacho* de Exu e se existem fatos análogos na África. Se agora compararmos o que ocorre no Brasil com o que sucede nas Antilhas encontraremos uma modificação do mesmo gênero. Com efeito, existem também em Cuba e no Haiti filhos de Exu, que recebem esse deus, mas essas pessoas dedicadas a seu culto não ocupam nele uma posição particular, mas situam-se no mesmo plano e passam pelas mesmas iniciações que os demais. É igual ao que ocorre no Brasil, com uma única diferença: a descida de Exu nos corpos de seus filhos é menos rara nas Antilhas. No Brasil Exu é temido e poucas pessoas lhe são consagradas.

As transformações são, portanto, mais ou menos profundas segundo os países, mas se por um lado, sob certos aspectos, a representação de Exu no Brasil é mais distanciada da África, mais modificada no sentido de um deus maldoso, por outro lado será o Brasil que ficará mais perto da África e o Haiti ficará mais distante. Por exemplo, Legba no Haiti é um ancião, ao passo que na mitologia africana e no Brasil ele é um jovem bastante viril.

O que é válido para diversas regiões da América é igualmente válido para diversos estados do Brasil. Esses estados são muito grandes e os núcleos de população são muito separados uns dos outros. Antes do avião somente se podia ir do sul ao norte do país por transporte marítimo, o que levava muito tempo, e eram mais numerosos os brasileiros que conheciam a Europa do que aqueles que conheciam seu país. Os historiadores afirmaram que o Brasil teve uma formação nuclear, que foi povoado a partir de algumas células constitutivas, por difusão em torno desses núcleos isolados de população e nenhum caminho os ligava. Em consequência, em grande medida o desenvolvimento das populações negras da Bahia, do Maranhão, do Rio e de Porto Alegre aconteceu de forma autônoma, sem influência de um grupo sobre o outro. Se neles encontramos a mesma religião é que todos partiram da mesma fidelidade à África. As semelhanças se devem à unidade da fonte, à civilização originária comum, mas como cada núcleo negro evoluiu separadamente dos outros, também encontraremos diferenças. Assim, Porto Alegre permanece mais fiel do que a Bahia à ideia de um deus intermediário e o Rio desenvolve mais do que a Bahia a concepção do Príncipe do Mal. Existe, portanto, uma linha de evolução de algum modo natural ou lógica que parte da influência do catolicismo sobre a população negra e que podemos seguir. Ela representará, em suma, a sequência dos momentos de degradação de um culto, do batuque de Porto Alegre ou dos candomblés iorubás e daomeanos, da Bahia aos candomblés bantos, destes à macumba do Rio e finalmente o surgimento do espiritismo de umbanda.

Entretanto, nessa nova descrição, de certo modo cronológica do culto a Exu, cronológica porque nos distanciamos cada vez um pouco mais da religião original africana, deixaremos de lado o *Tambor de Mina* do Maranhão e isso porque, como vimos, nele a figura de Legba não aparece ou aparece somente nas zonas rurais, sobre as quais dispomos de poucas informações.

Os escravizados foram obrigados a adaptar-se a um meio cristão. Para poder conservar suas religiões eles precisaram cobrir o semblante de suas divindades com máscaras católicas. Deram a seus orixás nomes de santos. No entanto, por detrás destas máscaras, quem é adorado é o orixá. Temos, portanto, um primeiro momento, o da conservação. O problema que se coloca neste primeiro momento é encontrar o correspondente católico mais apropriado para não deformar a verdadeira imagem do orixá. Para Exu, em Porto Alegre foram escolhidos Santo Antônio ou São Pedro, escolha razoável, aliás. São Pedro mantém a característica de intermediário de Exu, a de porteiro, guardião da abertura das casas e também, por ser representado com chaves de ferro, ele é ligado a Exu-Ogum, cujo fetiche é o ferro. Santo Antônio é representado com frequência rodeado por tentações demoníacas e as mulheres que ele vê, enviadas do inferno, algumas vezes saem das chamas. Exu é um deus do fogo na África e sua cabeça forma o sol. O catolicismo traduz o mito africano, não o deforma. Na Bahia e no Recife procurou-se outro correspondente católico e a escolha foi o diabo. Não é uma correspondência absurda se pensarmos no Diabo da Idade Média, que ilude os seres humanos e que algumas vezes é mistificado por eles, se também pensarmos no ciúme de Exu que evoca o ciúme de Lúcifer. Essa correspondência, entretanto, era perigosa, pois arriscava conduzir os negros ao dualismo do bem e do mal e, em consequência, desnaturar o caráter africano de sua religião como o verdadeiro caráter de Exu, que pode fazer tanto o bem quanto o mal.

No entanto, como o nome católico é apenas máscara, Exu também podia permanecer no culto e na mitologia tradicional dos candomblés com suas características africanas e, com efeito, foi o que aconteceu nos candomblés de nação queto, nagô, ijexá e jêje. Porém, mesmo nessas nações, a ligação de Exu com o diabo teve efeitos desagregadores. Ela modificou o sentido do padê, explicado não como um meio de cair nas boas graças dos orixás, para que se manifestem na cabeça de seus filhos dançando, mas como um meio para que o deus, satisfeito, não perturbe a festa e a ordem da cerimônia. O elemento de maldade toma o lugar do elemento de mediação, daí o fato de que os filhos de Exu são mais raros do que os filhos dos outros orixás e que uma delas, Sofia, pensava que quiseram prejudicá-la pondo Exu em seu corpo. Se alguém não faz questão de ser filho de Exu é pelo mesmo motivo pelo qual, na Europa, não se gosta de ser tratado como filho do diabo. Daí também decorre a teoria de Edison Carneiro, segundo a qual a descida de Exu em um ser humano não é uma queda de santo, um transe místico, mas um *encosto*, uma possessão demoníaca. A evolução, entretanto, apenas se inicia. Os babalorixás protestam energicamente contra a ideia de que Exu é mau por natureza. Os outros elementos africanos de Exu se mantiveram em parte: sua união com Ifá, seu caráter sexual, sua multiplicidade, suas estatuetas feitas de barro, seu lugar na entrada dos terreiros de candomblé, seu título de deus dos caminhos e da orientação. Um desses traços africanos mantidos permite a racionalização desse primeiro momento de evolução, pois se existem vários exus, alguns podem ser bons e outros maus, alguns são protetores e outros são diabos perigosos. Assim se reconcilia a fidelidade à África com essa primeira ruptura, com essa primeira fissura na mitologia negra.

Na magia o caráter demoníaco de Exu se intensifica, e no Rio, na macumba, como já ocorria na Bahia, nos candomblés bantos, de caboclos, o dualismo entre o Bem e o Mal triunfa. É nosso segundo momento. A máscara triunfou. Exu é identificado com o diabo. A fusão dessas duas personagens é completa. O espiritismo de umbanda, que dá prosseguimento à macumba, dela herdará a concepção demoníaca de Exu. Antes, porém, de passarmos para o espiritismo recordemos que Exu é um dos três raros deuses africanos cujo nome foi conservado na macumba de São Paulo, muito desagregada, aliás. Por quê? Porque em São Paulo, a macumba deixou de ser uma religião para se tornar uma forma de magia. O macumbeiro é o feiticeiro, pratica a magia negra e para isto serve-se do poder de Exu. Suas cores são o preto e o vermelho, que são as cores do diabo cristão.

O espiritismo não apenas herdou esse conceito mas prolongou-o e remanejou-o para o adaptar à dogmática de Allan Kardec e este será nosso terceiro momento. O espiritismo de umbanda é uma reação das pessoas racializadas que constituem a plebe das grandes cidades como o Rio, em oposição ao espiritismo dos brancos. Estes aceitavam que os espíritos dos negros mortos desçam nos corpos para falar por suas bocas, mas afirmavam que esses espíritos não podiam ser evoluídos, porque os negros, enquanto vivem, são beberrões, mentirosos, ladrões, entregam-se à jogatina, são preguiçosos. Após a morte suas Almas só poderiam continuar a praticar o mal e voltavam à terra, através de seus médiuns, somente para os importunar. Faziam com que eles, contra sua vontade, dissessem coisas obscenas ou até mesmo causavam doenças neles. Assim, o preconceito de cor se introduzia na religião. Até mesmo os espíritas brancos mais fraternais e que não têm preconceito racial afirmam que os espíritos de negros, como o Pai João, só se manifestam para dizer tolices, fazer brincadeiras mais ou menos astuciosas e não para encorajar os mortais presentes a trabalhar para sua desmaterialização. Os negros, portanto, foram levados a criar um espiritismo próprio, no qual os espíritos dos africanos também se manifestam na terra para consolar, dar bons conselhos, pregar a moral. Por qual motivo as almas dos negros seriam incapazes de evoluir como as outras, para se tornarem filhos da luz? Os deuses africanos então serão considerados chefes de falanges de Espíritos que descem nos médiuns, assim como os deuses dos índios, mas é verdade que existem várias espécies de espíritos, os evoluídos que estão próximos de Deus na luz celeste, e maus espíritos, que continuam a praticar más ações em vez de se arrepender após a morte. Os espíritas explicam que a possessão por estes maus espíritos é a causadora de todas as doenças e infelicidades da vida. Exu terá, portanto, seu lugar nesse novo espiritismo. Será com a Morte (Egun) o chefe das falanges de maus espíritos e dos que voltam dos cemitérios para provocar medo nos vivos. O espiritismo frequentemente se mistura mais ou menos com o ocultismo, o que acontece com certa frequência, e os negros instruídos, a fim de evidenciar seus conhecimentos, procuram ler os livros de astrologia, alquimia ou de ciências secretas que encontram nas livrarias do Rio, assim como os brancos, que muitas vezes são chefes desse espiritismo de umbanda. Disso resultam novas modificações, que talvez ainda não terminaram. Somos rodeados não somente por espíritos, mas por fluidos. Esses fluidos podem ser bons ou nefastos. Os espíritos desencarnados e evoluídos se tornaram filhos da luz, emanam bons fluidos, dos quais podemos nos beneficiar no contexto do espiritismo, e que nos fazem ascender moralmente, nos proporcionam a caridade, o amor ao próximo e uma vida cada vez mais espiritual. Os maus fluidos, ao contrário, nos fazem cair na sensualidade, na criminalidade ou na doença. Eles nos atraem para baixo, para a terra de onde eles emanam e então Exu se torna o símbolo dessas forças negativas. Daí a separação entre a umbanda e a quimbanda. A umbanda é o espiritismo que somente utiliza forças positivas para elevar os homens e nele as forças negativas sempre são repelidas. Exu, quando nele intervém, é expulso. A macumba, ao contrário, é quimbanda ou magia negra. Ela utiliza diretamente as forças negativas, seja para desfazer um sortilégio, seja para azarar um inimigo, o que é mais frequente. Em consequência, compreende-se que Exu sempre é cultuado na macumba e os trabalhos começam por uma oferenda de pinga e de fumo a ele. Vê-se então qual é o sentido de nossa orientação.

O dualismo teve como consequência o fato de que o negro ou o mulato instruído, que mora em grandes cidades progressistas e que ascende na escala social não quer mais ouvir falar de um culto a Exu. Sem isso ele justificaria a imagem que os brancos têm dele como um ser mau, moralmente inferior ao branco. Ele quer mostrar, ao contrário, que os mortos africanos podem tornar-se verdadeiros deuses. O espiritismo o permite transformar as almas de seus mortos em anjos de luz. A tradição africana o obriga, portanto, a abrir em sua nova religião um espaço para Exu, mas ele o "desafricaniza", ele o "arianiza" através do pensamento judaico-cristão. Fabrica uma falsa etimologia, afirmando que Exu deriva de *Exud*, o traidor, a fim de poder identificá-lo com Lúcifer.

No entanto este abandono da tradição suscita no inconsciente uma espécie de remorso. Identificar Exu com Lúcifer não é remeter ao plano diabólico toda uma parte da África e assim dar razão à crítica dos europeus relativas às civilizações africanas? Encontraremos assim, no espiritismo de umbanda, um derradeiro esforço para salvar este Deus. Um texto ou dois nos mostrarão em qual direção esta tendência caminha:

Todo homem tem um Eu superior e um Eu inferior; assim, na Umbanda todo médium tem um espírito familiar que o protege ou um caboclo; mas tem também um Exu familiar que o protege e o defende... e é este ser inferior, esta alma pagã, esta entidade animal que o homem deve educar e purificar, transformando-a num corpo luminoso ou, como diz São Paulo, mudando o homem animal filho da Terra em homem espiritual, filho adotivo de Deus.[5]

Eis o que se refere aos Exus individuais pois cada pessoa tem seu Exu. Se agora passarmos para os Exus que perambulam na terra veremos que eles também constituem um conjunto de espíritos ainda muito materiais, mas nem por isso forçosamente maus. A contrário, eles também caminham em direção à luz, são Espíritos em evolução:

O Exu é um espírito iniciado que... recebe as primeiras instruções e a luz... Esses protetores são vaidosos, bons e maus ao mesmo tempo, devido a seu grau inferior de evolução, mas esses predicados estão nas mãos dos homens, com os quais eles trabalham; só podem fazer o bem se seus protegidos são bem-intencionados e o contrário, se eles tiverem más intenções. A finalidade deles é servir o homem de acordo com seu instinto, são os protetores do livre arbítrio do homem, eles são o anteparo daquilo que o homem faz.[6]

Assim, a história de Exu se confunde no Brasil com o destino de toda uma raça. Suas metamorfoses seguem de muito perto as mudanças que se realizam na estrutura social e nas relações entre as "cores", no seio de uma comunidade multirracial. Na época da escravidão Exu e os *Eguns* (isto é, os mortos), serviram como armas nas mãos dos negros contra a opressão dos brancos. Foram os instrumentos mágicos da resistência do escravizado em oposição ao trabalho servil. O branco se deu conta desse fato e a partir disso a figura de Exu despertou nele um temor, análogo ao que ele sentia diante do feiticeiro negro, que poderia envenená-lo, enlouquecê-lo, proporcionar-lhe a infelicidade ou a morte. Daí a tendência de ligar Exu ao diabo. No entanto a abolição da escravidão permitirá aos negros reviver com a maior pureza, em santuários apropriados, a religião ancestral. Neles Exu reencontrará algumas características que tinha na África, mas já era bem tarde para poder remediar o movimento que levava Exu a ser identificado com o diabólico. O desenvolvimento da urbanização e a industrialização, no entanto, irão possibilitar aos negros uma primeira ascensão social. Eles, que de certo modo haviam sido rejeitados e situados fora da comunidade nacional, vão poder imiscuir-se em uma sociedade de classes, a fábrica e a usina os permitirão tornar-se proletários. A escola, por outro lado, possibilita para os que mais se destacam entre eles a criação de uma pequena burguesia de cor. Essa comunidade negra, que percorre a trajetória do progresso, repensará sua religião e, em consequência, a antiga imagem de Exu, mediante sua nova situação social. Seu primeiro propósito, consecutivo ao nascimento do espiritismo de umbanda, que se insurge contra o espiritismo kardecista dos brancos, será rejeitar Exu ao proletariado, à macumba e à feitiçaria. No entanto, a discriminação racial dos brancos, ao suscitar o ressentimento no espírito dos descendentes de africanos, os levará a encontrar finalmente, em um segundo momento deste espiritismo, o deus africano atacado. Os exus deixarão de ser forças demoníacas para se tornarem espíritos materiais, sem dúvida, mas a caminho da evolução que fará deles espíritos de luz.

Então sempre nos encontramos na presença de um protesto racial, como no tempo da escravidão, mas a civilização religiosa africana tornou-se uma simples ideologia: a ideologia de uma classe em ascensão.

b) As metamorfoses do sagrado nas sociedades em transição[7]

S.N. Eisenstadt escreveu recentemente:

> No quadro geral das relações entre as estruturas de vida tradicionais e modernas, o problema do desenvolvimento de novos valores comuns

para os diversos símbolos nacionais e sociais apresenta particular interesse. Dois aspectos desse desenvolvimento são importantes para nosso estudo. O primeiro é a relação desses valores com os valores tradicionais e as diversas tradições culturais da população... Em relação a isto pode ser útil estabelecer uma comparação entre as tradições hindus e budistas na Índia, na Birmânia e no Ceilão e talvez entre certas tradições tribais na África, por um lado, e a tradição islâmica em países como o Paquistão e a Indonésia, por outro lado. Uma análise das exigências 'totalitárias' da elite secular seguidora de Confúcio comparadas com aquelas das elites seculares modernas e suas relações com os acontecimentos políticos na China pode apresentar igualmente uma certa utilidade.[8]

Não negamos o interesse dessas comparações extremamente gerais para a elaboração de uma sociologia das mudanças culturais, mas nos parece que é melhor, no momento, proceder por etapas e comparar os dados que são mais próximos uns dos outros. Desse ponto de vista o que ocorre hoje na África deve ser posto em paralelo com o que sucedeu na América negra.

Com efeito, em um artigo extremamente sugestivo, J. M. Herskovits mostrou muito bem que as pesquisas africanas só têm a ganhar quando se reportarem aos estudos afro-americanos.[9] É verdade que então ele pensava nas culturas tradicionais. No entanto o que é válido para essas culturas tradicionais ainda é mais válido para as civilizações em transição. Os negros do Novo Mundo foram forçados a aceitar em seu novo habitat os valores de seus senhores brancos, mas pelo menos alguns deles não quiseram perder inteiramente suas tradições nativas. Colocou-se assim para eles o problema que as elites africanas se colocam: como reconciliar a tradição com a novidade? É por isto que o Brasil negro pode servir como comparação para essas elites, muito mais do que as nações asiáticas ou árabes, abordadas por Eisenstadt, pois o Brasil ou as Antilhas — mas nos referiremos unicamente ao Brasil, que conhecemos melhor — não nos mostram seguidores de

Confúcio ou budistas, mas iorubás, fons e bantos, idênticos aos iorubás, fons e bantos da África, diante de valores ocidentais.

O que chama nossa atenção é a ruptura que ocorreu no Brasil entre o plano da vida religiosa e os outros setores da vida social. Não é que a escravidão não ajudou a cristianização — a aceitação da religião dos senhores foi um meio de ascensão para os negros. No entanto a resistência à escravidão e à imposição de valores ocidentais ocorreu em torno de valores místicos tradicionais. Os deuses ancestrais, os rituais pagãos, as danças extáticas se mantiveram, em contextos institucionais que permaneceram puramente africanos: as confrarias religiosas dos candomblés. Muito se falou do sincretismo desta religião com o catolicismo. Cada divindade tem o nome de "santo" e os seguidores desse culto não deixavam de ir à missa, em particular no fim das cerimônias de iniciação. Esse catolicismo, que inicialmente foi uma simples "máscara" branca destinada a dissimular a olhos indiscretos os "segredos" da "seita", permanece referenciado ao "fetichismo" negro, não penetra nele ou penetra pouco, em todo caso ele não chega a deformar os valores nativos.

No entanto esses membros das confrarias pagãs são integrados à sociedade brasileira, bem como a sua economia. São comerciantes, operários, empregadas domésticas, artesãos e até mesmo funcionários públicos de baixo escalão. Fazem parte de sindicatos, o que é frequente. São filiados a partidos políticos, participam das campanhas eleitorais, são patriotas e orgulhosos de sua nacionalidade brasileira. Engajados na vida política e econômica do país, compartilham com os brasileiros de outras cores os mesmos ideais e deles não se distinguem. Em resumo, ocorreu uma dissociação entre a tradição africana, que subsiste na religião e naquilo que dela se aproxima — a família, talvez — e o mundo moderno, mas ao mesmo tempo o indivíduo é portador dessa tradição e participante desse mundo.

Essa dissociação naturalmente não impede fenômenos de ação e reação. São esses fenômenos que provocam o interesse pelas relações entre a evolução das sociedades em países tropicais e subtropicais e a evolução das hierarquias políticas, econômicas ou sociais. O dr. René Ribeiro já insistiu no aspecto de compensação que os candomblés exercem em relação aos negros que ocupam numa sociedade estratificada em classes ou escalões mais baixos da hierarquia econômica. Os candomblés lhes proporcionam status prestigiosos, tais como os de Babalaô, Babalorixá, Yaô, Ogã ou Ekedy e assim eles encontram na religião uma compensação pela falta de prestígio de sua situação econômica. É verdade que os negros também poderiam encontrar em outros grupos tais como os sindicatos operários, mediante seus valores combativos ou a seus talentos de organização, outros status de prestígio, mais de acordo com nossos tempos modernos. Jorge Amado narrou em um de seus romances, traduzido para o francês com o título de *Bahia de tous les Saints*, a história de um negro que passa da liderança religiosa de um terreiro de Candomblé à liderança política em um sindicato. Toda a obra de Jorge Amado é um testemunho de que essas duas lideranças não são incompatíveis. A extrema solidariedade que une todos os membros dos terreiros de candomblé em torno de seus chefes religiosos faz dessas seitas "grupos de pressão" que os chefes políticos prestigiam durante as campanhas eleitorais. O próprio Partido Comunista, antes de os condenar, tentou durante um momento transformar cada terreiro de Candomblé em "célula". O sacerdote "fetichista" dispõe de seu poder eleitoral, exatamente como os famosos coronéis do interior, para obter, em troca dos votos que ele oferece aos candidatos, por ocasião das eleições, uma série de vantagens, não para ele, mas para seu grupo de fiéis, desde a proteção da polícia até a nomeação para o exercício de empregos modestos em escritórios. O capitalismo concorrencial matou o "patriarcalismo" tradicional dos senhores brancos, aquele patriarcalismo que assumia a forma de "apadrinhamento" cristão dos negros pelos brancos. Pode-se dizer que na sociedade em transição entre esse antigo patriarcalismo e o capitalismo concorrencial, o candomblé constitui a forma moderna do "apadrinhamento" das massas exploradas diante dos partidos políticos, distribuidores de prebendas e de vantagens materiais.

A ACULTURAÇÃO RELIGIOSA

Chegou-se, assim, a um estado de equilíbrio entre grupos portadores de civilização africana e grupos centrados em valores ocidentais. As formas tradicionais do sagrado, com suas hierarquias e seus quadros, mitos e ritos, puderam manter-se no meio de um mundo centrado em outros ideais e viver em harmonia com ele. Notemos que o messianismo não existe no Brasil, pois pressupõe duas condições, uma delas bem observada pelos antropólogos americanos, que é a degradação do sagrado tradicional, em vias de ser ultrapassado, mas que não quer morrer. A outra condição é indicada por Balandier, que faz da resistência religiosa um sucedâneo do protesto político quando este é impossível. Essas duas condições não existem para o negro brasileiro, cuja religião é protegida pela Constituição (liberdade dos cultos) e que participa com plena consciência das disputas eleitorais e, portanto, não é impedido de protestar no plano da política.

Este estado de equilíbrio é definitivo? Se as religiões africanas puderam encontrar seu lugar na estrutura social do Brasil pré-capitalista, não irão passar por uma crise com a industrialização e a urbanização, que caracterizam o mundo novo que já triunfa no Rio de Janeiro e em São Paulo? Os Candomblés eram culturalmente definidos. Havia candomblés daomeanos, candomblés ijexá, candomblés oyó, candomblés ketu, candomblés angola etc. No Rio de Janeiro essas diversas nações de candomblé se fundiram, ao mesmo tempo que aceitavam as divindades e os ritos que tomaram de empréstimo as seitas indígenas, o que ocasionou o nascimento da macumba. Esse sincretismo, também composto por elementos católicos e espíritas, responde à constituição de um proletariado que une as mais diversas etnias, com predomínio dos mulatos. Por sua vez, essa macumba está se transformando atualmente em espiritismo de umbanda, que é a expressão do sentimento e das reivindicações do proletariado de cor, ao mesmo tempo contra o espiritismo branco de Allan Kardec e contra o catolicismo, que incorporava os negros em seu seio, mas os separava dos brancos, em irmandades à parte, como as de Nossa Senhora do Rosário, de São Benedito, o Mouro, ou de Santa Ifigênia. No interior dessa macumba e desse espiritismo de umbanda prossegue um movimento de equilíbrio entre valores tradicionais e novos valores, no âmbito de uma sociedade em plena transformação. O espiritismo de umbanda chega a tocar até mesmo a população branca, pois pretende ser a única religião verdadeiramente "nacional", posto que une os espíritos dos índios, os orixás dos negros, os santos dos brancos e, assim, é a imagem da etnia brasileira, em que se misturam o sangue indígena, o sangue português e o sangue dos africanos.

Certamente não podemos prever o que acontecerá na África a partir de dados brasileiros. As situações sociais em que se realiza o contato entre os valores africanos e os valores ocidentais foram diferentes: por um lado a escravidão e por outro lado a colonização. Devemos notar, entretanto, que a passagem da colonização à independência não modifica os dados do problema que nos preocupa, pois a independência, assim como a colonização, é manejada por uma elite minoritária, inteiramente ocidental, cujo ideal de "desenvolvimento econômico e social" é apenas a interiorização de valores europeus. Sei muito bem que os melhores entre esses negros pretendem ser defensores de suas culturas nativas e querem ocidentalizar seus países em harmonia com suas próprias civilizações, porém são "aculturados" e não concebem mais suas tradições com uma mentalidade de africanos, mas com uma mentalidade ocidental. Daremos como prova desse fato apenas a confusão que eles fazem entre o regime comunitário e o regime cooperativo que, no entanto, se opõem. É preciso notar por outro lado que essas elites ainda constituem minorias, conforme evidencia o termo elite. As relações entre elas e os quadros tradicionais, em particular os grupos fetichistas ou as sociedades secretas como as dos *Eguns* e dos *Ogboni*, para ficarmos nas regiões iorubás, adotarão, numa estrutura democrática, as perspectivas de relações entre dirigentes e grupos de pressão, exatamente como no Brasil. Isso faz com que, apesar da diferença das situações sociais em que o contato se estabelece entre dois mundos de valores, fenômenos análogos àqueles que ocorreram e ainda ocorrem na América possam ser reencontrados na África.

A ACULTURAÇÃO RELIGIOSA

Com a finalidade de o comprovar, vamos atravessar o oceano e passar de um continente a outro. Nossa pesquisa foi realizada entre os iorubás do Daomé (nagôs) e da Nigéria, escolhidos porque essa etnia foi a que forneceu o maior contingente de fiéis para os candomblés brasileiros e também a fim de perceber melhor os limites ou, ao contrário, as possibilidades de generalização relativas a duas populações vizinhas, os guns de Porto Novo e os huedas de Uidá.[10] Segundo tudo indica, ali reencontramos em muitos lugares o princípio de ruptura que já havíamos encontrado no Brasil. O fetichismo não morreu. No decorrer de nossa viagem presenciamos inúmeras iniciações e até mesmo numa única aldeia a iniciação, no mesmo momento, de dezoito adeptos ao culto de Xangô. Este fetichismo é tão bem organizado no plano institucional e cerimonial, que continua sendo como era por ocasião das primeiras expedições etnográficas — ou quase é. Isso não impede o campesinato de evoluir econômica e politicamente, de adaptar-se a novos sistemas de cultura agrícola, de aperfeiçoar suas técnicas, de adotar algumas vezes o regime cooperativo do tipo ocidental, de participar das eleições, de formar grupos de defesa, tais como a associação de vendedoras de certas mercadorias, que exercem, aliás, um papel por ocasião das disputas eleitorais. Aqui tudo continua acontecendo como no Brasil, como se tivesse ocorrido uma fissura entre os valores místicos tradicionais e o resto da vida social. Essa fissura entre o religioso, o político e o econômico era ajudada pela França, que não intervinha no plano do espiritual enquanto modificava os quadros políticos do Daomé, privando os antigos chefes de seus poderes e esforçava-se em aumentar ou diversificar a produção agrícola. Assim, novas formas de equilíbrio se estabeleceram entre o antigo e o novo, permitindo ao antigo manter-se sem ser muito afetado pelos desarranjos causados pela colonização.

Os ingleses, que foram muito mais respeitosos do que nós em relação a tradições políticas autônomas, ao solicitar aos antigos chefes que assumissem a administração moderna, por outro lado apresentaram às autoridades fundamentadas na religião novos problemas que não se colocavam nos territórios franceses, onde a religião, dissociada da política, se organizava em torno de uma estrutura familiar. Esses problemas são particularmente importantes do ponto de vista que nos preocupa, o das relações entre as novas formas de autoridade e as formas tradicionais.

Os *orixás* não são apenas deuses. Viveram na terra antes de serem divinizados, como Odudua ou Xangô, e são ancestrais de certas linhagens reais, a exemplo dos *Alafin* de Oyo, que descendem pela linha masculina da divindade do trovão. Encontraremos em *Dieux d'Afrique*, de autoria de Pierre Verger (p. 177), uma lista de reis iorubás, descendentes divinos. No decorrer do tempo, o sacerdócio separou-se do poder político e o culto a Xangô não é incumbência do *Alafin*, mas da *Iyakekerê* ou da *Iya Nassô*.[11] Isto não impede que o poder real tenha um fundamento sobrenatural. A "secularização" das autoridades tradicionais introduzirá na Nigéria problemas que não encontramos no Daomé, onde a França instituiu frequentemente chefes não tradicionais, o que possibilitava um equilíbrio dos grupos na estrutura global da comunidade, em vias de modificar-se. Não se trata mais de estabelecer uma harmonia entre o antigo e o novo, é o antigo que deve transformar-se em algo novo.

Esses problemas assumiram com frequência uma forma dramática e a prova mais evidente foi o que ocorreu com o *Alafin*. Por ocasião da morte do rei, seu filho mais velho deve matar-se em cima do seu túmulo, mas a polícia inglesa impede esses sacrifícios humanos, o que faz com que as regras não sejam mais respeitadas. Os atuais *Alafin* vivem em perpétuo complexo de culpabilidade, agravado pela conversão da dinastia à religião muçulmana e pela intervenção dos partidos políticos, do governo ou da oposição, na escolha do monarca reinante. Este complexo de culpabilidade assume aspectos extremamente dolorosos e somente encontra saída na embriaguez. Felizmente o embate entre os antigos e novos valores na alma de um único homem nem sempre assume essa forma dramática e recorreremos a um exemplo menos espetacular, porém mais significativo, que traça talvez a linha de uma futura evolução, sobre a qual se estabelecerão as trocas ou a cooperação de tais valores.

A autoridade do rei de Osogbo se baseia no contrato estabelecido entre seu ancestral e a divindade do rio Oshun:

> Laro, antepassado do rei atual, após longas atribulações, buscando um lugar favorável para estabelecer-se com seus súditos, chegou perto do rio Oshun cujas águas corriam permanentemente. Conta-se que alguns dias mais tarde uma de suas filhas desapareceu sob as águas enquanto se banhava no rio. Daí a pouco tempo ela saiu do rio, suntuosamente trajada e declarou a seus pais ter sido admiravelmente recebida e tratada pela divindade que ali reside. Laro foi fazer oferendas de gratidão ao rio. Muitos peixes, mensageiros da divindade, vieram comer, em sinal de aceitação, tudo aquilo que ele jogou na água. Um grande peixe foi nadar bem perto dali e cuspiu água. Laro recolheu aquela água numa cabaça e bebeu-a, fazendo assim um pacto de aliança com o rio.[12]

Daí em diante Oshun concede sua bênção ao povo ribeirinho, mas o rei, reciprocamente, deve renovar cada ano o pacto ancestral. Ora, o atual rei de Osogbo foi educado na missão protestante e pertence à Igreja anglicana. Seu chapéu habitual, ornamentado com um crucifixo, é o símbolo de sua ligação com os novos valores. No entanto, a comunidade espera dele que desempenhe as antigas funções pagãs de oferenda ao rio para o bem comum de seu povo. O pacto deve ser obrigatoriamente renovado caso se queira que chova, que as colheitas sejam abundantes, que os rebanhos se multipliquem e que as mulheres sejam fecundas. Ocorre, portanto, uma "pressão fetichista" que se exerce sobre o rei cristão e essa pressão o obriga não somente permitir à *Iya Oxum*[13] jogar na água a oferenda tradicional, mas ainda assistir à festa, prosternar-se diante do altar de Oxum e cantar para a deusa, sentar em cima da pedra sagrada para nela renovar o antigo pacto, manter no interior de seu palácio de rei muito cristão um templo e uma sacerdotisa especializada, encarregada do culto a Oxum. Poderíamos fornecer outros exemplos análogos. Existe, aliás, toda uma literatura mediante folhetins em iorubá ou inglês, tais como o opúsculo *The Origin of the Yoruba*, do chefe S. Ojo, que caminham no mesmo sentido, de secularização do fetichismo. Na festa de Oxum, comemorada em Osogbo, os *orixás* aparecem menos sob seus aspectos de senhores dos Céus, das Águas ou da Terra do que como ancestrais humanos, fundadores de reinos, portadores de civilizações, fundadores de gêneros de vida tradicionais. Assim, a linha de corte ocorre na Nigéria não mais como no Daomé entre o grupo religioso e o grupo político, mas entre o aspecto místico e o aspecto social do fetichismo. É verossímil que por meio desta fissura uma grande parte do fetichismo africano se salvará, como se salvou na Europa, através do folclore, uma grande parte do paganismo neolítico.

Em que medida é possível esvaziar o ritual pagão de suas implicações míticas? Até que limite uma "secularização" do fetichismo é pensável? G. Parrinder chamou recentemente a atenção dos africanistas sobre a existência nas regiões iorubás de religiões sincréticas,[14] que não se deve confundir com as religiões das Igrejas separadas, que são autenticamente cristãs por seus dogmas, por sua organização, mas que se querem "nacionais" (e aceitam a poligamia, justificada pelo Antigo Testamento), nem com as religiões messiânicas, pois essas religiões sincréticas não são a expressão de uma reivindicação *anti*, mas de um esforço para reconciliar os antigos valores com os novos valores, o fetichismo com o Islã ou com o cristianismo. Elas correspondem ao significado do que o espiritismo de umbanda é para os brasileiros de cor, à criação de uma religião de negros ocidentalizados, mas que sob outros aspectos permaneceram profundamente africanos. Trata-se de salvar as antigas instituições mostrando que elas não estão em contradição com os novos valores, ao estabelecer uma espécie de dicionário de correspondências entre um mundo e outro. É conhecido o papel político desempenhado pela sociedade secreta dos ogbonis, que Frobenius não hesita em comparar com um "Senado" de notáveis. Este senado hoje está em conflito com a autoridade das organizações políticas eleitas, que seguem o modelo dos concelhos ou dos parlamentos ocidentais. É, no entanto, muito possível a manutenção dos ogbonis como um grupo de pressão devido a sua transformação numa espécie de franco-maçonaria africana que poderia agir sobre as eleições e as decisões dos eleitos. Não se deve esquecer, entretanto, que se os etnógrafos insistiram sobretudo no aspecto político desta seita, sobre seu aspecto mais visível e de certo modo público, os ogbonis formam antes de tudo uma sociedade secreta religiosa, destinada a manter o culto mais arcaico da Mãe-Terra em uma sociedade na qual acabava de ser implantado o culto aos *orixás*. A "secularização" dos ogboni e seu aspecto de franco-maçonaria entram em choque com a função fundamental de um agrupamento, e foi preciso estabelecer um sistema de correspondências entre os antigos e os novos valores para salvar estes últimos, orientando-os segundo as linhas da sociedade em transição. A sociedade secreta dos *ogbonis* reformados (ROF) fundada por um pastor anglicano, o reverendo Ogunbixi, é equiparada à dos filhos de Eva (a Mãe Terra), fundada por Caim para reparar o assassinato de Abel. Essa passagem do sagrado de um registro a outro, que a identificação do paganismo e do cristianismo realiza, permite a manutenção de antigas formas de autoridade política justificando-as diante do pensamento moderno.

Esse exemplo nos mostra muito bem qual é a verdadeira função das religiões sincréticas. Elas querem salvar as velhas estruturas étnicas ameaçadas pelas novas formas políticas, mas como essas velhas estruturas se apoiavam, em última análise, numa base religiosa, elas são obrigadas a realizar uma transmutação do sagrado. Acontece que esta transmutação, sem a qual tudo desmoronaria, só pode ser uma transmutação — se ouso dizer — linguística. A Mãe Terra agora se chama Eva, mas sob esse nome cristão seu culto pode prosseguir, possibilitando assim a ação política que outrora se baseava nesse culto, numa sociedade que mudou e que tende a assumir a forma de uma democracia parlamentar. O culto de Ifá nos leva a conclusões análogas. O lugar dos babalaô na vida dos fetichistas, na qual todos os atos devem ser realizados de acordo com a vontade dos deuses, continua através das nozes de Ifá e é tamanho que se poderia escrever um livro sobre o papel político destes sacerdotes. Eu diria até mesmo que eles foram as "eminências pardas" dos reis ou chefes, iorubá e fon. No entanto o surgimento de novas autoridades, baseadas na eleição e caracterizadas pela multiplicidade dos dirigentes e pela lei da maioria não seria um golpe de morte clandestino naquela forma tradicional de poder? Os babalaôs tentaram manter sua posição colocando-se à frente de um nacionalismo intransigente. A independência política é apenas uma palavra desprovida de sentido se não repousar numa base africana. As novas elites apenas substituem um colonialismo por outro, o colonialismo cultural (o das ideias ocidentais) pelo colonialismo administrativo. É preciso, portanto, completar a obra começada desligando-se das influências vindas de fora e fazer com que a Independência política do país repouse em sua Independência espiritual. Ao mesmo tempo eles fazem questão de tranquilizar as novas elites, mostrando que a religião de Ifá pode ser justificada em termos ocidentais, modernos, posto que o verdadeiro Cristo era apenas um babalaô, que existe uma possível leitura pagã da Bíblia, a da ordem de Melquisedeque, isto é, a ordem do paganismo, instituída muito antes da vinda de Cristo e que proporciona o exato significado do ensino de Jesus. Muitas brochuras são difundidas nos meios letrados, tais como as de autoria de Gbadebo Dusumu, "Oduduwa, a Origem da Humanidade", "Ogboni-Osugbo, o antigo Governo da Terra Yoruba", "Rainha de Sheba, Balkis, Eteye, Makeda, Esposa do Rei Salomão, nascida em Oke Eri, Província de Ijebu", todas elas publicações da Igreja da África e possuem o mesmo sentido, o da identificação do mais novo com o mais antigo, o dos valores ocidentais com os valores iorubá.

Os fatos que acabamos de citar representam naturalmente apenas um aspecto das relações entre as formas tradicionais de autoridade e as novas formas de governo, mas constituem um aspecto importante para civilizações impregnadas do Sagrado. As elites que assomam podem certamente romper com o passado, mas se não quiserem "desafricanizar-se", se quiserem integrar o desenvolvimento econômico e social de tipo europeu ao contexto africano, elas serão obrigadas a abrir um espaço para o Sagrado que penetra esse contexto em vários aspectos: seja sob a forma de uma leitura pagã do moderno, como nas religiões sincréticas, seja sob a forma de uma secularização do fetichismo como é o caso dos costumes reais, seja enfim sob a forma da coexistência de dois mundos que evoluem paralelamente, segundo o modelo brasileiro, coexistência segundo a qual as confrarias dos filhos dos deuses mantêm suas tradições, mas desempenham em uma nova estrutura social novos papéis ocidentais, de grupos de pressão que não tocam nem em seus valores e em suas organizações, em resumo em seu uso interno, se me permitem esta expressão.

c) O sincretismo místico na América Latina[15]

O termo sincretismo talvez falhe ao ocultar, dissimulando sob a identidade de um mesmo termo, toda uma série de fenômenos ou de processos inteiramente diferentes. Sem dúvida, sempre se trata de uma mistura de várias civilizações que, em vez de se enfrentarem, se aliam: no México, Guatemala e Peru uma aliança entre a civilização cristã e as civilizações indígenas; em Cuba, no Haiti e no Brasil, entre o catolicismo e as tradições africanas. O sincretismo mágico, entretanto, obedece a outras leis que vigoram no sincretismo religioso. Ele é essencialmente a acumulação de fórmulas e gestos, puro e simples acréscimo de magias medievais às magias indígenas, a fim de aumentar sua força e eficácia, enquanto o sincretismo religioso é seletivo. O sincretismo, no âmbito dos gestos ou das cerimônias, não é o mesmo do que no âmbito das crenças ou das representações coletivas. No primeiro caso, ocorre uma justaposição. Por exemplo, nos candomblés do Brasil "acrescenta-se" aos rituais de iniciação uma missa, de ação de graças a Deus. Na Guatemala adiciona-se às rezas para os santos na Igreja uma longa caminhada na montanha para oferecer um sacrifício aos Espíritos da natureza. No segundo caso há uma busca de identificações ou pelo menos de correspondências místicas — os voduns são identificados com os santos, as palavras de Deus são "reinterpretadas" mediante crenças animistas. É preciso distinguir, sem dúvida, as estruturas lineares das estruturas difusoras.

As estruturas lineares formam sequências de palavras ou de gestos que vêm uns após outros em uma ordem fixa, seguindo, é claro, certo número de regras, fornecidas pela gramática ou pela sintaxe, próprias da categoria abordada, oral ou motora. Desde então, no interior de uma dessas sequências, um "pacote de relações" — para empregar a expressão de Lévi-Strauss — pode ser relegado ao esquecimento e então é substituído por outro pacote de relações, tomado de empréstimo à nova civilização triunfante, a fim de que, na sequência, não haja "buracos". É assim que certas cerimônias afro-americanas preenchem as perdas que o tempo acarretou na trama dos gestos, recorrendo a empréstimos de cerimônias luso ou hispano-americanas. É uma espécie de remendo num tecido usado com recortes de outros tecidos, ou então prolonga-se uma sequência em uma ordem linear, ordenada, acrescentando-lhe outros rituais para formar um novo conjunto. Compreende-se que, em uma ordem linear, é possível substituir pacotes de relações ou juntá-los. Cada pacote forma uma "unidade" que não pode ser fragmentada. Então sempre ocorre acréscimo, mas não identificação.

As estruturas difusoras são aquelas que, a partir de um centro, abalam no consciente ou inconsciente dos espíritos todo um complexo conjunto de sentimentos, de tendências ou de atitudes mentais, que formarão uma espécie de halo em torno daquele centro. A lei do sincretismo será então a lei da identificação. Por exemplo, quando os escravizados africanos quiseram ocultar suas divindades negras colando nelas uma máscara branca de modo a enganar seus senhores, eles escolheram santos cuja vida ou simbolismo lembrava os mitos ou os símbolos de seus *orixás*. Assim, Xangô, o deus do trovão, foi identificado com Santa Bárbara, que protege dos raios, mas sua representação fará surgir nas almas dos crentes racializados os complexos afetivos e mentais que eram ligados ao culto de Xangô. Reciprocamente, à medida que sofrem a súbita influência do meio ou a pressão do ambiente, os negros se cristianizarão mais ou menos profundamente e veremos a figura de Xangô passar por uma metamorfose, pois ela evocará dali em diante novos complexos afetivos e mentais: desejo de justiça, vontade de ver o bem triunfar sobre o mal. O sincretismo, no plano das crenças, é assim o reflexo das estruturas de homens "marginais", isto é, em vias de assimilação, explicando a misteriosa alquimia das transformações psíquicas, reinterpretação dos valores católicos em valores pagãos ou de valores pagãos em valores cristãos.

O que acontecerá agora e quais novas formas o sincretismo poderá assumir quando se aborda o plano dos mitos? O mito, em primeiro lugar, se apresenta como uma narrativa, é constituído por uma sequência de palavras e um conjunto de relações, pertence, portanto, a uma ordem linear. Esta ordem linear é ligada, aliás, à ordem dos gestos, no sentido de que muito frequentemente, quando não sempre, a narrativa mítica explica, em outro nível, o nível verbal, a ordem dos conjuntos de relação motores de uma cerimônia. Por outro lado, o mito é objeto de crenças, não permanece jamais prisioneiro da narrativa, destaca-se no conjunto de comportamentos e atitudes, surge com minúcia nos gestos do camponês, nos sonhos, nos cuidados dispensados aos enfermos, nos sentimentos que a seca ou a chuva suscitam, na agonia de um ser querido, na corte que um enamorado faz a quem ele ama. Isto faz com que existam ao mesmo tempo uma estrutura linear, enquanto narrativa, e uma estrutura difusora, enquanto conjunto de representações coletivas. Então o sincretismo se complicará de maneira estranha. A brevidade deste artigo nos impede de analisar minuciosamente exemplos precisos de mitos, ir mais longe do que a apresentação de ideias gerais. Certamente seria interessante, sob a perspectiva da ordem linear, seguirmos os efeitos da lei de transformação que nos fariam passar da hagiografia das vidas dos santos aos mitos dos indígenas ou dos afro-americanos, mas para isso seria preciso escrever um livro volumoso...

O ENCONTRO DAS CIVILIZAÇÕES

Certos africanistas como Arthur Ramos, no Brasil, procuraram as raízes da identificação na permanência dos complexos evidenciados pela psicanálise. Assim, a correspondência, nos negros do Brasil, entre Iemanjá e a Virgem não teria outra causa que não a possibilidade, tanto para uma como para a outra, de exprimir exteriormente a *imago* materna, enquanto aquela estabelecida entre as divindades fálicas da África e São Jorge seria a projeção da mesma *imago* paterna. Em uma perspectiva análoga, mas desta vez baseada na fenomenologia, poderíamos procurar as raízes das identificações na permanência dos arquétipos ou, como diz Eliade, as hierofanias: o culto tão popular de São Cosme e São Damião no Haiti, em Cuba, na Bahia, mantém as representações primitivas no que se refere aos gêmeos, tão bem analisadas, no que se refere à África, pela escola francesa de Griaule. Na medida que os mitos pertencem às estruturas difusoras, existe uma parte de verdade nestas interpretações. E sociologicamente, o que a Igreja compreendeu muito bem, pois ela tentou sublimar e espiritualizar as crenças dos negros escravizados, partindo do seu animismo a fim de encontrar substitutos para eles, que permitiriam a educação do sentimento religioso sem violentar as almas.

Parece-nos também que além das estruturas afetivas é necessário apelar às estruturas intelectuais. O pensamento mítico obedece, com efeito, à lei das correspondências. Aquilo que é realidade em um certo nível torna-se símbolo daquilo que existe em outros níveis do real. As classificações primitivas ligam, numa mesma categoria, plantas, astros, fenômenos naturais, manifestações sociais. Colocado diante de outra civilização que não a sua, como o negro reagirá? Com exceção dos *artefatos* por demais distantes de seu pensamento e que ele não pode encaixar no âmbito de suas correspondências, ele tentará inserir o "novo" no contexto de suas categorias sobrepostas e elas se simbolizarão mutuamente. É assim que os santos do catolicismo, graças às associações verbais (a história de suas vidas narradas pelos padres) ou visuais (as litografias religiosas vendidas nos mercados das aldeias) ingressarão no "sistema" e constituirão, a nível do catolicismo, a repetição simbólica de crenças animistas ou politeístas.

Talvez insisti demais na questão do sincretismo afro-americano e apresento minhas desculpas. É que ele tem sido há muitos anos o objeto de minhas pesquisas. Este sincretismo, entretanto, é apenas um caso particular de um fenômeno muito geral e que se encontra em toda a América Latina, tanto a indígena como a africana. Infelizmente os antropólogos norte-americanos, que nos proporcionaram excelentes descrições da religião sincrética indígena, não se interessaram pelos mecanismos psicológicos que a explicam. Limitam-se àquilo que é "visível" ou "audível" (cerimônias ou entrevistas) sem pesquisar, indo além das informações visuais ou orais, aquilo que está "oculto". Ora, conforme Bachelard afirma, não existe ciência que não seja a do oculto. As raras explorações do mundo "interior" através das biografias de certos indígenas, tais como a de G. Guiteras-Holmes, *Perils of the Soul, the World view of a Tzotzil indian*, param no meio do caminho. Elas nos dão a conhecer a totalidade de um mundo mítico, no qual os deuses têm ao mesmo tempo nomes indígenas e nomes bíblicos, em que se entremeiam narrativas da Gênese com a história de Ghoroxtotil ou da Mãe Terra, mas sem nos propor outras interpretações. Se, a partir desses dados, eu contasse com a permissão de apresentar algumas hipóteses, diria o seguinte:

1. Do ponto de vista das estruturas lineares entrevemos, por trás das "confusões" assinaladas pelo autor, leis de transformação ao contrário muito nítidas, que nos permitem perceber melhor as sequências, por exemplo, as "jornadas" da criação na Gênese e as das criações sucessivas do mundo dos indígenas. Existe certamente uma oposição entre as duas narrativas, em que a criação é, de um lado, acumulação e progresso e de outro lado destruição e recomeço. No entanto, a história do dilúvio e da recriação da humanidade a partir de Noé permite estabelecer correspondências. Então o sincretismo consiste em unir fragmentos de uma história mítica, de duas tradições diferentes, em um todo que permanece ordenado por um mesmo "modelo" significativo.

2. No entanto, ao lado dessas correspondências de algum modo apreendidas no plano horizontal, vem acrescentar-se, para complicar os processos

sincréticos, a hierarquização das religiões antagonistas, que é apenas o reflexo da situação sociológica de inferioridade do indígena em um mundo dominado pelos brancos. O antigo ensino missionário era baseado numa concepção bipolar que fazia do cristianismo a expressão do divino e — das crenças indígenas — não um produto da imaginação, mas uma expressão, também muito real, mas dessa vez do demoníaco. Em certa medida o indígena passou por essa bipolarização: os espíritos de seus ancestrais constituem seres perigosos, "perigos para a alma" ou para o corpo (doenças). O indígena reagiu, porém, transformando a oposição em estratificação. Desde então, na estrutura linear, podemos distinguir as "posições" dos conjuntos de relações numa sequência global, na qual encontraremos no topo seres mais ou menos cristianizados, na base seres mais ou menos diabólicos e no centro seres ambíguos (os antigos "salvadores" dos mitos arcaicos, que foram tocados pela ação de obscurecer tudo aquilo que é tradicional, sob a influência das missões). Aqui poderíamos encontrar igualmente as leis de transformação que permitiriam passar do *trickster* dos indígenas considerados "selvagens" aos mitos atuais dos indígenas considerados "civilizados".

3. O que chama acima de tudo nossa atenção relativamente aos dados levantados por Guiteras Holmes, pois eles recortam aquilo que reencontramos sob uma forma sincrética da religião afro-brasileira, o espiritismo de umbanda, e que também surgiu para nós entre os indígenas do Brasil (sobretudo entre os guaranis estudados por Schaden para explicar seu fracasso em chegar à "Terra sem Males") é a passagem do mito à ideologia, sob o efeito das frustrações impostas pela existência social e a exploração econômica de uma etnia por outra. Passamos então das estruturas lineares às estruturas difusoras. O indígena estabeleceu uma seleção na aceitação dos dados cristãos e escolheu justamente aqueles que lhe permitem explicar seu fracasso sociológico, particularmente a noção de pecado. Ele interioriza assim sua desvalorização em termos católicos. No entanto, essa noção de pecado irá reestruturar pouco a pouco toda sua mitologia, transformando-a numa imagem pessimista do mundo, fazendo narrativas

que tinham primitivamente outros sentidos, "etiologias" da condenação, da decomposição e da morte. Justamente pelo fato de chegarmos às estruturas difusoras, o sentimento do indígena de ser filho do pecado irradia-se em múltiplas direções, espirituais, médicas, psiquiátricas, sociológicas, que uma análise um pouco mais desenvolvida permitiria facilmente separar (aqui o "linear", a partir do componente afetivo, é feito sob a forma de narrativas em "difusão").

PARTE III
A tempestade mística

Introdução

Os encontros das civilizações não se apresentam em todos os lugares e sempre sob a forma de processos de sincretização, reinterpretação, mestiçagem cultural. Podem existir neles, sobretudo quando esses encontros ocorrem sob o signo da dominação de um grupo por outro, reações violentas e o surgimento de fenômenos à primeira vista patológicos, a exemplo dos movimentos ditos messiânicos.

O messianismo ocasionou uma literatura abundante e que aumenta a cada dia. É que surpreende os etnólogos ou os sociólogos devido a seu caráter espetacular, assim como nos países colonizados ele assusta os administradores. No entanto, seria um equívoco nos deixar ser hipnotizados por esse fenômeno, que é apenas um dos aspectos particulares, entre muitos outros, dos efeitos e dos mecanismos da aculturação. O casamento das culturas domina e de longe os embates dramáticos, mas é que neles, conforme ocorre em outras situações, os casais felizes não têm histórias. Em todo caso, é para que nossos leitores sintam com precisão a relatividade dos fenômenos messiânicos no conjunto dos processos aculturativos que retomamos, nesta última parte, a tempestade mística, dedicada aos milenarismos, um estudo antigo, intitulado "o messianismo fracassado".

Entretanto, não é somente em relação à "moda" atual da pesquisa antropológica — esse gosto invasor por profetas, messias e apocalipses — que é preciso haver oposição. É também contra as perspectivas demasiadamente estreitas a partir das quais se quer interpretar esses movimentos espetaculares: o espetáculo é colorido demais, com suas danças frenéticas, seus movimentos de massa, suas construções de Novas Jerusaléns, retornos de heróis culturais ou de assombrações que voltam do país da Morte, e não deve interferir na imparcialidade, que deve ser a regra de um estudioso. É preciso procurar o que se esconde atrás do aparente, o positivo atrás do negativo. Trata-se, no fundo, da vontade de aceitação das mudanças sociais, do progresso e o "desejo de casamento" atrás dos gestos de destruição e ódio. O messianismo e o milenarismo são fenômenos normais que se inscrevem — como uma etapa intermediária — entre o mito e a utopia. É por isso que acreditamos dever retomar, no início desta terceira parte, nosso artigo publicado nos *Cahiers Internationaux de Sociologie* intitulado "Mitos e utopias", que dará ao leitor a perspectiva segundo a qual acreditamos que se deveria estudar esses fenômenos, desprovendo-os de traumas.

De modo algum queremos negar seu caráter trágico. Ele fez derramar sangue em excesso. Esse aspecto trágico, porém, provém do exterior — do desconhecimento, do medo, em suma, desse racismo contra o qual escrevemos a primeira parte deste livro — ou, algumas vezes, de causas certamente internas, mas que se devem tanto ao biológico quanto ao social, como tentamos mostrar em nosso estudo sobre "O messianismo e a fome". Se o messianismo é uma crise, uma crise que o racismo degenera, transformando-o em tragédia, trata-se, em sua natureza essencial, de uma crise de crescimento. É um esforço, seja de reequilíbrio de uma sociedade na qual os diversos fenômenos sociais e culturais não se desenvolveram com a mesma velocidade, seja de aspiração a uma mudança, aspiração que pode tatear, perder-se algumas vezes em impasses, mas que também pode ser o ponto de partida de revoluções fecundas. É por isso que terminamos esta terceira parte retomando dois artigos nossos sobre a questão, um deles

INTRODUÇÃO

sobre o messianismo dos países colonizados como primeira abordagem do desenvolvimento econômico e social (e talvez, se não for a melhor solução, no sentido de que é a abordagem de nativos e não de brancos, mas pelo menos é uma solução sobre a qual deveríamos refletir). O outro artigo se refere a um caso bem particular, o messianismo jesuítico ou dominicano, que está na origem do nacionalismo na América do Sul e da formação de uma cultura "crioula".

Se, nestes dois últimos capítulos, não omitimos as "sombras" ao lado das "luzes" é porque, como sociólogo que somos, substituímos os movimentos messiânicos no concreto das situações sociais da luta das raças ou das classes, isto é, também levamos em conta os interesses econômicos e políticos, que as deformam e as desviam. A tempestade mística é acompanhada por relâmpagos, mas essa tempestade não é feita somente de raios que caem. É também chuva fecundante, promessa de flores e de frutos.

1
Mitos e utopias

Se abrirmos o *Vocabulaire* de Lalande e nos remetermos aos termos "Mitos" e "Utopia" encontraremos as seguintes definições, que correspondem a um antigo conceito do conhecimento: "Mito, narrativa fabulosa de origem popular e não refletida, no qual os agentes impessoais, mais frequentemente forças da natureza, são representados sob a forma de seres personificados, cujas ações e aventuras têm um sentido simbólico"; "Utopias, representações sob a forma de uma descrição completa e detalhada, frequentemente até mesmo sob a forma de um romance, a organização ideal de uma sociedade humana".[1] Essas definições, conforme se vê, dizem respeito somente àquilo que a função fabuladora de Bergson acrescenta ao mito e à utopia. Elas não apreendem em seus mecanismos e fontes a mentalidade mítica ou utópica. Se preferirmos os termos de Pareto, elas permanecem no âmbito das "derivações" sem procurar os "resíduos" que podem contribuir para seu surgimento. Elas se inscrevem, em suma, em uma filosofia do imaginário e nelas a imaginação sempre permanece, conforme apregoa o cartesianismo, "senhora de erros e ilusões".

Presenciamos, hoje, uma revisão crítica desses conceitos, e é o próprio fundador da sociologia, A. Comte, quem nos convida a empreendê-la. Talvez ele tenha escrito seus textos relativos à utopia sob a influência da poesia romântica (o poeta definido como um mago) e no clima sentimental do início do socialismo. Nem por isso ele deixou de apreender, em primeiro lugar, o valor criador da utopia no campo científico e, em segundo lugar, naquilo que nos interessa, no campo das instituições sociais:

> O homem jamais pode construir fora de si aquilo que ele concebeu inicialmente em si. Esse tipo interior, indispensável até mesmo nos menores trabalhos mecânicos ou geométricos, é sempre superior à realidade que ele precede e prepara. Ora, para todos aqueles que não confundem a poesia com a versificação, não é duvidoso que uma tal invenção constitua a idealidade estética, apreciada em sua função mais elementar e mais universal. Diretamente estendida aos fenômenos sociais, aos quais as artes e a ciência se destinam acima de tudo, essa função é, com frequência, desconhecida e apenas esboçada, na ausência de uma verdadeira sistematização. Quando for convenientemente ordenada, consistirá em regularizar as utopias, subordinando-as à ordem real, tal como o passado indica o porvir. As utopias são, para a arte social, aquilo que os tipos geométricos, mecânicos etc. são para as artes correspondentes. Reconhecidas como indispensáveis em suas mínimas elaborações, como as evitar diante de elaborações mais difíceis? Acresce que, apesar do estado empírico da arte política, nela toda grande mudança é precedida há um ou dois séculos por uma utopia análoga, que inspira ao gênio estético da Humanidade um confuso instinto de sua situação e de suas necessidades.[2]

Na mesma linha e fazendo da utopia uma forma especial de ideologia, isto é, "um processo de pensamento que recebe seu impulso não da força direta da realidade social, mas de conceitos tais como símbolos, ficções, sonhos, ideias que, no sentido mais compreensivo do termo, são inexistentes", Mannheim é levado a opor, no interior de nossa sociedade de classes, as ideologias propriamente ditas que "perseguem um objetivo de estabilização da realidade social" e as utopias que, ao contrário, visam desordená-las.[3] A partir disso, em um mundo plástico e submetido à ação do homem, estas últimas não podem mais definir-se pelo "irrealizável". Esse conceito de irrealizável torna-se relativo "do ponto de vista de uma ordem social determinada, aquela que domina atualmente".[4] Daí esta conclusão, que concede à utopia todo o seu valor criativo, tanto em Mannheim como em Comte: "Consideramos utópicas todas as ideias que transcendem uma situação (que não são somente a prospecção de nossos desejos) e que, em certa medida, têm o poder de transformar a ordem histórico-social existente."[5]

G. Sorel, por sua vez, acrescenta ao conceito de mito uma transformação análoga, passando do sentido marxista de identificações dissociadas do real ao de "organizações de imagens capazes de evocar instintivamente todos os sentimentos", que correspondem à luta contra "aquilo que existe". Sem dúvida, os mitos "não são a descrição de coisas verdadeiras", mas exprimem "a vontade de um grupo que se prepara para o combate", grupo dos primeiros cristãos diante da sociedade pagã, a ser derrotada, grupo dos sindicalistas forjando o mito da greve geral contra a sociedade capitalista e, por meio disso, são os instrumentos preciosos da subversão social.[6] No entanto, foi preciso esperar esses últimos vinte anos para que ocorresse uma valorização mais convincente do pensamento mítico. Para Leenhardt, o mito não se confunde com a palavra e ainda menos com a fabulação que o imobiliza; ele é "revelação renovada sem cessar de uma realidade cuja existência é penetrada, chegando ao ponto de conformar com ela seu comportamento". Isso faz com que, a exemplo do que acontece com Sorel, o mito esteja na origem de uma ação, embora aqui a ação seja antirrevolucionária, mas ele é, sobretudo, um modo de conhecimento:

O mito corresponde a um modo de conhecimento afetivo, paralelo a nosso modo de conhecimento objetivo, desenvolvido pelo método. Estes dois modos não são exclusivos. No entanto o modo objetivo se desenvolve pelo método, que esclarecemos incessantemente. O modo mítico abrange atitudes, visões, disciplina e consciência e exige o controle da racionalidade. As duas atitudes são vizinhas e se completam.[7]

Se o homem tivesse se entregado unicamente à razão, ele teria construído um mundo análogo ao de um inseto, fixado numa técnica perfeita.[8] Mas, felizmente, o mito subsistiu para informar a razão e dar a nossa vida um sentido existencial: "Fora do mito, quero dizer, sem a ajuda dos meios de instrução estrutural que ele nos oferece, restam apenas fatos ditos objetivos, porém não existem mais significados válidos em todos os planos simultâneos de nossa existência."[9] Compreende-se, diante de tais condições, que os mitos sob a forma de arquétipos continuem a agir no interior de nossas sociedades contemporâneas. Mircea Eliade, em seu *Tratado de história das religiões*, nos mostra essa permanência de mitos eternos, como o mito do Herói ou o das Ilhas Afortunadas. Eles, sem dúvida, podem mudar a linguagem a fim de inserir-se na trama do social contemporâneo, tornar-se os mitos do progresso ou da decadência, da liberdade ou do homem de destaque. No entanto, como observa Gusdorf, são eles e somente eles que dão sentido ao mundo humano, validam os objetos, as paixões e até mesmo nossa Razão, pois são eles que, em definitivo, permitem colocar a Razão em nossa existência, que a inserem na totalidade.[10] Lévy-Bruhl já anotava isso em seus *Carnets*: se o intelectualismo é o universo do discurso, ele põe o concreto entre parênteses. O pensamento mítico é o modo de conhecimento que nos faz atingir esse concreto.[11]

Infelizmente, se hoje nos encontramos na presença de dois movimentos valorizadores do mito e da utopia, eles se entrechocam. Se Sorel, por exemplo, valoriza o mito, é para condenar a utopia: o mito é supraintelectual, enquanto a utopia é um sistema racional, uma construção do espírito, o que faz com que a utopia sempre possa ser discutida, ao passo que o mito não pode ser refutado — ele é a expressão da vontade das massas. Para Mannheim, ao contrário, o mito não é forçosamente um instrumento de subversão social; há mitos conservadores (e poderíamos citar aqui o mito do sangue e da raça da Alemanha hitlerista). Isso se deve ao fato de que o mito é essencialmente religioso, uma "projeção dos êxtases subjetivos em equivalentes simbólicos, tendo em vista a realização de desejos que sobrevivem no indivíduo, no interior de determinada sociedade", enquanto a utopia, tal como Mannheim a definiu, não é forçosamente "a projeção de desejos", mas a expressão de uma vontade consciente e refletida. Para retomar uma expressão muito correta de Barthes, diríamos sem hesitar que o mito "transforma a história em natureza",[12] enquanto a utopia está situada no fluxo da história, é uma palavra dirigida para o futuro, uma antecipação que age. Se Mannheim contradiz Sorel, por sua vez Ruyer contradiz Mannheim: se a utopia quer agir sobre o real para mudá-lo, o fato é que ela se apresenta como um modelo que transcende a situação atual e cujo valor é apresentado como um ideal absoluto. Não foi impunemente que Marx e Engels designaram como "socialismo utópico" as primeiras formas do socialismo. Elas não se colocavam no interior da luta de classes, elas se desligavam da história. Sem se referir propriamente à "natureza", elas tendiam a definir o que deveria ser um estado natural dos homens em sociedade.[13]

Existe um meio de nos afastarmos desse amontoado de contradições? Chegou o momento de refletir sobre a sociologia do conhecimento ou de fazer uma sociologia dessa sociologia.

A sociologia do conhecimento — se deixarmos de lado sua forma durkheimiana que é uma explicação das categorias da Razão — desenvolveu-se a partir do marxismo e em ligação com a luta de classes. Isso faz com que as obras do espírito, quaisquer que sejam, doutrinas filosóficas ou sistemas políticos, religiões, mitos ou utopias, estivessem envolvidas numa rede de conflitos, exprimissem os interesses antagonistas dos grupos dominantes ou dos grupos explorados. Seria necessário, sem dúvida, passar por isso para descobrir a ligação que existe entre o social e o mental. É somente nas sociedades desarmoniosas que se torna possível apreender essa ligação, pois então ela aparece sob um aspecto que se amplia cada vez mais. Percebe-se também as consequências dessa primeira formulação: antes de mais nada, a sociologia do conhecimento tenderá a uma análise do conteúdo das ideologias, porque somente essa análise permitirá revelar a distorção do ideológico em relação ao real. Indo além dos mitos e das utopias, vimos que os pensadores contemporâneos constatam certa estrutura mental, e é esta que é preciso pôr em correlação com as estruturas sociais. Em segundo lugar, a luta de classes vale somente para as sociedades modernas, e a sociologia do conhecimento deve desprender-se dela se quiser ser geral, válida tanto para as sociedades ditas arcaicas quanto para as sociedades ditas civilizadas. Parece-me que L. Goldmann teve a intuição desta última dificuldade quando distingue as "visões do mundo" das "ideologias", mas se ele também só se interessou pelo mundo contemporâneo foi para ligar imediatamente umas e outras às classes sociais. As "visões do mundo" exprimem os momentos de dominação e de algum modo de euforia de uma classe que representa a comunidade total e a "ideologia", o momento do declínio de uma classe que se aferra a seus privilégios ameaçados.[14] As visões do mundo certamente podem refletir as conexões ou os conflitos das classes, engajar-se naquilo que Comte teria denominado os períodos orgânicos e os períodos de crise; elas também ultrapassam nossa época para constituir a mitologia das sociedades primitivas.

Damos um passo a mais com Piaget. Segundo ele, a escola de Durkheim percebeu muito bem o caráter "sociomórfico" das representações coletivas, espaço, tempo, classificações primitivas, mas esse sociomorfismo não pode estar na origem da Razão, pois, ao contrário, existe uma oposição entre o pensamento científico e o pensamento religioso. Então é preciso completar Durkheim mediante Marx, que mostrou que aquilo que os grupos secretavam eram ideologias. Em consequência, o sociomorfismo não estaria na origem da Razão, mas de ideologias que constituem "então o reflexo não mais da sociedade em seu conjunto, pois esta, a partir do estágio das primeiras diferenciações sociais, dividiu-se em classes desiguais e hostis, de subgrupos particulares, com seus interesses, seus conflitos e suas aspirações". Piaget, ao assimilar assim o mito à ideologia do primitivo (de sociedades pouco ou ainda pouco diferenciadas) e fazendo das ideologias de classes "um pensamento simbólico, porém mais conceitualizado do que o pensamento mítico, próprio do sociomorfismo primitivo", opondo um e outro ao pensamento racional, que é um pensamento operatório, nos punha no caminho do verdadeiro problema, que é estabelecer a unidade de certa estrutura mental e de ver como ela se exerce nas diversas sociedades globais ou na multiplicidade dos agrupamentos.[15] É pena que ao infletir seu pensamento no sentido marxista ou durkheimiano ele tenha feito dessa estrutura mental uma estrutura do imaginário, algo mais do que sua existência e um sociomorfismo, no momento em que, a partir de Van der Leeuw e de Leenhardt os mitólogos se inclinavam cada vez mais a um cosmocentrismo (cujo ponto de partida se encontraria em certas páginas de Frobenius).

Chegamos assim a G. Gurvitch. Ao definir a sociologia do conhecimento não mais pelo estudo das implicações sociais do *conteúdo* de nossos pensamentos, mas pelo estabelecimento de correlações funcionais entre as espécies, as formas e os sistemas de conhecimento e os diversos tipos de sociedades globais, de agrupamentos e de formas de sociabilidade, Gurvitch nos faz sair de aporias em que nos debatíamos.[16] Não mais estudar as implicações sociais dos mitos, dos arquétipos ou das utopias, mas recolocar uma *forma* de pensamento numa sociologia pluralista e da descontinuidade.

Existe um conhecimento mítico ou, se preferirmos, místico nas comunidades indiferenciadas ou pouco indiferenciadas que é existencial: o da participação do homem e de seu grupo no cosmos, a invasão das pessoas pelas coisas, os vegetais, os animais, dos sujeitos pelos objetos, o do sentimento de identidade entre o vivente e o mundo. Esse sentimento místico existe ao lado do pensamento racional desde suas origens: então a razão será convocada para intervir, mas no interior desse pensamento, para criar a partir dela "modelos concêntricos" de sua atividade ritual, técnica ou social. O livro de Marcel Griaule, *Dieu d'Eau*, nos oferece esses modelos de certa forma cristalizados, mediante os quais toda uma sociedade funciona.[17] Enquanto uma nota nos *Carnets* de Lévy-Bruhl nos sugere o mecanismo que vai da participação mística vivida à elaboração desses modelos míticos através do simbolismo, "o símbolo garante a presença do simbolizado por meio de um sentimento de consubstancialidade entre o símbolo e aquilo que ele representa, garantindo assim realmente a presença do simbolizado". No entanto, a passagem da comunidade indiferenciada à sociedade de classes hierarquizadas e em seguida à de classes antagonistas e da civilização tradicional à civilização da época de Prometeu acarreta a ruptura entre o pensamento mítico e o pensamento racional, o da classe sacerdotal e o da classe artesanal. É essa ruptura que direcionará o mito para a "concepção do mundo" e em seguida para a ideologia. Do mesmo modo, se quiséssemos completar essas observações por observações de ordem psicológica, no espírito de colaboração que preconizamos no primeiro volume do *Traité de Sociologie* entre a sociologia e a psicologia, poderíamos mostrar que essa evolução, que vai da solidariedade mecânica à concorrência de grupos, também ocorre no plano de um individualismo crescente, acarretando a passagem da mitologia comunitária para uma multiplicidade de mitologias individuais, tentativas infrutíferas de reencontrar o sentido da existência fora da comunidade coletiva. Nessas tentativas, o mito separado da sociedade que o nutria não tem mais força suficiente para escapar das pressões vindas do inconsciente e evolui em direção à projeção fantástica da *libido* do homem desintegrado — então voltaremos a encontrar toda a contribuição do freudismo. Do mesmo modo, aquilo que resta dos mitos coletivos não tem mais a força de resistir aos interesses, às paixões, aos desejos de grupos que se combatem e que se tornarão projeções fantásticas da consciência desses grupos, isto é, ideologias ou utopias ou aquilo que Sorel denomina mitos sociais.

A consciência mítica, que assegurava a coesão das primeiras sociedades humanas, não conseguiu resistir à desintegração dessa sociedade em grupos concorrenciais ou em dispersão de indivíduos, a quem não restava nada além de um único sistema de comunicação: o universo do discurso, entendido segundo a expressão de Leibnitz como um pensamento "cego", isto é, um pensamento desligado do concreto e do existencial. Foi então que a utopia surgiu. Nós a definiríamos de bom grado como um sincretismo do mito e da história, esta história na qual os homens agora se engajaram. Então precisamos mostrar, em algumas palavras, que a utopia e o mito correspondem a uma mesma forma de pensamento. Reencontramos inicialmente nas utopias muitos arquétipos míticos, como o da Terra sem Males. Isso explica por que, de um lado, a utopia transcende a história para julgá-la, em nome desses arquétipos, e, do outro lado, por que ela é a mitificação do porvir humano, uma força dinâmica de evolução. Em segundo lugar, como últimas formas dos mitos, suas formas cristalizadas, as utopias são "modelos" que devem inspirar o comportamento humano; mas como são construídos em um clima de cordialidade, que de certo modo censura as pulsões místicas, esses modelos assumem cada vez mais a forma de experimentos mentais (aspecto que Lalande, após Mach, ressaltou tão bem)[18] ou de "possíveis laterais", se preferirmos esta última expressão.[19] Sorel viu apenas esse aspecto de construção racional, daí sua condenação da utopia. A. Comte e Mannheim, ao contrário, insistiram no aspecto revolucionário ou pelo menos criativo da utopia, daí o valorizarem. A utopia é ao mesmo tempo isto e aquilo, porque é um efeito da luta das classes em relação à estrutura mítica do pensamento humano.

Os mitos de tipo arcaico sobrevivem ao lado das utopias em certos setores da sociedade moderna, mas a primeira consciência mítica global é sucedida por uma nova consciência, grupal e parcial. Por mais que a sociedade contemporânea se empenhe em fazer com que os mitos desapareçam, talvez ela crie novos mitos. Caillois insistiu nessa criação de mitos, em ligação com a urbanização, a formação de grandes metrópoles tentaculares como as da "nova Babilônia" ou do herói balzaquiano.[20] Poderíamos acrescentar-lhes, em ligação com os fatos da aculturação e a formação de sociedades multirraciais, o mito da negritude. Nossa civilização multiplicou sobretudo os instrumentos de comunicação. "Acreditava-se", escreveu Marx em 1871, "até o presente, que a formação de mitos cristãos sob o império romano só foi possível porque a escrita ainda não havia sido inventada. É o contrário. A imprensa cotidiana e o telégrafo (...) fabricam por dia mais mitos (e o rebanho dos burgueses os aceitam e os divulgam) do que outrora ao longo de um século."[21]

O cinema aumentou e ampliou propagação ou fabricação dos mitos, tão mais efetiva na medida em que eles escapam em grande parte da palavra para nos levar a mergulhar novamente através das imagens em um universo concreto, que se tornou significativo.[22]

Entretanto, se esses mitos, arquetípicos ou inéditos, exercem sempre a mesma função, a de dar um sentido a nosso destino ou de explicar-nos o mundo, pois agora nosso destino se inscreve numa história e numa história de luta de classes, eles assumem novas características. Daí a oposição, por exemplo, entre um Barthes e um G. Sorel. Barthes faz do mito uma secreção da classe burguesa, secreção tão mais perigosa na medida em que o mito se apresenta como a "palavra despolitizada", o que o permite insinuar-se mais facilmente na classe proletária para corrompê-la. Sorel, ao contrário, vê no mito uma arma proletária. Um e outro têm razão e ao mesmo tempo, pois a sociedade fragmentou-se em grupos rivais e cada grupo pode direcionar o pensamento mítico de acordo com suas próprias necessidades.[23]

Entre a unidade primitiva e a sociedade de classes podemos encontrar uma forma de transição, a da sociedade arcaica tocada pelos aportes da sociedade ocidental. Sabe-se que o messianismo é uma das respostas possíveis a esses fenômenos de contato.[24] Ora, o messianismo é antes de mais nada a mitologia historicizada. O mito da criação transforma-se em mito do Apocalipse, o do herói civilizador que se metamorfoseia no mito do herói libertador — ou, se preferirmos, é a sociedade tal como era no passado, sob sua forma tribal que é projetada no futuro, um real morto que se torna mito. Mediante essa projeção no futuro, o mito se torna utopia e Mannheim faz do quiliasmo a primeira forma da mentalidade utópica. Assim, com o messianismo, contamos com uma forma de transição entre o mito e a utopia, ligada à passagem da sociedade arcaica, fundamentada no eterno, para a sociedade que descobre o sentido da história. Nos casos que acabo de evocar trata-se de povos párias, mas o messianismo pode ocorrer igualmente no interior de uma etnia a cada vez que nela se forma um grupo de párias, e aí temos um encadeamento que nos conduz à luta de classes.

Apesar dessa forma de passagem, devemos reconhecer que nossos dois polos, o unitário e o dividido, se apresentam em nosso texto muito mais como imagens ideais do que como a descrição de realidades empíricas. Não poderíamos, em apenas algumas páginas, evitar esse esquematismo. Para concluir, devemos fazer em relação a esse esquema dois retoques importantes. Não existem sociedades totalmente indiferenciadas. As mais arcaicas nos põem na presença de grupos sexuais ou de grupos etários, coordenados entre eles segundo regras precisas; a estrutura de parentesco, por seu lado, confere aos diversos membros da família status diversos. Ora, desde que exista diversidade de status, podem ocorrer tensões, surgir frustrações, bem como fenômenos de compensação. Esses desencontros internos não deixam de inscrever-se na mitologia, que então é — mas unicamente nesse sentido e nesses limites bem-determinados — "instituição secundária", para empregar a expressão de Kardiner, isto é, projeção da consciência do grupo, reagindo a esses estados de tensão. Em segundo lugar, para nossas sociedades de classes, há uma tendência excessiva em separar a burguesia do proletariado atribuindo à primeira a vontade de estabilização da ordem existente e ao segundo a vontade de subversão da sociedade. Por mais que Sorel e Mannheim não estejam de acordo sobre os respectivos papéis do mito e da utopia, ambos se reencontram unidos para introduzir as forças dinâmicas da mudança no interior do proletariado. Isso é esquecer que, por um lado, o proletariado também é povo e que, enquanto povo, é ele que freia a história para trazê-la de volta à natureza, ao passo que, de outro lado, a estabilização num mundo em plena evolução só pode ser realizada mediante um perpétuo questionamento da situação, o que força a burguesia a procurar e inaugurar incessantemente novos caminhos. Assim, muitas nuances e muitos retoques deveriam ser acrescentados a nossas ponderações para que eles se juntem aos fatos concretos do funcionamento dos mitos e das utopias.

2
O messianismo e a fome*

Em seu livro *Geografia da fome*, o professor Josué de Castro dedicou algumas páginas, talvez até mesmo as mais patéticas, ao problema das relações entre o messianismo ou pelo menos entre o fanatismo religioso e a fome. Conforme ele mesmo afirma, é claro que não se pode chegar ao limite de atribuir às fomes periódicas que devastam o sertão uma ação determinante e exclusiva sobre a formação de dois dos tipos sociais mais célebres do Nordeste, "seus bandidos sanguinários (*cangaceiro*s) e seus peregrinos fanáticos", mas ele demonstra que é necessário levar em conta os fatos ligados à fome se quisermos compreender esses tipos. Queremos neste estudo fazer algumas considerações, nessa perspectiva, sobre as relações entre a fome e o messianismo.

Parece-nos que a análise desta relação deve ser feita no contexto de uma sociologia e de uma etnologia da fome. As bases dessa ciência já existem e convém recordá-las. Sorokin estabeleceu que "por maiores que sejam os

---

* O texto consta do livro de homenagens a Josué de Castro, *O drama universal da fome*, Rio de Janeiro, 1958.

obstáculos a transpor — para obter alimentos — maior é a proporção de ações no conjunto da conduta humana para os conseguir", e essa variação de condutas individuais, por sua vez, "torna compreensíveis as transformações que se notam no âmbito dos fenômenos sociais, quando uma parte considerável da população é subalimentada ou padece de uma agravação de seu estado devido à falta de alimentação". Após estabelecer esses princípios, Sorokin enfatiza que sempre existem diversas soluções para uma mesma situação de fome: invenção de novos métodos de produção de alimentos, aumento da importação de víveres, emigração de uma parte da população, aumento dos crimes contra a propriedade, revolução violenta tendo em vista apropriar-se da riqueza ou invasão de países estrangeiros, controle governamental do consumo alimentar.[1] Os fatos corroboram perfeitamente a teoria de Sorokin. Foi assim que a fome fez crescer na Alemanha os crimes contra a propriedade, ao passo que na Rússia ela contribui somente para aumentar as formas individuais ou coletivas da mendicidade.[2] Esta será a primeira regra de nossa sociologia da fome: a resposta social à fome varia segundo as civilizações.

A etnografia e o folclore, no entanto, nos mostram a primordial importância da alimentação nas sociedades denominadas "primitivas" e nas camadas populares ou campesinas das sociedades "civilizadas". A importância, por exemplo, da magia da caça ou da pesca entre os povos coletores, assim como os ritos agrários entre os agricultores, é o indício da ansiedade dos nativos diante das perspectivas da fome. As festas aparecem frequentemente como uma redistribuição de víveres,[3] e o status social é estreitamente ligado à posse de reservas alimentares abundantes.[4] Poderíamos multiplicar, se quiséssemos, todas as instituições que são ligadas a essa ansiedade dos primitivos diante da ameaça da fome.[5] O próprio totemismo não escapa a essas considerações. Certos autores veem nele um instrumento que permite a manutenção dos recursos alimentares graças à criação de tabus complementares.[6] O folclore nos põe na presença dos mesmos fenômenos: a importância da coleta de provisões alimentares, de uma lavoura à outra, para sua redistribuição através da comunidade; a festa definida como banquete ou distribuição de alimentos; o status social ligado ao *potlach* alimentar etc.[7] O folclore de nossa sociedade de classes nos permitiria até mesmo, mediante provérbios, discernir um primeiro tipo de luta de classes sob a forma da luta das "barrigas vazias" contra as "barrigas cheias".

Tomamos de empréstimo à teoria de Kardiner, a terceira base de nossa sociologia da fome. Sabemos que Kardiner partiu de Freud, mas ele estabeleceu que: 1º) a necessidade de um alimento não podia ser confundida com a libido oral — em consequência, ao lado das frustrações eróticas, existem frustrações alimentares; 2º) o que distingue as diversas culturas é justamente a diversidade das frustrações que elas impõem ou que a natureza ambiente impõe — entre os povos primitivos, as frustrações alimentares predominam, enquanto que entre nós as frustrações sexuais são as mais importantes; e 3º) essas frustrações pertencem àquilo que Kardiner denomina as "instituições primárias" — as consequências dessas frustrações pertencem ao campo das "instituições secundárias".[8]

A partir dessas colocações, podemos estabelecer a natureza das relações entre o messianismo e a fome. O messianismo é uma das projeções fantasistas que Kardiner denomina "instituições secundárias". Desde então ele pode, pelo menos em certos casos, ser ligado a uma frustração alimentar. Chegaríamos a conclusões análogas se examinássemos uma área vizinha do messianismo, a das utopias. Pode-se notar que a preocupação com uma alimentação boa e equitativa exerce grande influência sobre as utopias. Ainda não damos a importância que ela merece sob esse aspecto porque até agora nos preocupamos apenas com o conteúdo político das utopias. No entanto, o aspecto igualitário dessas construções do espírito, o aspecto da "sociedade sem classes" que essas construções assumem em geral, são ligados à distribuição dos alimentos: "Não se pode acreditar", diz Thomas Morus, "que alguém exija aquilo que está além de suas necessidades." Por que aquele que tem a certeza de que nada lhe faltará haveria de se preocupar com possuir algo situado além de suas necessidades? E esse "nada" corresponde particularmente às necessidades alimentares, como demonstram as refeições feitas em comum em um grande número de utopias, às quais é preciso acrescentar a descoberta da dietética por Campanella em sua *Cidade do sol* ("cardápio preparado pelos médicos"), a ciência posta a serviço da alimentação por Francis Bacon em sua *Nova Atlântida* (produção de novas espécies vegetais, aceleração da vegetação de árvores frutíferas, descoberta de sucedâneos alimentares).[9] No entanto, a ansiedade diante da fome explica somente certas utopias ou certos aspectos das utopias, do mesmo modo que só pode explicar certos tipos ou aspectos do messianismo.

Quais? É aqui que os dados da etnografia ou do folclore nos serão da maior utilidade. Eles tendem, com efeito, a mostrar-nos que as frustrações alimentares têm mais chances de provocar movimentos messiânicos quando estivermos na presença de povos mais primitivos ou de classes sociais mais desfavorecidas. Max Weber encontra traços de messianismo nos mais heterogêneos grupos sociais, desde os camponeses até os mercadores.[10] É que o messianismo pode responder às mais diversas frustrações e não existe grupo humano que não seja suscetível de sentir-se, em um ou outro plano, frustrado por alguma coisa.

Enfim — e é isso que apreendemos de Sorokin —, o messianismo é apenas uma das soluções possíveis para a ansiedade alimentar. Existem muitos povos que têm fome e poucos que acreditam em messias. Isso quer dizer, como notou Josué de Castro no texto a que nos referimos, que a fome não é o fator exclusivo do messianismo, mesmo quando é um de seus fatores. É necessário que atuem outras condições que ainda considero mais importantes: a existência de uma mitologia apropriada (que seja emprestada ou autóctone)[11] ou a impossibilidade de encontrar uma solução política para resolver a frustração, o que leva a procurar uma solução religiosa para ela. No entanto, se a sociologia da fome que acabamos de definir nos fornece o limite em cujo interior devemos estudar a relação messianismo-fome, ela nos fornece apenas o limite. Ela nos mostra somente, por um lado, que o messianismo é apenas uma das soluções possíveis para o problema da fome, o de certas civilizações bem-determinadas, com mitologia especial, e com uma solução política bloqueada e, por outro lado, que existem outros messianismos possíveis que não o da fome. Assim sendo, ela não nos exime de uma análise mais detalhada dessa relação.

Devemos, em todo caso, partir da distinção entre os messianismos da fome e aqueles que respondem a outras frustrações. O exemplo mais conhecido dos messianismos da fome é o dos pawnees, ameaçados até o limite da fome devido ao extermínio da caça, ao desaparecimento dos bisões e à apropriação da água pelos brancos. É preciso acrescentar que doenças como a varíola e a tuberculose causaram devastações terríveis naquela população subalimentada. A *ghost dance* [dança dos fantasmas], que se propagou em 1880 entre as diversas tribos da pradaria, com seu mito do retorno ao Paraíso ancestral, é a resposta messiânica a essa situação de privação.[12] Todavia, a ideia de alimentação se associa mais geralmente a uma outra ideia, a alimentação adquirida sem o trabalho. Os nativos da Nova Bretanha falavam, entre 1920 e 1930, de uma era do ouro na qual "as montanhas que os rodeavam desceriam até os vales, formando assim uma vasta planície onde jardins e árvores frutíferas produziriam tudo, por si mesmas, sem que fosse necessário cultivá-las. Os porcos abatidos em épocas anteriores ressuscitariam...". O culto do Cargo, na Nova Guiné, corresponde à mesma aspiração, a do navio misterioso que traz de mares longínquos alimentos e os segredos dos brancos. Em certa medida, também é possível considerar a ação da subalimentação na transferência de seitas messiânicas ou milenaristas, de origem inglesa ou alemã, para a América, considerada a terra onde a vida é fácil.[13]

O que nos interessa no momento é saber se a fome não intervém, sob uma forma agora oculta, em outros messianismos, aqueles que não exprimem no conteúdo de seus sonhos ou de suas promessas uma angústia alimentar. É aqui que a análise de Josué de Castro sobre os movimentos do Nordeste da seca se torna particularmente sugestiva, pois ela mostra:

1º) a importância dos estados de subnutrição e das carências alimentares na eclosão de certas neuroses características daqueles que conduzem o messianismo; e 2º) a importância desses mesmos estados na propensão à sugestionabilidade da massa que os segue. A comparação que esse autor estabelece entre o "fanatismo" daquela região do Brasil e as "epidemias místicas" da Idade Média é realmente significativa, se tivermos em mente que aquelas epidemias desapareceram ao mesmo tempo que se elevou o nível de vida da classe camponesa na Europa. Em relação a essa análise, o sociólogo não deve esquecer a seguinte regra: todas as vezes em que estiver na presença de um movimento messiânico ele não deverá contentar-se em estudar seu conteúdo manifesto, em detectar suas causas sociais (encontro de civilizações, desestruturação da comunidade etc.), mas sempre procurar saber qual é o regime alimentar da etnia, suas deficiências, a possível ação fisiológica de determinadas carências. O conteúdo manifesto talvez não revele esse fator, pois as pessoas se acostumam com a fome. Os fatores sociais também são aqueles percebidos com facilidade. No entanto, a ação insidiosa das carências alimentares vai além desses conteúdos e causas sociais para facilitar seja a neurose que oferece um espaço para o delírio, seja a sugestionabilidade da multidão.

Josué de Castro não se refere apenas aos efeitos psicológicos. No entanto, podemos perguntar se a fome também não age por meio das revivescências que ela suscita. Pensamos nas dificuldades do desmame, no complexo de separação ou de perda da mãe. Assim, o messias seria o pai que alimenta em substituição à mãe deficiente. Mencionamos a importância, no culto do Cargo, do sentimento de dependência em relação à metrópole (os missionários anglo-saxônicos) ou em relação às nações estrangeiras (os Estados Unidos, que enviavam alimentos em conserva a seus soldados durante a guerra, os quais os doavam em parte aos nativos).

Existe ainda outro aspecto da ligação messianismo-fome que não devemos esquecer. Se não tivéssemos a intenção de o fazer, a Bíblia nos faria lembrar, quando fala do maná, distribuído por Deus a seu povo que errava no deserto em busca da Terra prometida. Os homens que tomam parte de um movimento messiânico vivem na esperança de um mundo melhor, é verdade, mas, enquanto esperam, têm necessidade de comer. Existe assim um aspecto econômico ao qual o messias deve dedicar sua atenção se não quiser que seus discípulos percam a fé. Uma descrição do messianismo que deixasse de lado esse aspecto econômico não teria maior valor do que aquela que evocasse as campanhas militares de Napoleão sem mostrar que o gênio desse grande estrategista se situava menos na arte de vencer do que na arte de organizar a intendência ou, em um contexto mais próximo do nosso, a descrição que abordasse as ordens religiosas místicas sem levar em consideração sua estrutura econômica.

O messianismo divide a humanidade em dois grupos: os crentes e os outros. Os crentes já estão fora do mundo atual, preparam por meio de seus ritos e preces a *Cidade* futura. Toda a sua atividade deve ser concentrada naquilo que é essencial e, em consequência, caberá aos "outros" nutrir a pequena elite de fiéis. Decorre desse fato a solução da mendicidade, quando o grupo é muito restrito. Quando, ao contrário, ele se amplia, ocorre a pilhagem dos bens dos céticos. A organização dessa pilhagem aparece com clareza no Brasil nos movimentos como os de Canudos e do Contestado.

Existe outra técnica alimentar que se acrescenta frequentemente à primeira solução, sobretudo entre os árabes e os cristãos: a do jejum. A representação que se faz do jejum pode variar. Algumas vezes era análoga àquela que os tupis-guaranis tinham da dança messiânica, tornar o corpo mais leve para que ele pudesse elevar-se à Terra-Sem-Males. A alimentação torna o corpo pesado e o impede de atingir o estado angelical. Outras vezes o jejum é considerado uma preparação ascética para o Apocalipse e tem como objetivo fazer com que o crente "mereça" sua entrada na Nova Jerusalém. Esses casos são uma consequência do fato de que o crente não tem tempo de trabalhar para nutrir seu corpo, uma vez que há algo mais urgente a ser feito. Entretanto, quem não vê que a verdadeira finalidade do jejum, consciente ou inconsciente, é fornecer ao líder uma solução para o problema da alimentação do grupo que o segue, restringindo-a ao mínimo?

É claro que essa solução conduz à subalimentação, propícia à eclosão de novos fenômenos místicos, formando um verdadeiro círculo vicioso, no qual o messianismo corresponde à subalimentação primária do grupo, e esse messianismo, por sua vez, perpetua e intensifica a subalimentação.

Concluindo essas considerações em torno do tema messianismo-fome, não devemos esquecer que o messianismo é, antes de tudo, uma espera, que se prolonga com frequência durante muito tempo. Então é necessário que o messias proporcione a seus fiéis certo número de satisfações, sem as quais o movimento correria o risco de desagregar-se muito rapidamente. Maria Isaura Pereira de Queiroz foi a primeira a chamar atenção para o caráter de festa do messianismo no Contestado,[14] porém, até mesmo os movimentos mais pessimistas, mais ascéticos como o de Canudos, apresentam momentos destinados a oferecer uma satisfação positiva às necessidades humanas e antes de tudo à necessidade de comer bem.

Falando do folclore, dissemos que um dos elementos da festa é a distribuição igualitária dos alimentos e seu consumo em comum, em oposição à produção que sempre é mais ou menos desigual, segundo as famílias dos produtores. A pilhagem dos bens dos céticos realiza esse momento de "comilança farta" que define a festa, e podemos acrescentar que os alimentos assim distribuídos foram adquiridos por acréscimo, sem trabalho.

3

O messianismo inconcluso

Todos aqueles que tentaram definir o messianismo e descobrir os fatores ou as condições de seu surgimento naturalmente estudaram primeiramente os movimentos messiânicos que foram bem-sucedidos. Podemos nos perguntar se não seria um bom método, daqui por diante, direcionar a pesquisa para os movimentos que fracassaram. Seria uma espécie de contraexperiência, que obedeceria à regra clássica: *sublata causa, tollitur effectus.* Com efeito, a dificuldade que os estudiosos da sociologia religiosa encontraram em suas pesquisas é que os movimentos messiânicos irromperam em sociedades complexas, nas quais muitas variáveis poderiam ocorrer, sem que fosse possível saber, já que elas eram inextrincavelmente ligadas, quais eram aquelas (no singular ou no plural) em que preponderavam: a existência de uma mitologia especial, a existência de um povo-pária, choques de civilizações diferentes ou de classes sociais... Não pretendemos nestas resumidas linhas fazer um estudo exaustivo dos movimentos messiânicos que não se concluíram no Brasil, mas apenas contribuir com alguns documentos para mostrar o interesse que um semelhante tipo de pesquisa apresenta.

Nosso ponto de partida é a existência de um messianismo negro na América do Norte (com o Pai Divino, por exemplo) e de um messianismo africano, em particular entre os bantos. Por que então os negros do Brasil, que eram em grande maioria de origem banto, e que conheceram a escravidão e depois a subordinação racial, que ainda ocupam em muito grande maioria os estratos mais baixos da sociedade, não inventaram, eles também, um messianismo?

E isso na medida em que encontramos fantasias messiânicas entre alguns deles e que no mesmo país os caboclos do interior, cujo status econômico não era superior, criaram muitas vezes vastos movimentos messiânicos, como aqueles descritos por Maria Isaura Pereira de Queiroz.

Primeiro caso: **Febrônio** (loucura mística)

Mestiço escuro, filho de negro com cabocla, nascido no estado de Minas. Profissão: açougueiro.

Fugiu da família ou, mais exatamente, de seu pai, violento e tirânico, que o espancava, e, após perambular por diversas cidades, chegou ao Rio de Janeiro, onde teve sua primeira visão. "Uma moça branca, de longos cabelos dourados, que me disse que Deus não tinha morrido e que eu teria a missão de divulgar esse conhecimento para o mundo. Nesse sentido, eu deveria escrever um livro e tatuar crianças com o símbolo D.C.V.X.V.I., que significa Deus vivo, mesmo tendo de recorrer à força."

Decorrido algum tempo, uma segunda visão: um dragão da cor do fogo tenta conquistá-lo, oferecendo-lhe dinheiro e glória se ele abandonasse a missão que lhe havia sido confiada. Diante de sua recusa, o dragão o ameaça com a morte, dizendo que já tinha matado Cristo e João Batista. Atira-se em cima dele e quebra seus ossos.

Naquele mesmo instante a jovem branca reaparece e ordena que ele compre uma espada para matar o dragão, mas, para ser vitorioso, antes ele deveria tatuar dez pessoas com as letras simbólicas. Então poderia matar o dragão, dominar o mundo, diminuir a luz do dia, fazer chover à vontade.

Febrônio escreve o livro que lhe foi recomendado, *Revelações do príncipe do fogo*, em que ele se considera o tabernáculo de Deus, mas é preso ao tentar tatuar menininhos em caminhos desertos.

Trata-se de um "louco", paranoico, como aqueles que ainda se encontra em asilos da Europa, porém mais em asilos da América do Sul. Entretanto, não foi por causa de sua loucura que ele não angariou discípulos. Muitos messias brasileiros que foram bem-sucedidos, a exemplo de Antonio Conselheiro, eram casos de psiquiatria, e mesmo em Paris o pastor Monod, estudado pelo doutor Revault d'Allones, conseguiu convencer alguns de seus fiéis de que ele era o Cristo ressuscitado. No entanto, vemos os negros participar de todos os grandes movimentos messiânicos brasileiros, porém jamais como chefes ou criadores, sempre como "seguidores". Um exemplo nos bastará:

Segundo caso: **Lourenço**, de Juazeiro

Um caboclo deu de presente ao padre Cícero um boi mestiço de zebu, e o negro José Lourenço, da Irmandade dos Penitentes, foi encarregado de cuidar do animal. Um amigo de Lourenço "prometeu" dar ao boi um feixe de feno em retribuição a uma graça por ele solicitada. Infelizmente, a seca o impediu de cumprir sua promessa. Então Lourenço vai roubar um punhado de feno, mas o boi não aceita. É um milagre! Em consequência, o boi se torna um animal sagrado, objeto de muitas superstições, e Lourenço, na medida em que é seu protetor, se torna uma espécie de padre. Após a morte do padre Cícero era a ele que se dirigiam numerosos doentes; ele os curava através da imposição das mãos. Alguns desses doentes que foram curados doaram a Lourenço todos os seus bens. Ele os mantinha perto de si, para que cultivassem suas terras, aos quais deu novos nomes: "São José", "Anjo da Guarda", "Arcanjo Gabriel" etc. A polícia, ao tomar conhecimento daquele grupo de fanáticos, tentou um ataque, mas os policiais foram recebidos com uma saraivada de tiros de fuzil e somente um deles conseguiu escapar da morte. Lourenço, temendo um segundo ataque, embrenhou-se no sertão com seu grupo de fiéis. Durante a caminhada, as pessoas que se recusassem a integrar o movimento eram mortas, mas aqueles que eram atraídos pelo apelo místico do amigo do padre Cícero eram bem-recebidos. Deviam abandonar tudo, pois o dia do retorno do padrinho se aproximava. Podiam manter unicamente as provisões de arroz que acaso tivessem (alimento puro); daí em diante não poderiam mais comer farinha de mandioca. A polícia, que estava no encalço do bando, a cada dia um pouco mais numeroso, conseguiu surpreendê-lo. Trezentos "fanáticos" foram mortos, algumas mulheres e crianças foram presas, mas Lourenço desapareceu. De cem a duzentos fiéis também conseguiram fugir.

Aqui estamos muito próximos dos movimentos messiânicos tradicionais do Brasil. Porém, tanto quanto saibamos, Lourenço não se proclama Messias, somente dá continuidade ao movimento do padre Cícero. Ele é apenas São João Batista, quando voltar à terra. Na medida em que é bem-sucedido, Lourenço também não inventa um messianismo negro; seu exército é composto por caboclos. Trata-se de um movimento de compensação psicológica, de um negro geralmente ridicularizado pelos brancos e que consegue impor-lhes seu domínio. Frágil domínio. No primeiro fracasso militar, seus seguidores debandam e ele desaparece para sempre. Alguns afirmam que ele mora numa grande cidade onde conseguiu juntar o dinheiro que roubou ao longo de sua peregrinação pelo sertão.

O maior dos "profetas" negros do Brasil é João de Camargo, porém sua história é muito sintomática, pois seu messianismo evoluiu em direção à constituição de uma Igreja "estabelecida".

Terceiro caso: **João de Camargo**

Nasceu no estado de São Paulo. Sua mãe era uma negra benzedeira e um pouco "feiticeira". Pai desconhecido. Escravizado durante a infância, após sua libertação trabalhou como empregado doméstico numa fazenda e depois numa olaria. Em 1906 foi acender uma vela no pequeno oratório que indicava o local em que o menino Alfredo morreu devido a um acidente provocado pela queda de um cavalo. Foi quando teve sua primeira visão, a do menino, que lhe disse:

> *Você nasceu de novo, João*
> *E porque você é humilde*
> *Vou te dar minha proteção*

A segunda visão ocorreu um pouco mais tarde, a da Virgem, que ordenou que ele construísse uma capela. A terceira visão foi numa montanha: um menino branco, uma mulata e um negro, que ele identificou como sendo o Menino Jesus, Nossa Senhora da Aparecida e São Benedito, o Mouro. São Benedito anunciou que ele havia sido escolhido devido a sua cor "para mostrar ao homem o poder de Deus".

Então Camargo constrói a capela, cura os doentes e seu sucesso é tão grande que pouco a pouco sua capela se transforma numa grande Igreja que se torna o centro de uma aldeia. O culto que ele organiza ali parece ser, de acordo com um estudo realizado por Florestan Fernandes, uma mescla de catolicismo, espiritismo e litolatria africana, mas suas revelações mudam no decorrer do tempo. Recebe, no início, espíritos de santos, e existe aí um misticismo curioso, pois trata-se de uma possessão por santos católicos, exatamente como os africanos são possuídos por suas divindades, depois pelo Espírito Santo, em seguida por Deus, e, finalmente, no término de sua vida, ele encarna a Igreja que, em seu pensamento, parece estar acima do próprio Deus e que seria algo como uma totalização de todos os santos, das almas dos vivos e dos mortos e do próprio Deus. É essa "Igreja" que o envia para a cidade portuária de Santos a fim de lá receber numa montanha "todos os segredos do mundo e da Igreja". Munido desses "segredos", João de Camargo se considera o Deus que desceu na terra, mas, se o messianismo surge aos poucos em suas visões e diversas revelações, ele não acarreta vastos movimentos de multidões migratórias, de massas combatentes e rezadeiras. Seu messianismo logo é submergido por outro elemento, o da organização da Igreja, de fundador de uma seita religiosa. Ele não percorre o sertão como os "profetas" caboclos, mas aguarda em sua Igreja que os fiéis venham rezar para ele e pedir a ajuda de seus milagres.

Poderíamos multiplicar os casos de messianismos inconclusos, porém é mais interessante estudar um último movimento, no qual vemos aparecer também os estágios incipientes de um pensamento ou de uma sensibilidade messiânica, desta vez coletiva e sem líder, que também não se realiza, que tem a configuração de uma Igreja constituída.

Quarto caso: os elementos messiânicos no **espiritismo de umbanda**

A religião messiânica se transformou no Rio de Janeiro, deixando-se penetrar pelo espiritismo e disso nasceu uma nova religião, um espiritismo negro oposto ao espiritismo de Allan Kardec ou espiritismo branco. Essa nova religião, que está se criando e cujo sucesso é fulminante (um a dois milhões de adeptos, de todas as cores, aliás) em todo o sul do Brasil, abriga certos ressentimentos da classe baixa racializada e nela podemos encontrar, em um caos de ideias ainda contraditórias, estágios incipientes de messianismo.

O espiritismo de umbanda é atacado pelos kardecistas, pois seus médiuns não recebem espíritos de brancos, mas espíritos de ameríndios e de africanos, julgados "inferiores ou atrasados". Estamos diante de um preconceito racial e os negros da umbanda julgam, ao contrário, que os negros que sofreram a violência de seus senhores e as injustiças dos colonizadores devem, após a morte, tornar-se espíritos de luz, mais do que os brancos, pois o sofrimento santifica. A partir disso, elabora-se um novo mito, o do negro como imagem moderna de Cristo: sofreu como ele, foi crucificado ou pelo menos preso num tronco, foi açoitado, mutilado e reage a todas essas torturas retornando à terra a fim de praticar o bem — e não apenas em relação a seus irmãos de cor, mas também em relação aos brancos, aos descendentes daqueles que fizeram sua carne sangrar e corromperam sua alma.

No entanto, esses estágios incipientes de messianismo se diluem em um conjunto doutrinário bastante heterogêneo, que provém da própria heterogeneidade étnica de seus seguidores e do fato de que o espiritismo de umbanda, cada vez mais sob a liderança de mulatos e de brancos, tende mais à organização de uma Igreja multirracial do que à criação de um movimento reivindicatório.

Em todo caso, esses poucos exemplos bastam para mostrar que no Brasil os negros não puderam elaborar um messianismo autêntico, conforme aconteceu nos Estados Unidos e sobretudo na África.

Podemos perguntar, antes de mais nada, se isso não se deve à mitologia dos africanos. Enquanto os indígenas imaginam que as forças cósmicas se enfraquecem e acreditam em um Apocalipse, os africanos, por meio de seus rituais de prestação e contraprestação entre os homens e os deuses, mantêm estável o equilíbrio das forças. O sacerdote torna o Messias inútil. Um messianismo negro só pode nascer quando a aculturação ultrapassa essa mitologia, mas ainda assim é preciso que ela seja substituída por outra. Ainda que atualmente certos messianismos partam do catolicismo, sabemos que é, em geral, nos meios trabalhados pelas missões protestantes, que o messianismo se desenvolve. A leitura da Bíblia fornece os elementos mitológicos do movimento. Ora, no Brasil encontramos negros que permaneceram fiéis a suas religiões originárias, com os mesmos rituais de prestação e contraprestação, bem como negros católicos. No entanto, o artigo de Maria Isaura Pereira de Queiroz não nos permite ficar apenas nessa primeira hipótese porque o catolicismo — pelo menos o catolicismo rural — pode fornecer uma base ideológica para o messianismo dos caboclos.

Podemos perguntar, em segundo lugar, se a mentalidade africana não seria refratária à mentalidade messiânica, a não ser em situações de extrema "privação". Observou-se há muito tempo que essa mentalidade era muito mais próxima da mentalidade prática dos anglo-saxões do que da mentalidade mística dos orientais. No Brasil, o negro não dirige os movimentos messiânicos e se neles intervém é na qualidade de organizador. No entanto, quando integrados à comunidade nacional sem que uma linha de cor institucionalizada funcione para os separar dos outros brasileiros, os negros se encontram em grande maioria no patamar mais baixo da escala social e começam a sentir seu estado de "privação".

Devemos então recorrer a uma explicação sociológica para compreender o fracasso do messianismo em estágio incipiente, seja entre os doentes mentais como Febrônio, entre líderes como João de Camargo ou em criações coletivas como o espiritismo de umbanda. Se é verdade que as relações raciais oscilam entre um polo paternalista e um polo concorrencial, diríamos que o messianismo se desenvolve somente pela tomada de consciência da concorrência das raças, tendo em vista os postos de comando da sociedade. Com efeito, o paternalismo: 1º) institui relações inter-humanas contínuas e afetuosas entre dominados e dominadores — o negro, sob condição de aceitar sua subordinação, é defendido, protegido, ajudado em caso de necessidade e tratado amistosamente pelo branco em encontros públicos; e 2º) o paternalismo abre caminhos de ascensão social por meio do "apadrinhamento" para uma minoria de homens de cor, aqueles que, segundo a expressão popular, "têm alma branca". Essa ascensão é controlada em todas as suas etapas pelo branco. O possível ressentimento do negro então é rompido pelo fato de que a barreira jamais é fechada e que essa barreira é feita de amor e não de ódio. Porém, quando a ascensão social dos negros ocorre enquanto grupo total e não enquanto indivíduos previamente selecionados pela classe dirigente, e essa ascensão começa a tornar-se perigosa para o grupo branco, então as relações raciais se tornam concorrenciais. O espiritismo de umbanda, que nasceu nas grandes cidades industrializadas, constitui um exemplo desse messianismo concorrencial. Talvez pudéssemos encontrar termos de comparação na África estudando: 1º) a cronologia dos movimentos messiânicos; e 2º) comparando as colônias portuguesas com outras colônias.

O MESSIANISMO INCONCLUSO

No entanto, até mesmo esse messianismo concorrencial permaneceu no Brasil em estado incipiente, não se desenvolveu. Torna-se necessário, portanto, complicar nossa hipótese. Balandier mostrou que o messianismo era a única forma possível de protesto anticolonialista quando o protesto político era impotente. Encontramos no Brasil dois fatos que confirmam essa sugestão. O espiritismo de umbanda surgiu ou em todo caso alcançou sucesso após o fracasso de uma resistência política e organizada dos negros, a Frente Negra Brasileira (FNB), formada, como todos os partidos políticos, por Getúlio Vargas no momento de sua "ditadura". Então o protesto só poderia ocorrer nos limites da linha religiosa. Em segundo lugar, se as pessoas racializadas se encontram econômica e socialmente numa situação de inferioridade, no plano jurídico e político elas são iguais aos brancos (existência de leis contra a segregação) e, em consequência, o protesto político sempre pode se manifestar (após a queda de Vargas surgiram diversas associações de negros e elas tentaram organizar federações).

Em suma, chegaríamos à seguinte conclusão provisória: para que um messianismo negro triunfe é preciso surgir um regime de concorrência racial e é preciso que o negro tenha a impressão de que essa concorrência não se exerce livremente, que uma barreira legal impede seu funcionamento — regime de castas, estatuto colonial etc. No Brasil, o negro certamente se sente cada vez mais frustrado, mas não existe nele barreira "visível" e há canais de ascensão sempre abertos. Ele se sente frustrado e é por isso que existem estados incipientes de messianismo. Porém o negro pode ascender tornando-se o chefe de uma seita religiosa que ele organiza graças a sua inclinação por aquilo que é prático ou tornando-se o "brilhante auxiliar" de um profeta caboclo — e é por isso que, na sequência, o messianismo se dissolve.

Essas são apenas algumas observações preliminares que seria necessário completar por meio de outros estudos de movimentos análogos e igualmente inconclusos. Elas não têm a intenção de proporcionar uma reflexão definitiva, mas apenas mostrar o interesse de semelhante tipo de pesquisa.

4

Messianismo e desenvolvimento econômico e social*

Está na moda o problema das relações entre a religião (ou as religiões) e o desenvolvimento dos países subdesenvolvidos ou, por exemplo, as formas democráticas, socialistas, de desenvolvimento. Há alguns anos essa questão ocasionou numerosos estudos do Centro Ecumênico das Igrejas e, mais recentemente, um debate da Organização das Nações Unidas para a Educação, a Ciência e a Cultura (Unesco). Ela não pode ser resolvida cientificamente a partir de uma definição da religião, que será forçosamente subjetiva, e ainda assim deixando de lado todas as dificuldades do conceito de desenvolvimento, tão sobrecarregado de valorizações e de etnocentrismo que nos fazem sentir falta do conceito muito mais científico de aculturação. Tudo o que o sociólogo pode fazer é examinar os diversos tipos de correlação que se estabelecem *de fato* entre tal ou tal fenômeno religioso e entre tal ou tal forma de desenvolvimento. Esta não é uma tarefa fácil, aliás, porque tais correlações variam conforme as situações globais em cujo

---

* Artigo publicado em *Cahiers Internationaux de Sociologie*, n. XXXII, 1961.

interior elas se exercem, e essas situações, por sua vez, se modificam no decorrer do tempo. O que queremos fazer neste artigo, de uma maneira sem dúvida ainda um tanto esquemática, é procurar, a propósito de fatos do messianismo, uma dessas correlações ou, mais exatamente, perceber as grandes linhas de um método susceptível de servir de base para essa busca.

Ao falarmos do messianismo — ou, como se prefere dizer hoje em dia, do milenarismo — não pretendemos nos referir apenas ao messianismo colonial. Seu exame, porém, é tão mais interessante na medida em que pode permitir, em seguida, uma comparação frutífera entre as formas históricas do messianismo e controlar, assim, certas hipóteses de Marx, de Engels ou de seus discípulos, que hesitam entre dois conceitos, um deles o de justificativa (o messianismo foi a única forma possível de resistência, dado o regime da produção agrícola, e permitiu uma primeira tomada de consciência dos grupos explorados em relação a seus exploradores). O outro conceito é o de condenação (o messianismo, ao desviar a resistência dos grupos explorados do terreno da luta material a fim de situá-la no terreno dos mitos religiosos, retardou o surgimento da luta de classes, submergindo-a em pantanais teológicos). Esses dois conceitos não são forçosamente contraditórios, podem muito bem ser complementares. Assim sendo, não abordaremos o confronto entre os dados da história e os dados da etnografia. Será verdade que o messianismo não aparece entre os povos caçadores e coletores, mas irrompe somente com o surgimento da agricultura, conforme alguns sustentam? Essa busca nos levaria longe demais, na discussão de casos precisos, como o dos guaranis, por exemplo, cujo messianismo é anterior à colonização e que, em consequência, escapam a nosso tema, tal como acabamos de o delimitar. Mesmo assim acreditamos que na sequência de nossa discussão surgirá certo número de possibilidades de comparação entre as concepções marxistas e os messianismos coloniais. O leitor dará conta delas facilmente.

Antes de abordarmos a questão das relações entre o messianismo e o desenvolvimento, é preciso antes de mais nada recordar brevemente a evolução sobre a questão. O messianismo foi considerado inicialmente um fenômeno patológico. Não somente insistia-se nas visões, nos transes e em tudo aquilo que poderia levar a julgar desequilibrados aqueles que os manifestavam, mas também nos efeitos da predicação messiânica ou milenarista: revoltas sangrentas, suicídios coletivos, devaneios aparentemente quiméricos. É que esses primeiros estudos foram mais realizados por missionários, administradores coloniais e médicos do que por etnólogos ou sociólogos. O messianismo era definido como uma caricatura do cristianismo, definido, por sua vez, como o melhor método de ocidentalização dos espíritos (ver, por exemplo, a conclusão do livro de R. Allier sobre *La Psychologie de la conversion*) ou, ainda, como um sincretismo religioso entre elementos cristãos e elementos pagãos. Isso acarretava um retorno a uma mentalidade arcaica e, em consequência, freava o desenvolvimento intelectual, ainda definido pela ocidentalização dos povos subdesenvolvidos. Os administradores viam nessa mentalidade a recusa ou a impossibilidade, por parte dos nativos, de integrar-se a novas formas de economia, mais produtivas, uma recusa do esforço como criador de riquezas. Os médicos denunciavam a existência de grupos de doentes como um perigo para a saúde mental de toda uma população, na sequência de fenômenos de contágio então na moda em psiquiatria.

Entretanto, no decorrer desses últimos anos, houve uma mudança radical e isso se deveu a uma simples mudança de perspectiva, não mais sob o ponto de vista do colonizador, mas sob o ponto de vista do colonizado. Tentava-se compreender suas motivações e examinavam-se os efeitos dos movimentos messiânicos sobre o próprio regime da colonização. O nome de Balandier está ligado na França a essa mudança de perspectiva. Seus livros e artigos sobre o que ocorreu entre os bakongo evidenciaram o papel do messianismo como forma de resistência ao domínio e exploração dos povos colonizados pelos colonizadores quando o caminho da resistência política se fecha e existe somente o caminho religioso que o protesto pode seguir. Seus livros também nos mostram como o messianismo, ao reagrupar os indivíduos indo além do pertencimento a clãs que se fragmentam na sociedade colonial, nas bases de adesão a uma fé individual, preparava o nacionalismo, inaugurava uma nova ordem e reestruturava uma sociedade desestruturada. Assim, Balandier via no messianismo não aquilo que nele se via sobretudo outrora — um desregramento da imaginação, um efeito da função fabuladora —, mas uma resposta, e uma resposta adequada a uma situação real. Reencontramos ideias análogas a propósito de outros movimentos messiânicos em outras partes do globo. Fred Voget fala de movimentos de adaptação a novos estímulos trazidos pelos brancos e A. Wallace se refere ao ajustamento de antigos valores a novas necessidades. Certamente, como diz Worsley a propósito do culto do Cargo, os Mortos voltam, espera-se seu retorno próximo e salvador, mas eles não retornam como papuas, mas como brancos, isto é, com as técnicas, os conhecimentos e o poderio dos brancos. Isso faz com que esse culto não seja unicamente a expressão de traumatismos, mas é também uma tentativa de solução a solicitações a novas necessidades: como beneficiar-se dos bens trazidos pelos europeus escapando, entretanto, e ao mesmo tempo, do controle por eles exercido? Sem dúvida, ao adotar-se essa solução, são utilizados mitos nativos como o do herói cultural ou o do país dos ancestrais. Nós também recorremos às nossas experiências antigas para resolver os novos problemas que podem se colocar para nós. Como vemos, em todas essas teorias o messianismo surge mais como um produto da razão do que da afetividade. Constitui uma interpretação raciocinada que segue caminhos análogos aos de nosso pensamento ocidental. O messianismo é uma hipótese construída sobre fatos reais, bem conhecidos de todos e do qual são extraídas regras de ação e uma prática.

Até mesmo no plano da vida religiosa parece delinear-se lentamente uma reversão de pontos de vista. Um Lanternari, por exemplo, vê no messianismo colonial não aquilo que se via outrora — uma caricatura do cristianismo —, mas, ao contrário, uma aplicação lógica do cristianismo às sociedades aborígenes. Para as comunidades que pensam mais no Nós do que no Eu, o cristianismo condena o antigo Nós e, nessa perspectiva, o messianismo constitui um esforço de redenção da cultura nativa (o que explica a importância dada à luta contra os "fetiches"), pois um negro não considera salvar o Homem sem salvar sua Cultura, já que em sua sociedade o homem sempre está integrado a uma cultura e não pode imaginar-se sem ela. Isso faz com que, no fundo, os nativos que não conhecem outros tipos de vida social que não seja o tipo comunitário pensem ser melhor a solução cristã a ser dada a seus problemas do que os missionários europeus, egressos de civilizações individualistas.

Essa reação de sociólogos e etnólogos contemporâneos foi salutar. Ela pôs em relevo os elementos positivos que tinham sido negligenciados antes deles. Podemos resumir suas conclusões: os messianismos ou milenarismos são menos movimentos de fuga e evasão do imaginário do que tentativas de resolução racional de problemas colocados pelo contato com os brancos. São, sem dúvida, movimentos sincréticos; porém, sincretismo deve ser encarado menos como um abastardamento de elementos europeus diluídos no fluxo de elementos tradicionais, vindos do passado mais longínquo, do que como um primeiro momento de aculturação, de aceitação de novos valores. São os elementos de mudança das mentalidades, de ocidentalização que se evidenciam nesse novo conceito do messianismo — profetismo, messianismo e milenarismo são atos de ruptura, não somente de ruptura com a sociedade europeia, mas também e ainda mais com a sociedade tradicional. Em definitivo, aquilo que se rejeita da Europa não foram os novos bens que ela trouxe, mas somente e em geral o sistema em cujo interior esse aporte ocorreu, isto é, o sistema colonial. É preciso acrescentar que esse novo conceito não minimiza os efeitos afetivos e traumatizantes, mas podemos ver esboçar-se entre certos antropólogos uma curiosa tendência a situar esses elementos traumatizantes mais no depois do que no antes, mais na ruptura com a sociedade tradicional do que na desestruturação causada pelo choque das civilizações. Com efeito, a nova ordem que se organiza sobre as ruínas do antigo exige uma ruptura com as antigas regras da exogamia e os profetas do mundo novo, assim como os mágicos de certas sociedades, devem violar antes de tudo o tabu do incesto, o que determina complexos de culpabilidade com todas as suas consequências traumatizantes.

Acreditamos que este resumo, por mais sucinto que seja, é suficiente para mostrar que do ponto de vista que é o nosso neste artigo — o das correlações entre o messianismo e o desenvolvimento econômico ou social — o messianismo, longe de ser um empecilho para o desenvolvimento, é, ao contrário, uma crise de crescimento para os povos subdesenvolvidos e, ao mesmo tempo, uma primeira tomada de consciência dos grupos párias, como diz Max Weber, uma primeira recusa do colonialismo, que se enfatizou anteriormente e é também um primeiro engajamento no caminho da transformação e da aceitação de novos valores econômicos ou sociais. No entanto, nesse movimento de reação, por mais justificado e necessário que seja, não fomos levados a subestimar os elementos negativos, a deixá-los um pouco demais na sombra? É a pergunta que devemos nos colocar.

A essa altura torna-se necessário fazer algumas observações preliminares. O problema das relações entre os fatores positivos e negativos do desenvolvimento do messianismo certamente não comporta uma solução geral. É preciso distinguir o messianismo colonial, o messianismo de "folk" e o messianismo urbano, aquele que é uma resposta à industrialização, à formação do proletariado ou à proletarização de certos setores da classe média. O mecanismo de "folk" surge como uma reação violenta a uma mudança imposta de fora visando manter o *status quo*, quer seja a reação da civilização do *sertão* brasileiro contra a civilização do litoral, do *sertão* monarquista e católico contra o litoral republicano e laico (Euclides da Cunha), seja a reação do Contestado, que foi a forma de resistência adotada pelo catolicismo "folclórico" e popular contra o catolicismo romano e urbano (Maria Isaura Pereira de Queiroz). Em todos esses casos o messianismo se opõe ao desenvolvimento, o impede ou o freia. O messianismo urbano, seja o messianismo ocidental que conhecemos bem na França através das pesquisas de H. Desroche, seja o messianismo negro dos antigos escravizados da América do Norte, apresenta fatores positivos de mudança, soluções originais e construtivas para as dificuldades econômicas, para a miséria, para a desestruturação das primeiras sociedades capitalistas ou para a depressão econômica. Devido a todos esses fatores foi possível compará-lo com o socialismo utópico, porém fazendo desse desenvolvimento de um grupo privilegiado o desenvolvimento de "eleitos" que se protegem do mundo definido como o domínio de Satã. Esses elementos positivos não poderiam tornar-se o levedo que atua sobre a massa do pão. Entenda-se que nossas reflexões sobre o messianismo colonial não devem ser generalizadas e aplicadas abusivamente às outras formas de messianismo.

O próprio messianismo colonial se apresenta sob mil formas. Tentou-se reduzi-lo a certos tipos, mas parece-nos que esses pretensos tipos são muito frequentemente momentos históricos do desenvolvimento messiânico, o que faz com que um mesmo movimento possa ser classificado em tal ou tal categoria, quando se aborda determinadas etapas de sua evolução. Isso não quer dizer que o messianismo colonial não apresenta todo um conjunto de fatos gerais, que o definem e o caracterizam em relação aos demais messianismos; porém, esses contornos gerais assumem formas singulares, realizando-se nas estruturas sociais, variáveis de uma etnia para outra e utilizando mitologias que mudam segundo as civilizações. Se, como dissemos, esse messianismo (ou milenarismo) constitui uma resposta a uma situação de contato, essa resposta variará forçosamente de acordo com a natureza desse contato, e sabemos como as políticas coloniais foram mutantes. O problema das correlações entre o messianismo e o desenvolvimento econômico e social não apresenta uma solução que seja única; deve ser objeto da multiplicidade de pesquisas já realizadas sobre o messianismo. Limito-me a dois exemplos: no Congo ex-francês, a Igreja matsuista de Kinzonzi continua exercendo contra o governo independente e nativo do país a mesma política de greve praticada contra o governo colonial e francês — como se a independência não tivesse acontecido e sob o pretexto de que não tinha sido obra do Messias enquanto ele viveu: recusa relativa ao recenseamento, contra pagar impostos, ir tratar-se em hospitais. Isso obrigou o governo congolês a adotar contra os insurgentes medidas análogas àquelas que o poder colonial impôs no passado: detenção e prisão. Nas Novas Hébridas,* ao contrário, o movimento messiânico transformou-se em um partido político progressista. O sonho do retorno dos Mortos não foi abandonado, mas agora é projetado em um futuro tão distante que não constrange a ação reformista. Diferentemente do que sucede no Congo, lá o milenarismo constitui um fator positivo de desenvolvimento econômico e social.

Finalmente, os messianismos (ou milenarismos) evoluem ao mesmo tempo que a situação evolui, da qual eles constituem uma adaptação, o que faz com que os fatores positivos ou negativos do desenvolvimento variem de acordo com os momentos do tempo em que são apreendidos. A reação apologética do messianismo que caracteriza o pensamento sociológico desses últimos dez anos e cujos principais argumentos resumimos ainda há pouco corresponde, portanto, para nós, a um momento particular do pensamento científico, o da "descolonização". É muito evidente que essa reação então se justificava, pois o messianismo foi a primeira forma verdadeiramente eficaz da luta contra o colonialismo e a primeira manifestação consciente, embora velada, do nacionalismo. Assim, seria necessário colocar em um primeiro plano os fatores positivos do desenvolvimento e a dinâmica criadora dos devaneios milenaristas. No entanto, uma vez iniciado o processo de descolonização, aquilo que era verdade continua a sê-lo? E os fatores negativos, que apareciam pouco ou mal, não irão, nessa mudança da história dos povos subdesenvolvidos, surgir novamente e reencontrar sua preponderância? Sem querer criticar o conceito da noção de desenvolvimento, o que nos levaria muito longe, devemos observar que hoje retornamos a uma etapa análoga àquela que marcou o início da

---

* Atual Vanuatu. [*N. do E.*]

colonização e que a ciência, serva das necessidades da sociedade (capitalista ou comunista), retorna às antigas doutrinas. Nos Estados Unidos, como na Rússia, o evolucionismo reaparece, abala as teses do relativismo cultural, que muito arriscariam constranger a vontade de planejamento dos recursos do mundo e da produtividade acelerada, e retoma a ideia de um progresso orientado segundo nossos valores ocidentais. Esse retorno ao evolucionismo, que parecia definitivamente condenado, mesmo que para ultrapassar o portal da adesão científica deva assumir novas formas, poderia fornecer um bom exemplo à sociologia do conhecimento. Ele é uma imposição ao nosso conceito da vontade coletiva ou internacional de desenvolvimento, constitui sua justificativa racional e, de algum modo, propõe uma teoria. No entanto, com esse retorno, há muitas chances de retornarmos também à condenação do messianismo, nos mesmos termos e pelas mesmas razões adotadas no início da colonização, o messianismo encarado como obstáculo ao progresso, à chegada de uma nova mentalidade, como resistência à mudança e ao desenvolvimento. O exame dos fatores negativos do messianismo que pretendemos fazer não se opõe à tese que punha em relevo sobretudo seus elementos positivos, pois são alternativamente uns e outros que vigoram, conforme a época. O messianismo não pode ser estudado e julgado *sub species aeternitatis*, mas em função das conjunturas históricas.

Essas observações preliminares nos possibilitaram apreender a importância das precauções que se deve tomar quando se deseja estabelecer correlações entre os fatos do desenvolvimento e os fatos do messianismo. O que importa é levar em conta a originalidade de cada movimento, bem como o momento e a situação em que ele opera. Em um artigo tão breve como este não podemos seguir cada movimento um após outro. Devemos nos contentar com considerações gerais e enfatizar alguns dos fatores negativos que correm o risco de se exercer cada vez mais, à medida que o colonialismo desaparecerá.

O desenvolvimento econômico e social pressupõe uma mentalidade que podemos denominar prometeica, recorrendo à feliz terminologia de

G. Gurvitch. Ao empregarmos esse termo, pensamos menos na ideia de sacrilégio (pois as sociedades primitivas abrem em sua cultura um espaço para o sacrilégio) ou na luta contra a natureza do que na satisfação permanente diante de resultados já obtidos. Pensamos na vontade de ir sempre cada vez mais longe, no sentimento de que a história jamais chega ao fim, de que não existem limites ao porvir, que este é incessantemente aberto a novas conquistas. O messianismo já é uma primeira apreensão da história, mas a de uma história fechada. Se definirmos o pensamento mítico tão importante entre os povos subdesenvolvidos como um pensamento arquetípico e cíclico (como Mircea Eliade, por exemplo), e que, em consequência, impõe a repetição dos mesmos gestos e a imobilidade dos comportamentos, o messianismo é por alguns lados uma ruptura com esse pensamento, mas somente para substituir um ciclo longo por ciclos curtos. Sempre permanecemos no cíclico. O contato dos povos originários com os brancos introduziu um tal desequilíbrio na sociedade que os ritos costumeiros estão impotentes para reestabelecer o equilíbrio desaparecido. É preciso inventar novos gestos, novas cerimônias para sair do caos. É preciso recriar o mundo mais uma vez. Eis o motivo pelo qual saímos do ciclo curto que repete ano após ano os mitos das origens. Para sair do horrível caos que os brancos causaram na ordem tradicional não existe nada melhor do que recorrer àqueles que criaram outrora essa mesma ordem: os ancestrais ou os heróis culturais. O cerimonial que o Profeta anunciará terá como finalidade rememorar uns e outros como messias ou recriadores da Idade de Ouro. É por isso que se sairmos de um ciclo curto, anual, é para ingressarmos logo após em um ciclo longo e não para introduzir uma visão linear da história. Se a criação não puder ser nada mais do que uma recriação, o esforço humano é desviado da tarefa de produtividade ou da poupança, elementos indispensáveis de todo desenvolvimento econômico. Os movimentos messiânicos configuram-se como movimentos de consumo e de destruição dos bens, dos rebanhos e das colheitas, não de acumulação de riquezas. O esforço humano também é desviado do desenvolvimento social, seja encarado como o estabelecimento de um regime democrático ou comunista ou da elaboração de um regime original para o Terceiro Mundo, pois, num ciclo longo, tanto quanto num ciclo curto, o modelo é fornecido pelo passado, mesmo que esse passado seja tomado de empréstimo ao Ocidente, como é o caso em que o messianismo nativo é calcado no messianismo da Bíblia — ele não é prospectivo. O elemento positivo, do ponto de vista do desenvolvimento (ruptura do ciclo curto, introdução à noção de história, necessidade de um esforço coletivo de criação de novos gestos) que se exerce em determinado momento, não tem mais um papel eficaz, na medida em que não há uma ruptura com a mentalidade cíclica para se engajar na mentalidade prometeica.

Insistiu-se frequentemente no caráter sincrético do messianismo colonial. Por sincretismo entendemos não somente o sincretismo material — por exemplo, a mistura de elementos cristãos com elementos tradicionais —, mas aquilo que nos propusemos denominar aculturação "formal", isto é, aquela que toca nas estruturas da inteligência ou da sensibilidade. Com efeito, o sincretismo messiânico se apresenta como uma mescla de mentalidade tradicional (pensamento mágico) e de mentalidade ocidental (observação e construção de uma hipótese). Os antigos missionários que falavam de uma caricatura do cristianismo, assim como os antigos administradores coloniais que falavam de loucura coletiva, queriam ver apenas as sobrevivências do pensamento tradicional, do paganismo nativo. A reação que surgiu em seguida ressaltou, ao contrário, os aspectos de novidade, de transformação dos espíritos, de racionalidade. Tanto em um caso como no outro, não devemos esquecer que o messianismo é sincrético e que, consequentemente, contém ao mesmo tempo aspectos favoráveis e aspectos desfavoráveis para um possível desenvolvimento dos países subdesenvolvidos. Se for manipulado de fora por líderes inteligentes que o transformem, por exemplo, em um partido político, o messianismo pode ser um aprendizado, por parte da massa, de novos modos de pensar e de agir, mas, se deixar que ele evolua livremente ou se for perseguido, ele pode acrescentar um vigor ao pensamento mágico e acarretar a demissão do esforço em benefício do sonho. Pedagogia e educação dos espíritos ou freagem? Hoje vemos muitos messianismos hesitarem entre essas duas tendências que seu sincretismo harmonizou durante um momento. O messianismo ameríndio, por exemplo, que ultrapassou o estágio de *ghost dance*, se perderá no culto do imaginário com a ingestão do peiote ou dará nascimento ao pan-indianismo com a Igreja de Oklahoma? O messianismo bakongo empreenderá com algumas de suas seitas a busca de uma magia mais poderosa do que a magia dos ancestrais ou manterá, com outras magias, suas outras seitas, seu dinamismo, que se opunha outrora à ocupação europeia, voltando-o agora contra essa herança da colonização que são as fronteiras entre o Congo ex-belga, ex-francês e Angola, com a finalidade de modificar o mapa político da África?

Há um terceiro fato que ressalta de quase todos os estudos recentes sobre o messianismo. É a passagem do movimento à seita. O que caracteriza a seita é a ruptura com o resto do mundo e o imobilismo. Embora o messianismo, devido a sua duração, passe da revolução à conservação, é de se temer nessas condições que os mesmos elementos que foram positivos em certa conjuntura histórica deixem de sê-lo em outro momento. A revolta que foi útil contra a ordem colonial e ajudou a independência de um país, cristalizando-se e tornando-se rígida, representa um perigo para a ordem, uma vez adquirida essa independência. Foi o que vimos acontecer com a Igreja de Kinzonzi, que mantém em um Congo tornado independente palavras de ordem que só poderiam ser compreendidas quando o país era uma colônia. Definimos aqui o messianismo como uma resposta racional (mesmo se aparentemente ela nos pareça estar longe de nossa própria razão) a uma perturbação de ordem sociológica e como ajustamento a uma situação de mudança. A história, entretanto, não se detém, as mudanças continuam a ocorrer, as situações antigas se modificam. O movimento, ao transformar-se em seita, faz desaparecer a faculdade de ajustamento que era encontrada no início de todo messianismo. Continua-se a dar sempre as mesmas respostas enquanto os problemas passaram a ser novos.

MESSIANISMO E DESENVOLVIMENTO ECONÔMICO E SOCIAL

A fim de julgar as possíveis relações que podem estabelecer-se amanhã entre os fatos do messianismo e os do desenvolvimento, há uma terceira questão que não deve ser esquecida: a aproximação a que aludimos em um artigo recente destes *Cahiers*, do messianismo com a utopia. A utopia deu lugar a pontos de vista contraditórios, a críticas violentas, como quando se fala entre os marxistas do socialismo utópico e também a apologias entusiastas, em um Auguste Comte, por exemplo, que faz da utopia o equivalente no campo da política do que é hipótese no campo da ciência, uma antecipação do porvir, ou em um Mannheim, que opõe a utopia à ideologia e enfatiza sua força revolucionária. Porventura isso se deve ao fato de que toda utopia é ao mesmo tempo utopia de evasão e utopia de reconstrução, para empregar as expressões de Mumford — de evasão, na medida que corresponde a uma necessidade de fugir de uma realidade que nos oprime construindo um mundo de sonhos; de reconstrução, no sentido de que ela começa por uma crítica política e social ou a postula. O messianismo, assim como a utopia, compreende esse componente de crítica política e social sobre a qual os etnólogos ou sociólogos contemporâneos tanto insistem. Ela compreende também o componente de evasão em um verdadeiro País da Cocanha, como o culto do Cargo, do aeroplano ou do helicóptero. Não nos esqueçamos de que essa evasão também pode comportar, do ponto de vista do desenvolvimento econômico e social, seus elementos positivos, pois esse País da Cocanha é o dos bens trazidos pelo branco e menos a presença dele. É, portanto, uma aceitação de novas necessidades, nascidas do contato com uma civilização mais "progressista" e, em consequência, a evasão é ao mesmo tempo crítica e reconstrução: crítica da tradição econômica ancestral e reconstrução ou pelo menos um apelo a um mundo novo, diferente do anterior. Nem por isso o messianismo, assim como a utopia, deixa de elaborar um "universo falso, completo e fechado" (Ruyer). Os elementos de crítica política e social, de aceitação de novos valores, que constituem fatores favoráveis para o surgimento de uma vontade de desenvolvimento dos povos subdesenvolvidos e que são os sintomas de uma aculturação e até mesmo de ocidentalização dos espíritos, não nos devem levar a esquecer esse componente perigoso do sonho e do imaginário — obstáculos a todo esforço, difícil e lento por definição.

Não queríamos, entretanto, encerrar estas notas em um tom de pessimismo, pois o messianismo ainda tem uma lição a nos dar. O problema que preocupa os melhores espíritos de países que se tornaram independentes recentemente e que de agora em diante são senhores de seus destinos é com certeza o de seu desenvolvimento, mas conservando o melhor de suas tradições. O desenvolvimento supõe uma mudança radical da mentalidade e da sensibilidade, uma total conversão ao pensamento ocidental — ou será possível aceitar os novos valores, quer provenham dos países do Leste ou do Oeste, encarnando-os ou plasmando-os em tradições vindas do mais longínquo passado da raça? Tanto na África como na Ásia sonha-se com o casamento do antigo com o novo. Muito bem! O messianismo pode ser considerado uma tentativa, talvez mal-sucedida, mas uma tentativa que merece ser estudada, a de filtrar os valores aportados pelos europeus através das mitologias locais ou, se preferirmos, verter o vinho novo em velhos recipientes, assim como — o que ainda é mais importante — ajustar os antigos valores às novas necessidades. É possível que certas sugestões extraídas deste estudo possam ser mantidas e atualizadas com proveito pelos novos líderes dos novos países.

5

Messianismo e nacionalismo
(na América Latina)*

Naturalmente, será necessário, antes de mais nada, definir o que entendemos por "mito político" e o distinguir da ideologia. De modo geral, o mito se caracteriza por certo fator de arbitrariedade ou, se preferirmos, mais pelo "sonhado" do que pelo vivido em relação à realidade que nos rodeia. A ideologia é um reflexo das estruturas econômicas (de regime de produção) ou sociais (de interesses de classes). Trata-se, porém, de imagens ideais, não de realidades concretas, de polos de um *continuum* onde não se sabe fixar um limite, sempre mutante. Não existe mito que não corresponda a uma certa situação econômica e social e que não fixe o futuro como algo "prospectivo" tanto quanto "utopia". Não existe ideologia que não seja missionária de um porvir que ela quer fundar, recusando a ser apenas um reflexo. No fundo, a diferença entre esses dois termos é uma diferença entre dois julgamentos (feitos pelo sociólogo) sobre os graus de distância entre, de um lado, o mundo das ideias e, de outro lado, o mundo dos fatos. Assim sendo, denominarei simplesmente "mito" os sistemas de ideias, sugeridas pelas infraestruturas, mas no qual a distância em relação a essas infraestruturas atinge seu máximo limite.

---

* Artigo publicado em *Cahiers Internationaux de Sociologie*, n. XXXIII, 1963.

Isso posto, parece-me útil ver qual foi o papel que semelhantes mitologias desempenharam na América Latina, pois só podemos estabelecer tipologias dos "nacionalismos" dos países subdesenvolvidos se compararmos os processos de elaboração dos "nacionalismos". Como a América Latina tem uma prioridade cronológica em relação à África, à Oceania, talvez até mesmo em relação à Ásia, ela pode nos proporcionar relativamente a essa questão uma documentação senão mais rica, pelo menos mais bem distribuída ao longo do tempo. É, sem dúvida, necessário proceder a esta altura a uma série de "análises finas", país por país, século por século.

Sou obrigado a contentar-me com um vasto afresco que, como todo afresco, impõe a seu artesão *cores uniformes* e não o requinte de pinceladas, habilmente aplicadas, para evocar melhor a complexidade do real.

O primeiro fato a chamar minha atenção é que o nacionalismo, tanto na América Latina como na África, foi precedido pelo messianismo. Enquanto o messianismo africano, mesmo sendo sincrético, é um messianismo nativo, o messianismo americano é um messianismo de importação, obra de brancos: franciscanos, dominicanos, jesuítas.

Aqui se impõe uma distinção entre o messianismo das regiões colonizadas pelos portugueses e o das regiões colonizadas pelos espanhóis. Os jesuítas trouxeram para a América o messianismo português, isto é, o sebastianismo, porém manipulado por eles tendo em vista a substituição de dom Sebastião por João IV e, em consequência, em um contexto metropolitano e não americano: o messianismo serviu ao imperialismo português. Será preciso esperar até muito mais tarde, até a segunda metade do século XVIII, para ver surgir em Minas Gerais, sob a forma de uma utopia, um reino harmonioso de animais, uma espécie de messianismo americano, em todo caso dirigido contra a metrópole.

O messianismo espanhol é, ao contrário, muito mais complexo. Por um lado, é uma justificativa da política de dominação dos brancos. Os dominicanos, por exemplo, que recebiam dos Anjos suas visões proféticas, se afastavam de Las Casas para justificar a guerra contra os indígenas, considerados uma antiga tribo de Israel que havia abandonado a fé no único Deus verdadeiro. Em consequência, era preciso recorrer à força para os trazer de volta a sua religião ancestral. No entanto, se o messianismo refletia, nesse caso, os interesses do pequeno grupo de crioulos brancos, ele refletia também a formação de uma nova sociedade, diferente e ao mesmo tempo oposta à sociedade metropolitana. Com efeito, não foi impunemente que o padre Francisco de La Cruz defendia o casamento dos religiosos e o direito dos brancos à poligamia, assim como a mestiçagem dos europeus com as indígenas. Ele não fazia nada além do que transpor em um sonho místico aquilo que definia a sociedade crioula que estava se formando, uma sociedade na qual os religiosos tinham amantes publicamente, com muita frequência mulheres de cor, na qual todos os brancos se relacionavam com muitas mulheres e se instaurava a mistura dos sangues que hoje define a maior parte dos países da América Latina. Entretanto, o que me parece mais importante a notar é que essa diferenciação entre a sociedade americana e a sociedade metropolitana se transformava, naquela seita dominicana, em uma reivindicação nacionalista, a primeira delas, mais exatamente continental e *antieuropeia*. A Europa será destruída, ela se desintegrará sob a avalanche dos turcos e o Cristo retornará, mas dessa vez na América para nela fundar o Quinto império. O mito milenarista europeu, posto pelos jesuítas do Brasil a serviço dos interesses metropolitanos ou coloniais, no novo Peru é posto a serviço do protesto americano contra a colonização.

O nacionalismo passará em seguida do plano religioso ao plano político (foi obra da Inquisição romper com todos esses diversos movimentos que marcam os primeiros tempos da colonização), mas foi em vão até certo ponto. Sempre permanecerá alguma nostalgia messiânica, mesmo nesse nacionalismo político, nostalgia que desperta, que se manifesta nos escritos e nos discursos, a cada nova guerra que ensanguenta a Europa. "O velho continente que nos dirigiu, no início politicamente e em seguida culturalmente, acabou; a América está convocada para o substituir", tal é o tema incessantemente retomado. Poderíamos falar de uma imagem obsessiva que reaparece a cada crise europeia, a imagem do *cordão umbilical*. É porque se trata de uma imagem-fantasma — apesar da ligação entre esse messianismo e as estruturas sociais — que podemos falar aqui de "mitos" no sentido amplo do termo. O mito, com efeito, nesses primeiros momentos do nacionalismo (e nessa nostalgia) não é mito por ser "religioso". Poderíamos dizer aqui o que Marx disse da guerra dos camponeses, que o protesto de classe poderia assumir naquela época somente a forma de um protesto religioso. Ele é mito no sentido de que traduz o "traumatismo de nascimento" dos Estados americanos.

O indianismo, no início do século XIX, é apenas o desejo do branco de mudar de parentes, a vontade de ligar-se ao indígena para romper melhor a ligação com a Europa. Sob todas as suas formas, indianismo romântico, "povo cósmico" dos mexicanos, antropofagia literária dos modernistas, o indianismo foi sempre uma mitologia de brancos, jamais a expressão das comunidades indígenas.

Talvez tenhamos de retornar a essas considerações. Devemos sublinhar simplesmente que o nacionalismo nascente não é, na América, a expressão das classes oprimidas, mas a expressão da classe colonial branca. O sonho que ela forja, inicialmente nos conventos e igrejas, de ruptura com a metrópole, permanecerá até os dias de hoje, como veremos, privilégio dos brancos ou dos mestiços assimilados aos brancos. Sem dúvida, o nacionalismo poderá passar do mito à ideologia; porém, tal ideologia, que se apresenta como étnica (nacionalismo), será, pelo menos até esses últimos anos, apenas o reflexo de um grupo — o dominante.

*

O nacionalismo político, que se desenvolveu a partir do fim do século XVIII e que presidiu inicialmente o movimento da independência e em seguida a balcanização da América Latina, inspirou-se em modelos europeus. Mas esses modelos (as "nações", cujas organizações seria necessário copiar) eram transportados para um solo em que não podiam enraizar-se. Parece que, em relação a essa questão, hoje o acordo é quase unânime. Por exemplo, o que Pedro Martins escreve sobre o Brasil é válido para todas as novas nações que alcançaram a independência:

> O crescimento nacional não ocorreu como na Europa a partir de dentro, pelo desenvolvimento interno. A nação brasileira nasceu politicamente quase desprovida de base material. Vivemos uma ficção jurídica de direito público, pois a estrutura jurídica não se apoiava em uma realidade material, em uma estrutura econômica. A Independência e a República são apenas organizações verbais sob a forma de leis que regem o vazio.

Não é unicamente aqui que o nacionalismo é mito, é a própria nação que tem uma realidade mítica. Os mitos nacionalistas se constituirão somente a partir de 1900, apenas tendo em vista fundar "ontologicamente" aquilo que até então não passou de uma simples "ficção jurídica". Acompanharemos muito rapidamente esse fenômeno no Brasil, pois é, de toda a América Latina, o país que conhecemos melhor. Insistimos mais uma vez: o que diremos sobre esse país parece-nos que pode ser generalizado a todos os outros.

O nacionalismo é obra de intelectuais. Surge como um programa de ação construtiva, elaborada em um gabinete de trabalho, não como a meditação sobre uma realidade existente. Os escritores que fundaram em 1916 a *Revista do Brazil* exprimem muito bem essa ideia quando assumem a tarefa de "constituir um núcleo de propaganda nacionalista", alertar a consciência brasileira para que "o milagre histórico de nossa integridade territorial" perca seu *caráter de fenômeno* e se torne "o resultado natural e lógico da completa e indissolúvel fusão de todos os elementos étnicos e sociais que formam do norte ao sul a nação brasileira". Podemos distinguir três etapas.

A TEMPESTADE MÍSTICA

Em uma primeira etapa os intelectuais se dão conta de que o Brasil não é uma nação, mas uma ficção. Sílvio Romero mostra que a literatura brasileira exprime os valores culturais europeus, mas ataca ao mesmo tempo o indianismo e o que chamaríamos hoje a negritude, pois esses dois movimentos são apenas os efeitos das frustrações dos brancos. Ele coloca que o Brasil se forma pela mestiçagem das civilizações indígena, africana e portuguesa e encontra sua infraestrutura na miscigenação das três raças que o constituem. Euclides da Cunha é tocado pela oposição entre o litoral e o *sertão*. Demonstra, através de sua obra, a ausência de integração das coletividades em um todo unificado. Finalmente, Oliveira Viana opõe as superestruturas jurídicas, vindas de fora (da Inglaterra ou dos Estados Unidos), às infraestruturas brasileiras.

Em um segundo momento, imediatamente posterior ao primeiro, os intelectuais forjam o mito da nação brasileira, insistindo no caráter de *alienação*, tomado de empréstimo aos marxistas, da cultura nacional, mas o povo é considerado apenas "um grupo organizável" nas mãos de uma elite. O dualismo da época colonial, portanto, não é ultrapassado. Malgrado a terminologia marxista, o nacionalismo é um idealismo: ele quer descobrir a "essência" da nação. Esse nacionalismo tende a politizar-se, não pode exprimir ou refletir os interesses de um grupo, pois por definição o intelectual não se encaixa em um grupo. O nacionalismo, porém, adota um programa e por isso deixa de ser uma simples visão mítica e pretende revestir-se de um caráter racional e científico. Seria fácil demonstrar a partir da apologia aos "grandes ancestrais", da ideia de que a industrialização salvará o Brasil (sem levar em conta que essa industrialização contradiz as tendências especulativas da classe alta e a situação da classe rural, sempre majoritária, que vive numa economia de autossubsistência, que freia a realização de um mercado interior, a tal ponto que hoje o Brasil é obrigado a exportar seus produtos industriais porque os brasileiros não podem adquiri-los), enfim, a partir do maniqueísmo "estrangeiro *versus* nacional" (capital estrangeiro *versus* capital nacional, algumas vezes branco *versus* mulato), seria fácil demonstrar que mitos irracionais se ocultam sob a aparência de uma ideologia ou de um programa de ação.

Com a alfabetização das massas, o sindicalismo operário, a formação das classes em ligação com a urbanização, chegamos à terceira etapa, a de um duplo nacionalismo, que dessa vez reflete os interesses de grupos, a estrutura econômica e social do Brasil e, assim, a passagem da mitologia à ideologia propriamente dita. No entanto, esses diversos nacionalismos ainda comportam muitos mitos de intelectuais, que querem ser os representantes de uma ou de outra classe, como o de Guerreiro Ramos: visão maniqueísta do universo social, na qual a industrialização é considerada a panaceia de todo subdesenvolvimento. Assim, não é de surpreender que ele possa ser manipulado em benefício de um setor da coletividade. A burguesia industrial e capitalista participa no Brasil da frente única do nacionalismo; mas, como Florestan Fernandes mostrou, é para utilizar o sonho quase messiânico da industrialização a fim de manter melhor o *status quo*, visto que a concorrência dos produtos nacionais no mercado mundial exige uma política de baixos salários e de direitos alfandegários elevados, assim como a venda desses mesmos produtos nacionais pelos preços mais altos leva os capitalistas a não reinvestir o dinheiro ganho em suas empresas ou em empresas similares. Existe, portanto, um nacionalismo burguês.

Existe também um nacionalismo operário ou ainda aquele que, longe de pensar no interesse coletivo, abandona à sorte miserável mais da metade da população brasileira, a população rural. O que ele reivindica é a extensão da industrialização e da urbanização a fim de aumentar a migração do campo para a cidade, crescer a massa do proletariado urbano e assim torná-lo senhor dos futuros destinos do país. Quem perde e quem ganha nesse jogo? Não cabe a mim dizer, mas, ao que parece, se esses dois nacionalismos podem atuar numa frente única é porque permaneceram mais *irracionais* do que profundamente táticos, é porque desencadeiam *imagens dinâmicas*, que, portanto, a ideologia não se livrou inteiramente do mito.

Segundo parece, fenômenos análogos ocorrem em todos os países da América Latina. Para todos eles o Estado existiu antes da Nação, e foi preciso percorrer o caminho que vai de fora para dentro, de um sentimento importado e inventado à descoberta das estruturas. O nacionalismo foi *psíquico*, isto é, um sonho de homens vivos, antes de ser *estrutural*, isto é, a expressão de uma sociedade.

1. Na Argentina o *peronismo* foi a manifestação da vontade das classes populares, recentemente urbanizadas e industrializadas, de incorporar-se a uma vida nacional de que haviam sido até então excluídas pela elite. É o que explica por que esse movimento do proletariado, ao contrário do movimento do proletariado europeu, foi nacionalista e não internacionalista. Nele encontramos a mesma agressividade exasperada do nosso movimento, mas essa agressividade passou ali da luta de classes ao seu contrário: o desejo de participar da vida coletiva, de ingressar na comunidade nacional. O que o povo desejava era menos uma satisfação real, uma integração racional, institucionalizada, do que uma satisfação substitutiva, o reconhecimento do valor pessoal do operário enquanto argentino de pleno direito.

O mesmo dualismo de ideologias é reencontrado na Argentina bem como no Brasil. Ao lado desse nacionalismo-mito do proletariado (mito no sentido soreliano do termo, como máquina de criar uma realidade que não existe), há um nacionalismo da elite, também mais sentimental do que estrutural. A supremacia europeia deixou de se exercer, os Estados Unidos pretenderam ficar à frente do continente americano, e o argentino, que não aceita esse domínio, mas que não pode mais apoiar-se na Europa para barrar tal pretensão, quer assumir a direção da América Latina contra a América anglo-saxã. Ao mesmo tempo, ele não se considera membro desta América Latina cujo destino quer dirigir, pois é uma América mestiça, uma América negra ou indígena, e, assim, para ele, é uma América doente. Nasce desse posicionamento uma contradição interna, que não responde a uma contradição no interior das infraestruturas, que é uma contradição entre dois sonhos de grandeza, um sonho de superioridade e um sonho de alteridade.

MESSIANISMO E NACIONALISMO

2. A peça de Reyes, *Ifigênia Cruel*, exprime, em 1924, no início da Primeira Guerra Mundial, o programa que o México adota ao tomar consciência de si. Ifigênia, levada pelos deuses a Táurida, debate-se um dia entre dois deveres: matar seu irmão naufragado enquanto estrangeiro, salvá-lo enquanto irmão e fugir com ele. O México também se vê entre dois deveres, no momento em que se forma como entidade nacional: seguir a lei asteca e matar a cultura espanhola ou, ao contrário, salvar a cultura espanhola, que é uma cultura estrangeira, mas que se tornou uma cultura irmã. Pois bem: Ifigênia não será nem a sacerdotisa da morte nem a irmã do estrangeiro. Permanecerá livre, não se livrando de um e de outro passado, o passado do conquistador e o do povo conquistado, mas assumindo ambos, para construir seu próprio futuro.

Lá, como no Brasil, é inicialmente o intelectual que elabora o programa do nacionalismo, o que ele deve ser, em vez de deixá-lo formar-se espontaneamente, a partir das realidades nacionais. É que essas realidades tendem ao dualismo, a mestiçagem configura-se mais como uma hispanização do que como uma harmonização entre duas civilizações, e o indígena puro sempre opõe sua resistência passiva, sua resistência profunda à integração, fechando-se em suas comunidades aldeãs, sem ser abalado pelas ondas que atingem suas ocas e suas precárias lavouras.

Encontraríamos no Peru, embora talvez menos pronunciados, fenômenos análogos. Isso se deve ao fato de que o nacionalismo mexicano é mais a expressão de uma vontade taumatúrgica do que a expressão de uma realidade ou, se quisermos, é mais um mito de eruditos e de políticos do que o reflexo de uma integração que se realiza progressivamente. O indígena que se envia à escola para fazer dele o introdutor de valores modernos em sua aldeia prefere, uma vez instruído, permanecer na cidade. O indígena, para quem a reforma agrária foi feita, abandona as terras do *egido* ou do *ladino* civilizado para subir mais alto, na montanha, e isolar-se. Assim, o *indianismo* permanece um mito de brancos ou de mestiços, que são culturalmente brancos, e não a expressão da reivindicação indígena.

O índio só quer uma coisa: que o deixem em paz. Ora, é preciso ser dois para realizar um casamento.

Vemos, portanto, que todos os países da América Latina procuram no nacionalismo o meio de sair da situação colonial na qual continuaram vivendo, mesmo após a independência política, pois essa independência, como os historiadores mostraram muito bem, foi obra de crioulos ricos contra o domínio metropolitano e não, como nossa revolução, obra do povo finalmente unificado contra as linhas de discriminação: Nobreza, Clero, Terceiro Estado. Esse nacionalismo varia segundo a forma das situações coloniais. No Brasil, a descolonização configura-se como a busca de uma cultura original, não europeia, e de uma autonomia política ou econômica. No México, a descolonização surge como a busca de uma integração social entre os descendentes dos conquistadores e os descendentes dos povos conquistados.

3. O último exemplo a que nos referiremos é o de Cuba. É evidente que a revolução de Fidel Castro suscitou imensa esperança em toda a América Latina, pois foi considerada a única revolução "autêntica", a única revolução profunda que possa ser realizada na *Nossa América*, pois ela se baseia em "postulados éticos", em um humanismo, e não deve nada às ideologias estrangeiras. Pareceu que pela primeira vez nascia uma ideologia como expressão do povo, por ele elaborada, e não uma filosofia vinda de fora e imposta de alto a baixo. O fato é que aquilo que vinha do povo era revolta, não um pensamento revolucionário. Foi justamente porque essa revolta era acompanhada por um vazio total sob o ponto de vista ideológico que o comunismo pôde inserir-se tão facilmente e desviar a Revolução Cubana de sua "autenticidade americana". Veremos mais uma vez o nacionalismo — aqui o nacionalismo marxista, assim como os nacionalismos burgueses da Argentina e do Brasil — seguir o caminho inverso do nacionalismo marxista europeu.

Pois a ideologia aqui nada mais é do que a manipulação da classe camponesa ou operária pela classe média que conquistou o poder e dele se serve. Em resumo, em relação ao modelo comunista, adota-se seu pragmatismo: o desenvolvimento da produtividade e não seu humanismo ou, se preferirem, o objetivo é industrializar e não libertar o proletariado. Daí a desilusão que se seguiu na América Latina ao primeiro momento de entusiasmo. Esperava-se um nacionalismo americano e ainda se estava diante de uma planta exótica...

Agora é possível retornar a nossa introdução, perceber quais foram os motivos da irrupção do nacionalismo e de seu caráter sempre mais ou menos mítico. O nacionalismo resulta do colonialismo, é o efeito de uma evolução defeituosa, sentida como defeituosa, da economia e da organização social. No entanto, esse nacionalismo ainda não coincide com a realidade, pois a América Latina continua sendo composta por "setores" e "subculturas" mais do que por classes sociais. Não existe uma classe burguesa, mas um setor de grandes proprietários de terras e um setor de industriais-banqueiros-comerciantes (com muitas nuances). Não existe uma classe média, mas um setor de funcionários que aumenta cada vez mais, um setor de pequenos artesãos e comerciantes autônomos, um setor de pequenos proprietários descendentes de imigrantes. Não existe uma classe proletária, existe um setor urbano industrializado e um setor rural de meeiros, de trabalhadores agrícolas, de simples ocupantes de terrenos onde mais acampam do que moram. Existe enfim o subproletariado, etnicamente diferenciado do proletariado. O nacionalismo quer ser o denominador comum de todos esses "setores" e continua sendo um mito no sentido de que quer ser o criador do futuro, não a expressão de um presente. Ele é programa de rádio, é discurso de um intelectual "em manga de camisa", porém se vê diante da dispersão da população e da ausência da eletrificação em zonas rurais. Ainda há alguns anos um de meus alunos descobria, a uma centena de quilômetros de São Paulo, a maior metrópole da América Latina, um vilarejo cujos moradores não sabiam se o Brasil ainda era Império ou República, e não conheciam nenhuma outra bandeira que não a do Espírito Santo, vermelha com uma pomba branca, a única que ali se via de vez em quando, empunhada por uma confraria religiosa de camponeses...

Desprende-se também uma segunda conclusão de nossa análise. É que esse nacionalismo permanece insatisfeito consigo, seja que o abordemos em suas formas populares, como o justicialismo de Perón ou o trabalhismo brasileiro, seja que nos acerquemos dele sob sua forma de programa, criação de intelectuais. Sob sua forma popular existe oposição, ainda não sentida — se bem que ela começou a manifestar-se por ocasião do último congresso do Partido Comunista brasileiro — entre o nacionalismo como reivindicação de integração de uma classe à comunidade nacional e a apreensão de que esse nacionalismo permaneça manipulado pela classe alta em detrimento dos interesses do proletariado. Então toda a agressividade da luta de classes, reprimida, passa a ser xenofobia. Sob sua forma intelectual existe uma contradição entre uma ideologia recebida da Europa, quer seja liberal ou comunista, e entre uma vontade antieuropeia de autenticidade, de originalidade americana. Então, certo sentimento de culpabilidade (permanecer "colonizado até mesmo no processo de descolonização") se traduz por uma virulência multiplicada do mito da anti-Europa. Deseja-se ser "índio", "mulato" ou "negro" desprezando ao mesmo tempo o índio, o mulato ou o negro não integrado ou querendo integrá-lo à força, sem levar em conta que socialmente nada se faz antes do devido tempo.

Ainda que a distância entre a ideologia e as estruturas econômicas e sociais tenha tendência a decrescer, a presença desses elementos irracionais faz da ideologia, ainda alimentada por mitos subjacentes, mais a expressão de conflitos psíquicos do que de realidades objetivas.

Dicionário dos termos brasileiros folclóricos utilizados

1. **Afoxé**: dança religiosa negra que ocorre durante o Carnaval na Bahia. Tem início com uma verdadeira cerimônia fetichista no candomblé e termina com um bloco carnavalesco que desfila pelas ruas da cidade.
2. **Batuque**: dança negra originária de Angola, de roda ou pelo menos quando se iniciou. Os instrumentistas fazem parte da roda. Um casal dança no centro, requebrando e dando umbigadas. Há instrumentos musicais de percussão e, entre duas danças, desafios entre cantores negros.
3. **Bloco**: cortejo carnavalesco com rei, rainha, damas de honra, porta-estandarte e grupos de dançarinos e músicos.
4. **Boizinho**: outro nome dado ao bumba meu boi (forma mais condensada).
5. **Boto**: monstro das águas que atrai os pescadores para dentro do rio.
6. **Bumba meu boi**: dança dramática centrada na morte de um boi e sua ressurreição, mas que contém inúmeros episódios, burlescos ou assustadores.
7. **Cana-verde**: dança de homens, caracterizada sobretudo por um desafio cantado, mas, enquanto o desafio inclui poemas longos, na cana-verde recorre-se a quadras alternadas.

8. **Candomblé**: nome dado aos templos religiosos da Bahia e às cerimônias fetichistas que neles se realizam.
9. **Capitão do mato**: pessoa designada com o título de "capitão" e que ia em busca de escravizados fugidos, trazendo-os de volta a seus senhores.
10. **Capoeira**: antigamente, tipo de luta de negros de Angola, que quase sempre terminava em morte. Perseguida pela polícia, a capoeira tornou-se uma dança de grande beleza. Uma espécie de "jiu-jitsu africano" dançado.
11. **Cateretê ou catira**: os músicos compõem duas filas, uma de homens e outra de mulheres. Cada uma delas é precedida por músicos (violeiros) diante de um altar católico. O lugar muda somente após o fim de cada cantiga e consiste essencialmente em sapatear obedecendo a um ritmo.
12. **Chegança**: dança dramática. A chegança dos mouros é uma dança guerreira (luta dos cristãos contra os muçulmanos). A chegança dos marinheiros é uma encenação das aventuras de uma embarcação portuguesa através dos mares.
13. **Coco**: dança negra, de roda, do Norte e Nordeste do Brasil, acompanhada por instrumentos de percussão.
14. **Congada**: dança dramática cujos principais elementos são a coroação do rei e da rainha dos congos por um padre e na igreja. Cortejo real que dança nas ruas da cidade após sair da igreja, a divisão do cortejo entre dois grupos que representam os pagãos e os cristãos, com luta simulada entre os dois, envio de embaixadas, morte e ressurreição pelo feiticeiro do jovem príncipe congo, vitória definitiva dos cristãos sobre os pagãos.
15. **Cucumbis**: cortejo com rei, rainha, embaixadores, feiticeiro etc., vestidos como índios e que algumas vezes também executavam danças dramáticas.
16. **Curupira**: divindade indígena que protege as florestas. Pequeno monstro peludo, calvo, com os pés virados para dentro.

17. **Cururu:** desafio poético entre vários cantores, com rimas obrigatórias fornecidas por quem o conduz. Outrora o desafio se referia sobretudo a um melhor conhecimento da Bíblia, mas hoje os adversários recorrem a temas profanos. Mesmo assim, o cururu sempre começa com um tema religioso.
18. **Dança em louvor da Santa Cruz:** dança noturna diante de cruzes improvisadas, fincadas diante das casas, como ocorre com as árvores de maio.
19. **Dança de São Gonçalo:** em geral, somente os homens podem participar dela nos dias atuais. Dança em fila diante de um altar católico. Cada fila é precedida por um violeiro que canta e por seu ajudante. A dança também é entrecortada por cantigas ou por cantos religiosos. Os dançantes formam pares sempre que mudam de uma fila para outra ou quando mudam de lugar, de tal modo que cada par passa diante do altar quando chegar sua vez.
20. **Desafio:** desafio literário entre dois cantores.
21. **Entrudo:** forma primitiva do Carnaval.
22. **Fazenda:** grande propriedade latifundiária, algumas vezes do tamanho dos departamentos ou distritos franceses.
23. **Festeiro:** pessoa encarregada de assumir as despesas de uma festa.
24. **Folias:** grupos permanentes ou de indivíduos que fizeram uma "promessa a Deus" e compostos em geral por quatro ou cinco pessoas (porta-estandarte, violeiro, cantores) que vão de fazenda em fazenda pedir esmolas para a organização de festas religiosas.
25. **Frevo:** dança de origem recente, característica do Carnaval do Recife, em que se mesclam a influência da capoeira e da marcha militar (francesa).
26. **Jongo:** dança do tipo batuque, em roda e com um casal no centro.
27. **Lundu:** dança negra cantada, extremamente sensual, do tipo batuque.

28. **Maracatu**: dança limitada ao estado de Pernambuco, com coroação de um rei e uma rainha e procissão dançada e cantada. O interesse do maracatu consiste na existência, na frente do cortejo, de uma dama de honra que dança segurando uma pequena boneca, chamada Calunga, o que prova a origem religiosa africana dessa parte da dança (Calunga = Senhor Deus do infinito celeste ou do infinito do mar), integrada numa cerimônia catolicizada.
29. **Moçambique**: dança guerreira bastante próxima da congada, mas sem embaixada, e de coreografia mais pobre.
30. **Orixá**: nome dos deuses africanos, termo de origem iorubá.
31. **Pagode**: nome dado às noitadas em que se canta e se dança.
32. **Pastoris**: dança dramática em que se enfrentam dois grupos de pastoras que cantam alternativamente e se distinguem pela cor de seus turbantes. Faz parte do ciclo de Natal: as pastoras vão a Belém.
33. **Queimadas**: hábito de queimar parte da mata para revolver a terra, que será cultivada em seguida.
34. **Quilombo**: 1) nome dado às aldeias de negros fugidos; 2) dança limitada ao estado de Alagoas e em vias de desaparecimento. Dança dramática que consiste na tomada, por índios, de uma fortaleza de negros fugidos.
35. **Rancho**: grupo de indivíduos que formam um cortejo de cantores e dançarinos, frequentemente acompanhado por um carrinho que representa um animal feito de papelão.
36. **Saci**: ser de uma perna só, que faz os caçadores se perderem na mata e pede-lhes fumo ou fogo para seu pito. De origem indígena, nele foram introduzidos alguns elementos africanos.
37. **Sairé**: dança dos índios do Amazonas. É uma procissão em que se carrega um arco indígena até uma pequena capela improvisada. Esse arco compreende dois arcos menores na parte de dentro, e as três flechas se transformam em três cruzes, a de Cristo e as dos dois ladrões. Vistosas fitas coloridas são agitadas e os dançarinos dão um movimento de balanço ao arco.

38. **Samba**: 1) samba campestre, dança do tipo batuque, mas com filas paralelas, homens numa fila, mulheres na outra, com umbigadas e desafios literários; 2) samba das cidades, danças cantadas (em roda); 3) samba dos salões. Transformação do samba do Rio de Janeiro numa dança que, mais tarde, deu a volta ao mundo.
39. **Senzala**: moradia dos escravizados no antigo engenho de açúcar colonial.
40. **Taieira**: essa dança, hoje desaparecida, era privilégio das mulatas. Cortejo coreográfico com disputa de uma coroa real pelas dançarinas.
41. **Terno**: ver *rancho*.
42. **Terreiro**: espaço na frente das senzalas.
43. **Xangô**: nome dado aos templos religiosos do Recife e às cerimônias fetichistas que neles são celebradas (nome iorubá do deus do trovão).

Notas

Prefácio à edição brasileira

1. ARÊAS, Fernanda. Apresentação: a utopia africana de Roger Bastide. *In:* BASTIDE, Roger. *O candomblé da Bahia:* rito nagô. Nova ed. rev. e ampl. São Paulo: Companhia das Letras, 2001.
2. BASTIDE, Roger. *Imagens do Nordeste místico em branco e preto*. Rio de Janeiro: Empresa Gráfica O Cruzeiro, 1945. p. 27.
3. Ibidem, pág. 28.
4. Ibidem, pág. 241-247.
5. Ibidem, pág. 9-10.
6. BASTIDE, Roger; VERGER, Pierre. *Diálogo entre dois filhos de Xangô:* correspondência 1947-1974. Edição e notas de Françoise Morin. São Paulo: Edusp, 2017.
7. VERGER, Pierre; BASTIDE, Roger. In: Angela Lühning (Org.). *Verger – Bastide: dimensões de uma amizade*. Rio de Janeiro: Bertrand Brasil, 2002, pág. 257.
8. BASTIDE, Roger. *O candomblé da Bahia:* rito nagô. São Paulo: Companhia Editora Nacional, 1978. p. 148-150, 188-189 *et passim*.
9. PRANDI, Reginaldo. *Os candomblés de São Paulo*. 2º ed., ed. ampl. São Paulo: Arché, 2020.
10. BASTIDE, R.; FERNANDES, Florestan. *Brancos e negros em São Paulo*. São Paulo: Companhia Editora Nacional, 1959.

11. PRANDI, Reginaldo. *Os candomblés de São Paulo*. 2ª ed., ed. ampl. São Paulo: Arché, 2020.

Prefácio à edição francesa

1. Roger Bastide (1898-1974) lecionou na Universidade de São Paulo entre 1938 (data em que assumiu a cátedra ocupada por Lévi-Strauss) e 1954 (data de seu retorno à França). Foi nomeado professor de Sociologia na Sorbonne em 1959. Os textos que constam deste livro, publicado pela primeira vez em 1970 graças à iniciativa de Henri Desroche, foram escritos entre 1950 e no final dos anos 1960. Não pertencem, portanto, nem às obras da juventude do autor, nem à fase inicial da exploração brasileira ou àquilo que Deroche denomina as *"ultima scripta"*, mas à época do amadurecimento das descobertas efetuadas em sua maior parte no Brasil.
2. Note-se que *Sociologie des Brazavilles noires*, de Georges Balandier, e *Tristes tropiques*, de Claude Lévi-Strauss, foram publicados em 1955, que é também o ano da conferência de Bandoeng, marcada pela emergência da noção de Terceiro Mundo. O que distingue as pesquisas de Balandier das pesquisas de Bastide é que o primeiro objetiva interpretar antes de mais nada as transformações internas de cada sociedade à luz da conjuntura mundial.
3. George Devereux (1908-1987), *Essais d'ethnopsychiatrie générale*, Paris, Gallimard, 1970, segunda edição Tel/Gallimard 1988. É em três obras – *Sociologie et psychanalyse*, Paris, PUF, 1950; *Sociologie des maladies mentales*, Paris, Flammarion, 1965; e *Le rêve, la transe et la folie*, Paris, Flammarion, 1972 — que se encontra a maior contribuição de Bastide à psiquiatria social. Mal se pode imaginar duas personalidades mais diferentes quanto as de Bastide e Devereux. Eram, entretanto, unidos por uma profunda afinidade, não somente intelectual, mas afetiva. Lembro-me do imenso pesar de George Devereux quando lhe comuniquei a morte de Roger Bastide.
4. Lévi-Strauss realiza suas primeiras pesquisas de campo no Brasil à mesma época que Bastide. Ele se dedica ao estudo de pequenas tribos — os bororo e os nambikwara — de Mato Grosso, isoladas dos grandes centros urbanos.

5. Conferir: 1) os conceitos de solidariedade mecânica e orgânica bem como o de sociedade integrada em "Escola francesa de sociologia" e em seguida "formas elementares" em Lévi-Strauss, que escreve em *O cru e o cozido* que "a pior ordem vale mais do que a desordem"; 2) o modelo estrutural-funcionalista na antropologia britânica; 3) a noção de "paternalismo" na antropologia norte-americana, informada também pela categoria de ordem.
6. Há, no entanto, exceções. Entre os universitários franceses que se inscrevem naquilo que se poderia denominar um pendor bastidiano, citemos Louis Vincent Thomas, Jean Duvignaud, Philippe Laburthe-Tolra e todos aqueles que trabalham não apenas para recolher, mas para fecundar seu pensamento no âmbito da associação bastidiana.
7. Roger Bastide foi e provavelmente é, com Lévi-Strauss, o pesquisador francês que exerceu a maior influência no Brasil na área das ciências sociais. Talvez seja ainda mais conhecido, ao lado de Pierre Verger, nos centros religiosos do candomblé (ver mais adiante). Em todos aqueles que frequentei e, em particular, naquele a que me submeti ao primeiro grau de iniciação, falaram-me de Roger Bastide com estima e afeto, e mostraram-me seus livros (sobretudo *Estudos afro-brasileiros*, *As religiões africanas do Brasil* e *O candomblé da Bahia*), que se tornaram obras de referência para "pais" e "mães de santo".
8. Parece-me particularmente significativo o fato de que as obras de Gabriel Tarde, esgotadas e ignoradas há décadas, acabam de ser reeditadas ou comentadas novamente e, simultaneamente, Bastide é reeditado e redescoberto. Cf. Gabriel Tarde. *Les lois sociales*, bem como *Monadologie et sociologie*, Paris, Institut Synthéiabo, 1999.
9. Para a crítica do conceito de cultura, elaborado pioneiramente por Jean-Jacques Rousseau em seus *Discours*, de 1750 e 1754, cf. o livro de Georg Simmel, escrito em 1911, *La tragédie de la culture*, Paris, Petite Bibliothèque Rivage, 1988, bem como Herbert Marcuse, *Culture et Société*, Paris, Éd. de Minuit, 1970, no qual o autor questiona aquilo que ele denomina "o caráter positivo da cultura", e Theodor W. Adorno, *Minima moralia. Réflexions sur la vie mutilée* (a tradução francesa não mantém o subtítulo), Paris, Payot, 1991.

10. O sistema não é nem conceito nem disposição, mas um intermediário entre o entendimento e a sensibilidade. É mediante ele que se efetua o trabalho de relacionamento da forma com a matéria, do inteligível e do sensível.
11. Georges Gurvitch (1897-1955), professor de sociologia na Sorbonne a partir de 1968, é notadamente o autor de *La vocation actuelle de la sociologie*. Estreitas relações profissionais unem Gurvitch e Bastide. Em 1947, junta-se a ele na Universidade de São Paulo, onde leciona durante um ano. Orienta as duas teses de doutorado de Bastide (*Les religions africaines au Brésil e Le Candomblé de Bahia*), defendidas em 1957, e o encarrega de escrever três capítulos de seu *Traité de sociologie*.
12. Gilberto Freyre. *Casa-grande e senzala,* tradução francesa *Maîtres et esclaves,* Paris, Gallimard, 1974.
13. Ver sobretudo Roger Bastide, *Images du Nordeste mystique en noir et blanc,* editado pela primeira vez no Rio de Janeiro em 1945, traduzido por Charles Beylier, Ed. Actes-Sud, "Babel", n. 154, 1995.
14. No candomblé, o ogã não exerce uma função sacerdotal, mas de proteção civil ao terreiro a que ele pertence. Essa função necessita uma breve iniciação: na época em que Roger Bastide foi iniciado, em fevereiro de 1944, três dias e três noites. Outra particularidade do ogã é que ele não pode ser possuído por um orixá (dono da cabeça).
15. É toda a terceira parte deste livro denominada *A tempestade mística*.

PARTE I: O ENCONTRO DOS HOMENS

2. O problema das relações raciais no mundo ocidental

1. WIRTH, Louis. *The Ghetto*. Chicago, 1929.
2. MECKLIN, John Moffat. *The Ku Klux Klan, a study of the American Mind,* Nova York, 1924.
3. ROSE, A. M. *The Negro Moral*, Minneapolis, 1949.
4. SHENTOUB, S. A. *Le rôle des expériences de la vie quotidienne dans la structuration des préjugés*, Paris, 1953.

NOTAS

5. Anais do XXXI Congresso Internacional dos Americanistas, São Paulo.
6. RIBEIRO, René. *Religião e Relações Raciais*, Rio de Janeiro, s.d.
7. Para a Inglaterra, por exemplo, ver LITTLE, Kenneth, *Negroes in Britain* ou o estudo de MEKOWAN, Anthony. *Coloured peoples in Britain*, 1952.
8. LEIRIS, M. *Contacts de civilisations en Martinique et en Gusdaloupe*, Unesco, s.d.
9. MYRDAL. *An American Dilemma*, Nova York, 1944.
10. Entre outros *Prejudice, a problem in psychological and social causation*, suplemento do *Journal of Social Issues*, 1950 e *The Resolution of Intergroup Tensions*, Irmandade Mundial, s.d.
11. KLINEBERG, Otto. *Social Psychology*, 1ª ed., 1940.
12. BERGER, Morroe. *Racial Equality and the Law*, Unesco, 1954.

3. A dimensão econômica

1. CAMARGO JUNIOR, Jovelino M. de. "A Inglaterra e o tráfico". *In Gilberto Freyre e outros. Novos Estudos Afro-Brasileiros*. Rio de Janeiro: Biblioteca de Divulgação Científica, 1937, p. 173-184; CARDOSO, Fernando Henrique e IANNI, Octavio. *Cor e mobilidade social em Florianópolis. Aspectos das relações entre negros e brancos numa comunidade do Brasil meridional*. São Paulo: Companhia Editora Nacional, 1960; CARDOSO, Fernando Henrique. *Capitalismo e escravidão:* O negro na sociedade escravocrata do Rio Grande do Sul. São Paulo: Difusão Europeia do Livro, 1962; RODRIGUES, José Honório. *África e Brasil:* outro horizonte. Rio de Janeiro: Civilização Brasileira, 1961.
2. CARDOSO, Fernando Henrique. "Proletariado no Brasil: situação e comportamento social". *Revista Brasiliense*, 28, 1962, p. 98-122.
3. NASCIMENTO, Abdias, (Ed.) *Relações de raça no Brasil*. Rio de Janeiro: Edições Quilombo, 1950; COSTA, Pinto L. A. *O negro no Rio de Janeiro*. Relações de raça numa sociedade em mudança. São Paulo: Companhia Editora Nacional. 1953.
4. FREYRE, Gilberto. *Casa Grande e Senzala*, 1ª ed., 1933. Traduzido para o francês e editado por Gallimard com o título de *Maîtres et Esclaves*; FREYRE, Gilberto. *Sobrados e mocambos*. Rio de Janeiro: José Olympio,

1937; G. Freyre mostrou a influência da primeira urbanização, aquela que ocorreu antes do nascimento da industrialização, no final do século XVIII, nas relações raciais.
5. WAGLEY, Charles (Ed.). *Races et Classes dans le Brésil rural*. Paris: Unesco, 1952, p. 159.
6. CARDOSO, Fernando Henrique, *O preconceito de cor no Brasil*, mss.
7. Diferenças de julgamento e comportamento nunca são significativas. BASTIDE, Roger, FERNANDES, Florestan, BICUDO, Virginia Leone, GINSBERG, Meyer, NOGUEIRA, Oracy. *Relações raciais entre negros e brancos em São Paulo*. São Paulo: Anhembi, 1955; BASTIDE, Roger, VAN den BERGHE, P. "Stereotypes, norms and interracial behavior in São Paulo". *Amer. Sociol. Rev.*, XXII, 6, 1957.
8. WAGLEY, Charles (Ed.). *Races et Classes dans le Brésil rural*. Paris: Unesco, 1952.
9. Este ditado foi dado como característico da situação racial brasileira. Na verdade, é encontrado em quase toda a América Latina. Por exemplo, no Haiti: "Negro rico é mulato, mulato pobre é negro."
10. Essa é a fórmula proposta por Oracy Nogueira.
11. BASTIDE, Roger, VAN den BERGHE, P. "Stereotypes, norms and interracial behavior in São Paulo". *Amer. Sociol. Rev.*, XXII, 6, 1957; COSTA, Pinto L. A. *O negro no Rio de Janeiro*. Relações de raça numa sociedade em mudança. São Paulo: Companhia Editora Nacional, 1953; RIBEIRO, René. *Religião e relações raciais*. Rio de Janeiro: Ministério da Educação e Cultura, 1956.
12. PIERSON, Donald. *Negroes in Brazil: a Study of Race Contact at Bahia*. Chicago: Chicago University Press, 1942.
13. SMITH, T. Lynn. *Brazil, People and Institutions*. Baton Rouge, 1946.
14. Para ver mais: "La Vénus noire et l'Apollon noir."
15. BASTIDE, Roger, FERNANDES, Florestan. *Brancos e negros em São Paulo*. São Paulo: Companhia Editora Nacional, 1959.
16. BASTIDE, Roger. "A imprensa negra do Estado de São Paulo". *In Estudos Afro-Brasileiros*. Boletim CXI, vol. II, da Faculdade de Filosofia, Ciências e Letras da Universidade de São Paulo, s.d; PINTO, Luiz de Aguiar Costa.

O negro no Rio de Janeiro: relações de raça numa sociedade em mudança. São Paulo: Companhia Editora Nacional. 1953.
17. IANNI, Octavio. *As metamorfoses do escravo.* São Paulo: Difusão Europeia do Livro, 1962.
18. BASTIDE, Roger, FERNANDES, Florestan. *Brancos e negros em São Paulo.* São Paulo: Companhia Editora Nacional, 1959.
19. Idem.
20. Idem.
21. PINTO, Luiz de Aguiar Costa. *O negro no Rio de Janeiro*: relações de raça numa sociedade em mudança. São Paulo: Companhia Editora Nacional, 1953; RIBEIRO, René. *Religião e relações raciais.* Rio de Janeiro: Ministério da Educação e Cultura, 1956; BASTIDE, Roger, VAN DEN BERGHE, P. "Stereotypes, norms and interracial behavior in São Paulo". *Amer. Sociol. Rev.*, XXII, 6, 1957.
22. BASTIDE, Roger, VAN den BERGHE, P. "Stereotypes, norms and interracial behavior in São Paulo". *Amer. Sociol. Rev.*, XXII, 6, 1957.
23. RIBEIRO, René. *Religião e relações raciais.* Rio de Janeiro: Ministério da Educação e Cultura, 1956.
24. PINTO, Luiz de Aguiar Costa. *O negro no Rio de Janeiro*: relações de raça numa sociedade em mudança. São Paulo: Companhia Editora Nacional. 1953; BASTIDE, Roger. "Variations sur la negritude". *Présence africaine*, 1966.
25. BASTIDE, Roger, FERNANDES, Florestan. *Brancos e negros em São Paulo.* São Paulo: Companhia Editora Nacional, 1959.
26. Estudos de Azis, ainda não publicados.
27. IVY, James W. "Present-Day Brazilian Race Relations, a brief bibliography". *The Crisis*, Nova York, dez. 1958.

4. A dimensão sexual

1. BASTIDE, Roger. *Sociologie et Psychanalyse*, p. 235-247.
2. FREYRE, Gilberto. Em particular *Casa Grande e Senzala* e i.

3. Ocorre nos Estados Unidos um fenômeno análogo. Cf. WARNER, JUNKER, ADAMS. *Color and Human Nature*, Washington, s.e.d., 1941.
4. CORREA, Viriato. *A Balaiada*. São Paulo, s.d.
5. NARDY FILHO, Francisco. "Receio infundado". *Estado de São Paulo*, 15 set. 1940.
6. LINDOLFO GOMES. *Contos populares*, São Paulo, s.d. Conferir esta canção popular negra, registrada por TEIXEIRA, José A. *Folclore goiano*. São Paulo, 1941: "As brancas enlouquecem / Quando passam perto de mim.".
7. FANON, Frantz. *Peau noire, masques blancs*. Paris: Éd. du Seuil, 1952.
8. *Afrique Nouvelle*, n. 380 e 382, 7 nov. 1954 e 12 jan. 1955.
9. Vemos que apesar das aparências não se pode confundir fatos que, à primeira vista, parecem ser idênticos: a procura da mulher branca pelo negro, comum às duas Américas e à Europa. Sociologicamente, a situação do negro dos Estados Unidos, a quem até mesmo as prostitutas brancas do sul se recusam, pois se consentissem isso as depreciaria no mercado do amor (DOLLARD, *Caste and Class in a Southern Town*, Yale University Press, 1937), procura ao chegar ao norte o "frango branco" como símbolo de sua liberação (McKAY, *Quartier noir*, tradução francesa, 1923). O do Brasil é um símbolo de sua ascensão social, quando ele ultrapassa a lei do regime escravagista. O africano na Europa ali se depara com uma humilhação infligida voluntariamente, mais por dever do que por amor à mulher.

5. A dimensão religiosa

1. COX. *Caste, Class and Race*, Doubleday, 1948.
2. WEBER, Max. *Wirtschaft und gesellschaft*, 2ª ed., Tübingen, 1925.
3. Mesmo quando o povoamento americano foi realizado por gente de baixa condição, que via na conquista do Novo Mundo um meio de ascensão social e a possibilidade de valorizar-se através do rapto das mulheres. Um fenômeno análogo ocorreu mais tarde em relação aos camponeses alemães que emigraram para o Brasil, os quais, através da aquisição do cavalo, procuraram elevar-se ao estrato dos antigos e provincianos fidalgotes germânicos.

NOTAS

4. ORTEGA Y MEDINA, Juan A. "Ideas de la evangelizacion anglosajona entre os indígenos de los Estados Unidos de Norte America", In *America Indigena*, XVIII, 2, 1958.
5. STARK, W. "Capitalism, Calvinism and the Rise of Modern Science", *The Sociol. Rev.*, XLIII, 1951.
6. BANTON, Michael. *West African City, a study of tribal life in Freetown*, 1ª ed. Afr. Institute, 1957.
7. Conferir também III, 7, 9 e todo o capítulo X do livro III de *Institution chrétienne*.
8. Ver em particular *Instituition chrétienne*, II, 2 e sobretudo o parágrafo 14.
9. BOISSET, Jean. *Sagesse et sainteté dans la pensée de Jean Calvin*. P.U.F., 1959, p. 217.
10. Quando nos referimos a elementos "exteriores" ou "adventícios" no pensamento de Calvino não queremos dizer que eles não fazem parte integral da doutrina calvinista. Calvino era lógico demais para não apresentar um sistema coerente. Queremos dizer simplesmente que a Reforma tem duas fontes: por um lado, é o resultado de um aprofundamento da vida espiritual a partir da Escritura; por outro lado, é um esforço de adaptação do cristianismo a novas estruturas sociais. Não se pode pôr vinho novo em odres velhos. Assim, para qualquer mudança da sociedade, é preciso inventar odres novos para neles pôr o mesmo vinho, sempre novo (o catolicismo é considerado ultrapassado na medida em que se liga a estruturas sociais desaparecidas).
11. PERRY, Ralph Barton. *Puritanisme et Démocratie*, tradução francesa, Plon: "A passagem do puritanismo americano à democracia é ao mesmo tempo uma evolução e uma revolução. Enquanto revolução, ele representou o triunfo das Luzes sobre o Despertar puritano... Enquanto o puritanismo ensinava os homens a se apoiarem em sua lei, na revelação e na autoridade, em particular da Bíblia... as Luzes proclamavam a possibilidade de aceder à verdade, até mesmo às verdades fundamentais da religião, graças à faculdade da razão... [o puritanismo] ensinava os homens a desconfiar de suas inclinações como se elas fossem suas faculdades naturais e a encontrar sua origem e sua salvação numa ordem sobrenatural. Era uma religião de

misantropos... A filosofia das Luzes, ao contrário, era humana, otimista e heudemonista."

12. Em relação a esse espírito de fronteira, que muda as relações entre brancos e indígenas, e seu papel na formação do espírito americano, ver TURNER, F. G. *Les frontières dans l'histoire d'Amérique*, 1921.
13. PERRY, R. B., *op. cit.*, p. 249-250.
14. ROSE, Arnold. *Theory and Method in the Social Sciences*, Minneapolis, 1954.
15. PROTHO, E. Terry. "Group differences in ethnic attitudes of Louisiana College Students", *Sociology and Social Research*, 34, mar. 1950. A mesma constatação para os alunos em geral da Universidade in ALLPORT e KRAMER, "Some roots of prejudice", *Journ. Of Psychol.*, XX, 1946.
16. ALLPORT. *Nature of Prejudice*, 1954.
17. BASTIDE, Roger. *Les Religions africaines au Brésil*, P.U.F., 1960.
18. Paris, 1651.
19. No início a miscigenação não parece ter sido proibida, mediante a condição de que ela se desse entre pessoas livres. Holandeses se casaram religiosamente com índias tupi.
20. As principais obras utilizadas para a análise da situação racial na África do Sul sob uma perspectiva religiosa são as de autoria de LITTLE, Kenneth L. *Race et Société*, Unesco, [s.d.]; MACCRONE, I. D. *Race Attitudes in South Africa*, London, 1937; MARAIS, Ben. J. *Colour, unsolved problem of the West*, Cidade do cabo, [s.d]; SCHOELL, Frank L. *Les Tensions raciales dans l'Union Sud-Africaine et leurs incidences internationales*. Paris, Minard, 1956; MALAN, D. F. *Apartheid*, panfleto; PEACY, B.W. *When the separated the Children of Men*, [s.n., s.d.]; *Report of the Dutch Reformed Churches in South Africa*, 1955; a coleção de textos da South African Bureau of Racial Affairs (SABRA) e do South Africa Institute of Race Relations, bem como diversos artigos do *Journal of Racial Affairs*, a exemplo de PEACY (Basil). "The Christian Citizen in South Africa's Multiracial Society", II, 4, 1951; HOFMEYER, J. H. "Christian Principles and Race Problems", 2-6; textos de *The Student World*, 4, 1951 e as diversas declarações de arcebispos e bispos sobre a discriminação racial.

21. Ver em particular DOMINGO, E. *Apartheid and the liberalitic Fallacy*, SABRA. Janeiro de 1961.
22. MENTZ, C.N. *The Student World*, op. cit.
23. Nesta crítica ao liberalismo e em favor do apartheid, escolhemos voluntariamente as falas de dois homens de cor, Domingo e Mentz, em vez de escolher as falas de brancos.
24. Encontraremos os detalhes desta história em MARAIS Ben J., *op. cit.* Conferir, no anexo deste livro, as opiniões dos principais líderes mundiais da Igreja, sobretudo calvinista, sobre a pergunta: "Da instância de Calvino sobre a desigualdades dos indivíduos e dos povos (*Opera*, XXVI, 400 e L I, 803). Pode-se inferir que ele quis justificar uma política de segregação racial?"
25. PEACY, B. N., *op. cit.*
26. MARAIS, Ben J., *op. cit.*, p. 64-70.
27. Idem, p. 115-145.
28. *Report of the Dutch Reformed Churches in South Africa*, 1955.
29. JONES, Arthur Keppel. *Who is Destroying Civilisation in South Africa?*, SABRA, 1951.
30. *Integration or Separate Development*, SABRA, 1952.
31. HOFMEYER, H. "Christian Principles and Race Problems", Hoernlé Lecture, 2-6, Institute of Race Relations, 1945.
32. Além do livro já citado, *When the separated...* ver "The christian citizen in South Africa´s multiracial society", *Journal of Racial Affairs*, II, 4, jul. 1951.
33. LITTLE, *op. cit.*
34. Sobre o papel do espírito de fronteira no caso dos Afrikanders ver I. D. MAC CRONE, *op. cit.*

6. Anexo: Estereótipos, normas e comportamento racial em São Paulo, Brasil

1. Sobre esses problemas raciais brasileiros ver FREYRE, Gilberto. *Casa-Grande e Senzala*, Rio de Janeiro, 1934 e *Sobrados e Mucambos*, São Paulo, 1936; PIERSON, Donald. *Negroes in Brazil*, Chicago, 1942; WAGLEY, Ch.

(ed.). *Races et Classes dans le Brésil rural*, Unesco, [s.d.]; AZEVEDO, Thales de. *Les Élites de Couleur dans une VIlle Brésilienne*, Unesco, [s.d.]; PINTO, L. da Costa. *O negro no Rio de Janeiro*, São Paulo, [s.d.]; BASTIDE, Roger, FERNANDES, F., BICUDO,V., GINSBERG, A.M. e NOGUEIRA. O. *Relações raciais entre negros e brancos em São Paulo*, São Paulo, 1955; RIBEIRO, René. *Religião e Relações Raciais*, Rio de Janeiro, 1956.
2. JOHNSON, Guy B. "The stereotype of the American negro" in KLINEBERG, O. *Characteristics of the American Negro*. New York, 1944, p. 1-22.
3. LOWRIE, Samuel E. "Origem da população de São Paulo e diferenciação das classes sociais", *Revista do Arquivo Municipal*, São Paulo, n. XLII, p. 195-212.
4. NOGUEIRA, Oracy. *Preconceito racial de marca e preconceito racial de origem*, Anais do XXXIº Congresso Internacional de Americanistas, São Paulo, 1955, p. 409-434.
5. PINTO, Costa, *op. cit.*, p. 203. (Sentimentos hostis ou fortemente hostis contra o negro: 37%; contra o mulato: 68,16 %; sentimentos simpáticos ou fortemente simpáticos em relação ao negro: 46,61 %; em relação ao mulato: 29,90%).
6. PIERSON, D., *op. cit.*, p. 197 da tradução portuguesa.
7. BASTIDE, Roger, *op. cit.*, p. 126. RIBEIRO (R.) atribui este desejo à influência do catolicismo sobre as atitudes e a mentalidade brasileira (*op. cit.*).
8. PIERSON, D., *op. cit.*, p. 421 da tradução portuguesa.
9. BASTDE, Roger, etc., *op. cit.*, p. 128-129.
10. Deutch etc.

PARTE II: O ENCONTRO DAS CIVILIZAÇÕES

2. A aculturação jurídica

1. LÉVY-BRUHL, H. *Note sur les contacts entre systems juridiques*. Excerptum ex Eos XLVIII, I, Simbolae Raphaeli Taubenschlag Dedicatay, Varsóvia/Bratislava, 1956, Ossolineum, p. 28-33.
2. MAUNIER, René. *Sociologie coloniale*, vol. 2, Paris, 1936; LÉVY-BRUHL, *op. cit.*

3. BASTIDE, Roger. *Introduction à la recherche sur les interpénétrations des civilizations*, Paris, 1948, p. 7.
4. LÉVY-BRUHL, *op. cit.*, p. 31-32.
5. LÉVY-BRUHL, *op. cit.*, p. 28.
6. DURKHEIM, E. *Les règles de la méthode sociologique*, 8ª ed., Paris, 1927.
7. BARRETO, Tobias (1839-1889). *Discurso em mangas de camisa. Estudos alemães. Introdução ao estudo do direito. Questões vigentes de filosofia e de direito*, etc.
8. TORRES, Alberto. *A organização nacional* e VIANA, Oliveira. *Instituições políticas brasileiras*, vol. 2, Rio de Janeiro, 1949.
9. GONZALO AGUIRRE, Beltran. *Métodos y Resultados de la Política Indigenista en Mexico*, particularmente as páginas 260 e seguintes.
10. HERSKOVITS, M. J. *Man and his Works*, Nova York, 1948, por exemplo, o jurídico encarado como fator (pg. 533) e o jurídico submetido à aculturação (p. 335). Pode-se perceber melhor esta dicotomia comparando, por exemplo, o livro de BALANDIER, *Sociologie actuelle de l'Afrique noire*, no qual o jurídico aparece sobretudo como elemento da definição da situação colonial e como fator, com o livro de THURNWALD, R. C., *Black and White in East Africa*, em que o jurídico figura submetido sobretudo às leis da aculturação.
11. BEALS, Ralph. "Acculturation", in KROEBER ed., *Anthropology Today*, Chicago, 1953.
12. BASTIDE, Roger, *op. cit.*, p. 17, 23.

3. A aculturação folclórica

1. A respeito desta dificuldade ver ANDRADE, Mário de. *Música, doce música* e ALVARENGA, Oneyda. *Música popular brasileira*.
2. OSMAR GOMES, Antonio. *A chegança*, Rio de Janeiro, 1942.
3. ANDRADE, Mário de. *Origem das danças dramáticas do Brasil e Música do Brasil*, Curitiba (Caderno Azul, I).
4. VARAGNAC, André. Sobretudo *Civilization traditionelle et genre de vie*, Paris, 1948.

5. BARROSO, Gustavo. *Ao som da viola*. Rio de Janeiro, 1921.
6. Mauss, Gernet e Granet para os esquimós, os gregos pré-históricos, a antiga civilização chinesa.
7. FREYRE, Gilberto. *Maîtres et Esclaves*, Gallimard, 1952.
8. BASTIDE, Roger. "Imigrantes paulistas, II". *Diário de S. Paulo*, 3 set. 1943.
9. CABRERA, Lydia. "Eggue o Vichichi Finda", *Revista Bimestre Cubana*, LX, 1-3, 1947.
10. ALVARENGA, Oneyda. *Tambor de Mina e Tambor de Crioula*, São Paulo, 1948, p. 18, 29 etc.
11. Mesma autora. *Melodias registradas por meios não mecânicos*. São Paulo, 1948, p. 360-366.
12. BASTIDE, Roger. *Imagens do nordeste místico*. Rio de Janeiro, p. 208, 210-211.
13. CASCUDO, L. da Câmara. "Notas sobre o Catimbó", *Novos estudos afro-brasileiros*, Rio de Janeiro, 1937, p. 38.
14. ANDRADE, Mário de. *A dona ausente*, inédito.
15. LOPES NETO, J. Simoens. *Lendas do sul*. Nova edição. Porto Alegre, 1949.
16. CAMARA CASCUDO, L. *Geografia dos mitos brasileiros*, Rio de Janeiro, 1947 e BASTIDE, Roger, "Os mitos brasileiros, brigada de choque da polícia especial, *Estado de São Paulo*, 2 jul. 1947.
17. HALBWACHS, M. *Les cadres sociaux de la mémoire*. Paris, 1925 e BLONDEL, Charles. *Introduction à la Psychologie collective*, p. 129-131.
18. HALBWACHS, M., *op. cit.*
19. MAUSS. "Variations saisonnières chez les Eskimos", *Année Sociologique*, IX.
20. VERISSIMO, José. *Scenas da vida amazônica*; CASTRO, Eugenio de. *Geographia linguística e cultura brasileira*.
21. ALVARENGA, Oneyda. "Música popular brasileira, Cateretês do sul de Minas Gerais". *Revista do Arquivo Municipal de São Paulo*, XXX, 1937; PIRES, Cornélio. *Sambas e Cateretês*; ARAUJO, Alceu Maynard, e FRANCESCHINI, M. A. *Danças e ritos populares de Taubaté*.
22. ARAUJO, Alceu Maynard de. *Dança de Santa Cruz*.
23. ARAUJO, Alceu Maynard de. *Cururu*; CHIARINI, João. "Cururu". *Revista do Arquivo Municipal de São Paulo*, CXV.

NOTAS

24. SANTOS, Marciano dos. "A Dança de São Gonçalo", *Revista do Arquivo Municipal de São Paulo*, XXXIII, 1937; ALMEIDA, Aluisio de. "Dança de São Gonçalo", *Estado de São Paulo*, 26 de outubro de 1947.
25. TAUNAY. *História da vila de S. Paulo no século XVII*. (Annaes do Museu Paulista)
26. Por exemplo SAINT-HILAIRE. *Voyages dans les provinces de Rio de Janeiro et de Minas Geraes*, Paris, 1830.
27. PIERSON. *Brancos e pretos na Bahia*; EDMUNDO, Luiz. *O Rio de Janeiro no tempo dos Vice-Reis*; DENIS, Ferdinand. *Brésil...*, etc.
28. BRAZ DO AMARAL. *Os grandes mercados de escravos africanos*, p. 184.
29. A respeito destas danças, ver além de ALVARENGA, Oneyda. *Música popular brasileira*, ANDRADE, Mário de. "O samba rural paulista", *Revista do Arquivo Municipal de São Paulo*, XLI, 1937; DIÉGUES JÚNIOR, Manuel. "Danças negras no Nordeste", in *O negro no Brasil*, Rio de Janeiro, 1940; RAMOS, Arthur. *O folclore negro do Brasil*; SILVA, Egídio de Castro e. "O samba carioca", *Revista Brasileira de Música*, I, 1939 etc.
30. Sobre essas danças ver, por exemplo ANDRADE, Mário de. Os congos (*Boletim Latino-Americano de Música*, I, 1935); Maracatu (*O Espelho*, Rio de Janeiro, junho de 1935); FERREIRA, Ascenço. O Maracatu (*Arquivos de Recife*), 1942; MORAIS FILHO, Melo. *Festas e tradições populares do Brasil*; COSTA, Pereira da. *Folclore pernambucano* etc.
31. BRANDÃO, Alfredo. "Os negros na história de Alagoas", in *Estudos Afro-Brasileiros*, Rio de Janeiro, 1935.
32. Algumas vezes a concorrência chegava a acontecer entre as nações. Por exemplo, a Irmandade de Nossa Senhora da Redenção era composta por daomeanos, enquanto a de Nossa Senhora do Rosário congregava os negros de Angola. Sobre a concorrência entre crioulos e mulatos ver textos na *Revista do Patrimônio Histórico e Artístico Nacional*, 1939.
33. PIERSON. *Brancos e pretos na Bahia*. São Paulo, 1945.
34. CARNEIRO, Edison. *Candomblés da Bahia*, 1948.
35. QUERINO, Manoel. "Costumes negros no Brasil" (para a Bahia); FERNANDES, Gonçalves. "Xangôs do Nordeste" (para Recife) e RIO, João do. "O Natal dos africanos" (para o Rio de Janeiro, *Kosmos*, 1904).

36. Estes dois tipos foram bem notados por EDUARDO, Otávio da Costa, em seu livro sobre o negro do Maranhão.
37. FERNANDES, Gonçalves. *Xangôs do Nordeste*, Rio de Janeiro, 1937.
38. CANDIDO, Antonio. "Opiniões e classes sociais em Tietê", *Sociologia*, vol. 3, 1943.
39. BASTIDE, R. *Imagens do Nordeste Místico* e TAVARES, O., *Afoxé*.
40. FERNANDES, Florestan. "Congadas e batuques em Sorocaba", *Sociologia*, vol. 3, 1943.
41. FREYRE, Gilberto, *op. cit.*
42. FREYRE, Gilberto. *Sobrados e mucambos*.
43. SILVA CAMPOS, João da. *Procissões tradicionais da Bahia*, 2ª ed., Bahia, 1941.
44. MENDES DE ALMEIDA, Fernando. "O folclore nas Ordenações do Reino", *Revista do Arquivo Municipal*, São Paulo, LVI.
45. TAUNAY, A. de. *História da cidade de São Paulo no século XVIII*, São Paulo, 1949.
46. MAYNARD DE ARAUJO, *Cururu*, manuscrito.
47. GETULIO CESAR. *Crendices do Nordeste*, Rio de Janeiro, 1941.
48. EDUARDO, Octavio da Costa.
49. Dado recolhido por XIDIEH, Oswaldo Elias (ver BASTIDE, Roger.). *Estudos afro-brasileiros*.
50. MORENO, J. L. *Who shall survive?*, Washington, 1934.
51. PASSOS, Alexandre. "A chegança", *A Tarde*, Bahia, 7 dez. 1937.
52. DORNAS FILHO, João. *A influência social do negro brasileiro*, Curitiba, 1943.
53. SILVA CAMPOS, *op. cit.*
54. QUERINO, Manuel. *Costumes africanos no Brasil*; RAMOS, A. *Folklore negro no Brasil*.
55. BARROSO, Gustavo, *op. cit.*
56. OSMAR GOMES, Antonio, *op. cit.*
57. TAUNAY, A. de E. *Sob El-Rey Nosso Senhor*.

58. FERREIRA, Ascenso. "Presepes e Pastoris", *Arq. de Recife*, 1-2, 1943.
59. FERNANDES, Florestan. "Folclore e grupos infantis", *Sociologia*, vol. 4, 1942.
60. FERNANDES, Florestan. *As trocinhas do Bom Retiro*.
61. Primeira forma: MORAES FILHO, Mello. *Festas e tradições do Brasil*. Segunda forma: DEBRET. *Voyage historique et pittoresque au Brésil*. Cf. BASTIDE, R. *Introduction à l'étude de quelques complexes afro-brésiliens*.
62. BASTIDE, Roger. *Psicanálise do cafuné e ensaios de sociologia estética brasileira*, Curitiba, 1941.
63. BASTIDE, Roger. "O Carnaval de Recife", *Revista do Brasil*, abr. 1944.
64. OLIVEIRA, Waldemar de. "O frevo e o passo", *Bol. Latino-Americano de Musica*, VI.
65. RAMOS, A. *O folclore negro no Brasil*.
66. OLIVEIRA, Waldemar de. "O frevo e o passo", *Bol. Latino-Americano de Musica*, VI.
67. SILVESTRE, Honorio. "Coisas de negro", *Jornal do Comercio*, 1935.
68. MAGALHÃES, Basilio de. "São João em nosso folclore", *Estado de São Paulo*, 2 jul. 1947.
69. MORAES FILHO, *op. cit.*
70. PEREIRA DA COSTA, *op. cit.*
71. MELO, Verissimo de. *Superstições de São João*, Natal, 1949.
72. MAYNARD DE ARAUJO, A. mostra, entretanto, que o carvão de fogueira colocado nas lavouras afasta os insetos das colheitas ou serve para tornar visíveis as queimadas.
73. Foram publicados numerosos artigos sobre as festas de São João. Ler em particular no jornal Estado de São Paulo os artigos de ALMEIDA, Aluisio, e os de MAGALHÃES, Basilio.
74. XIDIEH, Oswaldo Elias, "A promessa", *Estado de São Paulo*, 19 de jan. 1949; PIRES DE ALMEIDA, Benedito, "A festa do Divino", *Revista do Arquivo MunicipaI*, São Paulo, LIX.

5. A aculturação literária

1. BASTIDE, Roger. *Introduction aux recherches sur les interpénétrations de civilisations* (Curso mimeografado do C. R. S.) e "Durkheimismo e contatos culturais", In *Revista Mexicana de Sociologia*, nº 3, 1949.
2. BASTIDE, Roger. "Le problème noir en Amérique Latine", In *Bul. Int. des sciences sociales*, IV, 3, 1952.
3. FREYRE, Gilberto. *Sobrados e mucambos*, 2ª ed., Rio de Janeiro, 1951.
4. Em sua *História da Literatura Brasileira*.
5. Ver a sequência dos romances brasileiros, de Macedo a Machado de Assis.
6. BASTIDE, Roger. *A poesia afro-brasileira*, São Paulo. 1944.

6. A aculturação religiosa

1. CARNEIRO, E. *Candomblés da Bahia*.
2. RODRIGUES, Nina. *Os africanos no Brasil*, p. 339.
3. Talvez seja possível encontrar a origem da condenação do cão em um mito africano citado por Herskovits no qual Legba era retratado pela representação de um cão.
4. RODRIGUES, Nina. *O animismo fetichista dos negros do Brasil*.
5. MAGNO, Oliveira. *Umbanda e ocultismo*.
6. PEREIRA MACIEL, Silvio. A umbanda mista. Ver também FONTE-NELLE, Aluízio. *Exu*.
7. Artigo publicado em *Civilizations*, IX, 4, Bruxelas, 1959.
8. *Structures de l'Autorité et du Soutien Politique*, Tradition and Change, An International Conference, The Congress for Cultural Freedom, Ibadan, mar. 1959.
9. "The Contribution of Afro-American Studies to Africanist Research", *Amer. Anthr.*, 30, I, 1948.
10. Essa viagem foi possibilitada mediante o apoio financeiro e material a nós prestado pelo Institut Français d'Afrique Noire e a VIᵉ Section de L'École Pratique des Hautes Études, a quem somos muito agradecidos.
11. JOHNSON. *The History of the Yoruba*, Londres, George Routledge, 1921, p. 57-72. A Iya Kekerê é a suplente de todo sacerdote ou sacerdotisa. Goza da dignidade mais elevada, após a mãe do rei. É guardiã dos tesouros reais

e encarregada de colocar a coroa na cabeça do rei no momento da entronização. A Iya Nassô é uma sacerdotisa ligada ao culto do deus Xangô. A mais antiga seita da Bahia foi fundada por uma Iya Nassô trazida ao Brasil como escrava.

12. VERGER, P. *Dieux d'Afrique*, p. 186.
13. A Iya Oxum é a suprema sacerdotisa de uma confraria das filhas de Oxum, assim como a Iya Xangô é a sacerdotisa da confraria de Xangô etc.
14. *Religion in an African city*, Oxford University Press, 1953.
15. Artigo publicado no *Bulletin Saint Jean Baptiste*, V, 4, fevereiro de 1965.

PARTE III: A TEMPESTADE MÍSTICA

1. Mitos e utopias

1. LALANDE. *Vocabulaire technique et critique de la philosophie*, p. 647, 1157.
2. COMTE, A. *Discours sur l'ensemble du positivisme*. Éd. Du Cinquantenaire, p. 102.
3. Artigo Utopia, na *Encyclopédie des sciences sociales*.
4. MANNHEIM. *Ideologie and Utopia*, Londres, 1936 (p. 172 da tradução espanhola, México, 1941).
5. Ibid., p. 180 da tradução espanhola.
6. SOREL, G. *Réflexions sur la violence*, sobretudo a p. 32 e seguintes.
7. LEENHARDT, M. *Do Kumo*, p. 252.
8. Ibid., p. 254.
9. ROUGEMONT, D. de. *La part du diable*. Gallimard, 1ª ed., 1946, p. 23-24.
10. GUSDORF, G. *Mythe et Métaphysique*, p. 264.
11. *Les carnets de Lucien Lévy-Bruhl*, editados por Maurice Leenhardt.
12. BARTHES, R. *Mythologies*, Éd. Du Seuil, 1957.
13. RUYER, R. *L'Utopie et les utopies*, C.I.S., IX, p. 26-27.
14. GOLDMANN, L. *Sciences humumaines et philosophie*, P.U.F., 1952, p. 103-104.
15. PIAGET, J. *L'Épistémologie génétique*, P.U.F., 1952, capítulo XII e "Pensée égocentrique et pensée sociocentrique", C.I.S., X, 1951.

16. GURVITCH, G. "Le problème de la sociologie de la Connaissance", III. *Revue philosophique*, 1959, n. 2, pp. 146 e seguintes e *Année sociologique*, 3ª série, t. I, 482 e seguintes.
17. Aux Éditions du Chêne, 1948.
18. LALANDE, *op. cit.*, p. 1136.
19. RUYER, *op. cit.*, p. 13.
20. CAILLOIS, R. *Le Mythe de l'homme*. Gallimard, 1938.
21. Carta de K. Marx a Kugelmann, 27 de julho de 1871, citada por GUSDORF, G., *op. cit.*, p. 274.
22. Conferir por exemplo SICLIN, J. *Le mythe de la femme dans le cinema américain*, Ed. du Cerf, 1956.
23. O caráter pejorativo atribuído ao pensamento utópico e a definição do mito como mistificação também dizem respeito àquele momento de luta de classes, posto que ambos participam dos mesmos valores da sociedade global: a primazia do objetivo em relação ao subjetivo, tanto coletivo quanto individual, e da ciência em relação ao irracional. Cada grupo denomina utópico ou místico o pensamento de seu adversário para o demolir melhor.
24. Ver sobre o messianismo o n. 5 de *Archives de Sociologie des Religions*, que contém, entre outros, o essencial da bibliografia sobre o tema.

2. O messianismo e a fome

1. SOROKIN, Pitirim. *Théories sociologiques*, p. 449 e seguintes, nas quais ele resume seu livro escrito em russo *L'influence de l'inanition sur le comportement humain, l'organisation sociale et la vie sociale*.
2. Segundo um curso inédito de Gaston Richard sobre a patologia social.
3. LEENHARDT, Maurice. *Gens de la Grande Terre*. Em particular a descrição da festa da pelúcia.
4. Aqui aludimos a certas formas de *potlach*.
5. FRAZER, em *Origines magiques de la royauté*, mostra que o rei primitivo é o dispensador da alimentação, a vida da vegetação e a fecundidade dos rebanhos estão ligadas à sua própria força.
6. Ver em VAN GENNEP, *L'État actuel du problème totémique*, Paris, 1920, a teoria de Haddon e do reverendo padre Schmidt.

7. VARAGNAC. *Civilisation traditionelle et genre de vie*, Paris, 1948.
8. KARDINER, A., *The individual and his society*, Nova York, 1939, e *The psychological frontiers of society*, Nova York, 1945.
9. RUYER, R. *L'Utopie et les utopies*, Paris, 1950, segunda parte.
10. WEBER, Max. *Wirtschaft und Gesellschaft (in Grundriss der Sozialökonomik)*, 2ª ed., Tübingen, 1925.
11. Ver o capítulo sobre o messianismo malogrado.
12. MURRAY, Wax. "Les Pawnees à la recherche du paradis perdu", In *Archives de Sociologie des Religions*, p. 113-122.
13. DESROCHER, Henri. "Micromillénarismes et communautarisme utopique en Amérique du Nord du XVIIe au XIXe siècle", In *Archives de Sociologie des Religions*, 4, p. 57-92.
14. PEREIRA DE QUEIROZ, Maria Isaura. *A guerra santa no Brasil*, São Paulo, 1957.

Este livro foi composto na tipografia
Adobe Garamond Pro, em corpo 11,5/16, e impresso
em papel off-white no Sistema Digital Instant Duplex da
Divisão Gráfica da Distribuidora Record.